# 美國 United States of America 霸權探析

鄭保國・著

# 目次

## 下　　篇　美國霸權的前景與反思

# 前言

美國霸權是二戰結束以來當代世界的基本特徵之一，是影響當代世界政治、經濟與國際關係的主要因素。當代世界政治、經濟與國際關係中任何重大事件與變化，不是根源於美國，就是與它密切相關。因此，緊緊抓住美國這個世界政治的「龍頭」和世界經濟的「發動機」，深入研究美國霸權，是認識當今世界及其發展趨勢的關鍵。

對當今中國而言，研究美國霸權不僅具有學理價值，而且具有重大現實意義。這是因為：和平崛起是 21 世紀前半期中國努力實現的最高戰略目標，而美國霸權是中國和平崛起過程中面臨的最大外部挑戰；如何解決中國和平崛起與現有霸權秩序之間的矛盾，如何在反霸中堅持和平發展道路，如何衝破美國霸權的圍堵從而實現和平崛起，是中國面臨的嚴峻考驗和緊迫課題；而中國要通過這個考驗和解決這個課題，就必須深入、系統地研究美國霸權。

二戰結束以來，美國無與倫比的世界影響力不僅基於其首屈一指的綜合國力，而且源於其擴張性思想文化和獨特的價值觀念。美國霸權不是偶然現象，而是具有某種必然性。美國霸權既具有霸權的共性，更有其特性。美國霸權對世界的今天影響巨大，其走向對世界的明天至關重要。因此，研究美國這個人類有史以來最強大、最獨特、最具全球性影響的霸權國家，既要研究其霸權本身，更要深入研究美國霸權的思想文化根源，既要研究其霸權地位和霸權外交，又要研究為它們提供依據和辯護的霸權理論，既要研究美國全球霸權戰略的歷史演變與最新發展，又要展望其全球霸權的前景，還要對美國霸權的成因、霸權護持的祕密以及霸權的特性進行深入探討。換言之，必須對美國霸權這一當今世界的「體系性力量」、「結構性特徵」和影響中國和平崛起的最大外部因素進行「體系性」研究。

國內在美國霸權的相關研究方面取得了可喜的成績，出了一些學術精品，如資中筠主編的《戰後美國外交史》和《冷眼向洋》（上冊）、王曉德的《美國文化與外交》、王輯思的《美國霸權的邏輯》、周琪的《「美國例外論」與美國外交政策傳統》和《意識形態與美國外交》、門洪華的《霸權之翼》、王立新的《意識形態與美國外交政策》、張宇燕和高程的《美國行為的根源》等。但是，就筆者所知，迄今為止，對美國霸權進行「體系性」研究的作品幾乎沒有。因此，筆者作為美國外交研究領域一位不年輕的晚輩，以初生牛犢的稚膽，把敝作《美國霸權探析》當作在這方面的初步嘗試。

充當世界的「楷模」和「領導」是美利堅民族與生俱來、根深蒂固的思想意識。對外擴張一直是美國外交的主線與基本特徵。美國在19 世紀末期以前已經成為橫跨北美大陸的兩洋國家，其觸角早已伸到了東亞。但是，在 1898 年美西戰爭以前，美國仍只是美洲大國，因而沒有領導世界的戰略目標。美西戰爭之後，美國一躍成為世界列強之一，開始在世界舞臺上扮演日趨重要的角色，甚至成為其他列強間危機與戰爭的調停者。1917 年美國參加一戰之後，它把領導世界作為其對外戰略的理想目標。一戰結束後，美國乘其國際地位和國際影響迅速上升之勢，開始嘗試把領導世界的理想變成現實，威爾遜當局試圖通過建立基於美國價值觀的世界集體安全體系實現對世界的領導。但是，由於當時美國的安全在兩大洋保護下沒有受到嚴重威脅，由於當時美國的綜合國力還不足以支撐世界領袖地位（儘管它早在 19 世紀80 年代就已是世界頭號經濟大國），由於美國國會擔心美國主權會受到限制，因此美國參議院否決了《凡爾賽條約》，致使美國沒有加入威爾遜總統倡導設立的以威爾遜主義為原則的國際聯盟。此後 20 餘年，美國外交沒有完全擺脫孤立主義的束縛。1941 年珍珠港事件後，孤立主義被彌漫全美的強烈復仇沖得煙消雲散，再也不能阻擋國力鶴立雞群的美國通過廣泛介入國際事務去追求其領導世界的理想。於是，「塵封」了 20 多年的威爾遜的「十四點計畫」在二戰的炮火中演變為以實力為基礎但仍有濃厚理想主義色彩的「羅斯福藍圖」。「羅斯福藍圖」

是美國力圖建立它領導的戰後世界新秩序的大戰略計畫。但是，這個理想化的大戰略計畫因戰後美蘇在意識形態和地緣政治領域的激烈衝突而難以付諸實施，取而代之的是美國全球爭霸戰略，即以蘇聯共產主義為主要對象的美國全球「遏制」戰略。冷戰結束後，美國全球爭霸戰略變成全球稱霸戰略，其目標是在鞏固美國唯一超級大國地位的基礎上確立美國的全球霸權地位。「9・11」事件後，被新保守主義劫持的美國，憑藉「頂級大國」（hyperpower）的實力，開始實施「新帝國」戰略，其目標是把現行國際秩序改造成「美利堅新帝國秩序」。

由此可見，美西戰爭之後，美國對外戰略的全球色彩逐漸明顯，其基本路徑和總體特徵是：在理想主義旗號下按現實主義邏輯推進，以實力為後盾，以國家利益追求和價值觀傳播的巧妙結合為永恆目標，不斷進行海外拓展和全球擴張。與此同時，每當世界格局發生重大改變或受到嚴重衝擊時，美國對外戰略都發生重大變化，而這種變化又強烈地影響世界格局，兩次世界大戰後是這樣，冷戰後是這樣，「9・11」後更是如此。

為了深入研究美國霸權，有必要界定霸權、戰略、全球戰略、全球霸權戰略等相關概念。

霸權在中文裏含有霸道的意思，明顯含貶義，專指國際關係中的霸道政策和行為，即「在國際關係上以實力操縱或控制別國的行為」[1]。但是，霸權在西方不是貶義詞，其含義是「領導、權威或影響，常指在聯邦或邦聯中一個國家或政府的政治支配地位」[2]。沃倫斯坦（Immannuel Wallernstein）認為：霸權指一國能在很大程度上將自己的規則和願望（至少是以有效否決的方式）施加於世界經濟、政治、

---

1 中國社會科學院語言研究所詞典編輯室編：《現代漢語詞典》（修訂本），商務印書館，1996 年 7 月修訂第 3 版，第 21 頁。

2 Webster's New Universal Unabridged Dictionary, New York Dorset & Baber 1979, p.841. 轉引自王輯思：《國際政治的理性思考》，北京大學出版社，2006 年 8 月版，第 101～102 頁。

軍事、外交甚至文化領域；[3]霸權不僅是軍事上的，它還是創造一種能夠保障世界體系平穩運轉的世界秩序的「經濟效能」。[4]基歐漢（Robert Keohane）與奈（Joseph Nye）認為，霸權是一種狀態，在這種狀態中，一個國家是足夠強大的，能夠維持管理國家間關係的基本規則，而且它願意這樣做。[5]吉爾平（Robert Gilpin）認為，霸權是一個單一強國控制和支配著國際體系的弱小國家。[6]還有人把霸權等同於霸權秩序，認為「霸權是指根據一個處於支配地位國家的能力和行為而建立和維護的安全秩序」。[7]因此，西方語境中的霸權指大國的超強地位和它對別國的領導或控制，不含貶義，在許多美國人眼裏是個褒義詞，類似中文的「王道」而非「霸道」。

在中國人眼中幾乎沒有差別的霸權與霸權主義實際上有明顯不同，霸權是一種地位、能力、權力，霸權主義是一種思想、主張及其政策與行為。霸權與霸權主義既可能相輔相成又可能相互削弱。[8]霸權經常與 hegemony 對譯，霸權主義經常翻譯為 hegemony 或 hegemonism。其實 hegemony 意為 leadership of one state over a group of others[9]，相當於「主導地位」或「領導權」；而 hegemonism 這個詞在西方罕用，也沒有中國人通常理解的那種霸權主義含義，即「泛指大國不尊重弱小國家的主權和獨立，蠻橫地對別國進行干涉、控制和統治，推行侵略

---

3 Immannuel Wallernstein, *The Politics of the World Economy: The States, the Movement and the Civilizations* , Cambridge University Press, 1984, p.38.

4 Immanuel Wallerstein,"Empire and Capitalists", *Commentary,* Fernand Braudel Center, Binghamto University, No.113, May 15, 2003.

5 Robert Keohane and Joseph Nye, *Power and Interdependence: World Politics in Transition*, Boston: Little Brown & Company, 1977, p44.

6 Robert Gilpin , *War and Change in World Politics,* Cambridge University Press, 1981, p.28.

7 [美]邁克爾・馬斯坦杜諾：《不完全霸權與亞太安全秩序》，載[美]約翰・伊肯伯裏主編：《美國無敵：均勢的未來》，北京大學出版社，2005 年 7 月第 1 版，第 184 頁。

8 王輯思：《國際政治的理性思考》，第 103 頁。

9 Longman Dictionary of Contemporary English, First published by Longman Group Limited 1978, Reprinted with corrections, 1978.

擴張政策，謀求一個地區或世界的霸主地位。」[10]因此，霸權翻譯為（political）dominance or supremacy or great power 較妥，霸權主義翻譯為 power politics or policy and practice of persuing domination over other states 較妥。

筆者認為霸權有兩層含義，一是建立在超群的綜合國力基礎上的國際能力或首要地位（primacy），二是建立在這種能力或地位上的國際領導權、支配權或至高無上的國際影響（supremacy），即無論何時何地都可以通過表率或強制把自己的意願施加於其他國家。霸權的第一層含義完全指一種客觀局面，「它指某個國家、國家集團或政權所處的超群的優勢地位或能力，而不是一種行為或政策。」[11]霸權的第二層含義是指客觀能力與主觀意志的結合，即領導、支配或影響其他許多國家的能力與意志，亦即違反當代國際法的對外權力。對二戰結束以來的美國而言，第一層含義完全是客觀事實，而第二層含義則是客觀事實與主觀追求的「混合」，即美國的國際領導權和至高無上的國際影響，部分是事實（冷戰時期對西方國家及部分中間地帶國家的領導和二戰以來對一些小國的武力控制），部分是其追求的目標（二戰結束以來美國始終沒能夠依據自己的意願真正實現領導全世界和隨時把自己的意志強加給別國的最高目標）。在本書中，霸權兼有上述兩種含義，但就二戰結束以來的美國全球霸權戰略而言，霸權主要是指第二層含義（儘管不能忽視作為其基礎的第一層含義），即它是二戰以來美國始終追求的目標。

在中國古代，戰略一詞並不流行，它專指關於戰鬥、戰爭的策略、謀略或謀劃，與它含義相當的流行詞語是韜略、權謀、方略、方策和廟算等，其中韜略、妙算最接近戰略的含義，亦與當今狹義的戰略（軍事戰略）很接近，而方略與當今廣義的戰略（既可指政治、經濟、軍事、文化、科技等各個領域的全局性、長期性謀劃，也可指國家的總

---

10 王杏芳主編：《中國與聯合國》，世界知識出版社，1995 年 9 月版，第 57 頁。
11 王輯思：《國際政治的理性思考》，第 102 頁。

體性謀劃）基本相同。在西方文化中，戰略（strategy）一詞來自希臘文 strategia，意為將道（generalship），而 strategia 一詞又是從軍隊（stratos）和將軍（strategos）引申而來。可見，戰略源於人類社會的衝突與戰爭，在古代中西方都專指軍事謀略或戰爭藝術。到拿破崙戰爭之後，戰略的含義開始超出軍事領域。普魯士著名戰略理論家克勞塞維茨在西方戰略學的歷史演進中起了承上啟下的作用。他既強調戰略的軍事含義，認為「戰略是為達到戰爭目的而對戰鬥的運用」[12]，又看到了戰略的政治含義，強調戰爭是實現政治目的的有力工具，認為「戰爭是政治以另一種形式的繼續」。在他看來，戰略家並非單純運用軍事力量，而是謀求把軍事力量與政治目標聯繫起來。[13]英國戰略學家哈特（Liddel Hart）發展了克勞塞維茨的觀點，首次闡述了「大戰略」的涵義，使戰略的含義完全擺脫了軍事的局限。他認為戰略是把軍事手段與政治目的連接起來的藝術，其定義是：「戰略是一種分配和應用軍事工具以達到政治目的的藝術。」[14]他認為大戰略是指國家安全戰略，其任務就是「協調和管理一個國家或一組國家的全部資源，以便達到戰爭的政治目的」。[15]而當今西方大戰略研究的兩大權威甘迺迪（Paul Kennedy）和加迪斯（John Lewis Gaddis）認為，大戰略就是國家戰略，「大戰略是基於手段和大目標這兩者之間經過深思熟慮的關係的全面行動規劃。」[16]日本前首相中曾根康弘認為，「所謂戰略，一般是指對實現特定目的的過程與手段進行規定的綜合性判斷與計

---

[12] [德]卡爾・克勞塞維茨：《戰爭論》，商務印書館，1978 年版，第 157 頁。

[13] Collin S. Gray, Modern Strategy, Oxford: Oxford University Press, 1999, p.17. 轉引自李少軍主編：《國際戰略報告》，中國社會科學出版社，2005 年 1 月版，第 22 頁。

[14] Liddel Hart, *Strategy: The Indirect Approach*, p.335. 轉引自門洪華：《如何進行大戰略研究》，《國際政治研究》，2004 年第 4 期，第 34 頁。

[15] Liddel Hart, *Strategy*: *The Indirect Approach*, p.335. 轉引自李少軍主編：《國際戰略報告》，第 23 頁。

[16] Paul Kennedy, John Lewis Gaddis, et al., *Studies in Grand Strategy (Syllabus). International Security Studies,* Yale University,Spring/Fall 2000. 轉引自時殷弘：《國際政治與國家方略》，北京大學出版社，2006 年 10 月版，第 163 頁。

畫」。[17]可見，戰略既有狹義，也有廣義，既是謀劃，也是目的與手段的統一，既是藝術，也是科學。因此，可把戰略作如下一般性界定：「戰略就是調動一切力量與資源以實現既定政策目標的藝術與科學。」[18]

國家戰略指國家運用其一切資源和手段以實現其總體目標的科學和藝術，有時也稱國家總體戰略或國家大戰略。從國家戰略的內容和目標看，它包含國家安全戰略和國家發展戰略。從國家戰略的具體領域看，它包括政治戰略、經濟戰略、軍事戰略、文化戰略等。從國家戰略實施的範圍看，它包含國內戰略和對外戰略。顯然，這種劃分是相對的，實際上它們相互交叉、滲透、影響與配合，共同服務於國家總體戰略目標。國家安全戰略是國家發展戰略的前提與保證，國家發展戰略是國家安全戰略的基礎與動力，兩者相互依賴，密不可分。國家對內戰略是國家對外戰略的基礎與前提，後者是前者的發展與延伸並總體上服務於前者，兩者間的界限越來越模糊。而且，隨著冷戰後安全內涵的不斷豐富和外延的不斷擴展，特別是「9・11」後美國等西方國家同時在國內國外大力反恐，那種目標只指防範和擊敗外國武裝侵略的傳統意義上的國家安全戰略（即國防戰略）已經轉變為同時涉及國內國外兩個方面的新的國家安全戰略，儘管涉外是主要的。國家安全戰略與國家對外戰略有同有異，前者的對外部分屬於後者的重要內容，但後者還包括對外政治、經濟、外交、文化等分戰略。

根據戰略目標和影響範圍劃分，國家對外戰略可分為周邊戰略、地區戰略和全球戰略。小國一般只有周邊戰略，中等國家、地區大國往往還有地區戰略，而世界大國尤其是超級大國還有全球戰略。儘管從理想主義的角度講全球戰略可以是非霸權戰略，但是歐洲近現代國際關係史反覆證明，在國家間建立真正互信或者在全球安全共同體可能建立之前，全球戰略往往是全球霸權戰略，其目標是主導或控制全球。在世界歷史上，雖然拿破崙法國、大英帝國、希特勒德國、以及

---

17 [日]中曾根康弘：《日本21世紀的國家戰略》，海南出版社／三環出版社，2004年3月版，第1頁。

18 李少軍主編：《國際戰略報告》，第29頁。

冷戰期間的蘇聯等國家都曾經有過全球戰略，但只有二戰結束以來的美國對外戰略是最典型的全球戰略，因為自那時以來美國一直聲稱其利益遍及全球，其最高目標是領導世界，且其影響的確直接或間接遍及全球。冷戰期間，美國的全球戰略目標是通過遏制蘇聯的對外影響以確立美國的全球主導地位，因此又稱為全球「遏制」戰略或全球爭霸戰略。冷戰後，美國的全球戰略是通過鞏固其世界唯一超級大國地位、追求全球霸權利益、向全球擴展其意識形態和價值觀實現對全球的主導和支配，因此它是全球稱霸戰略或全球霸權戰略。「9・11」之後，美國的全球霸權戰略表現為「新帝國」戰略。

最後就本書的篇章結構作一簡要說明。本書由上篇、中篇和下篇三部分構成，共十七章。上篇包含三章，旨在從美國霸權外交的思想根源、美國外交思想傳統和美國霸權理論三個方面認識美國霸權，第一章探索美國霸權外交的思想淵源，第二章分析美國外交思想傳統，第三章剖析美國霸權理論。中篇包括十章，依據二戰以來美國全球霸權戰略的階段性變化，把它劃分為五個階段（每個階段各包含二章），旨在通過分析美國全球霸權戰略的歷史演變來認識美國霸權。第一階段為奠基與確立階段，包括羅斯福執政後期和杜魯門時期的美國全球霸權戰略。第二階段是發展階段，包括艾森豪威爾時期與甘迺迪——詹森時期的美國全球霸權戰略。第三階段是重大調整階段，包括尼克森——福特時期和卡特時期的美國「緩和」戰略。第四階段為冷戰結束階段，包括雷根時期的「新冷戰」戰略和老布希時期結束冷戰的戰略。第五個階段是冷戰後階段，包括克林頓時期的「參與與擴展」戰略和小布希時期的「新帝國」戰略。下篇包含四章，是對美國霸權前景的展望與對美國霸權的反思，其中，第十四章分析和預測美國全球霸權的走向，第十五章探析美國為何成為霸權國家，第十六章探討美國霸權護持的祕密，最後一章分析和總結美國霸權的特性。

# 上篇
## 美國霸權思想與理論

# 第一章　美國霸權外交的思想根源

雖然美國到二戰結束之際才成為西方世界的霸權國家並開始實施旨在「領導」全世界的全球霸權戰略，但是美國霸權外交思想可追溯到美國人的英國祖先到達北美大陸之時。美國外交思想流派分呈、百家爭鳴，但可從三個層次把它們歸納為三對對立統一的矛盾：理想主義與現實主義、孤立主義與擴張主義（美國人常稱之為國際主義或世界主義）、單邊主義與多邊主義。無論它們有何不同，它們實質上都是霸權外交思想，即使表面上與霸權主義不共戴天的孤立主義也是如此，因為它本質上是為擴張主義服務的；連看似與霸權主義毫不相干的多邊主義也不例外，因為美國霸權的特性之一就是多邊主義的聯盟體系和國際制度（即制度性霸權）。所有這些美國外交思想都根源於「美國例外主義」（American Exceptionalism），[1]連現實主義也不例外，因為作為現實主義之基礎的功利主義和實用主義哲學是北美清教徒的商業精神與北美特殊的地理環境相結合的產物，而這兩者都與「美國例外主義」相關。

那麼，什麼是「美國例外主義」？它包含哪些內容？它的思想源頭在哪裏？它在外交領域的主要表現是什麼？關於這些問題，學界尚未給出令人滿意的回答，更未取得一致。因此，本文從「美國例外主

---

[1] 國內通常把 American Exceptionalism 翻譯為「美國例外論」，但根據美國學者邁克爾・林德（Michael Lind）的觀點，「美國例外論」有兩種含義，一是政治家口中的讚美之詞：同其他國家相比，美國特別優秀，二是社會科學家和政治哲學家筆下的一個學術問題：美國為何與其他國家不同。由於本文討論的是作為一種美國意識形態的 American Exceptionalism，接近「美國例外論」的第一種含義，因此採用「美國例外主義」的譯法。參見 Michael Lind, The American Creed: Does it Matter? Should it Change? *Foreign Affairs,* Vol.75, No.2, March / April 1996, p.135.

義」的界定、思想源頭、主要外交表現這三方面對它進行再研究，以探清美國霸權外交的思想根源。

## 第一節　「美國例外主義」的界定

美國政治社會學權威學者李普賽特（Seymour Martin Lipset）認為，American Exceptionalism 一詞出自法國著名學者托克維爾（Alexis de Tocqueville）19 世紀 30 年代寫的的名著《美國民主》，托克維爾用該詞強調美國在國民認同（national identity）和國民性（national character）方面與歐洲的顯著不同，以解釋美國成功的原因。[2]後來，經過 20 世紀初德國學者桑巴特（Werner Sombart）對「美國為何沒有社會主義」的研究和 20 世紀中葉美國學者勒納（Max Lerner）對「美國可以免受歷史力量和生活法則的影響」這一「例外論」觀點的批評，American Exceptionalism 成為美國學術界解釋美國歷史與社會的流行範式。[3]而美國學者福賽思（David Forsythe）把「美國例外主義」理解為美利堅共同體與生俱來、根深蒂固的一種獨特的思想觀念。他認為「美國例外主義」的核心包含這樣一種觀念：「美國人組成了一個異常優秀和偉大的民族；他們首先代表了對個人自主和自由的信奉；他們建立在個人自由的理念基礎上的社會和國家，樹立了值得向世界其他地方輸出的榜樣。」[4]可見，American Exceptionalism 既是一種解釋美

---

2 Seymour Martin Lipset, *American Excepionalism: A Double-Edged Swor* , New York, 1996. p.18.

3 Werner Sombart,*Why Is There No Socialism in the United States,* White Plains,New York,1976; first published in German in 1906. Max Lerner, *America as a Civilization,* New York: Simon and Schuster, 1957, Vol.1, p.65. 參見王立新：《意識形態與美國對外政策》，北京大學出版社，2007 年 9 月版，第 70～71 頁。

4 [美]大衛・福賽思：《美國外交政策與人權：理論的分析》，周琪主編：《人權與外交：人權與外交國際研討會論文集》，時事出版社，2002 年 1 月版，第 108～109 頁。

國獨特的社會歷史發展道路的社會科學理論和學術問題，也是美國大眾的一種普遍的自我認知和意識，是美國人普遍信奉的文化傳統和文化價值觀，其核心是美國獨一無二（American Uniqueness）論。[5]

本文探討的是作為一種獨特的美國意識形態的或文化價值觀的「美國例外主義」。眾所周知，美國是靠共同信仰和原則立國的獨特國家，美國人的國家認同不是基於民族血統與民族文化，而是基於共同的意識形態。「美國例外主義」就是美國特有的一種意識形態，是美國在宗教和世俗領域獨特的自我認知及其與外部世界關係的基本定位。雖然它不像被美國政治家和精英掛在嘴邊的自由主義那樣成為美國更具官方色彩的意識形態，但它早以潛移默化到美國人的思想意識裏，始終影響著美國人的世界觀、價值觀和行為方式，尤其是美國外交。

有人對「美國例外主義」作狹義理解，認為它是與美國的普世主義和美國使命感並列的美國文化生態的三大思想根源之一，甚至認為它就是指美國的孤立主義。[6]他們認為「例外主義是美國民族主義的一種低調形式，即強調美國制度的獨特性，不能傳授給他人。」[7]也有人對「美國例外主義」作較寬泛的理解，認為它包含美國人的救世主精神、使命感和理想主義，[8]是指「上帝選擇了美利堅民族把它安置在北美這片新大陸上，並賦予了它特殊的使命：在這裏建立一個自由和民主的樣板，美國因此成為一座『山巔之城』，是世界各國的榜樣；美利堅民族還由此肩負著上帝所委託的把自由民主價值觀念和民主制度推廣到全世界的使命。」[9]

---

5　王立新：《意識形態與美國對外政策》，第 74 頁。

6　張春：〈美國國會文化生態探析〉，《美國研究》，2007 年第 1 期，第 121 頁、122 頁。

7　趙國軍：〈對美國政治學的一種「知識考古學」反思〉，《美國研究》，2007 年第 1 期，第 146～147 頁。

8　周琪：〈「美國例外論」與美國外交政策傳統〉，《中國社會科學》，2000 年第 6 期，第 89 頁。

9　周琪：〈『布希主義』與美國新保守主義〉，《美國研究》，2007 年第 2 期，第 21 頁。

本文認為，由於「美國例外主義」涉及美國宗教、文化、歷史、政治、社會、外交等眾多方面，因此其內涵非常豐富，超過了以上的狹義和相對廣義的理解，其外延十分寬泛。凡美國人在上述諸多方面獨特的自信意識、自戀情結與自豪信念都屬於「美國例外主義」的範疇，它主要包括「美國聖潔」意識、「美國榜樣」意識、「美國救世」思想、「美國使命」思想、「美國正確」信念、「美國無私」信念。美國人這些具有內在一致性的意識、思想、信念相輔相成，構成一套獨特的美國式的非正式意識形態，貫穿其中的主線是：世界充滿善惡對立，美國是善的代表與道德化身，只有美國有資格有責任充當全世界的榜樣，並向全世界傳播上帝福音和自由民主的普世價值觀，從而拯救世上一切受苦受難的人，帶領人類走向光明的未來。

## 一、「美國聖潔」、「美國榜樣」意識

所謂「美國聖潔」意識，是指美國人的這樣一種意識：「新世界」的美國與「舊世界」的歐洲迥然不同，歐洲充斥腐敗與衰落、邪惡與墮落、專制與壓迫、陰謀詭計與爾虞我詐、權力政治與祕密外交，而美國洋溢著生氣與活力、善良與純潔、自由與民主、平等與正義。「美國聖潔」意識根源於美國人的始祖英國清教徒的「宗教潔淨」觀，清教徒（Puritan）由此得名。這種意識不僅和美利堅共同體與生俱來，而且始終與美國相伴，美國基督教新教中就有 20 多個教派總稱「聖潔會」。換言之，「美國例外主義」認為：從歐洲移居北美的清教徒是「上帝的選民」，是善的象徵和道德的化身，是神聖和潔淨的；北美大陸是上帝給他們預留的「新的耶路撒冷」，它不受歐洲的邪惡與墮落的污染，不受其政治動盪與權力紛爭的影響，得以遠離戰爭與革命威脅，是世界上唯一的「世外桃源」，因此不應與「舊世界」為伍。「美國聖潔」意識是美國孤立主義和單邊主義外交傳統的主要思想根源。

與「美國聖潔」意識相伴而生的是作為其邏輯延伸的「美國榜樣」意識，它指這樣一種信念，即聖潔的北美清教徒應該而且確實為全世

界受苦受難的個人與民族樹立了通過虔誠信仰上帝與自我奮鬥取得成功的唯一榜樣，以他們為核心構建的美利堅共同體是全世界的道德楷模與成功範例。按照當時清教領袖溫斯羅普（John Winthrope）的說法，清教徒將在北美建立「光輝的山巔之城」（a shinning city upon a hill），成為全人類的「自由燈塔」，供世人景仰與膜拜。他說，「我們將成為整個世界的山巔之城，全世界人民的眼睛都將看著我們。如果我們在實現這一事業的過程中欺騙了上帝，如果上帝不再像今天這樣幫助我們，那麼我們終將成為世人的笑柄。」[10]美國國父湯瑪斯・傑弗遜認為美國的自由之火將照亮舊世界通向新世界的黑暗小路，美國的「榜樣」與「楷模」將鼓舞全人類。[11]

## 二、「美國救世」、「美國使命」思想

所謂「美國救世」思想，是指美國人這樣一種根深蒂固的思想：美國是所有受苦受難的人乃至全人類的救世主，因為只有美國有資格有責任有能力進行「十字軍」式的「聖戰」，消滅人間的撒旦，把人類從邪惡的舊世界中解放出來。本質上與此毫無二致的所謂「美國使命」思想或稱「美國使命觀」，是指「美國人堅信上帝賦予他們一種特殊的職責，這一職責就是把他們優越的觀念和制度傳播到世界其他地區，並因此而改善和改造這個世界」。[12]17 世紀 20 年代初，信奉加爾文教的「預定論」的英國清教徒到達北美後，把這種清教主義宿命論變成他們獨特又強烈的道德優越感和以此為基礎的「救世使命感」，「預定論」也隨之成為一種美式宿命論，即血統最高貴、品質最優秀、能力最強大的盎格魯——薩克森人是上帝以其絕對意志預先選定出來拯救

---

10 [美]丹尼爾・布林斯廷：《美國人開拓歷程》，中國對外翻譯出版公司譯，三聯書店出版社，1993 年 4 月版，第 3 頁。

11 Richard Mathews, *The Radical Politics of Thomas Jefferson*, New York, 1965. pp.79～82.

12 王立新：《意識形態與美國對外政策》，第 127 頁。

人類出苦海的特殊民族。北美清教徒堅信：「他們同上帝之間有一道神聖的『約定』：他們不僅蒙受特殊的神恩，而且還擔當著神所賦予的建立基督教國家以及垂範、拯救世界的重任。」[13]他們認為：「北美大陸是上帝賜予他們的『新的耶路薩冷』，他們在北美的偉大試驗，是秉承上帝的旨意，他們作為上帝使者，在全世界傳播基督教文明，征服『落後民族』和『落後文明』以拯救整個世界，是他們的使命。」[14]概言之，「救世」就是美利堅的神聖「使命」。以「聖潔」、「榜樣」意識為道德基礎的「救世使命」思想中自然浸潤著濃烈的道德優越感。因此，「美國例外」不僅意味著與眾不同，更是蘊涵著一種優越感。[15]在北美殖民地早期，這種「救世使命」思想主要表現為「榜樣」意識，後來隨著美利堅共同體的形成和美國的發展壯大，其強烈的宗教使命感、道德優越感和民族自豪感使其「救世使命」思想成為一種不斷對外擴張和追求世界領導地位的世俗信仰。當美國國力到 19 世紀 40 年代成為美洲超級大國時，「救世使命」思想又理論化為「天定命運論」，其標誌是 1845 年美國作家奧沙利文（O Sullivan）提出「天定命運論」的概念。「天定命運論」的理論思潮至遲在 19 世紀初的北美就產生了，它認為「美國是基督教世界的中心，美利堅民族作為盎格魯——薩克遜民族的典型代表，是上帝所選定的優秀民族，它命中註定要向北美大陸及世界其他地區擴展，這是履行上帝的旨意，是一種天定命運。」[16]「天定命運」（Manifest Destiny）意味著美國有責任把新教、民主制和自由資本主義制度帶到整個北美及其他地區。「天定命運」意識作為「救世使命」思想的另一種表達，早在北美殖民地初期就出現了，後來成為

---

[13] 張宇燕、高程：〈美國行為的信仰根源〉，《國際經濟評論》，2007 年 7/8 期。

[14] 劉國平：《美國民主制度輸出》，社會科學文獻出版社，2006 年 8 月版，第 94 頁。

[15] Seymour Martin Lipset, *American Excepionalism: A Double-Edged Sword*, New York, 1996. p.18.

[16] 楊衛東：〈美國外交理念中的使命感及其影響〉，《國際政治》2008 年第 3 期，第 147 頁。

19 世紀美國對外擴張的思想基礎。可見，「天定命運」意識本是「美國例外主義」的題中之義。

## 三、「美國無私」、「美國正確」信念

「美國無私」、「美國正確」信念是指美國人堅信，無論美國採取什麼對外行為（包括戰爭），美國在道德上是無私的因而本質上是正確的，因為美國是唯一以拯救全人類為己任的利他國家，其道德高尚，其動機純潔，其行為符合上帝的旨意。換言之，美國的對外擴張（無論是否使用武力）不是對外侵略，而是為了擴展自由世界，即使美國武力干涉別國內政甚至佔領別國，也不是像別國那樣完全出於私利，而是為了被干涉國乃至全人類的共同利益與幸福。美國作家梅爾維爾（Heman Melville）稱：「讓我們永記，因為我們的出現，在世界歷史上，國家自私的目的幾乎第一次成為不可限量的慈善事業，因為我們不僅在對美洲行善，而且要解救整個世界。」[17]因此，「美國無私」信念與「美國正確」信念密不可分，實際上是同一信念，即：美國的成功與強大是上帝意志決定的，美國的行為代表上帝的旨意，不僅是為了美國自己，更是為了全人類，只有美國知道什麼觀念和制度對所有民族和國家都是最好的，因而對別國內政的干涉是神聖、無私和正確的。「在只有美國知道什麼對其他民族是最好的前提下，美國將作為仁慈的霸權或父親般的權威發揮作用。」[18]美國著名史學家小施萊辛格認為，美國人普遍相信「全能的上帝賦予美國以獨一無二的美德和高尚的品質，使美國免除了主宰其他所有國家的那些（自私）動機」。[19]

---

[17] Heman Melville, *White Jacket,* London:Oxford University Press, 1924, pp.143.

[18] Siobban McEvoy-Levvy, *American Exceptionnism and US Foreign Policy, Public Dipomacy at the End of the Cold War*, London: Palgrave, 2001, p.28. 轉引自周琪：〈『布希主義』與美國新保守主義〉，《美國研究》，2007 年第 2 期，第 22 頁。

[19] Schlesinger, Jr., *The Cycles of American History*, p.16. 轉引自王立新：《意識形態與美國對外政策》，第 82 頁。

許多美國人對美國 19 世紀的領土擴張的解釋是:「美國攫取海外領土並不是帝國主義，因為美國的目的是無私的，美國將以善良的方式照顧這些不幸者。」[20]換言之，美國是為了幫助別國才干涉別國內政，是為了消除邪惡勢力才武力打擊或侵佔別國，都是出於善良的動機和出於正義的目的。一句話，美國的無私、善良與正義使美國絕對、永遠正確。

總之，「美國例外主義」認為，美國是獨特而優越的國家，表現在：作為美國始祖的英國清教徒清廉、節儉、勤勞、善良，懷抱著追求自由、平等和幸福的強烈願望來到北美，他們建立的新國家既是理想的基督王國，也是自由的世俗民主之國，是充滿機會的「希望之鄉」，與腐敗墮落、邪惡專制的歐洲迥異；美洲有廣袤肥沃的土地、豐富的資源和廣闊的市場，有不同於歐洲的利益，完全可以獨立於歐洲之外，人人都有機會通過自我奮鬥取得成功；美國人民肩負著上帝賦予的特殊使命，即把美國建成自由民主的典範並把美國的價值觀和自由民主制度推廣到全世界，以此來拯救全人類；美國清白無辜，樂善好施，它反映上帝意志的的一切行為都是無私和正確的。

## 第二節　「美國例外主義」的宗教起源

### 一、清教主義及其社會經濟基礎

從上文對「美國例外主義」的界定可知，它具有濃厚的宗教色彩。作為一種宗教色彩濃厚的意識形態，「美國例外主義」直接起源於 16 世紀英國的清教革命，或者說清教主義（Puritanism）是「美國例外主義」的宗教基礎。如果說不瞭解「美國例外主義」就無法理解美國及其外交，那麼不瞭解清教主義就不可能理解「美國例外主義」。所謂清

[20] Roger S. Whitcomb, *The American Approch to Foreign Affairs: An Uncertain Tradition,* Praeger Press, 1998, p.23. 轉引自王立新：《意識形態與美國對外政策》，第 83 頁。

教主義，是 16 世紀歐洲宗教改革中出現的一種激進新教思想、價值觀念和生活方式，指英國清教徒運動中產生的反對英國國教及羅馬天主教的新的宗教信仰，是清教徒的意識形態，其內容包括：宣揚上帝和《聖經》是唯一的權威，《聖經》是基督徒與上帝溝通從而得到贖救並獲得神啟的唯一途徑，認為光靠信仰就可以得救，否定天主教的教階制度，否定神職人員和教會的權威，強調人的理性和信徒的個人作用，堅信加爾文教的「預定論」，要求以加爾文學說為依據改革英國國教會，清除其中保留的天主教舊制度及一切不符合《新約聖經》的舊教禮儀，反對國王和主教的專橫、腐敗，反對政教合一、君權神授和封建王權，反對繁文縟節和形式主義，反對驕奢淫逸，主張簡化宗教儀式和一切都必須符合宗教倫理，倡導簡單、實在、上帝面前人人平等的信徒生活，提倡勤儉、清潔、節約和通過辛勤勞動發家致富，以成為上帝的「選民」。

清教主義反映了英國新興資產階級和小資產階級的宗教理想與世俗追求，是由他們的階級身份和社會經濟地位決定的，是當時英國乃至整個歐洲社會矛盾及宗教鬥爭的產物。清教徒大多是剛開始興起的資產階級和小資產階級，他們不如貴族富有，社會地位和宗教地位也較低，他們對政治權利、經濟利益和宗教自由的追求受到封建制度和英國國教的雙重壓迫。因此，他們強烈反對封建等級制度、專制王權及其控制的舊宗教，主張政教分離和宗教清廉，認為宗教虔誠與發家致富並不矛盾，而是相輔相成、相得益彰。在他們看來，工商業活動是上帝賦予信徒的神聖使命，發財致富是上帝的意旨與召喚，「上帝選民」必須追求財富，靠勤奮勞動獲得財富者必定是「上帝選民」，更重要的是，「上帝選民」必須為上帝獲取財富和看管財富。

## 二、清教主義札根北美

潔身清高、相信信仰得救和「預定論」的清教徒認為自己是「出污泥而不染」的「上帝選民」，他們極力通過在塵世的「善行」和對上帝的虔誠來證明上帝對他們的「恩寵」和清教主義信仰。他們本想在英國推進新教改革以大展鴻圖，實現夢寐以求的宗教理想。但是，由於清教主張反映的是新興資產階級的政治要求和經濟利益，從根本上威脅著英國王權與國教的統治與權威，所以從一開始就受到了英國政府與教會的壓制與打擊。這些受迫害的清教徒從 17 世紀初期開始紛紛逃到北美大陸，以實現他們的宗教理想和世俗追求，尤其是前者。托克維爾甚至認為，「他們之遠渡重洋來到新大陸，決非為了改善境遇或發財；他們之離開舒適的家園，是出於滿足純正的求知需要；他們甘願嘗盡流亡生活的種種苦難，去使一種理想獲致勝利。」[21]於是，沒有受到政治與精神污染的北美新大陸自然成為他們實踐自己的宗教信仰和追求世俗利益的理想家園。他們經過千辛萬苦後終於在北美新大陸找到了他們的精神家園和發家致富的寶地，在「新世界」建立起全新、自治的清教社會，他們驕傲地稱之為「光輝的山巔之城」和「自由之鄉」。因此，帶著清教主義理想來到新大陸的清教徒更加堅定了對加爾文教的信仰，尤其是對其「預定論」深信不疑，北美殖民地人民因此具有強烈的道德優越感和宗教使命感，即新英格蘭清教徒是上帝的「特選子民」，他們在北美大陸的拓荒是「上帝授意」的事業，是「上帝選民們」在「上帝應許之地」創造新世界的努力，北美清教社會是一切國家和民族的榜樣，是照亮塵世的燈塔，美利堅人受上帝之召，承載著「救贖世界」的神聖使命，而其他各民族和國家正等待美利堅的救贖。這種強烈的道德優越感和宗教使命感代代相傳，成為深刻影響美國社會、政治、外交的「美國信條」(American Creed) 的宗教根基與重要精神源泉。一句話，美國堅信自己是「上帝選民」，別的民族或國家是「棄民」，因此根據清教主義立國的美國（美國的立國思想當然還包括古典自由主義及啟蒙思想）不同於任何別國。獨特的美國不僅是一個理想的個人自由主義的平等社會，是世界上所有國家的楷

---

[21] [法]托克維爾：《論美國的民主》（上卷），董果良譯，商務印書館，2004 年版，第 36 頁。

模，而且在道德上絕對優於其他國家，肩負著上帝賦予的拯救全世界的神聖使命。這就是「美國例外主義」的宗教起源，這就是美國與別國不平等的思想源頭，這就是美國霸權外交的宗教根源。

## 第三節　「美國例外主義」的世俗化

### 一、從「神聖宗教」到「公民宗教」

基督教是具有強烈世俗關照的「入世」宗教，代表新興資產階級和小資產階級利益的清教強烈主張在上帝的意志下通過極力追求物質利益獲得現世幸福，從而成為「上帝選民」。從 17 世紀 20 年代初期第一批英國清教徒到達北美之際就開始形成的被波蘭學者斯科夫龍斯基稱為「宗教例外論」[22]的「美國例外主義」，很自然地成為美利堅民族半宗教半世俗的意識形態和政治文化的核心。因為「在完全出於世俗動機且服務於世俗目的的活動中，『宗教例外論』很容易轉化成涵蓋範圍更廣泛的『美國例外論』，當然兩者不是一種孰先孰後的關係，往往並行共存，前者在很大程度上成為後者的堅實基礎。」[23]於是，起初主要作為北美清教社會的一種宗教信念的「美國例外主義」，隨著北美殖民地的成功開發、美利堅共同體的形成和美國建國又逐漸世俗化，成為李普賽特所謂的「美國主義」（Americanism）或馬代爾（Gunnar Myrdal）所稱的「美國信條」或稱「美國信念」（American Creed）這一美國人的基本政治信念與核心價值。在早期美國人心中，美國肩負的神聖使命「不僅是建立宗教理想國，而且還要建立世俗理想國，來實現啟蒙運動中的的自由和平等的理想，美國的使命就是傳播自由、

---

[22] 轉引自王曉德：〈從文化視角對美國外交政策的深層思考——王立新的〈意識形態與美國外交政策〉讀後〉，《美國研究》，2007 年第 4 期，第 122 頁。

[23] 王曉德：〈從文化視角對美國外交政策的深層思考——王立新的〈意識形態與美國外交政策〉讀後〉，《美國研究》，2007 年第 4 期，第 122 頁。

代議制政府和共和主義的理想，並因此推動人類自由和進步的事業，因此美國革命開闢了一個使人類從專制和愚昧中解放出來的新時代」。[24]美國人這種「源於基督教信仰的使命感與美國社會獨特的政治理念和政治制度模式相結合，宗教使命感從世俗化的政治現實中汲取了新鮮『血液』，得到進一步的鼓舞，進而日益世俗化。而這種使命感世俗化的一個重要源泉就是美國立國之初逐漸形成的一系列『美國信條』以及在這種信條支配下建立起來的民主制度模式。」[25]

可見，「美國例外主義」的世俗化過程就是所謂「神聖宗教」（sacral religion）向「公民宗教」（civic religion）轉化的過程。「神聖宗教」在這裏指英國北美殖民地時期的清教，而「公民宗教」指以美國《獨立宣言》、《美國憲法》和《權利法案》為「聖經」的美國政治價值觀，即「美國信條」。而「美國信條」是美國之所以是美國的關鍵，正如馬代爾所說，它是「這個偉大而鬆散的民族結構的混凝土」。[26]他認為，「美國信條」是把美國文化的多樣性與理想的統一性奇妙地結合在一起的統一的理想，「被美國社會中每個人自覺信奉」，「被所有思想家、政治人物和國家領袖所津津樂道」。[27]

## 二、「美國信條」的內涵與淵源

「美國信條」這個概念是對美國核心價值觀的概括，它代表的是美國特有的意識形態（資本主義這個更大的意識形態並非美國所獨有），正如納粹主義是納粹德國獨有的意識形態和史達林主義是史達林俄國特有的意識形態一樣。但是，它具體包括哪些內容，學者們的看

---

24 王立新：《意識形態與美國對外政策》，第 130 頁。

25 楊衛東：〈美國外交理念中的使命感及其影響〉，《國際政治》，2008 年第 3 期，第 146 頁。

26 [美]撒母耳・亨廷頓：《失衡的承諾》，東方出版社，2005 年 9 月版，第 28 頁。

27 Gunnar Myrdal, *An American Dilemma: The Negro Problem and Modern Dmocracy* ,New York, 1962, P.3.

法並不完全一致。托克維爾在《美國民主》中認為，「美國信條」反映了美國沒有封建君主制和貴族等級制、沒有尖銳的勞資對立的社會結構這一與歐洲不同的獨特性，對美國作為民主共和國的成功至關重要，並把它看作是以下五種價值的集合：自由（liberty）、平等主義（egalitarianism）、個人主義（individualism）、民眾主義（populism）、自由放任（laissez-faire）。托克維爾之後半個世紀，布賴斯（James Bryce）把「美國信條」的主要內容概括為六點：天賦人權、權力來自人民、政府受法律和人民的制約、地方政府優於全國政府、多數人比少數人更明智、政府行為越少越好。[28]亨廷頓（Samuel Huntington）認為「美國信念」的基本理念包括：平等、自由、個人主義、憲政主義、民主。[29]筆者認為，「美國信條」是如下幾對既相互聯繫、依存又不無矛盾的價值的混合：自由與平等、自由與民主、個人主義與憲政主義、法律至上與主權在民、多數人治理與少數人權利。這些價值並非高度一致，但它們都有限制和反對政府權力的取向。換言之，「美國信念的特性就是反政府性。」[30]因此，主要受清教主義和啟蒙思想想影響的美國政治文化具有反對權力的基因，限制和監督政府權力是美國與生俱來的特性。美國這一根深蒂固的政治文化傳統不僅深刻影響其國內政治，也對其外交具有深遠影響。當然，這兩種影響的方式和機制不同：前者通過憲政與法治（主要是聯邦政府與地方政府的分權、聯邦政府內和地方政府內的三權分立、司法獨立）直接施加影響；後者既通過對聯邦行政當局和聯邦立法機構不同程度的分別授權直接影響美國的外交決策，又在「世界主義」的「普世權利」理念的指導下，通過違反現代國際法去干涉別國內政，從而間接影響美國的對外關係。

作為美國政治、經濟制度與外交政策的思想基礎，「美國信條」深受清教主義的影響。「清教主義中蘊含的個人主義、理性原則、自治精

---

[28] [美]撒母耳・亨廷頓：《失衡的承諾》，第 25 頁。
[29] [美]撒母耳・亨廷頓：《失衡的承諾》，第 39 頁。
[30] [美]撒母耳・亨廷頓：《失衡的承諾》，第 39 頁。

神，為美國的自由民主政治提供了精神性因素。」[31]除此之外，「美國信條」還淵源於中世紀以基本法（自然法、神授法、習慣法）約束人的行為的立憲理念，並直接受洛克自由主義思想和法國啟蒙思想的影響。作為「美國信條」最早最強烈的正式表達的美國《獨立宣言》，就直接受到洛克的古典政治自由主義和盧梭啟蒙思想的重大影響。而《美國憲法》及《權利法案》則是對《獨立宣言》的補充與法律制度化。「把《聖經》的信仰與對資產階級啟蒙思想家們的自由平等、天賦人權思想的信仰融合在一起，就構成了美國民主制度的思想根源。」[32]

## 三、「美國信念」對美國外交的影響

「美國信念」不僅從思想上決定了美國國內制度，而且深刻影響著美國的對外政策。「美國信念」主要從兩個方面影響美國外交。一方面，它認為美國的自由、民主、平等、法治和市場經濟等制度是世界上最好的社會制度，因而美國決不應該與社會制度極權、專制、腐敗、不平等、不文明的其他國家同流合污，應該遠離罪惡的舊世界，從而導致了美國孤立主義。另一方面，它又認為美國社會制度是普世價值觀的體現，因而應該把美國價值觀和社會制度推廣到世界各國，從而導致了美國擴張主義和干涉主義。

美國擴張主義無疑是一種霸權主義，但美國孤立主義似乎與霸權主義毫不相干，具有很強的迷惑性。其實，雖然孤立主義與霸權主義在語義上無緣甚至相對，但是，由於美國孤立主義本質上為美國擴張主義服務（即對歐洲的孤立是為了在美洲擴張），而且美國是為了成為全世界的「榜樣」和「燈塔」而暫時孤立，因此美國孤立主義實際上屬於美國霸權主義範疇，只是與美國擴張主義這種「直接、顯性霸權主義」相比，它屬於「間接、隱性霸權主義」。

---

[31] 董愛國：〈清教主義與美國民主〉，《世界歷史》，2000 年第 1 期。

[32] 劉國平：《美國民主制度輸出》，第 9 頁。

因此，只需分析美國孤立主義和美國擴張主義這兩種典型的「美國例外主義」外交思想的本質、思想根源與相互關係，就可知道「美國例外主義」或「美國信念」對美國外交思想的影響有多麼大，就可認識美國外交思想的霸權主義本質。下一章的第二節將進行詳細分析。

# 第二章　美國外交思想傳統

美國是一個只有 200 多年歷史的年輕國家，但是美國外交卻具有深厚、聯貫的思想傳統和顯著特色。美國外交思想從北美殖民地時代就開始萌芽和形成。由於美國建國時恰逢近代以歐洲為中心的世界大變革時代（美國本身就是這一時代大變革的產物），誕生於近代資本主義大潮中的美國不像許多國家那樣有過長期封閉獨處的經歷，它從一開始就無法真正孤立於外部世界之外。在與外部世界逐漸密切的交往中，美國逐漸形成了自己獨具特色、根深蒂固的外交思想傳統。在這方面，沒有任何其他國家能與美國相比。

關於美國外交思想傳統，學界一般歸納為兩對矛盾：一是理想主義與現實主義，二是國際主義與孤立主義。最近出現了四分法和三分法，前者是米德（Walter Russell Mead）提出的漢密爾頓主義、傑弗遜主義、傑克遜主義和威爾遜主義，[1]後者指現實主義、理想主義和作為兩者中極端成分之混合的傑克遜主義。時殷弘認為，美國外交思想傳統中有三大主題，「它們以其眾多歷史形態和思想表現，合成了美國外交思想的複雜圖景：（1）美國外交思想傳統中的現實主義，它主導了美國作為國際權力政治中的『傳統』大國的對外政策；（2）美國外交思想傳統中的『傑克遜主義』或『好鬥的美國主義』，它主導了美國少有虛飾地單邊追求美國安全和『國家偉大』的極端民族主義對外政策；（3)美國外交思想傳統中理想性自由國際主義，它主導了美國締造『美國式』理想世界秩序的新型『普遍主義』對外政策。」[2]

---

[1] [美]沃爾特・拉塞爾・米德：《美國外交政策及其如何影響了世界》，曹化銀譯，中信出版社／遼寧教育出版社，2003 年 12 月版。

[2] 時殷弘：《國際政治與國家方略》，第 127～128 頁。

鑒於以上歸納的不夠全面，筆者把美國外交思想傳統歸納為三對相互交織的對立統一的矛盾：理想主義與現實主義、孤立主義與擴張主義、單邊主義與多邊主義。

## 第一節　理想主義與現實主義

美國理想主義和現實主義外交思想與西方理想主義和現實主義國際關係理論具有相當大的一致性，但不能把它們混為一談。本節分析的是早在美國立國初期就開始形成的美國理想主義和現實主義外交思想。

### 一、理想主義及其淵源

所謂理想主義，就是在外交中追求本國的理想化目標的外交思想和主張，即把追求基於本國意識形態、政治哲學和政治文化乃至宗教信仰的外交理想作為對外交往的根本目標和指導思想。具體的說，理想主義外交思想強調道義、法律、制度等規範在對外交往中的重要性和決定作用，反對權力政治和祕密外交，反對通過均勢維護國家安全，主張向外輸出美式自由、民主、人權、法治等價值觀，堅信通過加強國際交往和合作可以實現集體安全與世界和平，其最高目標是實現世界的美國化和美國對全球的領導。除了主體不同外，它與下文所指的理想主義國際關係理論沒有本質不同。「理想主義包括以下基本內容：世界政治是人性和理性的化身；人性本善，國家間關係本質上是和諧的；國家主權有其局限；拯救世界的力量關鍵是道德；國際組織、國際法和集體安全體系可以取代傳統均勢政策確保國際和平，等等。」[3]之所以被稱為理想主義，就是因為它的反對者認為它主張和追求的是

---

[3] 郭樹勇：「《新現實主義及其批判》與國際政治學的本體論『革命』」，載羅伯特・基歐漢編：《新現實主義及其批判》，郭樹勇譯，秦亞青校，北京大學出版社，2002 年 10 月版，第 15 頁。

脫離現實、難以實現的理想化的外交目標或利益。由於理想主義以自由主義這一美國主流價值觀為哲學基礎，而自由主義主張在對外交往中極力維護和傳播自由價值觀，因此它有時也被稱為自由主義。由於一戰結束前後美國總統威爾遜強烈主張並極力籌畫建立理想化的世界新秩序，因此理想主義又稱為威爾遜主義。

威爾遜在 1917 年 4 月對美國國會作參戰演講時說，美國尋求「通過自由人民的協作來使權利獲得普遍的支配地位，這種協作應該把和平與安全帶給所有的國家，並使世界本身最終成為自由的」。[4]1918 年 1 月他在美國國會提出了集中體現理想主義外交思想的著名的「十四點計畫」，宣稱美國外交的目標是實現公開外交、公海航行自由、貿易自由、全面裁軍、民族自決、殖民地問題的公正處理、集體安全。隨後他又提出美國外交的四項原則：美國無意攫取別國領土，美國外交的主要手段是和平談判而不是武力征服，美國不承認任何通過暴力獲得政權的外國政府，美國將在國際關係中信守諾言和遵守道義。威爾遜主義的基本精神可以概括為四個律令：道德律令——道德應當是一切外交政策的出發點；多邊律令——多邊主義應當是實現外交政策目標的基本手段；民主律令——在美國領導下實現世界的民主是實現永久和平的前提條件；民族自決律令——任何民族都有權決定自己的政府統治形式。[5]

理想主義早在美國建國過程中就表現出來了。理想主義實際上是美利堅民族擺脫英國殖民統治、爭取民族獨立的思想武器和精神動力。美國獨立戰爭的旗幟和口號就是自由、獨立、平等。在 18 世紀歐洲啟蒙思想的深刻影響下，美利堅民族受英國殖民統治這一殘酷現實與殖民地精英追求的自由、民主、平等、博愛的理想發生尖銳衝突，這一衝突成為美國獨立戰爭爆發的重要原因，而美國獨立戰爭的勝利

---

4　轉引自周琪：《美國人權外交政策》，上海人民出版社，2001 年 12 月第 1 版，第 16 頁。

5　[美]羅・麥克納馬拉、詹・布萊特：《歷史的教訓：美國國家安全戰略建言書》，張立平譯，世界知識出版社，2005 年 1 月第 1 版，第 10 頁。

被看成是自由對奴役、民主對專制、平等對壓迫的勝利，從而強化了美國外交中的理想主義追求。

美國建國後不久就爆發了法國大革命和拿破崙戰爭，因而年輕的美利堅共和國內部在是否支持和援助法國的問題上陷入了嚴重分歧。以湯瑪斯・傑弗遜為首的共和黨人[6]是理想主義者，主張根據道義和民主原則站在法國一邊，反對英國領導的反法聯盟，因為法國革命是反封建專制的民主革命，而且法國曾經支持美國獨立戰爭，而英國是美國的敵人。而以亞歷山大・漢密爾頓為代表的聯邦黨人根據新生的美利堅共和國很弱小這一客觀現實，主張保持中立，不介入歐洲的戰爭和政治紛爭，而是繼續同英國進行商業貿易，這種主張對英國有利。儘管漢密爾頓的現實主義外交主張因得到華盛頓總統的支持而得以實施，但是美國建國後的這場首次對外政策大爭論表明理想主義外交思想在美國建國之初就成為美國主要外交思想之一。

有人把理想主義的思想來源歸納為四種：（1）18、19 世紀主導歐美的古典自由主義哲學，這種思想認為資本主義國家的共同利益是維護有利於商業貿易的世界和平；（2）美國的傳教士精神或者說「天定命運觀」，即美國是由上帝選定來傳播其福音和拯救人類的唯一使者，美國負有向全世界傳播美國的自由民主價值觀的神聖使命；（3）美國獨特的「例外論」，即美國與世不同，既可潔身自好，又能改變世界；（4）18 世紀歐洲的啟蒙主義，即強調人類的平等與博愛。[7]

筆者認為，上述第二、第三點實際上都屬於「美國例外主義」，它是美國理想主義外交思想的主要根源，尤其是其中的「天賦使命觀」或稱「天定命運觀」。美國人從殖民地時期開始就具有鮮明的「使命觀」和強烈的「使命感」。「使命觀源於清教徒的宿命論，是加爾文教『預

---

6 這裏說的共和黨與美國今天的共和黨不是同一個黨，而是美國現在民主黨的前身，民主黨的黨名開始於 1828 年安德魯・傑克遜當選總統之際。今天美國共和黨的前身是美國立國之初的聯邦黨，共和黨的黨名開始與 1854 年。

7 [美]羅・麥克納馬拉、詹・布萊特：《歷史的教訓：美國國家安全戰略建言書》，第 9 頁。

定論』在美國文化中的反映。它最初用以說明清教徒的行為是實現上帝賦予他們的使命。」[8]「天定命運觀」的主要含義有三：美利堅合眾國的建立有其必然性，美國的領土擴張有其合法性，通過擴張傳播民主制度有其神聖性。[9]其核心思想就是，強調美利堅民族肩負的使命，呼籲建立美利堅文明，消除歐洲人對美洲大陸的影響。「天定命運觀」成為此後美國在北美大陸吞併、兼併領土的主導思想。[10]「天賦使命觀對二戰後美國對外行為的影響是顯而易見的：一是賦予美國對外行為的使命性，二是渲染美國對外行為的道義性。」[11]

在很多美國人心中有這種根深蒂固的觀念：美國人是上帝的選民，生活在「希望之鄉」，美國是「山巔之城」，是自由的燈塔，是理想世界的縮影，美國價值觀和社會制度是普世性的。「建立美利堅共和國的那些最初的殖民地反叛者認為，他們建造的國家註定與世界上的其他國家不同，而且會比他們更完美。」[12]因此，「美國例外論者堅持認為，任何外國人在道德上都沒有資格對美國國內的人權記錄作評判。」[13]美國人所一貫奉行的「美國例外論」、自由主義以及權利、道德觀念賦予美國人一種強烈的使命感——要用美國的形象來改造世界。在許多美國人看來，美國應該通過樹立榜樣或通過對外干涉向其他國家傳播美國式的民主制度和價值觀，帶領人類脫離其邪惡的生活方式，進入所謂「新的耶路撒冷」。[14]

---

8 門洪華：《霸權之翼：美國國際制度戰略》，北京大學出版社，2005 年 11 月版，第 88 頁。

9 張友倫主編：《美國通史第 2 卷：美國的獨立和初步繁榮（1775-1860）》，人民出版社，2004 年版，第 234 頁。轉引自門洪華：《霸權之翼：美國國際制度戰略》，第 225 頁。

10 門洪華：《霸權之翼：美國國際制度戰略》，第 225 頁。

11 門洪華：《霸權之翼：美國國際制度戰略》，第 89 頁。

12 周琪：《難以弭合的鴻溝——中美對人權外交看法的分歧及其原因》，載[美]陶美心、趙梅主編：《中美長期對話》，社會科學出版社，2001 年 1 月版，第 97 頁。

13 [美]大衛・福賽思：《美國外交政策與人權：理論的分析》，載周琪主編：《人權與外交：人權與外交國際研討會論文集》，第 111 頁。

14 Charles W. Kegley, Jr. and Eugen R. Wittkopf, American Foreign Policy: Pat-

為什麼在美國建國之初甚至早在殖民地時期就形成了「美國例外主義」呢？從價值觀角度看，「例外主義」思想主要來源於美國歷史上對其自身地位和價值的認識。這種認識的基礎主要是美國政治文化中基於新教信仰而形成的「選民」思想和「使命」意識。[15]而且，這與美國建國前後歐洲和美洲不同的政治背景密切相關。當時，歐洲紛爭不斷，民主革命最終都失敗了，而北美殖民地是「世外桃源」，且美國獨立戰爭和民主革命都成功了，源於歐洲的自由民主思想終於在北美大陸生根開花，結出了民主共和國的碩果。因此，「從一開始，美國人就認為自己是個例外，不同於普通類型的國家。他們建立了古典時代以來第一個共和國之後，就認為整個人類從此開始了新的歷史」。

可見，理想主義是最典型的美國外交思想傳統，它雖與歐洲的自由主義思想有聯繫，但主要是美國獨特的外交思想。「從登上新英格蘭海岸的清教移民起，經過美利堅合眾國的多數締造者，直到威爾遜本人及其代代信徒，關於美國生活方式、美國精神和美國理想卓越超群並適合於全世界的信念經久不衰，簡直構成了一種民族宗教或國家宗教。」[16]「在美國看來，無論是領土的擴張還是對商業利益的追求，都是為了履行『拯救世界』的歷史使命，是一種值得炫耀的『十字軍精神』。美國國家利益與道德原則息息相關。在一般情況下，即美國的本土安全沒有受到威脅時，它對自身利益的表達會充滿理想主義的語言。對於不同文化背景的國家，美國難以接受，經常發出刺耳的帶有意識形態色彩的聲音。美國『十字軍精神』在國內的政治中會受到法治和機制的約束，但對外則可以肆無忌憚。對外政策可以形成政教合一、政治與道德一致，不受任何約束。」[17]

---

tern and Process, New York: St. Martin's Press, 1987, p.257.

[15] 汪波：《美國冷戰後世界新秩序的理論與實踐》，時事出版社，2005年7月第1版，第28頁。

[16] 時殷弘：《國際政治與國家方略》，第128頁。

[17] [美]喬治・索羅斯：《開放社會——改革全球資本主義》，商務印書館，2001年，第348頁。轉引自劉金質：《冷戰史》，世界知識出版社，2003年1月第1版，第85頁。

## 二、現實主義及其與理想主義的分歧

與理想主義相反，現實主義認為，在無政府的國際體系中，國家只能依據自己的實力維護和追求現實的國家利益，即憑自助和建立力量均勢維護國家安全和追求經濟利益，不能按照所謂國際道義和法律制度去追求普遍的國際正義、集體安全和世界和平，不能把這些烏托邦式的理想作為對外政策目標，因為那不符合甚至損害國家利益。「現實主義有兩個含義，縱向來看，『現實』意味著國家和民族的即時利益……，當短期利益與長遠利益發生衝突時，決策者們毅然決然地選擇前者。橫向看，『現實』定義為國家和民族的一己利益，要求在國際事務中承擔最小的世界責任和義務而享有最大的權利和利益份額。」「美國精神的最大特點就是務實，因此現實主義在美國是找到了合適的土壤。」[18]現實主義對外政策的「主要目標是通過建立軍事力量和其他強制性權力的均衡或優勢，來推進利己主義的國家利益，而不是推廣人權、民主或法治觀念」。[19]

這裏出現了如何界定、判斷國家利益和如何看待它與道德、原則、理想的關係的問題。現實主義認為國家利益與抽象的道德和原則是兩回事，而理想主義認為兩者本質上是一致的。而且，儘管國家利益是客觀存在的，但是它又是一個主觀判斷問題。因此，在同樣的客觀環境中，具有不同政治、外交理念的人對國家利益的認識有很大不同。有人甚至認為：「國家利益的含義已經變得如此含糊和模棱兩可，其作為外交政策原則的作用也正在變得充滿疑問和爭議。很多有頭腦的外交政策評論家很早以來就發現，國家利益的概念不幸已經淪為政府領導人常用的政治術語。這些術語的作用是用來證明他們界定的合理性

[18] 王瑋、戴超武：《美國外交思想史》，人民出版社，2007 年 12 月版，第 278～279 頁。

[19] 時殷弘：《國際政治與國家方略》，第 121 頁。

和為他們贏得支持，而不是一個確切的和定義明確的標準，可以根據它來界定應當採取什麼樣的行動和做出什麼樣的選擇。」[20]

現實主義在美國建國之初就形成了，而且立即被付諸實踐。喬治・華盛頓執政時期美國執行的就是現實主義對外政策，當時美國在英法之間保持中立，沒有捲入歐洲戰爭。華盛頓在告別演說中告誡美國人不要介入美洲之外的事務，實際上是以孤立主義的形式表達現實主義的實質。

如果說由源自歐洲的自由主義、啟蒙主義與「美國例外主義」結合而成的美國理想主義在西方對外政策思想中獨具特色，那麼，作為歐洲長期衝突的歷史經驗、美國得天獨厚的地理環境、清教徒的功利主義和美國實用主義哲學四者結合之產物的美國現實主義，既具有對外政策思想的一般性，又具有特殊性，即美國特色的現實主義。

從哲學本體論看，理想主義和現實主義都認為世界是物質的，但是兩者在是物質力量還是觀念力量對外交的影響更大的問題上是對立的。與現實主義者相反，理想主義認為觀念性力量更加重要。而且，理想主義與現實主義以不同的人性論和根本對立的認識論為基礎，是關於外交和國際關係的兩種根本不同的認識。理想主義以人性善或人性向善論和歷史進步論為依據，傾向於以樂觀的態度看待外交和國際關係，認為國際衝突和戰爭是邪惡的，也是可以避免的，希望並努力使外交與國際關係處於和諧狀態，關注的是外交與國際關係「應該怎樣」。因此，理想主義被現實主義者稱為烏托邦主義。現實主義以人性惡和歷史循環論為依據，傾向於以悲觀的態度看待外交與國際關係，從歷史經驗和現實的角度認識外交與國際關係，認為外交衝突和國際戰爭是正常的社會現象，是不可避免的，它關注的是外交與國際關係「是怎樣的」，關注如何在無政府的國際體系中和不可避免的國際競爭

[20] Alexander L. George, *Demestic Constrants on Regime Change in U.S. Foreign Policy: The Need for Political Legitimacy,* 轉引自汪波：《美國冷戰後世界新秩序的理論與實踐》，第 271 頁。

與衝突中維護國家利益尤其是國家安全。現實主義外交與國際關係思想集中體現為摩根索概括的「政治現實主義六原則」:「政治關係由根植於人性的客觀規律所決定；國家利益以權力界定；任何政治活動都受以權力界定的國家利益原則的支配；道德原則是存在的，但不能抽象地應用於國家行為；支配整個世界的律令與某個特定國家的道德抱負有較大差異；政治現實主義具有學科的自主性。」[21]簡言之，理想主義者關注的是未來，以創造性的想像構建思維，而現實主義者熟知的是過去，以因果關係的方式進行思考。[22]顯然，這兩者都有缺陷。「烏托邦主義的典型缺陷是思想的幼稚，而現實主義的典型缺陷是思想的貧瘠。」[23]

## 三、理想主義與實現主義的辨證關係

從理論上講，理想主義和現實主義根本對立，但是在美國的對外政策中，兩者實際上主要是相互配合，儘管不乏矛盾衝突。這是因為，「美國人在追求功利的同時，還尊重一定的價值判斷，在利益至上的同時，還具有根深蒂固的使命觀念。」[24]或者反過來說，儘管美國是個具有強烈道德優越感和使命感的特殊國家，其意識形態、政治文化、宗教信仰使其對外政策充滿理想主義訴求和道義色彩，但是它畢竟處在無政府的現實世界之中，它畢竟有國家安全和經濟利益需要維護，因而其對外政策不能太理想化，必須以現實利益的維護和追求作為其對外政策的根本目標和出發點。當然，若認為美國在對外政策中對民主、自由、平等、人權等價值觀的宣揚完全是為了追求現實利益，美

---

21 [美]漢斯・摩根索：《國際縱橫策論》，上海譯文出版社，第 2～15 頁，轉引自羅伯特・基歐漢編：《新現實主義及其批判》，第 15～16 頁。

22 [英]愛德華・卡爾：《20 年危機（1919～1939）：國際關係研究導論》，世界知識出版社，2005 年 1 月第 1 版，第 12 頁。

23 [英]愛德華・卡爾：《20 年危機（1919～1939）：國際關係研究導論》，第 13 頁。

24 王瑋、戴超武：《美國外交思想史》，第 279 頁。

國對外政策完全是現實主義的，那也是錯誤的。因此，「從美國傳統看，外交政策總是綜合運用現實主義與自由主義的政治路線。」[25]美國對外政策從來沒有表現為純粹的理想主義，也從來沒有表現為絕對的現實主義，而是理想主義與現實主義的結合，即理想主義中有現實主義（或稱現實的理想主義），現實主義中有理想主義（或稱理想的現實主義），不同的只是在不同時期兩者結合的比例有所不同。「我們在信奉現實主義的總統（如尼克森和小布希）那裏也會聽到對威爾遜主義的讚歌，在信奉威爾遜主義的總統（如威爾遜、羅斯福和柯林頓）那裏也會看到『大棒揮舞』、武力干涉的現實主義景象。」[26]正如美國前總統尼克森所說，美國開國元勳「沒有實用主義的理想主義是無所作為的，而沒有理想主義的實用主義有是毫無意義的」。[27]美國現實主義外交大師基辛格精闢地指出了美國對外政策的這種兩面性：「在日常的外交活動中沒有比美國更務實的，但在追求其歷史傳承的道德信念上，也沒有比美國更具理想主義的國家。」[28]他說，制定美國外交政策是在現實主義與理想主義之間「尋求平衡」的過程。[29]美國總統小布希的國家安全顧問賴斯說，「對現實主義與自由主義的探討可以為一代又一代學者帶來無上的榮耀，使他們在大學或研究所獲得終身教授的職位，但是在具體外交政策決策過程中，卻沒有純粹的現實主義也沒有純粹的自由主義，權力與價值觀完全密不可分。」[30]「無視權力因素

---

[25] [美]羅伯特・阿特：《美國大戰略》，郭樹勇譯，北京大學出版社，2005 年 7 月第 1 版，第 8 頁。

[26] [美]羅・麥克納馬拉、詹・布萊特：《歷史的教訓：美國國家安全戰略建言書》，第 22 頁。

[27] [美]理查德・尼克森：《1999：不戰而勝》，世界知識出版社，1997 年 1 月第 1 版，第 357 頁。

[28] [美]亨利・基辛格：《大外交》，顧淑馨、林添貴譯，海南出版社，1998 年 1 月版，第 10 頁。

[29] Henry Kissinger, “Reflrction on Containment”, *Foreign Affairs*, Vol.73, No.3 , May / june 1994, pp113-130.

[30] Condoleessa Rice, *A Blance of Power That Favors Freedom*, US Foreign Policy Agenda, Vol.7, No.4, December2002. 轉引自潘忠歧：《利益與價值觀的權衡

是烏托邦意識。但是，如果無視世界秩序中的道德因素，則是一種不現實的現實主義思想。」[31]2006 年 3 月公佈的《美國國家安全戰略報告》稱：「我們的戰略目標是理想主義的，但我們的手段卻是現實主義的。」[32]其實，美國對外戰略目標既是理想主義的，也是現實主義的，如美國對華戰略目標既是和平演變中國，也是延緩中國崛起並獲取經濟利益；美國對外戰略手段既是現實主義的，也是理想主義的，如 1993 年柯林頓當局宣佈，是否在下一年給予中國「最惠國待遇」，取決於中國的人權改善是否達到美國的標準，但 1994 年柯林頓當局決定把「最惠國待遇」同人權脫鉤。

總體上看，是理想主義還是現實主義在美國對外政策思想史上占主導地位呢？關於這個問題，學界和政界眾說紛紜。一種觀點認為，理想主義是美國對外政策思想的主流，換言之，「從整個美國史看，應當說理想主義在美國外交界一直占上風」。[33]有意思的是，一些著名的現實主義者可能因為對理想主義得到過分張揚不滿而持這種觀點。基辛格認為，威爾遜主義代表美國對外政策思想主流，其特徵是把外交中政治問題法律化，強調道德主義，對美好人性和世界和諧充滿幻想。在他看來，「自威爾遜關鍵性任期之後，美國外交政策一直是遵循著他的理想主義方向前進，直到今天仍是如此」。[34]他認為，「除非美國與那些為爭取自由和人類尊嚴而鬥爭的人們始終並肩戰鬥，否則美國無法忠實於他的傳統」。[35]尼克森也認為，「美國的理想主義——它有時很

——冷戰後美國國家安全戰略的延續與調整》，載郭學堂主編：《國際關係學：理論與實踐》，時事出版社，2004 年 5 月第 1 版，第 263 頁。

[31] [英]愛德華・卡爾：《20 年危機（1919～1939）：國際關係研究導論》，第 213 頁。

[32] The White House, *The National Security Strategy of the United States,* March 16, 2006. http://www.whitehouse.gov/nsc/nss/2006/sectionXI.html.

[33] 許嘉：《權力與國際政治》，長征出版社，2001 年 11 月版，第 146 頁。

[34] Henry Kissinger, "Reflrction on Containment ", *Foreign Affairs* , Vol.73, No.3, May / june 1994, pp113-130.22 頁。

[35] Kissinger speech of 22 July 1976, *in Department of State Bulletin,* 75 (Aug. 1976) : 217

天真、有時誤入歧途、有時熱心過分——一直是我國外交政策的核心」。[36]第二種觀點認為：理想主義目標在美國對外政策史上一直處於邊緣地位，「長期以來在美國外交政策中占主導地位的思想是現實主義」[37]；實際上，在美國，很少有人把人權目標看得比維護其經濟和戰略安全利益更重要。當所謂民主和人權原則同美國的安全利益或經濟利益發生矛盾時，前者只能讓位於後者。[38]第三種觀點認為理想主義和現實主義的衝突，或者說現實利益的考慮與意識形態考慮之間的矛盾，是美國對外政策的最大特點，實際上兩者之間沒有主次之分。[39]第四種觀點認為理想主義和現實主義在美國對外政策中共同占主導地位，兩者是實現美國對外政策總目標的兩種相互配合的主要觀念和手段，從根本上講沒有什麼差別。「理想主義與現實主義並不矛盾，其本質都是對外擴張，只是強調的手段不同；二者在實踐中也不絕然分開，而是相互交織，只是不同時期各有側重。」[40]筆者完全贊同這種觀點。從理論上講，美國對外政策存在理想主義和現實主義之分，但實際上任何時期的美國對外政策都不是單純的理想主義或單純的現實主義，而是兩者的結合和相互妥協，不同的只是結合的比例不同或者說不同時期或不同政府有不同的對外政策主導思想。換言之，美國政府在談到對外政策時總是要提到某種冠冕堂皇的原則，但在對外政策的實施中總是採用現實主義或實用主義的辦法。理想主義色彩很濃的政府也往往採用現實主義對外政策措施，如威爾遜政府在巴黎和會上為避免美日矛盾激化而同意把德國在中國山東的非法權益轉讓給日本，完全

---

36 [美]理查德・尼克森：《1999：不戰而勝》，第 360 頁。

37 A.Clenn Mower, Jr. ,*Human Rights and American Foreign Policy: the Carter and Reagan Experiences.* New York: Greenwood Press,1987, p.7 轉引自周琪：《難以弭合的鴻溝——中美對人權外交看法的分歧及其原因》，載[美]陶美心、趙梅主編：《中美長期對話》，第 91 頁。

38 王輯思、朱文莉：〈冷戰後的美國〉，《美國研究》，1994 年第 3 期，第 29 頁。

39 趙學功：《當代美國外交》，社會科學文獻出版社，2001 年 7 月版，第 4 頁。

40 門洪華：〈美國外交中的文化價值觀因素〉，《國際問題研究》，2001 年，第 5 期，第 54 頁。

沒有原則和正義可言。現實主義色彩很濃的政府也總是聲稱不會放棄美國的理想，如尼克森聲稱他的政府實施的是有理想的現實主義對外政策。「威爾遜決不是一個充滿空想的『理想主義者』，他宣揚的『理想』只是實現美國利益的一種手段，『理想』與現實在威爾遜身上並不衝突，而是有機的統一。」[41]雖然尼克森因抗蘇的現實需要而與宿敵中國握手言和，但這絲毫沒有影響其強烈的反共意識形態。正如《美國外交悲劇》一書的作者威廉姆斯（William Williams）所說，美國非常成功地把現實追求的具體利益同口頭宣揚的道德和意識形態目標混合在一起，後者是用來動員人們支持這些利益的。[42]羅伯特・阿特也認為，「從美國傳統看，外交政策總是綜合運用現實主義與自由主義的政治路線。」[43]從美國建國開始，美國外交就包含兩種表面上對立卻又必需的因素。「漢密爾頓（Hanmilton）代表著力量、財富和權勢，傑弗遜（Jefferson）代表著美國夢」，權勢和美國夢都是必不可少的東西。」[44]愛德華・卡爾說，「任何合理的政治思想必須包含烏托邦和現實兩個方面的因素。」[45]事實上，任何成功的外交政策都必須包含理想的追求與現實的考慮。因此，理想主義與現實主義理論不能單獨解釋美國外交政策，尤其不能單獨解釋美蘇冷戰，只有兩者的結合才行，因為「冷戰是不同觀念之間的鬥爭，也是不同地緣政治利益之間的鬥爭——儘管冷戰一爆發，觀念之爭和地緣政治利益之爭就相互糾纏、無法分辨」[46]。

---

[41] 王曉德：《美國文化與外交》，世界知識出版社，2000 年 3 月第 1 版，第 91 頁。
[42] 轉引自王曉德：《美國文化與外交》，第 98-99 頁。
[43] [美]羅伯特・阿特：《美國大戰略》，第 9 頁。
[44] [英]愛德華・卡爾：《20 年危機（1919～1939）：國際關係研究導論》，第 93 頁。
[45] [英]愛德華・卡爾：《20 年危機（1919～1939）：國際關係研究導論》，第 88 頁。
[46] [美]喬治・索羅斯：《美國霸權的泡沫——糾正對美國權力的濫用》，商務印書館，2004 年 12 月第 1 版，第 129 頁。

## 第二節　孤立主義與擴張主義

美國孤立主義和美國擴張主義是「美國例外主義」外交思想的典型代表，是兩種最具有美國特色的外交思想，它們在不同意義上都包含有理想主義、現實主義、單邊主義、多邊主義的成分。當它的實力與歐洲列強相比較弱小時，美國奉行的對歐洲的孤立主義包含了理想主義、實現主義和單邊主義。在政治上回避以歐洲為代表的腐敗、邪惡的「舊世界」，致力於實現在北美「新世界」為全世界樹立「榜樣」的理想，這是一種早期的美國理想主義，即孤立主義的理想主義。與此同時，極力利用與「舊世界」隔絕的地理位置，避免與歐洲列強發生政治糾葛和軍事衝突，以確保生存和獲取商貿利益，這是一種早期的美國現實主義，即孤立主義的現實主義。而這樣的理想主義和這樣的現實主義無疑也都是一種早期的美國單邊主義，即孤立主義的單邊主義。與此同時，美國在保持與歐洲的商業聯繫的同時不斷在美洲進行政治軍事擴張，因此美國孤立主義包含與歐洲的經濟多邊主義和在美洲的「軍事多邊主義」（實為軍事擴張主義）成分。當美國有實力推行擴張主義時，美國擴張主義也包含了理想主義、現實主義、單邊主義、多邊主義。在強烈使命感驅使下不斷向外傳播自己的價值觀的外交思想，無疑是一種美式理想主義，即擴張主義的理想主義。與此同時，憑藉實力通過對外擴張謀求國際權勢和現實的經濟與安全利益的外交思想，又是典型的現實主義，即擴張主義的現實主義。而且，美國在介入一戰以前的對外擴張，無論是主要為了傳播其價值觀，還是主要為了追求現實利益，還是兩者難分主次，基本上都是單邊主義的，即擴張主義的單邊主義。即使二戰後美國主要通過國際制度和全球性聯盟體系追求全球霸權目標，其單邊主義思想與實踐不僅沒有銷聲匿跡，而且有時還非常顯著，「九一一」後美國推行「新帝國」戰略就是典型例證。但另一方面，從美國介入一戰開始，尤其是它捲入二戰後，美國擴張主義始終主要通過多邊主義來實施，多邊主義的反法西斯戰爭、多邊主義的反共反蘇聯盟體系和國際制度是美國擴張主義的主要形式。

美國擴張主義無疑是一種霸權主義，但美國孤立主義似乎與霸權主義毫不相干，具有很強的迷惑性。其實，雖然孤立主義與霸權主義在語義上無緣甚至相對，但是，由於美國孤立主義本質上為美國擴張主義服務（即對歐洲的孤立是為了在美洲及東亞擴張），而且美國是為了成為全世界的「榜樣」和「燈塔」而暫時孤立於歐洲之外，因此美國孤立主義實際上屬於美國霸權主義範疇，只是與美國擴張主義這種「直接、顯性霸權主義」相比，它屬於「間接、隱性霸權主義」。

因此，只需分析美國孤立主義和美國擴張主義這兩種最典型的美國外交思想的本質、思想根源與相互關係，就可知道「美國例外主義」對美國外交思想的影響有多麼大，就可認識美國外交思想的霸權主義本質。

## 一、美國孤立主義及其本質與思想根源

孤立通常指不與外部世界往來，常暗含疑懼和不友好之意。「孤立主義是指不與它國或地區發生聯繫而單獨行事的對外政策，具有不同的表現形式，包括不捲入其他國家或地區的事務，不參加國際同盟或其他國際組織。」[47]但是，對美國而言，「孤立」有獨特的含義，是指在政治和軍事上對歐洲的孤立，因此美國孤立主義特指美國在政治和軍事上對歐洲的孤立主義。

美國獨立後，由於國力弱小，它不得不奉行孤立主義，只能向鄰近的西邊和南邊開疆拓土。喬治・華盛頓在 1793 年的《中立演說》和 1796 的《告別演說》中都告誡美國人要遠離歐洲大陸的紛爭和戰爭，

---

47 朱明權：〈領導世界還是支配世界？——分析美國國家安全戰略的一種視角〉，《國際觀察》，2004 年第 1 期，第 9 頁。

從而確立了孤立主義的外交原則，儘管他沒有使用孤立主義這個概念。他說，「我們在對外政策上最重要的準則是發展雙方的商業和貿易關係，與它們的政界聯繫越少越好。……歐洲有一套自己的首要利益，那些利益和我們一點不沾邊或者相距甚遠。所以，一定會不時地出現紛爭，其起源從根本上講與我們所關心的事毫無關聯。因此，在常見政治風雲變幻或者常見的敵友變更的環境中，通過和歐洲列國的人為關係把我們牽扯到它們的糾紛中去的做法是不明智的。」[48]美國孤立主義主張「美國應該利用地理上的隔絕位置保護自身安全利益，避免同歐洲國家訂立永久性同盟」[49]。到 19 世紀 20 年代，隨著國力的增強，美國雖然加快在美洲的擴張，毫無孤立主義可言，但它對歐洲仍然奉行孤立主義。不同的是，美國開始以整個美洲的代表甚至「守護神」自居，以「美洲是美洲人的美洲」的「門羅宣言」阻止了歐洲列強對拉美的重新控制，幾乎使整個美洲對歐洲孤立。因此，對歐洲奉行孤立主義是美國外交的一種早期思想傳統。從美國獨立到 1898 年美西戰爭爆發之前，孤立主義一直是美國外交思想與實踐的主流。「孤立主義戰略是美國外交政策中執行時間最長的大戰略。除了幾次短暫的例外，孤立主義戰略從 1789 年到 1947 年一直壟斷著美國的外交政策。」[50]「孤立主義戰略是如此深入人心，美國人把它當成道德規範來灌輸這種思想。他們相信孤立主義戰略讓美國遠離歐洲權力政治的腐蝕，從而維護了美國民主的純潔性。」[51]這種孤立主義政策被托克維爾稱為觀望政策，它要求的是有所不為，而不是有所為。[52]

可見，作為美國早期外交思想的所謂孤立主義，只是主張美國對歐洲政治紛爭和軍事衝突保持中立，不要介入美洲之外的戰爭，並非

---

48 轉引自[美]雅各・尼德曼：《美國理想：一部文明的歷史》，王聰譯，華夏出版社，2004 年 10 月版，第 104～105 頁。

49 王輯思主編：《高處不勝寒——冷戰後美國的全球戰略和世界地位》，世界知識出版社，1999 年 12 月第 1 版，第 31 頁。

50 [美]羅伯特・阿特：《美國大戰略》，第 219 頁。

51 [美]羅伯特・阿特：《美國大戰略》，第 220 頁。

52 [法]托克維爾：《論美國的民主》（上卷），第 260 頁。

主張斷絕與外部世界的一切往來，更非主張在美洲保持政治中立和維持現狀，恰恰相反，而是主張通過對歐洲的政治和軍事中立，實現在美洲擴展領土和影響的目的，同時保持和加強與歐洲的商業和貿易往來。這就是美國孤立主義的本質。美國早期外交史有力地證明了這一點。更有甚者，在阿特（Robert Art）看來，「孤立主義戰略並不完全放棄使用武力，不是對海外政治事務全然不顧，也不是尋求一種國家經濟自給自足的狀態。孤立主義戰略贊同持續介入海外政治事務，不反對與其他各國經濟廣泛交流，甚至有時候使用多邊武力。孤立主義戰略的主旨是盡可能少地使用軍事力量來影響國際環境。」[53]阿特眼中的孤立主義算不上真正的孤立主義。

美國孤立主義「同英國在北美大陸首次殖民一樣古老」。[54]孤立主義成為美國早期外交的指導思想，既是當初美利堅共同體的一種無奈而又明智的選擇，更是因為它是美利堅民族一種可追溯到北美殖民地開拓時期的根深蒂固的外交文化觀念。具體而言，美國孤立主義的產生有三個原因：一是因為遠離歐洲的衝突和戰爭對維護新生、弱小的美利堅共和國絕對必要；二是因為北美殖民地與歐洲被大西洋隔開這一地理環境使美國對歐洲奉行孤立主義成為可能；三是因為「孤立主義反映美國人中新教徒的觀念：美國是上帝的選國，是一塊未沾染舊世界罪惡的聖土，是一座照亮所有國家的正義燈塔」[55]，因而它完全符合美國人不願意受「舊世界」污染的願望，也符合美國的立國原則。其中，第一、第二點屬於客觀因素，第三點是主觀因素，它正是美國孤立主義的思想根源。換言之，美國孤立主義根源於「美國例外主義」。

---

53　[美]羅伯特・阿特：《美國大戰略》，第 221 頁。

54　Donald F.Drummond, *The Passing of American Neutrality, 1937-1941*, Michigan , 1955, p1. 轉引自王曉德：《美國文化與外交》，第 120 頁。

55　[美]弗雷德里克・西格爾：《多難的旅程——四十年代至八十年代初美國政治生活史》，商務印書館，1990 年版，第 6 頁。轉引自王曉德：《美國文化與外交》，第 121 頁。

## 二、美國擴張主義及其本質與思想根源

擴張通常指擴展領土、勢力範圍和國際影響，在當代國際關係中多含貶義。但是，美國擴張主義還包括對外傳播自己的價值觀，它在大多數美國人心中沒有貶義，而且他們一直引以為自豪。所謂美國擴張主義，是指主張通過擴大和加強與外部世界的接觸和聯繫來傳播美國的價值觀、維護和擴大美國的國家利益、擴展美國的勢力範圍與國際影響的外交思想。通過不斷開拓邊疆和對外擴張，極力傳播自己的價值觀和擴展自己的國際影響，是美國根深蒂固的社會共識和外交理念，美國強烈的對外擴張性有著廣泛、堅實的民意基礎。因此，自獨立起美國的對外擴張從未停止過，始終是美國成長壯大直至稱霸世界的基本途徑。從這個角度講，美國外交思想中根本不存在孤立主義，擴張主義一直是美國外交思想的主題。

美國擴張主義是美國外交思想中一以貫之的主線，但在不同歷史時期有不同表現，其影響範圍從北美逐漸擴展到全球。在孤立主義盛行的 18 世紀末期和幾乎整個 19 世紀，美國擴張主義主要表現為搶奪印第安人的土地的西進運動和對鄰近拉美地區的干涉和戰爭，即大陸擴張主義，結果是把美洲變成了「美國的美洲」。美西戰爭爆發後，美國擴張主義主要表現為控制太平洋和開拓中國市場，即海洋擴張主義，其三大基本途徑分別是以武力取代西班牙參與列強在該地區的角逐、通過「門戶開放」政策在中國實現與其他列強的利益均沾和傳播基督教信仰、通過調停俄日戰爭和法德危機充當其他列強之間的仲裁者。美國參加第一次世界大戰後，美國擴張主義第一次表現為兩洋擴張主義，從而正式結束了對歐洲和大西洋的傳統孤立主義，從此美國對外戰略的理想目標是建立它主導的世界安全共同體，表現為威爾遜的「十四點計畫」和他對國際聯盟的規劃。美國介入二戰後，美國擴張主義表現為更大規模和更大強度的兩洋擴張主義，從而永遠終結了兩次世界大戰期間一度回潮的傳統

孤立主義，美國對外戰略的最高目標是在大國合作基礎上建立它領導的兼具現實主義和理想主義色彩的世界新秩序，表現為「羅斯福藍圖」。但是二戰結束後，美國擴張主義在意識形態和地緣政治兩方面遇到了蘇聯這個巨大障礙。因此，美國實現領導世界這一最高戰略目標的基本途徑很快從美蘇合作轉變為對蘇聯的全面冷戰遏制，美國在世界各地推行反共主義，冷戰時期的美國擴張主義表現為世界擴張主義。冷戰結束後，美國的最高戰略目標是實現美國領導的「全球民主化」和「全球和平」，因此冷戰後的美國擴張主義變成全球擴張主義。

美國擴張主義往往披著傳播「文明」的外衣，從而給美國的利己主義對外政策以冠冕堂皇的理由，使美國的擴張與文明的進步混為一談。於是，「傳播『文明』導致了美國的擴張，美國的擴張反過來又促進了『文明』的傳播，這種在美國擴張鏈條上的無盡循環成為美國實現其外部利益的一個『振振有辭』的口實。」[56]

但是，無論美國擴張主義的形式和範圍怎麼變化，無論它披著多麼華麗的外衣和喊出多麼響亮的口號，它的本質是不變的，即通過擴大和加強對外交往和參與（無論採取什麼方式和手段）來傳播美國價值觀和擴展美國的勢力範圍、國家利益與國際影響，最終實現美國對全世界的領導。

美國擴張主義同樣由來已久，其形成甚至比美國本身的歷史還要早。早在殖民地時期，美利堅人就具有了擴張意識。美利堅人認為，有一種天命在主宰和指導著他們的擴張。這種擴張意識就是盎格魯——薩克森白人清教徒信仰的「天賦使命觀」，它根植於他們的心靈深處，從根本上影響美利堅對外行為，是美利堅不斷發展壯大的思想動力。這一「美國例外主義」思想正是美國擴張主義的思想根源。

---

[56] 王曉德：《美國文化與外交》，第 183 頁。

## 三、美國孤立主義與美國擴張主義的關係與共同思想根源

美國孤立主義和美國擴張主義之間的關係相當複雜，可把美國外交思想史分為三階段來分析它們之間的關係：從美國獨立到美西戰爭爆發以前的「對立統一」階段；從美西戰爭爆發到美國介入二戰以前的「此消彼漲」階段；從美國介入二戰至今的「一邊倒」階段。必須指出：在「對立統一」階段，美國擴張主義指主要在美洲付諸實踐的美國擴張主義（那時還沒有出現在歐洲推行的美國擴張主義）；在「此消彼漲」階段，美國擴張主義指從美洲向歐亞大陸擴展的美國擴張主義；在「一邊倒」階段，美國擴張主義指 1941 年 12 月以來的美國擴張主義，即以歐亞大陸為主要擴張範圍的美國全球擴張主義。雖然美國擴張主義的形式、手段和範圍隨著美國實力、時代主題和國際格局的變化而變化，但它的本質始終沒有變，因此本文視各個階段的美國擴張主義為同一概念。

先看美國孤立主義和美國擴張主義之間的對立統一關係。這是從「共時性」角度（即同時看美國的歐洲外交和美國的美洲及東亞外交）觀察和分析美國外交史的第一階段得出的結論。

從「美國例外主義」這個思想根源上看，美國孤立主義和早期美國擴張主義好比一對連體嬰兒，是「一體兩面」。「把美洲視為世界上獨一無二的『希望之土』，這一點具有孤立色彩，但同時又把美洲譽為世界民主、自由制度的溫床和榜樣，並努力把這一切向世界推廣，則又成為具有擴張性質的世界主義了。所以，孤立和擴張看起來是互為對立的，實際上是不可分割的。」[57]「孤立主義和國際主義及擴張主義是一對相互對立的外交政策思想，然而在美國外交中卻達到了完美的統一。」[58]美西戰爭以前的美國外交思想及其實踐的確如此。在約

---

57 王瑋、戴超武：《美國外交思想史》，第 43 頁。

58 劉建飛：〈民族主義與美國對外政策〉，《世界經濟與政治》，2002 年第 9 期，第 53 頁。

一個世紀的美國大陸擴張時期，美國孤立主義和美國擴張主義這兩種看似不共戴天的美國外交思想及其實踐實際上統一於美國在美洲及東亞的幾乎所有對外政策與行為之中。它們實際上是從兩個對立角度觀察和思考同一種美國外交理想與實踐而得出的兩種印象。美國在美洲的擴張主義對歐洲而言就是孤立主義，美國對歐洲的孤立主義卻在很大程度上掩蓋或淡化了它在美洲及東亞的擴張主義。正如帕科特（Robert H.Puckett）所言，「美國從立國時起，就是孤立主義（對歐洲）和擴張主義（對美洲）並用的。」[59]當美國在政治和軍事上孤立於歐洲之外時，它不斷在美洲擴張領土、政治影響和傳播自己的價值觀，甚至把觸角伸到東亞（19 世紀 40 年代利用鴉片戰爭後中國國門被打開進行不平等對華貿易和 19 世紀 50 年代以武力威脅迫使日本打開國門）。比如，門羅主義及其實施就是美國孤立主義和美國擴張主義之間對立統一關係的範例。一方面，門羅主義及其實施對歐洲而言是孤立主義，儘管李普曼（Walter Lippmann）認為門羅主義不是孤立主義，而是美國和英國為維持力量均勢而達成的默契[60]，另一方面，它對美洲來說又是擴張主義。再如，19 世紀 40 年代極為盛行的「天定命運」思想及其指導下的美國對墨西哥的侵略和兼併戰爭，雖然對歐洲來說仍屬於孤立主義範疇，但對美洲而言是極端的、赤裸裸的擴張主義及其行為。

由於當時美國偏居美洲且相對弱小，所以它通過對歐洲的孤立實現在美洲及東亞的擴張。「對歐洲的孤立，是用來保證自己在美洲擴張的行動自由。」[61]托克維爾把美國孤立主義單純理解為「有所不為，而不是有所為」只是看到了問題的一面，因為美國對歐洲的「不為」就是為了對美洲及東亞的「有為」。美國孤立主義只是美國當時維護其國家利益的基本途徑和美國整體外交的一種表徵，而美國擴張主義才

---

[59] 劉建飛：〈民族主義與美國對外政策〉，《世界經濟與政治》，2002 年第 9 期，第 54 頁。

[60] [美]沃爾特・拉塞爾・米德：《美國外交政策及其如何影響了世界》，第 67 頁。

[61] 王瑋、戴超武：《美國外交思想史》，第 43 頁。

是其本質特徵和基本目標。換言之，在門羅主義和「天定命運」思想這些由美國孤立主義與美國擴張主義構成的矛盾統一體中，美國擴張主義是矛盾的主要方面，是本質，美國孤立主義是矛盾的次要方面，是表像。雖然美國對歐洲的孤立是美國在美洲擴張的前提條件，但那基本上是美國的權宜之策，不斷對外擴張才是其長遠之計與永恆目標。也就是說，美國孤立主義為美國擴張主義服務。不認識到這點，就沒有洞悉早期美國外交的實質。

再看美國孤立主義和美國擴張主義的「此消彼漲」。這是從「歷時性」角度（即從美國外交思想及其實踐的演變歷程來看）觀察和分析美國外交史的第二個階段得出的結論。

到 19 世紀末美國成為世界頭號經濟大國後，它決定以武力推行大規模的海洋擴張，以在更大範圍內追求自己的利益與理想，因此於 1898 年發動美西戰爭，從西班牙手中奪取了古巴、波多黎哥和菲律賓。雖然這時美國仍然對歐洲大陸保持孤立，但是它開始在加勒比海和西太平洋與歐洲列強展開角逐。因此，美國孤立主義開始明顯退潮，美國擴張主義從大陸擴張主義發展為海洋擴張主義。第一次世界大戰爆發後的近 3 年裏，由於美國憑藉兩大洋的保護坐山觀虎鬥，美國孤立主義有所回潮，美國擴張主義一度受阻。美國總統威爾遜靠「這場戰爭與美國無關」的競選口號在 1916 年贏得了連任。但是，在美國打著保衛民主自由的旗號於 1917 年 4 月介入一戰後，美國孤立主義再次遭受重挫，而美國擴張主義得到空前大發展。一戰結束後，由於美國參議院拒絕批准《凡爾賽條約》，美國沒能加入威爾遜鍾情的國聯，美國孤立主義再次抬頭，而美國擴張主義顯著降溫。於是，美國整體上孤立於歐洲政治紛爭之外達 20 餘年之久，它對一戰後歐洲政治和安全的影響相當有限。但是，由於美國隨後主導建立了華盛頓體系，它在亞洲太平洋地區的擴張有增無減，因此總體上美國擴張主義的受挫有限。二戰爆發後，雖然美國受孤立主義的影響一度故技重演，再次作壁上觀，美國擴張主義停滯不前，但是美國擴張主義並沒有發生逆轉，美國孤立主義只是迴光返照。總之，在這個階段，美國孤立主義總體上趨於衰退，美國擴張主義呈現一波三折的總體推進。

最後看美國擴張主義完全統治美國外交的「一邊倒」階段。

美國武力介入二戰後，美國孤立主義被徹底邊緣化，幾乎完全銷聲匿跡，美國外交的孤立主義時代一去不復返，而美國擴張主義立即發展為高強度的兩洋擴張主義，並在二戰後和冷戰後先後發展為史無前例的世界擴張主義和全球擴張主義。儘管冷戰後初期一度出現打著「回歸美洲堡壘」和「美國利益至上」旗號的新孤立主義，儘管基辛格認為冷戰後美國在構建世界新秩序中的最重要工作是在美國孤立主義和美國擴張主義這兩大「美國例外主義」外交思想誘惑中尋求平衡，[62]但是，60 多年來，一直處於美國外交思想邊緣的美國孤立主義基本上發揮不了實際作用，不過是美國外交思想史的研究對象之一，而美國擴張主義始終占住著美國外交思想的中心舞臺，它對美國外交的統治地位從來未動搖過，無論美國奉行理想主義還是現實主義，無論它採用單邊主義還是多邊主義，它們都屬於擴張主義範疇。

從思想根源上看，美國孤立主義和美國擴張主義不僅都以美利堅人的宿命論為思想基礎，以「美國例外主義」為依據，而且基本上都是「美國例外主義」在外交中的反映，即總體上都是不同時空條件下的「美國例外主義」的外交思想。美國孤立主義基於「美國例外主義」中的「美國聖潔」意識與「美國榜樣」意識，儘管它與當時美國相對弱小的國力也有關係。美國的邏輯是：其一，美國是上帝選擇的特殊國度，是聖潔的人間天使，「出污泥而不染」，因此不應該與歐洲等腐敗墮落地區同流合污，而應該特立獨行；其二，美國肩負上帝賦予的特殊使命，即把自己建設為供全世界仰慕的「山巔之城」，充當世界的榜樣。美國擴張主義根源於「美國例外主義」中的「美國救世」思想、「美國使命」思想和「美國無私」信念、「美國正確」信念，也源於清

---

[62] [美]亨利・基辛格：《大外交》，第 804 頁。

教徒的商業精神。美國的邏輯是：美國肩負著按照上帝意志拯救世界的「神聖使命」，向蠻荒之地「傳播文明」是美國的「天命」，領導世界是美國義不容辭的責任；既然美國的對外擴張和承擔世界領導責任是神聖無私的，是為了全人類的共同利益與幸福，那麼無論美國採取什麼方式和手段都是正確的。從這個角度來看，美國在外交思想上頗似中國古代士大夫的追求：「窮則獨善其身，達則兼善天下」。

王曉德先生認為「美國例外主義」命題包含明顯悖論，「即設想美國從來都是與眾不同的，這種不同賦予了美國肩負著讓其他國家以其為榜樣走美國發展道路的特殊使命。按照這一邏輯，美國是以其獨一無二的特性來消除與其他國家的『不同』，最終的結果是使其他國家變得與美國相同。」[63]其實，美國孤立主義與美國擴張主義具有內在一致性。「美國例外主義」所包含的美國「獨特性」與「使命感」具有互為因果的邏輯一致性：正因為「出污泥而不染」的美國「獨特」、「例外」，它才具有強烈的優越感和「使命感」；正因為「青出於藍而勝於藍」的美國肩負強烈「使命感」，所以它才「獨特」、「例外」。按照「美國例外主義」，當美國弱小時，它的「獨特」和「例外」（即上帝的特殊關照）使它能擺脫一般弱小國家被列強侵佔或消滅的命運，得以「獨善其身」並履行其為全世界樹立「榜樣」的「使命」；當它強大時，它的「獨特」和「例外」（即肩負上帝賦予的神聖使命）要求它傳播其價值觀並承擔拯救全人類的「使命」，而不是像一般列強那樣對別國巧取豪奪乃至奴役弱小民族，從而在履行其「使命」中成為全世界的領導者。當它沒有強大到能夠在全世界傳播其價值觀和擴展其利益與勢力範圍時，它就在美洲努力實踐其擴張主義的「天命」；當它認為它已強大到能使其價值觀普世化和在全球擴展其利益與勢力範圍時，它就毫不猶豫、「義不容辭」地肩負起使全球「美國化」的「神聖使命」。

---

[63] 王曉德：〈從文化視角對美國外交政策的深層思考——王立新的〈意識形態與美國外交政策〉讀後〉，《美國研究》，2007 年第 4 期，第 121 頁。

# 第三節　單邊主義與多邊主義

上述兩對矛盾分別處於美國對外政策的第一、第二層次，第一層次是關於歷史觀與認識論上的分歧，第二層次是關於美國的自我認知和美國與外部世界關係的分歧。單邊主義和多邊主義這對矛盾則處於第三層次，是關於對外政策方法論的分歧，即在介入外部世界的方式上的不同。顯然，單邊主義和多邊主義是關於擴張主義的基本途徑的兩種對立主張。

## 一、單邊主義及其根源

所謂單邊主義，就是踐踏國際法和國際關係基本原則，不通過國際組織解決國際問題或國際爭端，不顧別國的立場和利益，不與別國協商和合作，在國際事務中一意孤行，獨往獨來，完全按照自己的喜好，片面追求自己的利益和理想。說到單邊主義，人們首先想到的是小布希政府的對外政策，並往往把這種單邊主義對外政策追溯到雷根政府的強硬對蘇政策。其實，美國的單邊主義對外政策可追溯到美國建國初期。在獨立之後的大陸擴張時期，美國向西拓展和向南擴張都是強硬的單邊主義對外政策，只是當時美國的單邊主義只限於美洲，不像今天這樣在世界推行。美國在 19 世紀不斷向外擴張，幾乎年年征戰，「刻意奉行單邊主義的美國從來沒有與別國共同打過一場戰爭」。[64]

美國單邊主義根源於「美國例外主義」。由於美國人始終認為他們是獨特的，在道德上是絕對高尚和正確的，因此美國完全按照自己的意志行事，決不允許國際法或別國妨礙自己的對外行為，在對外行為中自然表現為單邊主義，無論是絕對的對外擴張，還是相對的對外孤

---

64 [美]克萊德・普雷斯托維茨：《流氓國家——誰在與世界作對？》，新華出版社，2004 年 1 月版，第 192 頁。

立。而且，儘管單邊主義在美國對外政策中的地位不是直線上升，但是總體上看是隨著美國國力的增強而逐漸強化。因此，美國在冷戰後成為唯一超級大國後，尤其是「9·11」後美國開始實施「新帝國」戰略以來，其單邊主義發展到了空前程度就毫不奇怪。今天美國對外政策中單邊主義盛行，雖然與布希的牛仔作風不無關係，但是主要「以幾個重要命題為基礎：第一，冷戰後的世界依然是危險的，在這一世界上各個國家都是自私的，美國的國家利益歸根結底要靠自己來捍衛；第二，美國具有足夠的力量，完全可以依靠自己來捍衛自己的國家利益；第三，美國只有顯示出堅定的意志，才能夠真正維持同盟的團結。」[65]

## 二、多邊主義及其演變

關於傳統的多邊主義，學者們觀點不一。約翰·魯傑（John Ruggie）認為多邊主義是依據普遍行為原則，協調三個或三個以上國家行為的制度形式。[66]而羅伯特·基歐漢認為，「所謂多邊主義，指的是多個國家組成的集團內部，通過某種制度安排，協調各國政策的一種實踐。」[67]基歐漢定義的多邊主義局限於集團內部，沒有強調國際法規範，而魯傑定義的多邊主義雖強調依據普遍行為原則但局限於制度形式。筆者傾向強調多邊主義中的國際法原則：所謂外交多邊主義，就是遵守國際法和國際關係基本原則，尊重別國立場，不損害別國利益，通過聯合國等國際組織或以與別國磋商、合作的方式處理國際問題，解決國際爭端，通過制度安排或結盟的形式維護國家利益和擴展對外影響。

---

[65] 朱明權：《領導世界還是支配世界？——冷戰後美國國家安全戰略》，天津人民出版社 2005 年 8 月第 1 版，第 346 頁。

[66] 秦亞青：〈多邊主義研究：理論與方法〉，《世界經濟與政治》，2001 年第 10 期，第 10 頁。

[67] Robert Keohane, "Multilateralism: an Agenda for Research", *International Journal*, Autumn 1990, p731. 轉引自王逸舟：《世界政治與中國外交》，世界知識出版社，第 264 頁。

但是，上述定義都不完全適用於美國式的多邊主義。美國多邊主義是實用主義式的而非法理式的，因為它強調的是借用外力而非國際法原則。美國的「工具多邊主義」亦稱為「功能表式多邊主義」，主張利用自身雄厚的戰略資源在國際舞臺上周旋，從而成為「許多人的情人，而不是某個人的丈夫」。[68]美國式多邊主義不像其理想主義、現實主義、孤立主義、擴張主義、單邊主義那樣至少與美國歷史一樣久遠，也不直接根源於「美國例外主義」，屬於美國外交思想中的「另類」，在一戰以前一直在美國外交中處於邊緣地位。美國多邊主義大概開始於 19 世紀 40 年代美國追隨英法侵略中國之際。美國介入一戰後，美國多邊主義出現第一次高潮。兩次大戰之間的 20 年是美國孤立主義回潮、多邊主義退潮的時期。美國介入二戰後，美國多邊主義形成了第二個高潮，並總體上在整個冷戰時期得以延續。冷戰結束以來，美國多邊主義和單邊主義相互交錯並先後占主導地位，相對而言，柯林頓時期多邊主義突出，小布希時期單邊主義盛行。一般而言，美國孤立主義者和保守主義者傾向單邊主義，國際主義者和自由主義者傾向多邊主義；美國國會和共和黨內單邊主義者較多，行政部門和民主黨內多邊主義者較多。

## 三、單邊主義與多邊主義的辨證關係

單邊主義與多邊主義之間也是對立統一的關係。在理論上對立的單邊主義與多邊主義實際上是相互配合多於相互制約，它們是美國外交的兩種方法論和對外政策實踐的軟硬兩手。從來沒有哪屆美國政府的對外政策完全以單邊主義為指導或完全以多邊主義為思想基礎，區別在於是單邊主義還是多邊主義占主導。一般而言，當美國國力非常強大時，美國外交中的單邊主義較突出。可見，美國實用主義和現實

---

[68] Christopher Marquies, “The World; ‘I Do’ Becomes ‘Hey, Want to Dance?’ ” *The New York Times,* April 14, 2002. 轉引自申義懷：〈淺析歐盟對外「多邊主義」戰略〉，《現代國際關係》，2008 年第 5 期，第 39 頁。

主義影響美國單邊主義與多邊主義的選擇。無論美國奉行單邊主義還是運用多邊主義，其根本目標都是為了傳播美國價值觀和擴展美國的利益和影響。除了理想主義與現實主義並存和孤立主義與擴張主義同在這兩大特點外，單邊主義與多邊主義共存是美國外交思想的第三大特點。但是，若認為單邊主義與多邊主義共存是自相矛盾或悖論，那就是誤解，至少是值得商榷的。有人認為美國外交的一大悖論和一大特徵是：美國既是世界上進行多邊合作的主導力量，同時也是這類合作的最大障礙之一；沒有哪個國家像美國那樣為創建國際制度貢獻良多，但也沒有哪個國家像美國那樣對多邊主義疑慮重重，充滿矛盾，並時刻準備反其道而行之，傾向於採取單邊行動。[69]

上述美國外交思想中的這三對矛盾相互交錯，構成了完整的美國外交思想體系和豐富多彩的美國外交思想史畫卷：每一對矛盾的兩個方面相互制約，相互配合，理論上根本對立，但實際上配合多於制約；三對矛盾從不同層次反映了美國外交的不同方面，共同揭示了美國外交的本質特徵。在美國外交史上，沒有任何總統的外交政策完全包括了上述所有方面，更沒有哪屆總統的外交政策超出或脫離了上述所有方面，而是具有上述六個方面中至少兩個方面的特點。比如，華盛頓當局的外交政策基本上是現實主義、孤立主義和單邊主義的；威爾遜當局的外交政策和小羅斯福當局的外交政策具有強烈的理想主義、擴張主義和多邊主義特點（儘管初期都具有孤立主義傾向）；尼克森當局的外交政策具有強烈的現實主義和多邊主義色彩；小布希當局的外交政策具有濃重的理想主義、現實主義、擴張主義和單邊主義成分。

---

[69] Stewart Patrick, "Mutilateralism and its Discontents: The Causes and Consequences of U.S.Ambivalence", in Stewart Patrick ,ed. , *Mutilateralism and U.S. Foreign Policy,* Colorado: Lynne Rienner Publishers, 2002, pp.2-7. 轉引自馬昌樂：〈冷戰後美國多邊主義芻議〉，《國際政治研究》，2007 年第 1 期，第 173 頁。

總之，「無論以什麼『主義』的名義，『理想主義』還是『現實主義』，『孤立主義』還是『國際主義』，『意識形態』為主還是『地緣政治』為主，實際上，美國一直都是隨著實力的不斷增長，不斷向外擴張其勢力範圍。」[70]

---

[70] 資中筠主編：《冷眼向洋》（上卷），生活・讀書・新知・三聯書店，2000年3月第1版，第26頁。

# 第三章　美國霸權理論

二戰後，美國實施全球霸權戰略，維護其霸權地位，推行全球霸權主義，都離不開霸權理論，因為其全球霸權戰略的制定與實施需要理論依據，其霸權地位的維護與霸權主義的推行需要理論辯護。因此，筆者把美國霸權理論大致分為三類：一類為美國制定和實施全球霸權戰略製造理論依據，可稱為美國全球霸權戰略的依據理論；第二類為美國霸權地位辯護，可稱為美國霸權地位辯護理論，第三類為美國霸權主義辯護，可稱為美國霸權主義辯護理論。

## 第一節　美國全球霸權戰略的依據理論

為二戰後美國制定和推行全球霸權戰略提供理論依據的有兩個本質相同的理論，即「邊緣地帶」理論和「遏制」理論，它們對二戰後美國沿歐亞大陸邊緣地帶實施對蘇對華「遏制」戰略至關重要。

### 一、「邊緣地帶」理論

20 世紀 40 年代前期，美國耶魯大學教授尼古拉斯・斯派克曼發表了《世界政治中的美國戰略》和《和平地理學》兩部代表作，在綜合並修正馬漢的海權論和麥金德的陸權論的基礎上，提出了著名的「邊緣地帶」理論。他把位於歐亞大陸心臟地帶與靠近歐亞大陸的海洋區域之間的大陸邊緣地帶稱為陸上勢力和海洋勢力之間的緩衝地帶，認為這一地帶具有海陸兩方面的戰略價值並從海陸兩方面保衛自己，而且它既是大陸勢力向海洋擴張的跳板，也是海洋勢力向大陸擴張的前沿基地，對這一地帶的控制既有利於自己的擴張，又有利於遏制對方的擴張，因此這一地帶是控制歐亞大陸的關鍵，歷來是強國爭奪和控制的重要地區，其地緣戰略地位將不斷上升。他認為，由於歐亞大陸的邊緣地帶集中了世界的大部分人口和資源，因此這個地帶最具有權力潛質。[1]所以，他建議美國政府把歐亞大陸的邊緣地帶作為美國對外戰略的地緣重點。為了強調邊緣地帶的重要性，他把麥金德在 1919 年提出的著名三段論發展為：誰支配著邊緣地區，誰就控制歐亞大陸；誰支配著歐亞大陸，誰就掌握世界的命運。[2]

「邊緣地帶」理論受到當時美國政府的青睞，成為美國沿著歐亞大陸邊緣地帶對蘇聯和中國實施遏制戰略的基本理論依據。二戰結束後美蘇關係的惡化就是從雙方爭奪位於歐亞大陸邊緣地帶的伊朗、土耳其開始的。此後不久，美國開始在歐亞大陸的東、西、南三面對蘇聯、東歐、中國等社會主義國家實施全面遏制。冷戰期間，「為了控制邊緣地帶，美國在亞洲的周邊建立了對中國和蘇聯的新月形包圍圈，建立了一系列相互聯結的軍事條約集團，企圖最終控制歐亞大陸。」[3]而且，「邊緣地帶」理論對「遏制」理論的形成具有明顯影響。

## 二、「遏制」理論

二戰後初期，美國駐蘇外交官喬治・肯南用二戰期間流行起來的現實主義理論分析戰後美國對外關係特別是對蘇關係，提出了對蘇「遏制」理論，被稱為「遏制之父」，並從此成為美國著名現實主義外交思想家和理論家。他提出的堅決遏制蘇聯在世界各地的試探活動的理論，為杜魯門主義「提供了一個更加堅定、更嚴峻的理論基礎」。[4]肯

---

1 [美]尼古拉斯・斯派克曼：《和平地理學》，商務印書館，1965 年版，第 78 頁。

2 [美]尼古拉斯・斯派克曼：《和平地理學》，第 76-78 頁。

3 金應忠、倪世雄：《國際關係理論比較研究》，中國社會科學出版社，2003 年 4 月版，第 261 頁。

4 桂立：《美蘇關係 70 年》，人民出版社，2005 年 11 月第 1 版，第 144 頁。

南的「遏制」理論主要體現在他的「八千字長電」和《蘇聯行為的根源》的論文之中。[5]

1946 年 2 月 9 日，史達林在莫斯科史達林選區代表大會上指出，二戰的勝利表明蘇維埃制度比非蘇維埃制度優越；只要資本主義制度存在，戰爭就不可避免，蘇聯人民必須作好以防萬一的準備。這個講話立即在美國引起強烈反響，被美國聯邦最高法院法官威廉・道格拉斯稱為「第三次世界大戰的宣言書」，[6]被《時代》雜誌稱為「自對日作戰勝利以來，一個高級政治家所發出的最好戰的聲明」。[7]同年 2 月 13 日，美國國務院指示駐蘇使館臨時代辦肯南就史達林的講話和蘇聯拒絕加入國際貨幣基金組織與世界銀行的行為提出分析報告。2 月 22 日，肯南把他的八千字的分析報告以電報的形式祕密提交給美國國務院，這就是著名的「八千字長電」。

肯南在該電報中對戰後蘇聯的世界觀、外交思想和外交政策目標及其威脅進行了詳細深刻的分析，對美國應採取的對策提出了明確的建議。關於蘇聯對世界的看法，肯南認為：蘇聯認為自己處於敵對的資本主義的包圍之中，自己不可能長久與資本主義國家和平共處，而

---

5 關於肯南的遏制思想和理論，學者們有不同的觀點。一種觀點認為，他提出的遏制指主要以政治手段有選擇地在重點地區抵制蘇聯的擴張，並促使蘇聯及其勢力範圍慢慢發生和平演變，而不是主要以軍事手段在所有地區抵制蘇聯的擴張和圍堵蘇聯，肯南在此後出版的專著和回憶錄中也是這麼認為的，他認為一些人誤解了他的觀點。（見張小明：〈不應該誤解喬治·肯南的「遏制」概念〉，《美國研究》，1996 年第 2 期。）另一種觀點認為，肯南的遏制思想本身存在矛盾之處，或者說前後有很大變化，他先是系統提出了對蘇遏制思想，但當遏制通過 1947 年杜魯門主義和 1950 年美國國家安全委員會 68 號文件成為美國基本國策後，他又開始抨擊遏制政策，並提出了對蘇緩和的思想。（見任東來：〈肯南的遏制思想與美國的遏制戰略〉，《美國研究》，1996 年第 3 期。）被稱為「遏制之父」的人卻批評遏制政策，這不知是他本人的悲哀還是美國遏制政策的悲哀。

6 [美]沃爾特・米利斯編：《福里斯特爾日記》，紐約瓦依金出版社，1951 年，第 134 頁，轉引自劉緒貽、楊生茂主編：《戰後美國史 1945-1986》，人民出版社，1989 年 6 月第 1 版，第 20 頁。

7 [美]丹・考德威爾：《論美蘇關係》，世界知識出版社，1981 年版，第 13 頁。

且資本主義國家之間的矛盾必然會導致戰爭；蘇聯之所以持這種看法，是因為蘇聯信奉馬克思主義信條，是蘇聯維護國內統治的需要，也反映了其傳統的和本能的不安全感，或者說是因為「蘇聯外交政策的本質乃是共產主義意識形態的狂熱，以及舊式沙皇擴張主義兩者的混合體」。[8]關於蘇聯的對外政策目標，肯南認為，蘇聯最大限度地發展武裝力量，利用一切機會努力擴展自己的版圖和勢力範圍，力求分裂和削弱資本主義國家的力量和影響。他說「我們面對的這股政治勢力狂熱地堅信，他們與美國不可能有任何長久的妥協，他們認為可取和必要的是，讓我們社會內部的和睦被打亂，我們傳統的生活方式被破壞，我們國家的國際權威被毀掉。」[9]關於美國對蘇政策，肯南認為：蘇聯的國內制度、意識形態和歷史傳統決定它謀求無限度的政治擴張，美國不能依靠外交談判與它打交道，而必須也能夠憑藉實力來抵制其擴張，同時不引起美蘇戰爭；[10]由於蘇聯「對理智的邏輯無動於衷，但對武力的邏輯卻十分敏感」，因此美國不要幻想能繼續與蘇聯合作，必須準備對它的擴張進行反擊；如果美國具有足夠強大的武力並表明使用武力的決心，那麼幾乎用不著使用武力就可以阻止蘇聯的擴張或迫使它退讓。但是，肯南同時認為，美國應該綜合運用政治、經濟、外交、軍事（並非指美蘇戰爭）等一切手段促使蘇聯發生變化，尤其應該通過政治手段（如使美國變得更健康和更有活力、鼓勵和利用蘇聯與其盟國之間的矛盾等）戰勝蘇聯，美國有能力解決美蘇關係中的難題，不必同蘇聯進行全面軍事衝突。肯南在 1947 年 10 月對美國軍事學院的聽眾說，「……有如今天的情況，威脅著我們的不是蘇聯的軍事權勢，而是蘇聯政治權勢……如果它不完全是一種軍事威脅，那麼我懷疑能夠完全靠軍事手段來有效地對付它。」[11]

---

8 [美]亨利・基辛格：《大外交》，第 423 頁。

9 轉引自[美]撒母耳・亨廷頓：《美國國家特性面臨挑戰》，新華出版社，2005 年 1 月第 1 版，第 298 頁。

10 時殷弘：《新趨勢新格局新規範》，法律出版社，2000 年 3 月版，第 194 頁。

11 [美]約翰・加迪斯：《遏制戰略：戰後美國國家安全政策分析》，世界知識肯南的觀點符合當時美蘇關係日益惡化的趨勢和華盛頓的政治氣氛，深得美國國務卿貝爾納斯、駐蘇聯大使哈理曼、海軍部長福萊斯托等對蘇強硬派的歡迎和賞識。「這分長電報的作用在於，它有助於使華盛頓的政策制定者們的模糊態度得到明確統一，結束了直到當時國務院內一切公開而範圍廣泛的關於蘇聯動機性質的辯論。」[12]肯南在同年 4 月被調任美國國務院政策計畫室主任，成為美國對外政策決策的重要人物。1947 年 7 月，肯南在補充和修正八千字長電的基礎上，以「x」的署名在著名的《外交》季刊上發表了〈蘇聯行為的根源〉一文，正式提出了「遏制」一詞，系統地闡述了他的「遏制」理論，該理論隨即成為戰後美國對蘇「遏制」戰略的基本理論依據。肯南的這篇文章被美國著名專欄作家李普曼稱為是「說明美國外交政策來源的一篇頭等重要的文章」，因為「它向全世界透露了美國外交政策中所謂杜魯門主義那部分所依據的設想、估計和結論」。[13]基辛格認為，「肯南的重要貢獻是解釋了對民主仇視乃是蘇聯國內結構中與生俱來的，也說明了為何這個結構即令西方採取求好緩和政策亦不為所動。」[14]但是，李普曼雖然同意肯南的的觀點，即蘇聯註定要擴張，除非受到美國所選擇的「對抗力量」的反對，但反對對蘇聯實施遏制，認為那會使蘇聯獲得主動權，而是主張美蘇都從歐洲撤軍，重建獨立的歐洲。[15]李普曼「認為遏制戰略導致心理和地緣政治的過度伸張，以致消耗了美國的資源。」[16]

---

出版社，2005 年 5 月第 1 版，第 39 頁。

12 桂立：《美蘇關係 70 年》，第 144 頁

13 [美]沃爾特・李普曼：《冷戰——美國對外政策研究》，商務印書館，1959 年版，第 39 頁。但是，肯南在回憶錄中說李普曼誤解了他的意思，他所說的遏制並非主要指軍事遏制，他也不贊成杜魯門主義過分渲染反共思想，因為它發起了反對共產主義的「十字軍東征」。見 George F. Kennan, *Menmoirs 1925-1950,* Boston: Little, Brown, and Company, 1967, pp358-360, pp322.

14 [美]亨利・基辛格：《大外交》，第 429 頁。

15 [美]肯尼士 W・湯普森：《國際思想大師》，北京大學出版社，2003 年 5 月版，第 160～161 頁。

16 [美]亨利・基辛格：《大外交》，第 439 頁。

肯南在這篇文章中系統闡述的對蘇遏制理論主要包括相互關聯的三個方面。首先，肯南認為：蘇聯極端敵視西方，在國內實現獨裁統治，其政治行為是意識形態和國際環境的產物，但其動機主要是從歷史上繼承下來的不安全感，而馬克思主義是他們在道德上和思想上受人尊敬的一塊遮羞布；蘇聯好象一輛上足發條的玩具汽車，正朝著特定的方向開去，只有遇到無法對付的力量時才會停下來，它恰似一條變動不定的溪流，朝著既定的目標，向任何允許它流動的地方流去。其次，肯南認為：美國必須執行「一項長期、耐心而又堅定、並且時刻保持警惕的遏制俄國擴張傾向的政策」，「在俄國人顯示出侵犯世界和平和穩定的跡象之每一個地方，都以不可動搖的反制力量與之對抗」，[17]因為蘇聯對西方自由制度的壓力可以通過在一系列變化著的地理和政治點上靈活、警覺地使用反制力量加以遏制。最後，肯南認為：美國對蘇「遏制」戰略的最終目標是通過遏制促使蘇聯內部發生西方所希望的變化，決不只是堅守陣地，坐等蘇聯內部發生變化，美國完全可以採取行動去影響蘇聯國內的發展以及主要由蘇聯政策決定的整個國際共產主義運動的發展，因為蘇聯身上有衰亡的種子，蘇聯的生命在於擴張，一旦其擴張被遏制，蘇聯就會逐漸衰亡。

肯南的「遏制」理論要求「持續地依靠美國軍事力量作為遏制蘇聯擴張主義的一種工具，但不是在戰鬥中使用這支軍隊，而是希望不求助於戰鬥就能支持美國的政策目標」。[18]因此，肯南設計的「遏制」戰略分三個階段：第一個階段是通過復興西歐和日本經濟實現歐亞大陸的戰略均勢，第二個階段是努力在國際共產主義運動內部造成分裂，第三個階段是試圖改變蘇聯的國際關係理念，從而通過美蘇談判緩和與穩定國際局勢。[19]可見，肯南的「遏制」理論是一個並非全面

---

[17] [美]約翰・加迪斯：《遏制戰略：戰後美國國家安全政策分析》，第 59 頁。

[18] [美]拉塞爾・F・韋格利：《美國軍事戰略與政策》，解放軍出版社 1986 年版，第 439 頁。

[19] 詳見[美]約翰・加迪斯：《遏制戰略：戰後美國國家安全政策分析》，第 57-80 頁。

出擊而是突出重點的相對溫和的「遏制」理論，與 1950 年 4 月出臺的美國國家安全委員會 68 號文件的異常強硬的「全面遏制」思想不同。因此，雖然肯南堅決支持向希臘和土耳其提供經濟和軍事援助，主張在重要地區遏制蘇聯的擴張，但是他不贊同借題發揮的杜魯門主義和 68 號文件的精神，強烈反對「一個觀念：美國必須在共產主義冒頭的任何地方抗擊共產主義」比如他認為「中國是美國應該特別規避的一個地區」。[20]他主張具體問題具體處理的現實主義，主張以「特殊主義」維持國際秩序的內部平衡，反對以理想主義的「普遍主義」重塑國際秩序。[21]

## 第二節　美國霸權地位的辯護理論

為二戰結束以來美國霸權地位辯護的理論主要有兩個：一是霸權穩定論，二是單極穩定論。

### 一、霸權穩定論

霸權穩定論屬於西方現實主義國際關係理論中的「中觀理論」，是霸權理論之一（另外兩個與其密切相關而又存在矛盾的霸權理論是霸權週期論和霸權衰落論）。顧名思義，霸權穩定論是關於世界霸權與世界和平、穩定之間關係的國際關係理論，即世界霸權對世界和平、穩定的實現與維護是必需的，它能夠保證世界和平與穩定。霸權穩定論認為：「國際霸權體系與國際秩序穩定之間存在一種因果關係，一個強大並且具有霸權實力的行為體有利於國際體系的穩定和公益的實現，相反，在不存在霸權國的前提下，國際秩序將是混亂無序的和不穩定的」[22]；而且霸權與國際體系的穩定之間的關係是正相關關係，即「霸

---

[20] [美]約翰・加迪斯：《遏制戰略：戰後美國國家安全政策分析》，第 39-40 頁。
[21] [美]約翰・加迪斯：《遏制戰略：戰後美國國家安全政策分析》，第 27-29 頁。
[22] 倪世雄等著：《當代西方國際關係理論》，復旦大學出版社，2001 年 7 月版，

權國權力越強大，國際衝突就越少，反之，霸權國權力越衰弱，國際衝突就越多。」[23]

霸權穩定論源於 20 世紀 70 年代初期美國自由派經濟學家查理斯‧金德爾伯格對 20 年代末 30 年代初世界經濟大危機的研究結論。他認為，那場經濟大危機之所以發生並最終引發第二次世界大戰，是因為當時世界缺乏一個既有能力又有意願承擔穩定世界經濟之責任的領導國，因為一戰後英國的衰落使它無力繼續維持世界經濟的穩定，而世界頭號經濟大國美國因其根深蒂固的孤立主義外交傳統而不願意承擔穩定世界經濟的責任。他因此認為世界領導國有責任提供能夠保障市場成熟、貨幣穩定和貿易體系自由開放的各種世界公共物品。[24]他的結論是：「要穩定世界經濟，就需要穩定者（stabilizer），一個穩定者。」[25]換言之：世界經濟的穩定有賴於領導國的存在，或者說霸權體系的存在對世界經濟穩定有利;「我們面臨的危險不是國際經濟中的權威太多而是太少，不是專斷過多，而是想搭便車者（free riders）太多。」[26]因此，金德爾伯格自稱的世界經濟中的「領導權穩定理論」就是世界經濟的霸權穩定論。

---

第 293 頁。

[23] 潘忠歧：《世界秩序：結構、機制與模式》，上海人民出版社，2004 年 12 月，第 226 頁。

[24] Charles Kindleberger, *The World in Depression:* 1929-1939,Berkeley: University of California Press,1973.

[25] Ibid. p.305.

[26] Charles Kindleberger, "Dominance and Leadership in the International Economy:Exploitation,Public Goods, and Free Riders," 1978, in Charles Kindleberger, *The International Economic Order: Essays on Financial Crisis and International Public Goods,* Cambridge, Mass.: The MIT Press, 1998, p.194; Charles Kindleberger, International Public Goods Without International Government, 1985, in Charles Kindleberger, *The International Economic Order: Essays on Financial Crisis and International Public Goods,* Cambridge,Mass.: The MIT Press, 1998. 轉引自潘忠歧：《世界秩序：結構、機制與模式》，第 218 頁。

美國一些著名國際關係學者如奧根斯基（A. F. K. Organski）、羅伯特・基歐漢、斯蒂芬・克萊斯勒（Stephen Krasner）、喬治・莫德爾斯基和羅伯特・吉爾平等都對霸權與世界經濟、國際體系穩定之間的關係做過研究，尤其是莫德爾斯基和吉爾平的研究使金德爾伯格的理論擴展到國際政治、安全領域並趨於成熟。新自由制度主義的主要代表基歐漢雖然對霸權穩定論總體持批判態度，但他首次把該理論稱為「霸權穩定論」（the theory of hegemonic stability），並把其主要內容概括為:「它假定主要大國所擁有的相對權力資源的變化可以說明國際機制。特別是，它認為單個國家主宰性的霸權結構最有利於一種強有力的國際機制的發展，這種機制的運行規範比較明確並且能夠得到遵循。根據這種理論，霸權結構的衰落可以被看作與此相關的國際經濟機制權力衰落的先兆。」[27]著名國際政治經濟學家、新現實主義的代表之一吉爾平在 1981 年出版的《世界政治中的戰爭與變革》和 1987 年出版《國際關係政治經濟學》中對霸權國家對世界經濟、政治的穩定作用作了較系統的闡述，得出了霸權能夠保證和維護世界經濟穩定與世界和平的結論，因此成為霸權穩定論的主要代表。吉爾平認為：霸權的存在「是實現一個開放自由的世界經濟和一個和平穩定的國際社會的必要條件」[28]；由於國際體系的穩定符合霸權國利益，它會主動提供維持穩定所需的國際公共產品，但霸權國的衰落會導致國際公共產品的減少，從而使國際體系變的不穩定。[29]在他看來，19 世紀的英國與 20 世紀的美國之所以能夠像羅馬帝國那樣維持穩定的國際秩序，是因為：這些國家保持現狀、自由貿易、海外投資和一個功能完善的國際貨幣體系所帶來的收益大於相應的成本；霸權國家的政策在

---

[27] Robert Keohane, "The Theory of Hegemonic Stability and Changes in International Economic Regimes, 1967-1977," in Ole Holsti, ed., Changes in the International System, Boulder, CD.: Westview Press,1980, p.132. 轉引自潘忠歧：《世界秩序：結構、機制與模式》，第 219 頁。

[28] 轉引自潘忠歧：《世界秩序：結構、機制與模式》，第 219 頁。

[29] [美]羅伯特・吉爾平：《全球政治經濟學》，上海人民出版社，2003 年版，第 100～102 頁。

給它們自己帶來好處的同時，也使那些期望並能夠利用國際政治和經濟現狀的國家得到好處。[30]他在霸權與國際政治軍事衝突之間建立起一種明確的關係，即在國際衝突的頻數與霸權國相對國力之間存在逆相關關係。他認為，霸權國有能力、有意願維持國際秩序和國體系的穩定，因此霸權國的存在本身就為體系穩定提供了必要條件，當霸權國國力強盛時，它的意願就可以比較充分地轉化為管理國際體系的實際影響力。[31]

但是，莫德爾斯基和吉爾平都認為，雖然霸權可帶來一個時期的國際穩定，但它不是也不可能長久不衰，近代國際關係史就是霸權週期性興衰交替的歷史。莫德爾斯基在 1978 年發表的一篇文章和在 1987 年出版的《世界政治的長週期》中把 15 世紀末期以來的國際關係史劃分為五個霸權週期，每個約一百年，霸權國先後是葡萄牙、荷蘭、英國（占 18 世紀和 19 世紀兩個霸權週期）、美國。[32]但是吉爾平認為：曾經擁有海洋霸權的葡萄牙和荷蘭不是真正的世界霸權國，只有英國和美國先後成為真正的世界霸權國，因為「像羅馬統治下的和平一樣，英國統治下的和平與美國統治下的和平保證了一個相對和平安全的國際體系；英國和美國創立和鞏固了一個自由國際經濟秩序的規則；英國和美國的政策促進了自由貿易和資本的自由流動；這些大國提供了關鍵貨幣並管理了國際貨幣體系。」[33]他認為，英國霸權維持了約一個世紀，但美國霸權在二戰後確立後經過約 30 年就開始衰落。吉爾平利用經濟學的成本／收益分析法解釋了霸權週期性興衰交替的機理：

---

[30] [美]羅伯特・吉爾平：《世界政治中的戰爭與變革》，上海人民出版社，2007 年 1 月版，第 150 頁。

[31] Robert Gilpin, *War and Change in World Politics*, Cambridge: Cambridge University Press , 1981, p.144. 轉引自秦亞青：《霸權體系與國際衝突——美國在國際武裝衝突中的支持行為（1945-1988）》，上海人民出版社，1999 年 8 月版，第 106 頁。

[32] [美]羅伯特・吉爾平：《世界政治中的戰爭與變革》，第 150 頁注釋。George Modelski, *Long Cycles in World Politics* , Seattle: University of Washington Press, 1987, p.40.

[33] [美]羅伯特・吉爾平：《世界政治中的戰爭與變革》，第 150 頁。

隨著霸權國提供的公共產品的增加，霸權國維持霸權秩序的成本就會超過從霸權秩序中的獲益，霸權國因而停止提供公共產品和對外擴張，國際體系暫時處於一種平衡，但霸權國國力開始相對衰落，因為當霸權國國力達到頂峰後，「其進一步擴張的邊際成本就相當於或超過邊際收益」；而國際體系中的「新興國家享受著較低成本、不斷上升的資源收益，以及後發優勢」，結果「體系中的衰落國家和新興國家的不同增長率導致了決定性的權力再分配以及該體系的不平衡」。[34]吉爾平還認為「霸權戰爭在歷史上一直是世界政治體系變革的基本機制」，並因此得出悲觀結論：「一場霸權戰爭的結束是另一次成長、擴張、直至最終衰落週期的開端」；「不平衡發展規律繼續重新分配權力，從而破壞著上一次霸權爭鬥建立起來的現狀」；「不平衡代替平衡，世界走向新一輪霸權衝突，這種週期已經並且還將繼續下去，直至人類或者毀滅自己，或者學會開闢一種有效的和平變革機制。」[35]

雖然霸權穩定論擁有許多支持者，尤其受到美國政府的青睞，但它同時也廣受批判。這種批判主要有三點。第一，霸權穩定論的含義是「有霸則穩，無霸則亂」。但是，在美國霸權相對衰落的 20 世紀 70、80 年代，世界體系仍維持基本穩定。國際機制穩定論的主要代表基歐漢提出的「霸權後穩定論」論證了霸權衰落後世界體系仍能通過國際合作保持穩定。[36]第二，霸權與國際體系穩定之間沒有必然聯繫。在沒有霸權時（如多極均勢體系），國際體系可以穩定，而存在霸權時，國際體系也可能不穩定（如冷戰時期和冷戰後時期）。換言之，霸權既不是國際體系穩定的必要條件，也不是其充分條件。基歐漢認為，「對霸權穩定論的一般有效性的看法，常常被過分誇大了，單一大國的主導地位也許在特定情況下對世界政治秩序的形成是有意義的，但這並不是世界秩序形成的一個充分條件，我們也沒有理由相信這是個必要

34 [美]羅伯特・吉爾平：《世界政治中的戰爭與變革》，第 160、188 頁。

35 [美]羅伯特・吉爾平：《世界政治中的戰爭與變革》，第 213 頁。

36 [美]羅伯特・基歐漢：《霸權之後——世界政治經濟中的合作與紛爭》，上海世紀出版集團，2001 年 5 月版。

條件」。[37]秦亞青認為，霸權國不會也不可能是世界和平與穩定的維護者，它極力維護的是其最高利益——它相對於其主要挑戰國或潛在挑戰國的優勢權力地位。[38]第三，霸權穩定論與歷史事實和現實都不符。霸權穩定論認為弱小國家通過「搭便車」從國際體系的穩定中獲利，但事實上這些國家往往在政治主權受到限制甚至侵犯的同時，還受到經濟剝削和壓迫，以致大國與小國間貧富差距總體持續拉大，南北矛盾總體趨於激化。因此，「『公益』和『搭便車』說掩蓋了大國剝削弱國和小國的實質。」[39]鄧肯・施奈德認為：霸權穩定論的實質是霸權國通過為國際體系提供領導獲利而弱小國家因為「公益」獲利更多；但弱小國家認為美國的領導更多的是為了建立「一個私人俱樂部」，而不是為它們提供「公益」。[40]而且，霸權穩定論基於的歷史事實主要是19 世紀的英國霸權和 20 世紀的美國霸權，但在這兩個霸權時期，國際體系並非真正穩定。比如，在美國稱霸的冷戰時期，國際武裝衝突的頻數很高，國際危機頻發。在所謂「美國霸權治下」的 40 餘年的冷戰中，爆發了 269 次國際衝突和數以百計的國際危機，死亡人數達 2180 萬。[41]其原因是：為了維護自己的霸權，美國往往在國際武裝衝突中支持其挑戰者或潛在挑戰者的敵人，而不是預防或制止這樣的衝突，即使不故意挑起衝突。秦亞青通過研究冷戰時期美國在國際衝突中的支持行動證偽了霸權穩定論，他的結論是：「國際武裝衝突的頻數與霸權國的相對國力沒有正向或逆向相關關係」；「霸權並不意味著穩定」。[42]另外，筆者認為，霸權穩定論的內在邏輯存在問題。霸權穩定

---

37 [美]羅伯特・基歐漢：《霸權之後——世界政治經濟中的合作與紛爭》，第 53 頁。

38 秦亞青：《霸權體系與國際衝突——美國在國際武裝衝突中的支持行為（1945-1988）》，第 111 頁。

39 倪世雄等著：《當代西方國際關係理論》，第 299 頁。

40 Duncan Snidal, "The Limits of Hegemonic Stability Theory", *International Organnization,* Autumn 1985.

41 Charles Kegley and Gregory Raymond, *A Multipolar Peace?* New York : St. Martin's Press, 1994. p.25.

42 秦亞青：《霸權體系與國際衝突——美國在國際武裝衝突中的支持行為

論認為，霸權之所以能夠保證國際體系的穩定，是因為霸權國提供了體系內所有國家都能獲益的公共產品；霸權國能獲得超過成本的收益，因而願意提供公共產品，而其他國家通過「搭便車」獲得淨利，因而支持霸權統治。由此推理，霸權國維持國際體系穩定之時正是它與體系內其他大國（現實和／或潛在挑戰國）實力差距逐漸縮小之際。這種力量的消長從根本上違背了霸權國維持國際體系穩定的初衷，不符合其維護自己的霸權地位這個最高利益。那麼，作為理性行為者的霸權國怎麼會採取使別國受益更多從而導致自己實力相對下降的國際行為呢？實際上，與霸權穩定論同出一門的霸權週期論間接證明霸權穩定論缺乏足夠說服力。

## 二、單極穩定論

霸權穩定論在冷戰後發展為單極穩定論或稱單極霸權穩定論。其背景是：兩極冷戰格局的終結和美國成為唯一超級大國，尤其是美國在它領導的波斯灣戰爭和科索沃戰爭中的徹底勝利與美國經濟在 20 世紀 90 年代的理想增長，使美國在綜合國力和國際威望方面與其他大國的差距明顯拉大。20 世紀 90 年代初，《華盛頓郵報》專欄作家查理斯・克勞薩默（Charles Krauthammer）提出「單極時代」（the Unipolar Era）和「單極霸權和平」的觀點。他在《外交》雜誌 1990 年冬季號發表了《單極時刻》（The Unipolar Moment）一文，初步提出了「單極時代論」，不久後他又提出波斯灣戰爭標誌世界再次進入了「美國治下的和平時代」（Pax Americana）的論調。「9・11」後，克勞薩默在《國家利益》2002/03 年的冬季號上發表了《單極時刻再次來臨》（The Unipolar Moment Revisited）一文，認為冷戰結束之際的單極時刻已經正式發展為單極時代。但是，單極霸權穩定論的理論論證者是新古典現實主義的主要代表威廉・沃爾夫斯。1999 年他在《國際安全》上發表的〈穩定

---

（1945-1988）》，第 141、143 頁。

的單極世界〉(The Stability of a Unipolar World)一文中提出並系統論證了「單極穩定論」。威廉・沃爾夫斯認為，單極霸權可保證大國之間的和平，因為在單極霸權體系下它們為安全和威望的競爭烈度最小化。他的邏輯是：第一，單極霸權國的巨大權力優勢使一般大國或二流大國避免同它對抗（或者跟著它走，或者無所作為），從而使霸權對抗不再是國際政治的難題；第二，它與一般大國間的巨大權力差距大大降低了大國均勢政治的不確定性和風險性，對單極霸權國可能干涉的擔心使一般大國不敢製造麻煩或相互衝突。[43]他的觀點顯然受到奧根斯基如下觀點的影響：單極霸權的存在增加了和平的機會，因為霸權國根本沒有必要通過戰爭得到它要得到的東西，而其他國家企圖通過戰爭達到目的顯然是愚笨的。[44]與其他霸權穩定論者不同，威廉・沃爾夫斯還認為，單極霸權及其治下的世界秩序是持久的。他的邏輯是：第一，歷史表明反霸聯盟的協調非常困難，在單極體系中抗衡霸權是不可能的；第二，由於單極霸權國在增長率和技術革新能力方面具有明顯優勢，對它不利的權力不均衡增長很少見。他認為：20 世紀末的物質力量分配是史無前例的，冷戰後的美國是單極霸權國，人們生活在現代第一個單極體系，單極體系不是曇花一現，而是會持續好幾十年，因此所謂「後冷戰時代」應該稱為「美國治下的和平（Pax Americana）時代」。[45]

然而，單極穩定論具有內在矛盾性：在單極格局中，霸權國提供的公共產品並非對所有國家都同樣有利（比如美國並非對維護各個地區的穩定保持同樣的關注，美國所能維護的國際貿易和金融穩定也並非對所有國家同樣有利），它提供公共產品主要是以自己的利益為考量，以維護其霸權地位為最高目標，因此對其他國家尤其是被它視為敵國的國家而言，其不受制約的巨大權力不僅不會給它們帶來公共產

---

43 William Wohlforth, 'The Stability of a Unipolar World', *International Security ,* Summer 1999, pp.5-41.

44 A. F. K. Organski, *World Politics*, 2nd edition, New York: Knopf, 1968, p.293.

45 William Wohlforth, "The Stability of a Unipolar World", *International Security,* Summer 1999, pp.5-41.

品，反而會對它們構成巨大威脅，於是，其他國家尤其是不是其盟國的大國必定盡其所能以單獨或聯合的方式對單極霸權國實施制衡，從而使單極格局既不穩定也不持久。

霸權穩定論和單極穩定論都自稱是基於歷史事實、客觀現實和邏輯推理的科學理論，其實它們是為二戰結束以來美國霸權辯護的，是為美國維護其霸權提供依據的理論。當 20 世紀 70 年代初美國霸權由盛轉衰、布雷頓森林體系崩潰之際，霸權穩定論很自然在美國萌生，其維護美國霸權和穩定世界經濟的意圖不言自明。霸權穩定論者既旨在提醒美國人民尤其是統治集團：雖然美國的國力在 20 世紀 70、80 年代相對衰落，但美國不可推卸維持世界體系穩定的責任，只是需要吸取過度擴張的教訓；同時也試圖要其他國家明白：美國的領導地位對世界和平與穩定是不可缺少的。當美國成為世界唯一超級大國並極力建立它領導的「世界新秩序」時，單極穩定論這一霸權穩定論的後冷戰版應運而生，其目的顯然是為冷戰後美國旨在建立單極世界秩序的對外戰略辯護，同時也是要告訴美國人尤其是執政當局，不要贏得了冷戰就不再承擔或少承擔國際責任，對世界和平與穩定而言，「美國在冷戰後的世界上做得太少比做得太多更危險」。沃爾夫斯寫道：「基於權力的分配狀況，美國朝干涉主義邁進是可以理解的。在許多情況下，美國的干涉是為『需要』所驅動，因為人們期望體系中有一個比較明確的領導。……美國的干涉對世界體系的有效運轉是必要的。……美國的角色越是有效，則體系越是持久。相反，如果美國不能將其潛能轉化為維護秩序所需的能力，那麼大國為權力和安全而爭鬥的局面很快就會重現。」[46]單極穩定論將美國的政治經濟體制和國際權力地位同世界體系和秩序緊密聯繫起來，毫不隱晦地為美國全球霸權與新干涉主義辯護。其邏輯是，美國的單極霸權和世界領導維持著世界的穩定，因此美國為維護其單極霸權地位而採取的包括戰爭在內的一切手段都有利於世

46 Ibid. pp.5-41.

界和平與穩定，因而是必要和合法的。可見，單極穩定論是一種為美國全球霸權主義張目的危險理論。

## 第三節　美國霸權主義的辯護理論

自二戰後美國開始實施全球霸權戰略以來，尤其是冷戰結束以來，它不斷在世界範圍內推行霸權主義，因而在美國先後出現了許多為其霸權主義辯護的理論，其中影響最大的有民主和平論、主權有限論和「新帝國」論。

### 一、民主和平論

民主和平論也可稱為自由和平論，本是西方自由主義國際關係理論體系中的重要理論之一，與國際貿易和平論和國際制度和平論並稱為自由主義的三大「和平理論」。與貿易和平論和制度和平論不同，民主和平論中的民主不是指國際民主，而是指國內民主。民主和平論認為民主與和平之間存在因果關係，即民主帶來和平，準確地說，是國內民主制度導致國際和平。民主和平論興起於 20 世紀 70、80 年代，90 年代初以來風行於西方國際關係理論界和美國政界與外交領域。1983 年，美國學者多伊爾（Michael Doyle）在《哲學與公共事務》上發表的《康德、自由主義遺產與外交事務》一文中正式提出並系統論證了民主和平論，因此一般認為他是民主和平論的提出者和主要代表。

由於民主和平論為美國輸出民主的霸權主義外交提供理論依據和辯護，因此它又是美國霸權主義外交理論。冷戰後，民主和平論受到柯林頓當局和小布希當局的青睞，成為美國全球民主化戰略的理論依據。柯林頓當局於 1994 年 7 月出臺的《參與和擴展的國家安全戰略》報告稱：「民主國家不大可能對我們的利益構成威脅，它們更可能與美國合作，以共同對付安全威脅並促進世界經濟持續發展。」[47]而且，20 世紀 90 年代，美國學界關於民主和平論的著述迅速增加，其中主要有：亨廷頓的《第三波：20 世紀末民主化浪潮》（1991 年）、戴爾蒙德（Larry Diamond）的《促進民主》（1992 年）、馬拉夫奇科（Joshua Muravchik）的《輸出民主：完成美國的天賦使命》（1992 年）、拉西特（Bruce Russett）的《把握民主和平：冷戰後世界的原則》（1993 年）和《民主和平可以建立嗎》（1993 年）、曼斯費爾德（Edward D. Mansfield）和斯奈德（Jack Snyder）的《民主化和戰爭》（1995 年）、多伊爾的《自由主義與世界政治》（1986 年）等。這些著作或論文或者以民主和平論為立論基礎，或者進一步論證民主和平論，鼓吹和支持美國利用冷戰結束後的大好時機對外輸出民主的外交政策。

民主和平論的思想淵源可追溯到康德的自由主義國際關係觀。但是，康德當時設想的是共和和平或自由和平而非民主和平，他認為盧梭式的直接民主實際上是一種危害個人自由的專制主義。當然，民主和平論中的民主是指代議制民主，類似於康德主張的共和政體。在 1795 年寫的《永久和平論——一個哲學方案》中，康德把社會契約論用於國際關係上，把道德法則和人權思想運用於歐洲國際關係研究中，提出了堅持主權獨立、維護和平、遵守道義等國際法原則為建立國家間和平關係所必需的自由主義國際觀。康德認為，具有自由和法制精神的共和國組成的不斷擴大的共同體可以在國際法的原則下最終達到「永久和平」，因為共和政體的制約機制能阻止共和制國家冒險進行戰爭，而非共和制國家是否進行戰爭則全憑獨裁者不受制約的意志。康德構想了三個層次的「永久和平」方案：首先通過簽訂和約處理國家間的爭端和衝突，然後通過各國實現共和制來消除戰爭的國內制度根源，最後各共和國合為「歐洲聯邦」，並締結永久「和平盟約」。[48]不久以後爆發的拿破崙戰爭表明「永久和平」不過是烏托邦，

---

[47] 梅孜編譯：《美國國家安全戰略報告彙編》，時事出版社，1996 年 8 月版，第 244 頁。

[48] [德]伊曼紐爾•康德：《永久和平論——一個哲學方案》（英譯本），倫敦 1917

而且一個世紀後的第一次世界大戰再次證明了這一點。但是，以「永久和平論」為思想基礎的威爾遜理想主義正是在一戰的炮火中孕育而生的。儘管這一理論所憧憬的世界和平在 20 年後被第二次世界大戰擊得粉碎，理想主義因而被新起的現實主義流派稱為烏托邦主義，但是威爾遜的「使國家和世界民主化」、「使民主在世界上得到安全」和「民主國家不像獨裁國家那樣具有侵略性」等思想沒有消失，並在半個多世紀後成為民主和平論的直接思想基礎。

作為國際關係理論，民主和平論的主要論點有三：第一，民主國家之間幾乎不會發生戰爭；第二，轉型中的民主化國家發動戰爭的可能性大；第三，民主國家不回避與非民主國家間的戰爭。作為霸權主義外交理論，民主和平論的中心觀點和基本邏輯是：民主國家之間不發生戰爭，而非民主國家是戰爭的根源，因此把非民主國家改造為民主國家是以美國為代表的民主國家義不容辭的責任，是維護世界和平的必然要求。

民主和平論者試圖從歷史事實和政治理論這兩個方面論證民主和平論。一方面，他們運用歷史歸納法證明民主和平論，宣稱：自 19 世紀以來，民主國家之間幾乎沒有發生戰爭，尤其是二戰結束以來，西方民主國家之間從未爆發過戰爭，但非民主國家之間以及民主國家與非民主國家間的戰爭卻司空見慣。比如，拉西特等西方學者在 20 世紀中後期發現，在 1946～1986 年的 40 年間，主要的西方民主國家之間從未發生過戰爭。他們以此論證民主和平論的正確性，認為西方民主政治的全球化是避免戰爭、維護世界和平的法寶。

另一方面，他們依據西方民主政治的性質和運用西方政治理論進行邏輯推理。民主和平論的基本推理是：「民主政治是和平政治，它以憲政法制為基礎，把政治行為包括軍事行為納入法律軌道；而且民主政治的精神和價值基礎是平等、自由和博愛，而其中的博愛原則是對

年版。轉引自陳樂民、周弘：《歐洲文明的進程》，生活・讀書・新知三聯書店，2003 年 5 月版，第 156～157 頁。

暴力原則的直接否定。因此民主政治是能夠避免戰爭與衝突的法寶。」[49]民主和平論者對第一論點的論證有兩點。首先，他們依據康德的政治思想，認為民主政治制度對戰爭有制約作用，即廣大民眾是戰爭負擔的承受者和主要受害者，民眾對戰爭的反對使民主共和制國家的決策者不敢違背民意去發動戰爭，而且決策的透明化和多元化使國家領導人難以一意孤行地發動戰爭。換言之，民主政治的制衡原則和選舉制度迫使政府在制定對外政策時考慮民意，並且政策的制定是多元的，可以避免政府輕率發動戰爭。其次，他們認為共同的民主規範與民主文化約束了民主國家相互兵戎相見。換言之，民主國家因共同的民主制度和政治文化而相互尊敬、認同和吸引，從而使他們相互之間能忍讓並達成妥協，使矛盾化解在萌芽中，發生衝突時也不會訴諸武力。「不論原因是文化還是制度，民主國家在很大程度上受到內部憲政結構的制約，使它們在解決相互之間衝突的時候使用和平的手段。」[50]關於民主和平論的第二個論點，《民主化與戰爭》的作者愛德華・曼斯費爾德和傑克・斯奈德認為：成熟的民主國傢俱有和平傾向，而向民主轉化的國家卻是危險、好鬥的，因為轉型國家通常要經歷痛苦的過渡時期，大眾政治和獨裁精英政治往往交相更迭，極易造成中央權威削弱、利益集團衝突擴大、公眾之間產生政治分歧和對峙，從而導致民族主義失控，國家的好戰侵略傾向加強。他們還以歷史經驗證明這一論點。關於民主和平論的第三個論點，拉西特在《把握民主和平：後冷戰世界的原則》一書中指出：民主國家相互理解和尊重，願意用和平、說理和妥協的方法解決它們之間的爭端，但當民主國家與「非民主國家發生衝突時，不存在這種相互理解和尊重，這兩類國家之間不存在民主文化的規範與認同，民主國家不必自我克制，而有必要採取戰爭等更嚴厲對外政策。多伊爾認為，使自由國家相互間和

---

49 朱立群、王妙琴：〈評「民主和平論」〉，《外交學院學報》，1996年第1期，第55頁。

50 [美]亞歷山大・溫特：《國際政治的社會理論》，世紀出版集團／上海人民出版社，2000年12月版，第450頁。

平共處的意識形態促使它們向非民主國家發動戰爭，無論是為了保護他國遭壓迫的少數族群，還是為了報復本國同胞在外國遭受的壓迫。

民主和平論引發了廣泛的爭論。贊同者以拿破崙戰爭結束以來的統計資料為據，論證了民主政治對國家戰爭行為的制約作用，認為民主國家會把解決國內問題的方法適用於處理與其他國家的關係，因此向非民主國家輸出民主有利於世界和平。反對者指出了該理論的不少缺陷（如「民主國家」概念的模糊、「民主」與「和平」之間的非因果性、「民主」與「和平」之間因果關係的顛倒）和自相矛盾（民主國家既愛好和平又好戰），而且認為該理論很危險，已經淪為霸權主義的理論工具。美國學者萊恩（Christopher Layne）指出：「民主和平論是危險的，它建立在願望的基礎上，反映了美國干涉主義的外交政策，這個政策不會帶來和平，而是更多的戰爭。」[51]

的確，民主和平論存在許多缺陷。首先，該理論對民主、民主國家、和平沒有嚴格的界定，因此不夠嚴謹，因為理論的嚴謹必須建立在概念的清晰界定之上。因此，民主國家和非民主國家的判斷標準完全取決於以美國為中心的西方話語霸權。第二，歷史經驗不能有力證明民主國家之間不打仗。民主和平論者往往援引 19 世紀以來或二戰以來的國際關係史作為民主和平論的歷史證據，但說服力有限。理由有四：一是二戰以前民主國家太少，它們之間發生戰爭的概率本來就很低，因而不能以它們之間幾乎沒有發生戰爭的事實來證明它們一定愛好和平；二是一戰就是主要在西方民主國家間進行的（一戰時的德國與 19 世紀後期的德國在政體上沒有差別，也屬於西方意義上的民主國家）；三是二戰後時期太短，不足以證明民主和平論的真理性；四是二戰結束以來西方民主國家之間沒有發生戰爭，主要是因為它們先要面對蘇聯這個大敵，後又面臨全球恐怖主義的威脅。第三，民主國家與非民主國家也可長期避免戰爭，而不是民主國家不回避對非民主國家

---

[51] Christopher Layne, “Kant or Cant : The Myth of Democratic Peace”, International Security, Vol.19, No.2 (Autumn, 1994), pp.5-49.

開戰，最典型的例子是二戰後美蘇維持了 40 多年的消極和平。而且，非民主國家也可能傾向和平，即「共和體制國家會創立『康德文化』，但是也存在其他建立『康德文化』的途徑，如伊斯蘭國家、社會主義國家、『亞洲模式』等等。」[52]第四，以民主國家的民眾反對戰爭作為民主國家愛好和平的證據不僅與民主和平論的第三個論點相衝突，而且往往與事實不符。這是因為，既然作為戰爭負擔的承受者和戰爭的主要受害者的民眾反對戰爭，那他們為何不反對對一些非民主國家開戰？與其說民主國家傾向於對非民主國家開戰，不如說傾向於對弱小國家開戰。事實上，西方民主國家的民眾並非一味反對戰爭，美國等西方國家發動的許多戰爭往往有國內民意的強烈支持甚至鼓動。第五，國內民主與國際和平之間並沒有嚴格的因果關係：一方面，國內民主及其對外擴展導致國家間關係緊張甚至戰爭的例子並非少見（美國輸出民主的對外戰略導致國際形勢緊張甚至戰爭就是典型例子），儘管也有相反的例子（如二戰後美國對德國和日本的民主化改造，但它們都是特殊背景下的特例）；另一方面，國際和平的產生和維持往往與國內民主制度沒有必然聯繫，國際和平應該與國家之間的民主而非國內民主及其對外輸出存在必然關聯。

由此可見，民主和平論既經不起歷史的檢驗，也不符合邏輯推理。與其說它是揭示民主與和平之關係的價值中立的國際關係理論，不如說它是為美國輸出民主的霸權主義提供依據和辯護的外交理論。換言之，「『民主和平論』是新形勢下為西方大國霸權利益服務的理論，是一種新型的意識形態。」[53]民主和平論的根本目的就是為美國干涉別國內政、推行霸權主義服務的，其本質是為美國對外輸出民主製造合法性。這正是它備受美英兩國政府青睞的根本原因，也是它引起廣泛爭論的重要原因之一。自民主和平論產生以來，尤其是冷戰結束以來，它就成為美國霸權主義尤其是新干涉主義的重要理論支柱，成為柯林

---

52 [美]亞歷山大・溫特：《國際政治的社會理論》，第 430 頁。

53 朱立群、王妙琴：〈評「民主和平論」〉，《外交學院學報》，1996 年第 1 期，第 58 頁。

頓當局「參與和擴展」戰略的主要理論基礎和小布希「新帝國」戰略的理論依據之一。

## 二、主權有限論

主權有限論是冷戰後流行於美國等一些西方國家的霸權主義理論。主權有限論的基本觀點是：國家主權不是至高無上的，不是絕對的和無限的，而是有條件的；國家主權不應該成為專制獨裁國家政府踐踏本國人權、實施種族屠殺的護身符，更不可被流氓國家或失敗國家當作庇護、資助恐怖分之的擋箭牌；當這些國家這麼做時，它們就失去了主權的保護，因此為了保護普世人權、維護國際和平與穩定，別國或國際社會有權對這樣的國家實施包括武力在內的一切干預，甚至有權更換其政府，對其進行民主化改造。

一般認為，2002 年時任美國國務院政策設計室主任的查理德・哈斯（Richard N. Haas）是該理論的集大成者和主要代表。哈斯認為，「在各國擁有的主權當中，應附帶不能殺害本國國民和不支持恐怖行動等一系列義務。不能實現這一義務的國家應被剝奪主權和不被干涉的權利。美國等其他國家應被賦予進行干涉的權力。」[54]哈斯擔任斯美國外交學會主席後，繼續鼓吹主權有限論。2006 年 2 月 16 日，他在新加坡《海峽時報》上發表的〈重新考慮主權〉一文中寫道，「如果要使國際體系順利運行，國家必須做好準備向一些國際組織讓出某些主權，或者放棄國家主權中的某些要素，國際體系之間才能實現一種平衡。」「因此我們的主權觀念應該是有條件的，甚至是契約性的，而不是絕對的。如果一個國家資助恐怖主義，或者轉運或使用大規模殺傷性武器，或者實施種族大屠殺，因而沒有履行契約中這個國家所應履行的承諾，那麼這個國家就喪失正常的主權權益，因此就可能會受到攻擊、清除或被佔領。」[55]

---

[54] [美]《紐約人》，雜誌 2002 年 3 月號。
[55] Richard N. Haas, Rethinking Sovereignty, *Straits Times*, February 16, 2006.

由於主權有限論有利於冷戰後美國全球霸權戰略的推行，冷戰後美國歷屆政府都奉它為官方理論。柯林頓當局和小布希當局都認為：凡是擁有大規模殺傷性武器的國家，准許恐怖分子在自己領土上開展恐怖活動的國家，以及專制政權踐踏本國公民基本權利的國家，都不能指望得到國際法所賦予的主權的完全保護，這些國家的主權是有限的；為了消除危害世界和平與穩定的國內隱患，美國代表的國際社會應採取一切手段進行干預，不應受「主權高於一切和內政不容許干涉」的傳統國際法的限制。

主權有限論的立論邏輯主要有三。一是認為人權是無國界的普世價值，以主權為掩護踐踏人權，是對人類共同價值的侵犯，因此為了保護普世人權，就必須限制國家主權。從這個意義上說，主權有限論就是「人權高與主權」論。二是認為國家主權以該國政府為國民提供基本需要為前提，否則，該國的主權就要被削弱甚至被取消。哈斯認為，「無論是因為無能還是故意，當一國政府不能給該國公民提供基本需要時，該國的主權就要受限甚至被取消。」[56]三是在全球化時代，國家之外的國際行為體越來越多，各國受它們的影響越來越大，越來越多的非傳統安全問題僅靠主權國家無法解決，各國安全相互關聯日易密切，一國的環境災難或社會動亂會損害別國乃至整個國際社會的利益與安全，因此傳統主權觀念已經過時，國際社會應該且必須突破傳統國家主權的限制，必要時對國界範圍內的事態實施干預。從這個意義上講，主權有限論也是「主權過時論」。哈斯寫道：「因此全球化意味著主權不僅實際上正在弱化，而且它需要弱化」；「應該把為了全球化而重新界定主權作為目標，以便在一個完全主權國家的世界與一個世界政府或無政府的國際體系之間找到平衡。」[57]

主權有限論及其立論邏輯都站不住腳。首先，雖然人權很重要，但是主權也同樣重要，不能因為強調人權而貶低主權。從價值上看，

---

[56] Ibid.
[57] Ibid.

人權與主權之間不存在誰輕誰重的區別，它們的價值取向應該是一致的，不同的只是表面上看主體不同。可以說，人權是主權的「個化」，主權是人權的「集化」。失去主權的國家不可能有真正的人權，沒有基本人權的國家，其主權不再有意義。從理論上講，人權的確是普世價值，但它實際上又受具體國情的影響。在現實條件下，各國的人權主要靠各國自己去落實和保護。在各國文化傳統、社會制度、富裕程度等都有所不同的情況下，要在人權的具體落實上做到各國千篇一律，是絕對不現實的。即使未來真的出現了統一的世界政府，不同民族、不同地區的人權也不可能完全相同。因此，不能因為一個國家的人權狀況不令人滿意就認為那個國家不配享有主權，甚至去侵犯那個國家的主權。第二，雖然政府的合法性建立在民眾的認同和為民服務的基礎上，人民有權更換政府，但是別國無權以一國政府無力為國民提供基本需要為由去越俎代庖，除非該國大多數民眾以合法程序（如公決）要求別國或國際社會更換該國政府。否則，對「失敗國家」實施干涉甚至更換其政府既違背該國民意，也違反現行國際法。第三，全球化確實向傳統國際法和國際關係準則提出了挑戰，國際行為主體的確已經多元化，安全問題確實在泛化，國內與國際的界限、內政與外交的界限的確趨於模糊，但是國家仍然是最主要的國際行為體，國際社會的基本單位仍然是國家而不是國際組織、跨國公司或公民社會，國際問題的解決主要靠國家間的協作，本質上屬於國內事務的問題主要靠當事國在國際社會的幫助下解決。因此，不能以全球化為由人為地貶低和削弱國家主權，不能在全球化時代倡導主權有限論或主權過時論，儘管堅持傳統的絕對主權觀已不合時宜。

其實，主權有限論並非新理論。早在 19 世紀末 20 世紀初，帝國主義的政治與經濟擴張要求打破一切民族及國家的界限，一些西方思想家就主張限制國家主權。二戰後，為了維持對前殖民地半殖民地國家的控制與剝削，英、法等老牌帝國也鼓吹過主權有限論。冷戰時期，蘇聯也曾提出和實踐過主權有限論。1968 年 11 月 11 日，在華沙舉行的波蘭統一工人黨第五次代表大會上，蘇聯領導人勃列日涅夫拋出了蘇聯版的霸權主義思想——勃列日涅夫主義，為蘇聯在同年 8 月 20 日率領華約軍隊佔領捷克斯洛伐克和武力扼殺「布拉格之春」的霸權主義行為提供理論依據。勃列日涅夫主義包括：主權有限論、社會主義大家庭論、大國責任論、國際分工論、國際專政論、利益相關論，其中的主權有限論是其標誌。

勃列日涅夫主義一出籠就遭到了美國等大多數國家的譴責。美國當時以國際法的守護神和國家主權的捍衛者自居，聯合其他反對蘇聯東歐集團的國家抵制蘇聯霸權主義，對國際關係起了積極作用。實際上，早在二戰後初期，美國就打著維護國家主權、反對干涉別國內政的旗號，對蘇聯實施遏制。美國發起對蘇冷戰的理由之一，就是它指責蘇聯不僅對東歐國家實施專制統治而且正試圖干涉希臘、伊朗等國的內政。1947 年 4 月 5 日，杜魯門在紀念傑弗遜的演講中援引他支持門羅主義的話說：「干涉別國內政，殘暴侵犯別國權利，這種情況也是不能容忍的。」[58]

然而，冷戰後美國成為唯一超級大國後，美國政府和學界不僅不再反對主權有限論，反而極力鼓吹主權有限論。美國的意圖不言而喻：為其干涉別國內政、侵犯別國主權的全球霸權主義提供理論依據。無論美國反對還是鼓吹主權有限論，都是為其霸權利益服務的。冷戰時期，美國要維護其霸權，它必須遏制蘇聯共產主義的發展，而維護國家主權、反對干涉別國內政就成為美國反對蘇聯霸權主義的合法依據。冷戰後，美國對外戰略的最高目標是建立全球霸權，而要減少推行霸權主義的阻力，就必須削弱與霸權主義勢不兩立的國際主權原則，於是美國以保護別國人權和反恐為由倡導限制國家主權，因此主權有限論成為美國霸權主義理論。換言之，美國鼓吹主權有限論的目的是借保護人權和反恐之名，行霸權主義之實。美國不僅要維護自己

---

[58] [美]哈里・杜魯門：《杜魯門回憶錄》（下卷），東方出版社，2007 年 1 月，第 130 頁。

的主權，而且要追求全球霸權。因此，在主權有限論者和美國政府心中，有限的是別國的主權而非美國的主權。

## 三、「新帝國」論

帝國與霸權是不同的概念，前者既可指國家體制也可指國際關係模式，且明顯含貶義，而後者僅涉及國際關係，在西方不含貶義，甚至被等同於領導權。威廉‧沃爾夫斯認為冷戰後的美國只是單極霸權國而不是帝國。[59]但是，從國際關係角度看，霸權體系和帝國體系都指極不平等的國際關係模式，不同的只是表現形式：霸權國對霸權體系內其他國家施加巨大影響或實施間接控制，而帝國對帝國體系內其他國家實施殖民統治或進行直接管理。而「新帝國」及「新帝國主義」一般指世界體系內不進行赤裸裸的對外侵略和實施殖民統治的主導國及其對外政策，它們是外延寬泛的動態概念，可指任何具有新特點的霸權國家及其對外政策，本質上與霸權國及其霸權主義無異。比如，美國外交史家拉夫貝（Walter LaFaber）把 19 世紀後 30～40 年進行對外擴張的美國稱為「新帝國」。[60]「新帝國」及「新帝國主義」曾經指二戰後殖民體系崩潰後的西方大國及其對外政策，冷戰後又專指作為頂級大國的美國及其對外政策，這更為人們所熟知。

「新帝國」論是「美利堅新帝國」論或「新羅馬帝國」論的簡稱。一般認為，「9‧11」後在美國大行其道的「新帝國」論源於英國。2002年，英國外交政策中心出版了英國首相布雷爾的外交顧問羅伯特‧庫伯（Robert Cooper）主編的《重建世界秩序——「9‧11」事件的長期影響》，「新帝國」論正式出籠。同年 4 月 7 日，庫伯在英國《觀察家報》上發表「我們為什麼仍然需要帝國」一文，鼓吹以「新帝國主義」來

---

59 William Wohlforth, "The Stability of a Unipolar World ", *International Security,* Summer 1999, pp.5-41.

60 Walter LaFaber, *New Empire: An Interpretation of American Expansion, 1860～1898* (Cornell University Press, 1980).

拯救世界。庫伯把世界各國分為三類：以曾經是殖民地宗主國的歐盟國家為代表的「後帝國」或「後現代國家」，以索馬利亞、阿富汗等前殖民地國家為代表的「前現代國家」，以中國、印度等為代表的「傳統現代國家」。他認為，沒有內部安全危機的後現代國家卻受到前現代國家那樣的「失敗國家」和傳統現代國家的威脅，因此後現代國家應該對前現代國家實施「新帝國」式管理。[61]在庫伯看來，由前殖民地構成的「失敗國家」群體是動亂和威脅的孳生地，因為「它們弱得無力守衛自己的領土，變成了販毒、犯罪和恐怖分子的基地，侵害其他更有秩序的地區」，因此後現代國家應該使用新殖民化的手段，向它們輸出穩定和自由。[62]庫伯的「新帝國」論將歐洲的聯合稱為「自願帝國主義」，把國際貨幣基金組織和世界銀行貼上了「自願的全球經濟帝國主義」的標籤，把與巴爾幹鄰近的歐盟與北約稱為「鄰國帝國主義」，企圖使「新帝國」集團干涉臨近地區的事務合法化。

雖然庫伯因懷疑美國是否為後現代國家而沒有明確把它歸於後現代國家之列，但是其「新帝國」論在美國引起強烈共鳴，激發了美國的「新帝國」野心，一些美國右翼學者、記者大肆鼓吹「美利堅新帝國」論。美國外交關係委員會（CFR）資深研究員、《華爾街日報》主筆馬克斯・布特（Max. Boot）主張「美國的使命是充當世界警察。」[63]大肆鼓吹「新帝國」論的美國《大西洋月刊》資深記者羅伯特・卡普蘭（Robert D. Kaplan）在《武士政治》中說，「不管你喜歡與否，我們已經是美利堅帝國了。」[64]《華盛頓郵報》記者薩巴斯梯安・馬拉比（Sabastian Mallaby）認為，美國的外交政策必須對日益增長的「失敗國家」的威脅作出強硬反映，「美國將不得不成為帝國主義者」。[65]美

---

[61] Robert Cooper, "Why We Still Need Empires", *The Observer,* April 7, 2002.

[62] Ibid.

[63] Max.Boot, "America's Destiny is to Police the World", Financial Times, February 19, 2003.

[64] Robert D. Kaplan, Warrior Politics, Vintage Press, 2002.

[65] Sabastian Mallaby, "The Reluctant Imperialist", Foreign Affairs, March / April 2002.

國總統布希及其內閣要員也宣揚「新帝國」論，儘管他們沒有直接使用「新帝國」或「新帝國主義」的概念。布希早在 2002 年 1 月 29 日的國情咨文中就拋出了變相的「新帝國」論——「邪惡軸心」論。2002 年 4 月，美國總統國家安全事務助理康多利紮・賴斯在霍普金斯大學國際關係學院的講話中把世界上的國家分為四種，提出要對第三類的「流氓國家」要進行打擊，對第四類的「失敗國家」實行國際治理。於是，「9・11」後布希當局以「新帝國」論為指導實施「新帝國」戰略，推行「新帝國主義」。

概括起來，美國「新帝國」論的基本觀點是：冷戰後美國成了不可抗衡的單極霸權國家，有能力為所欲為；但是美國面臨恐怖主義、大規模殺傷性武器擴散等許多致命的非傳統安全威脅；因此美國必須改變傳統安全思維，超越以國家主權平等和不干涉別國內政為核心的現行國際法，通過對「失敗國家」、「流氓國家」、「邪惡軸心國家」實施「先發制人」打擊，維護自己及盟國的安全和世界和平與穩定。

「新帝國」論及「新帝國」戰略受到的批評超過了受到的歡迎，即使在美國也是如此。現實主義（無論傳統還是結構現實主義）認為它們高估了美國的力量，忘記了大國興衰的教訓，只會使美國陷入困境。基辛格認為：「不管美國覺得自己的目的多麼無私，只要它明確堅持自己的霸權地位，就可能促使全世界其他國家逐漸團結起來反對美國，把美國逼入不利地位，最終孤立美國並使美國的國力耗盡枯竭。……通往帝國的道路往往導致國家的衰敗，因為對無限權力的追求最終必定削弱國內的約束力量。……蓄意追求霸權主義的做法終將使美國成為偉大國家的價值觀毀於一旦。」[66]沃爾茲認為冷戰後的單極格局不會長久，其他大國遲早會形成對美國的制衡。「美國為了維護單極世界而阻止歷史發展的夢想註定是要破滅的。不用太長的時間，美國維護單極世界的做法就會大大超出美國的經濟、軍事、人口和政

[66] [美]亨利・基辛格：《美國需要外交政策嗎？》，中國友誼出版公司，2003 年 1 月版，第 363 頁。

治資源的限度，正是維護自己霸權地位的做法成為削弱美國的不二法門。」[67]自由主義批評它們不僅高估美國力量，而且無視國際相互依賴的現實，違背國際法與國際道德，將使世界陷入混亂。約瑟夫・奈指出，「越來越多的事情是強大的美國所不能控制的」，「一度強大的羅馬帝國也瓦解了，同樣，認為美國是不可戰勝的觀念也非常危險」。[68]沃侖斯坦那樣的激進主義者認為美國在「9・11」後似老鷹墜地般急劇衰落，根本不是什麼「新帝國」，「新帝國」戰略必然失敗。[69]約翰・伊肯伯里（G. John Ikenberry）不僅批評美國的「帝國野心」，還系統總結了這種「新帝國」戰略的七個特點：第一，致力於維持一個單極霸權世界，在這個單極世界中美國沒有任何競爭對手；第二，對全球威脅以及如何應付這些威脅做出了全新的分析；第三，認為冷戰時期的威懾思想已經過時，面對跨國恐怖網路，所謂第二次核打擊的威懾不起任何作用，先發制人的進攻是唯一有效的消滅威脅的辦法；第四，重新確定「主權」的含義，因為恐怖分子沒有主權的約束，因此美國也不能受主權的約束，將在任何地方先發制人；第五，輕視現存的國際準則、條約和安全合作關係，認為各種多邊合作機制已經成為對恐怖分子做出迅速反應和打擊的制約因素；第六，認為由於其他國家和聯盟無力做出反應，所以美國在對恐怖威脅做出反應方面需要發揮直接和不受任何約束的作用；第七，不重視國際穩定的價值，認為美國傳統的現實主義和自由主義戰略已經過時，解決不了美國當前面臨的安全問題。[70]

---

[67] [美]肯尼士・沃爾茲：《冷戰後的結構現實主義》，載約翰・伊肯伯里主編：《美國無敵：均勢的未來》，第 65 頁。

[68] Joseph Nye, "The New Rome Meets the New Barbarians", The Economist, March 23rd-29th 2002.

[69] Immannuel Wallerstein, "The Eagle Has Crash Landed", Foreign Policy, July / August 2002.

[70] G. John Ikenberry, "America's Imperial Ambition", *Foreign Affairs,* September / October 2002. 轉引自張耀：〈「新帝國論」評析〉，《世界經濟與政治》，2003 年第。

「新帝國論」是一種極端的對外政策學說。始作俑者庫伯認為，儘管老帝國主義和殖民主義已經聲名狼籍，但是現在確實需要體現人權與普世價值的新帝國主義，以便能夠給混亂的世界帶來秩序。[71]「9・11」後成為美國國家安全戰略理論依據的「新帝國論」認為：「面對21世紀混亂無序的世界，國際社會需要一種符合人權和現代民主自由等價值觀念的『新型帝國主義』；這種『新型帝國主義』是經濟、政治、文化和軍事的綜合體，美國作為當今世界實力超群的唯一超級大國，是『新型帝國主義』最具資格的代表；『新型帝國主義』的重要使命是『使落後國家的文明和統治獲得新生』，而對恐怖主義、『無賴國家』和『失敗國家』，則要進行堅決打擊和剷除，以建構世界『有序的民主秩序』，按西方的民主價值觀一統天下。」[72]美國新帝國論的代表人物之一馬拉比認為，當今世界的混亂要求美國實現帝國主義政策，否則破產的國家會增加，人口增長將失去控制，暴力行為將長期存在，而社會將走向衰敗，因此最合理的辦法就是實現帝國式統治，將可能威脅西方國家安全的第三世界國家直接控制起來。[73]可見，「新帝國論」之「新」主要在於它主張美國超越國家主權實行全球統治，以「預防性戰爭」剷除美國眼中的一切「邪惡」，以美式自由民主價值觀一統天下。

「新帝國」論是「9・11」後開始流行於英美的比「單極霸權穩定」論更有害、更危險的霸權主義理論，其危害、危險與錯誤主要體現在以下三方面。

第一，它把21世紀初美國的頂級大國地位等同於美國的全球霸權地位進而等同於美國可以為所欲為。「新帝國」論認為美國是歷史上第

---

[71] [英]羅伯特・庫伯：〈為什麼我們需要帝國？〉，英國《觀察家報》，2002年4月7日。

[72] 楊運忠：〈伊拉克戰爭對國際戰略態勢及中國安全的影響〉，《當代亞太》，2003年第7期，第3頁。

[73] Sebatian Mallaby, “The Reluctant Imperialist: Terrorism, Failed States and the Case for American Empire”, *Foreign Affairs,* March / April 2002.

一個真正的全球霸權，其理由是：羅馬帝國只在歐洲及亞洲和非洲的一部分稱霸，西班牙和英國的影響雖曾經遍及全世界，但它們因受到法國等其他強權的制約而沒能稱霸全球，而當今的美國是沒有任何國家或國家集團能與之抗衡的真正的全球霸權國。「目前國際體系中的一大特徵是美國同時在所有領域都佔據著統治地位。在主權國家體系中從來沒有一個國家擁有如此程度的統治地位。」[74]「今天美國可以說是一個真正的帝國。它的優勢如此明顯，以至於它不需要為發揮優勢而忙碌。它是一種新的龐然大物，一種世人以前從未見過的巨獸。」[75]「新帝國」論因而認為，既然美國是不受制衡的全球霸權，那美國就應該也能夠為了自己的利益為所欲為。

其實，頂級大國是相對於冷戰時期的超級大國和冷戰後的一般大國而言的，它只是表明冷戰後美國的國力比冷戰時期更強大，遙遙領先於當今其他所有國家，並不意味著美國真正成了全球霸權國（稱霸全球是二戰結束以來美國始終不變的最高追求，但從未真正成為現實），更不意味著美國可以為所欲為。事實上，美國從來都沒有做到為所欲為，比如 40 多年來美國一直視古巴為眼中釘，但美國沒有也不敢不顧一切地消滅古巴，儘管它有消滅古巴的慾望與能力。何況在 21 世紀人類文明發展到如此高程度和國際相互依賴如此之深的國際環境中，無論一個國家多麼強大，它也無力君臨天下，無法獨往獨來，它為所欲為的企圖是反文明逆潮流的，最終必然失敗。

第二，它認為美國及其盟友面臨史無前例的非傳統威脅，尤其是迫在眉睫的恐怖主義與大規模殺傷性武器結合的危險，因此美國必須採取包括先發制人在內的一切手段消除恐怖主義及其庇護者。「新帝國」論在強調遏制新的世界大國崛起以維護美國霸權的同時，更強調消除非傳統安全威脅。「新帝國」論認為，一些貧窮國家的政府腐敗

---

[74] Stephen G. Brooks and William C. Wohlfoith, “American Primacy in Perspective”, *Foreign Affairs,* July / August 2002.

[75] Martin Walker, “America’s Virtual Empire”, *World Policy Journal,* Summer 2002.

無能，致使經濟崩潰、政治動亂和社會失控，這些「失敗國家」因而成為販毒、走私、非法移民的孳生地與恐怖主義和其他極端勢力的庇護所，從而對世界和平與穩定尤其是對美國及其盟友的安全構成巨大威脅，因此美國必須採取任何可能的手段剷除威脅。在「新帝國」論者看來，一些發展中國家是威脅世界和平與穩定的「失敗國家」，它們既不能維護國內秩序，也不是負責任的國際行為體，因此喪失了對內使用武力的合法性和壟斷權，其國家主權不應該受到尊重。2002 年 3 月，理查・哈斯提出「主權有限論」：「在各國擁有的主權中，應附帶不能殺害本國人民和不支持恐怖行動等一系列義務。不能實現這一義務的國家應剝奪主權和不被干涉的權利。美國等其他國家應被賦予干涉的權力。」[76]布希當局 2002 年 9 月公佈的《美國國家安全戰略》報告稱，美國面臨的最嚴重的威脅「在於極端主義和技術的結合」和「來自衰敗的國家」。[77]

第三，它認為二戰後建立起來的以國家主權原則為核心的當代國際法和以聯合國集體安全機制為代表的國際機制已經過時，不再符合美國國家利益，因此必須以有利於實現美國全球霸權戰略目標的新的國際規範取而代之。二戰結束後，美國主導創立了體現為《聯合國憲章》的宗旨與原則的一整套國際規範，為冷戰時期的美國霸權提供了某種合法性。但是，冷戰後尤其是「9・11」後，已經成為頂級大國的美國越來越感到這套以國家主權原則為核心的國際規範不利於它實現其全球霸權戰略目標，因此它決心通過不符合現有國際法的強硬外交實踐創建新的國際「遊戲規則」。在「新帝國」論者看來，美國既然擁有鶴立雞群的巨大力量，只要美國認為有必要和可能，就可以「便宜行事」，不用過多顧及其他國家的反對，也不用太顧及現有的國際準則和國際法。相反，在美國主導下，世界應該確立新的行為準則和新的秩序。[78]「主權有限論」就是在這種背景下出籠的。

---

[76] [美]《紐約人》雜誌，2002 年 3 月號。

[77] http//www.whitehouse.gov/nsc/nss.html.

[78] 任曉：〈「美利堅新帝國」論的興起與美國大戰略〉，《國際問題論壇》，2003

因此，「新帝國」論實質上是一種極端的霸權穩定論，是為冷戰後尤其是「9・11」後的美國全球霸權和全球反恐戰爭造勢和辯護的。

---

年第 3 期。

# 中篇
## 美國全球霸權戰略的演變

# 第四章　羅斯福藍圖

## ——美國全球霸權戰略的雛形

二戰結束後美國全球霸權戰略的確立以美國介入二戰後的對外戰略為基礎。美國在二戰後期設計的作為戰後世界新秩序的羅斯福藍圖，實際上是二戰後美國全球霸權戰略的雛形，即二戰後美國全球霸權戰略是在羅斯福藍圖的基礎上演變而來的。不同的是，羅斯福藍圖規定的領導世界的方式和途徑是集體安全和美、蘇、英、中四大國協作，而杜魯門主義指導下的戰後美國全球霸權戰略的實施方式和途徑是對蘇聯等社會主義國家的全面遏制——意識形態攻擊、政治對抗、軍事包圍、外交孤立、經濟封鎖和文化滲透。

## 第一節　羅斯福藍圖及其形成過程

### 一、羅斯福藍圖的界定

到二戰後期，「隨著世界反法西斯戰爭的深入發展，美國總統羅斯福構築了一幅以美國為中心的戰後世界藍圖。這就是以美國為領導，以美國的價值觀為核心，以美國的政治和經濟模式為榜樣，通過建立聯合國、國際貨幣基金組織，確立新的行為準則，最大限度地實現美國的價值和利益。」[1]1943 年 4 月，在羅斯福的授意下，雷斯特・大衛斯發表〈羅斯福的世界藍圖〉一文，勾畫了戰後美國的全球戰略藍

[1] 劉金質：《冷戰史》，第 25 頁。

圖：以大國合作特別是美蘇合作為前提，旨在通過美國居於優勢的國際政治經濟組織，達到軟化蘇聯、拉攏英國、塑造美國世界盟主地位的目的。[2]這就是羅斯福藍圖。簡單地講，羅斯福藍圖就是羅斯福當局設計的由美國領導的戰後世界新秩序。

羅斯福藍圖包括三大部分：建立以大國合作為基礎的聯合國集體安全體系；按照自由國際主義原則建立開放的國際金融、貿易體系；按照民族自決原則決定歐洲的政治版圖和殖民地民族的未來。其中，第一、第二部分成為戰後美國霸權的兩大支柱。這三個部分充分反映了美國的政治理想、經濟利益和安全追求，因此與其說它為了建立符合世界共同利益的世界新秩序，不如說是為了建立美國領導的世界新秩序。

## 二、羅斯福藍圖的形成過程

羅斯福藍圖顯然不是心懷大志的羅斯福當局心血來潮的產物，也不是一蹴而就的，而是經過 3 年多的精心謀劃與努力而成的，其大致形成過程與組成部分如下：

### （一）《大西洋憲章》

1941 年 6 月 22 日蘇德戰爭爆發後，第二次世界大戰進入新階段。表面上看，法西斯國家對西方民主國家的戰爭壓力有所減輕，但實際上世界反法西斯陣營面臨更加複雜的形勢。在共同面臨法西斯國家侵略的嚴峻形勢下，西方民主國家同蘇聯在意識形態上的對立不再重要，而支持和援助蘇聯抗擊德國法西斯就變得非常重要。正是在這種背景下，美英兩國政府首腦於同年 8 月 14 日在大西洋的紐芬蘭舉行了二戰期間的首次會晤，發表了具有重大歷史意義的《大西洋憲章》。

2 王曉德：〈「美國世紀」命題及其影響〉，《當代世界與社會主義》，2007 年第 2 期，第 7 頁。

《大西洋憲章》提出八點主張：英美兩國決不進行任何領土和其他形式的擴張；反對強行的或不民主的領土變更；包括被強行剝奪權力的人民在內的所有各國人民都擁有主權和自治權；所有國家對其所必需的各種原料享有經濟上的平等待遇；通過經濟合作來提高勞動生產率、加快發展經濟和改善社會治安；戰後世界和平應保障各國安全和消除人類的恐懼與匱乏；海上通商自由；在建立起一個更為廣泛、持久、普遍安全體制之前，解除侵略國的武裝和削減軍備負擔。[3]換言之，「《大西洋憲章》重申了威爾遜主義的若干原則：自決權，禁止在戰爭中進行領土和其他方面的擴張，在戰後國際關係中放棄使用武力，致力於國際經濟合作，以及倡議建立戰後國際安全機制等。」[4]

《大西洋憲章》隻字不提英國外交長期奉行的均勢原則和對勢力範圍的維護，而是強調美國外交的理想主義原則：民族自決、主權平等、公海自由、貿易自由、集體安全、裁減軍備。「羅斯福力圖把機會均等、貿易自由、航行自由等原則列入憲章，藉以憑藉強大經濟實力乘英國衰落之機打入並控制英國的勢力範圍。」[5]因此，它基本上是第一次世界大戰結束前後美國總統威爾遜提出的「十四點」的翻版，充滿威爾遜式理想主義色彩。這既是英國衰落和美國崛起為世界一流大國的產物和反映，也是美國借二戰之機徹底拋棄孤立主義並準備在戰後建立世界新秩序的信號。它提出了建立戰後世界新秩序的基本原則，為聯合國的成立奠定了初步政治基礎。

同年9月，美、英、蘇、比、荷、盧、波、希、挪、捷、南及「自由法國」在倫敦開會，表示贊同《大西洋憲章》的原則。同月底，蘇

---

3 哈里曼在其回憶錄裏把《大西洋憲章》的精神歸納為七條，但內容基本相同，見[美]W·艾夫里爾·哈里曼、伊利·艾貝爾：《哈里曼回憶錄》，東方出版社，2007年1月版，第89頁。

4 [加]卡列維·霍爾斯蒂：《和平與戰爭：1648-1989年的武裝衝突與國際秩序》，北京大學出版社，2005年8月第1版，第213頁。

5 石磊主編：《現代國際關係史》（下冊），北京燕山出版社，1995年1月版，第834頁。

聯駐英大使宣佈，蘇聯政府接受《大西洋憲章》的基本原則。這表明美、英、蘇三大國首次在共同原則基礎上聯合反對法西斯勢力，標誌著世界反法西斯陣營初步形成。

### （二）《聯合國家宣言》

《大西洋憲章》的發表表明美國隨時準備參加戰爭以打敗法西斯軸心國家。1941 年 12 月 7 日發生的珍珠港事件徹底結束了美國的戰爭中立政策，美國參戰標誌著第二次世界大戰又進入了一個新的階段，真正具有了世界大戰的性質。由於日本發動的太平洋戰爭使美英等國遭受嚴重損失，使其國家安全面臨嚴重威脅，因此美、英、蘇、中等 26 個同法西斯國家作戰的國家於 1942 年 1 月 1 日在華盛頓聯合發表了羅斯福親自命名的《聯合國家宣言》。該宣言完全贊同《大西洋憲章》的宗旨和原則，並莊嚴宣告：所有簽字國政府保證運用其經濟、軍事等全部資源，同德、日、意軸心國及其僕從國作戰，並相互合作，決不與敵人單獨締結停戰協定或和約。這是反法西斯國家首次在美國的倡議下以聯合國家的名義發表共同戰爭宣言，因此《聯合國家宣言》的發表不僅標誌著國際反法西斯統一戰線的完全形成，而且表明以聯合國為基本框架的美國戰後世界新秩序規劃——羅斯福藍圖初露端倪。

### （三）《開羅宣言》與德黑蘭會議

在第二次世界大戰戰局發生有利於反法西斯陣營的根本變化的 1943 年，反法西斯盟國有必要加強合作，以儘快打敗法西斯國家和就戰後世界秩序達成協議。於是，美國倡議召開美、蘇、英、中四大國政府首腦會議。但是，由於蘇聯當時沒有與日本進入交戰狀態，且蘇聯不願承認中國的大國地位，因此美、蘇、英、中四大盟國的政府首腦於 1943 年 11 月下旬至 12 月初先後召開了美、英、中開羅會議和美、英、蘇德黑蘭會議。

為了準備四大國首腦會議，1943 年 10 月中下旬，美、英、蘇在莫斯科召開三國外長會議。在美國的極力主張下，會議結束時發表了美、英、蘇、中四國簽署的《普遍安全宣言》，宣稱：為了維護國際和平與安全，有必要盡速根據一切愛好和平國家主權平等原則，建立一個普遍性的國際組織，所有國家無論大小均得加入為會員國；戰後除非為實現本宣言內所預期之目的，並在共同磋商後，不得在其他國家領土內使用軍隊。[6]該宣言確立了未來聯合國的基本原則和四大國在建立聯合國中的特殊作用。

開羅會議除了主要討論軍事合作問題（即對日作戰問題）之外，還首次對美國特別重視的戰後世界秩序進行了首腦級磋商。《開羅宣言》稱，美、英、中三國決定在戰後把日本奪取的一切中國領土包括中國東北和臺灣、澎湖列島歸還中國，並將剝奪日本以暴力或貪欲攫取的其他所有領土，特別是在適當時候使朝鮮獲得自由獨立。雖然《開羅宣言》因英國反對而沒有明確表達美國主張的戰後在遠東地區乃至在全世界實現民族自決原則，但是三國決心剝奪日本的一切殖民地的共同立場很大程度上反映了美國通過民族自決實現其戰後世界新秩序的原則立場和戰略意圖。美國還力排眾議，邀請中國作為四大國之一參加盟國首腦會議。美國的主張雖然客觀上有利於中國國際地位的提高，但是反映了美國以此換取中國對美國充當戰後世界領導的支持和增加美國在安排戰後世界秩序時與蘇聯、英國討價還價的籌碼的戰略意圖。

在開羅會議結束後緊接著召開的德黑蘭會議上，除了討論對德意法西斯集團作戰、達成開闢第二戰場的協定、首次討論波蘭問題和就蘇聯對日作戰問題首次進行磋商之外，美、蘇、英三國首次就建立聯合國以維護戰後世界秩序的問題進行了磋商，並達成了初步共識，特別是在聯合國集體安全框架內由美、蘇、英、中四大國共同負責維護戰後世界和平與安全這一美國的「四警察維和」構想得到了蘇聯和英國的贊同。羅斯福提出的這一關於戰後世界安排的方案就是後來羅斯福藍圖的雛形，它表明：美國吸取了國聯失敗的教訓，設想通過強有

---

6　《國際條約集》(1934-1944)，世界知識出版社，1961 年版，第 403～404 頁。

力的世界性國際組織有效維護戰後世界和平，防止新的世界大戰；美國強調大國在維護和平、防止侵略中要起「國際警察」作用；美國希望在新的國際組織中起領導作用；美國對戰後革命高潮的擔心和反對。[7]

## （四）布雷頓森林協定

為了從經濟上控制戰後世界和奠定戰後世界秩序的經濟基礎，在美國的倡議下，美、英、蘇、中等 44 國於 1944 年 7 月在美國新罕布什爾州的布雷頓森林召開聯合國首屆貨幣金融會議。會議產生的布雷頓森林協定是美國無與倫比的強大經濟實力的產物，反映了美國建立戰後世界新秩序的堅強意志，成為羅斯福藍圖的經濟支柱。布雷頓森林協定包括《聯合國貨幣金融會議最後決議書》、《國際貨幣基金協定》和《國際復興開發銀行協定》三個文件。通過達成和實施「布雷頓森林協定」，美國獲得了戰後世界經濟的主導權。這是因為該協定規定：第一，建立以美元為核心的國際貨幣金融體系，即美元與黃金掛鉤，兌換率為 35 美元兌換 1 盎司黃金，其他成員國的貨幣根據各自的含金量按不同比率與美元掛鉤，這種「雙掛鉤」式的以美元為本位的可調整的固定匯率制，賦予美元以國際貨幣的特殊地位，把美國經濟的優勢制度化，為戰後美國獲得了難以計算的巨大經濟利益；第二，成員國在國際貨幣基金組織和國際復興開發銀行（後來很快改名為世界銀行）這兩個新成立的股份制國際金融機構的代表權和發言權，取決於它們按照各自的國民生產總值所購買的基金份額或股份，而且這兩個機構做出任何重大決定都必須獲得至少 80%的投票權的支持，而美國在這兩個機構的投票權都超過 20%（其中在國際貨幣基金組織的份額從開始的 31%逐漸下降為 90 年代初的 21%），這表明美國控制了這兩個機構。

---

7　石磊主編：《現代國際關係史》（下冊），第 949～950 頁。

## （五）敦巴頓橡樹園會議

1944 年 8 月下旬至 10 月上旬，在美國的邀請下，美、英、蘇、中四國的高級外交代表在美國華盛頓郊區的敦巴頓橡樹園大廈召開會議，專門討論美國草擬的《普遍國際組織的試行草案》，以制定聯合國章程。由於蘇聯不願意承認中國的大國地位，會議分兩階段進行。第一階段是 8 月下旬至 9 月底的美、英、蘇會議，第二階段是 10 月上旬的美、英、中會議，第一階段是關鍵，由此產生了整個會議的基本共識，第二階段是陪襯，基本上是把會議的決定告訴中國並要求中國點頭而已。此次會議提出的建議案規定了聯合國的名稱和聯合國憲章的四項宗旨和六項原則、聯合國各機構（即聯合國大會、安全理事會、經社理事會、祕書處、國際法庭、託管理事會）的組織和職權以及關於維護國際和平與安全和促進國際經濟社會合作的各種安排。但是，會議在兩個重要問題上沒有達成一致，只有留待下一次首腦會議決定，一是安理會常任理事國的否決權（即「大國一致原則」）的適用範圍，二是聯合國創始會員國的資格問題。

## （六）雅爾達協議

雅爾達會議是二戰期間反法西斯盟國舉行的最重要會議，美、英、蘇經過激烈的爭論終於達成了一系列重要協定，總稱雅爾達協定，其中關於成立聯合國的決定對美國主導建立戰後世界新秩序尤其重要。蘇聯與美英在聯合國問題上的爭論集中在上面提到的兩大問題上。關於安理會常任理事國否決權的適用範圍，蘇聯主張絕對否決權，即對所有問題都有否決權，以抵消美英在聯合國的席位數優勢，而美英主張相對否決權，即對程序性問題和當常任理事國是當事國時不能使用否決權。關於聯合國創始會員國的資格問題，蘇聯認為，為了平衡美國把八個沒有對法西斯國家作戰的國家（其中六個是拉美國家）拉入聯合國的做法，蘇聯的所有加盟共和國如果不能都加入，至少烏克蘭和白俄羅斯要加入。經過討價還價，三方達成一致：關於程序性問題的決議由 11 個安理會理事國中的七個贊成票通過，關於其他問題的決議由包括五個常任理事國在內的七個贊成票通過（即常任理事國可行使否決權）。美國做出的讓步是「同意一個主要國家可以通過否決權防止安理會採取諸如實施制裁或使用戰爭本身對付該國的行動」，蘇聯的讓步是「同意一個主要國家不能通過它的否決制止理事會審議並從而通報上述當事國所捲入的任何爭端」。[8]會後發表的雅爾達會議公報宣佈有關國家於同年 4 月 25 日在美國三藩市舉行聯合國制憲會議。至此，美國關於戰後世界秩序的設計——羅斯福藍圖正式完成。

## 第二節　羅斯福藍圖的影響與評價

### 一、羅斯福藍圖的影響

#### （一）羅斯福藍圖促進了戰時美蘇的合作

羅斯福藍圖是在世界反法西斯戰爭中逐步形成的，本身就是美、英、蘇、中等反法西斯盟國合作的產物，因此它無疑有利於且的確促進了戰時美蘇的合作。由於贏得蘇聯的信任和合作是羅斯福藍圖成敗的關鍵，而史達林在與西方合作時仍對美、英、中可能有朝一日聯合對付蘇聯心存疑慮，因此羅斯福當局非常重視美蘇關係，必要時不惜對蘇聯作較大讓步，如在雅爾達會議上。在羅斯福看來，史達林防範西方的意識主要是基於其他大國可能在戰後聯合對蘇的懷疑，他在東歐的許多行為都是以保證蘇聯自身安全為由進行的。因此，羅斯福認為，美國必須憑藉美國的道義權威和國際信譽，以積極的行動使莫斯科打消疑慮，一是必須使蘇聯成為聯合國的重要成員，在安理會這個

---

8　劉金質：《美國的聯合國政策》，載謝啟美等：《走向 21 世紀的聯合國》，世界知識出版社，1996 年 8 月，第 156 頁。

大國俱樂部中給蘇聯提供一個關鍵位置，二是默許蘇聯在東歐的強勢地位，承認蘇軍在擊潰德軍主力時順勢控制東歐這種無法改變的現實，從而獲取蘇聯的好感和合作。羅斯福藍圖對蘇聯的關鍵作用與安全關切的重視，是美蘇戰時合作整體順利的重要原因之一。

### （二）羅斯福藍圖理論上有利於戰後世界的和平與發展

羅斯福藍圖的根本目的是維護和促進美國主導的戰後世界和平與世界經濟的發展，因此它的誕生與初步實施對戰後世界的和平與發展無疑是個好兆頭。羅斯福藍圖的積極影響不僅表現在其形成過程中的一系列重要舉措促進了反法西斯主要盟國的合作，從而至少在理論上使戰後主要大國的繼續合作成為可能，而且表現在羅斯福藍圖的兩大支柱——聯合國體制和布雷頓森林體制——對戰後世界和平與發展的積極作用上，儘管這種積極作用遠不及預期或應有的那麼大。1945 年 3 月 1 日，羅斯福非常樂觀地宣稱，一個國際組織的成立，將「宣告單方行動、排外的國家間聯盟、勢力範圍、勢力均衡以及嘗試了數世紀卻總是以失敗告終的一切其他權宜之計的體系的結束」。[9]羅斯福希望他關於戰後世界秩序的規劃能消解邱吉爾與史達林於 1944 年 10 月初在莫斯科達成的關於戰後歐洲「勢力範圍的百分比」協議，因為他認為這種協定對歐洲和平和人類文明有害。他深信，戰後世界的重大事務必須在大國協調的集體安全體制中解決，每一大國在其所在的地區負有特別的職責並具有突出的利益，但這些地區是彼此開放而非排他的或封閉的，從而使美式的門戶開放的自由資本主義能夠同蘇聯共產主義和改革後的歐洲資本主義共存。具體說，羅斯福設想的戰後世界秩序是，由美國負責西半球、太平洋及日本的安全，由英法負責西歐並充當其前殖民地的「託管國」，由蘇聯負責東歐的安全，由中國在東亞起主導作用，然後統一於由美國主導、四大國合作協調的聯合國

---

[9] [美]唐納德・懷特：《美國的興盛與衰落》，江蘇人民出版社，2002 年 1 月版，第 357 頁。

集體安全體系之中。美國基於這一設想的戰後世界秩序規劃對世界和平與發展具有積極意義。

## 二、羅斯福藍圖的評價

羅斯福藍圖不是美國對外政策的權宜之計，而是羅斯福當局關於戰後世界新秩序的戰略性謀劃和設計，其實質就是通過維護反法西斯盟國的合作和協調，實現美國領導的以聯合國集體安全體系和布雷頓森林體系為兩大支柱的戰後世界政治經濟新秩序。羅斯福當局從意識到美國難以置身二戰之外時就開始以全球視野來規劃美國的對外戰略。羅斯福的戰後世界規劃將威爾遜的集體安全理念與維也納體制中的大國協調融為一體，他希望通過起主導作用的大國協調與集體安全的結合，建立確保世界和平與安全、促進世界發展的戰後世界新秩序。「羅斯福謀求建立政治上貫徹自決原則、經濟上實現門戶開放的自由國際主義戰後秩序，並且希望以基於大國協調、特別是美蘇協調的真正有效的世界性國際組織來維護和保障這種秩序。這一戰後藍圖的本質，是旨在由美國安排和支配世界政治經濟的『全球主義』。」[10]羅斯福認為，《大西洋憲章》的原則不僅適用於大西洋地區，也適用於整個世界。羅斯福希望通過美、蘇、英、中四大國在戰時和戰後的合作和協調，將所有國家納入由美國價值觀指導的戰後世界新秩序之中。他之所以力圖構建一個以主要大國協調為核心因而能真正維護世界和平與安全的新的全球性國際聯盟，既是因為他的世界主義理念使他接受了威爾遜主義的集體安全原則，更是因為他相信這個普遍性國際組織是美國領導國際事務並持久發揮全球影響力所必需的有力工具。一旦雅爾達協議中的全球性安排得到有效執行，就會使美國成為世界理所當然的領袖。聯合國將賦予美國以「約束」世界各國的「首席執行官」

---

[10] 時殷弘：《論美蘇冷戰——根本機理、主要性質和大致歷程》，載中國人民大學國際關係學院編：《國際前沿問題研究》，當代世界出版社，2005 年 4 月版，第 285 頁。

或「警長」的身份和地位。[11]國際貨幣基金組織和世界銀行則會使各國「圍繞美國黃金、美國經濟實力和美國充分就業水平旋轉」。[12]1943年4月，羅斯福的親信雷斯特・大衛斯在解釋總統的這一構想時就強調，美國「既不能退回到孤立主義，也不能滿足於為自己劃定某些勢力範圍的傳統均勢政策，而要推行充當世界主宰的世界主義」。[13]羅斯福相信，美國需要持久地介入世界事務之中，以發揮美國的領導作用：美國和世界之間的聯繫紐帶是一個國際性的機構；這一機構能夠對威脅世界安全的因素迅速做出反應，並能賦予美國按照自己的意志處理國際事務的行為以合法性。[14]

儘管羅斯福關於戰後世界秩序的理念——「雅爾達理想」隨著羅斯福的逝世和杜魯門主義的出籠無法實現，但是羅斯福藍圖並沒有因此灰飛煙滅。羅斯福藍圖的根本目標為杜魯門當局所繼承，杜魯門主義在本質上與羅斯福的世界主義一脈相承，不同的只是羅斯福藍圖所包含的美蘇合作與大國協調變成了杜魯門主義中的對蘇遏制。聯合國雖因大國合作與協調突變為大國對抗而沒有按照設計的那樣在維護戰後世界和平中發揮關鍵作用，但是20世紀70年代以前它在確立和維護美國霸權方面所起的作用不僅沒有減少，反而增加了，因為它不僅幾乎完全成了美國霸權的工具，而且成為美國霸權「合法性」的重要來源。雖然布雷頓森林體系因蘇聯拒絕參加而不具有全球性，但是它大大有利於美國主導戰後世界經濟，不僅給美國帶來極其巨大的經濟

[11] 朱明權、俞忻�：《「雅爾達理想」、威爾遜主義和合作安全論》，載徐以驊主編：《世紀之交的國際關係》，上海遠東出版社，2001年9月版，第136頁。

[12] Michael Hudson, *Super Imperialism: The Economic Strategy of American Empire,* New York: Holt, Rinehart Winston, 1972, p.190. 轉引自朱明權、俞忻暄：《「雅爾達理想」、威爾遜主義和合作安全論》，載徐以驊主編：《世紀之交的國際關係》，第136頁。

[13] 《戰後世界歷史長編》(1945年5月-1945年12月)，上海人民出版社，1975年版，第461頁。轉引自朱明權、俞忻暄：《「雅爾達理想」、威爾遜主義和合作安全論》，載徐以驊主編：《世紀之交的國際關係》，第144頁。

[14] 轉引自朱明權、俞忻暄：《「雅爾達理想」、威爾遜主義和合作安全論》，載徐以驊主編：《世紀之交的國際關係》，第144頁。

利益，而且為美國成為西方經濟領袖提供了方便與合法性。雖然這一體系的核心——以美元為本位的可微調的固定匯率制——在 20 世紀 70 年代初就動搖了，但是它的「遺產」直到今天仍對美國經濟乃至美國全球霸權不可或缺。

當然，羅斯福藍圖具有的制度性與「合法性」，從根本上講是以當時世界首屈一指的美國國力為基礎的。一戰後威爾遜總統試圖通過建立世界集體安全體系實現美國對世界的領導，但當時美國雖是第一經濟大國但其綜合國力還不足以使美國擔當領導世界的重任，不足以克服國內孤立主義的束縛，因此無功而返。到二戰後期，憑藉美國鶴立雞群的綜合國力，羅斯福藍圖把美國主導的大國協調機制作為聯合國集體安全體系的核心和保證。羅斯福知道，美國介入二戰後，雖然蘇聯的軍事實力與美國在同一檔次，但是美國的綜合國力和國際地位無疑是世界第一，因此必須充當世界領袖。羅斯福在開羅會議前夕對他的兒子說：「美國將不得不出面領導，並運用我們的斡旋進行調解，幫助解決其他國家之間必然產生的分歧：俄國與英國在歐洲，英帝國與中國、中國與俄國在遠東。我們有能力做到這一點，因為我們是大國，是強國……美國是能在世局中締造和平的唯一的大國，這是一項偉大的職責。」[15]

---

[15] [美]伊里亞德·羅斯福：《應運而起：白宮的羅斯福一家》，紐約 1975 年版，第 345 頁。

# 第五章　「遏制」戰略
## ——美國全球霸權戰略的確立

雖然對外擴張始終是美國對外戰略的一條主線，且一戰結束之際美國領導世界的意圖暴露無遺，但是二戰以前美國沒有制定和實施全球霸權戰略。二戰結束後，由於美國一躍成為世界最強大國家，早就想充當世界領袖的美國終於制定了稱霸全球的最高戰略目標。從此，從其最高目標和影響範圍來看，美國對外戰略具有全球霸權戰略的性質。

在 40 多年的冷戰中，美國全球霸權戰略大體上表現為全球「遏制」戰略。雖然「遏制」戰略在冷戰的不同階段表現為不同的形式並被冠以不同的名稱，但是美國通過對蘇聯領導的社會主義陣營的全面遏制和極力避免美蘇戰爭實現美國領導下的世界和平這一「遏制」戰略的本質與最高目標從未改變。在由杜魯門當局構建的「遏制」戰略框架內，「自杜魯門政府開始的美國歷屆行政當局都追求兩大基本目標：一是阻止國際共產主義進一步蔓延（而且如果可能，就迫使它退回去），二是避免第三次世界大戰。」[1]因此，狹義地講，「遏制」戰略指杜魯門執政後期的美國對外戰略，而廣義地講，「遏制」戰略指整個冷戰時期美國對蘇聯等社會主義國家的戰略。

「遏制」戰略的出臺標誌著美國全球霸權戰略的確立，它對冷戰時期美國全球霸權戰略具有非常重大的影響，因此它在美國對外戰略

[1] [美]戈登・克雷格、亞力山大・喬治：《武力與治國方略》，商務印書館，2004 年 12 月第 1 版，第 153 頁。但是杜魯門說，在他當總統的年代，主宰其思想和行動的惟一目的是防止第三次世界大戰。見[美]哈里・杜魯門：《杜魯門回憶錄》（上冊），東方出版社，序言，第 1 頁。

史上佔有極其重要的地位，在國際關係史上具有劃時代的意義。正因為「遏制」戰略給整個冷戰時期美國的對外戰略定了基調、構建了框架，其影響之大不言而喻，所以本章不像本篇的其他幾章那樣設專節總體分析「遏制」戰略的影響，而是具體分析該戰略一系列重大政策措施的各種不同影響。

## 第一節　「遏制」戰略的背景與原因

雖然「遏制」戰略的制定與實施與毫無外交經驗的杜魯門對史達林的厭惡、對共產主義的強烈偏見和對蘇聯外交意圖的誤解有關，但是從根本上講，它是由美國根深蒂固的外交「使命感」、戰後新的國際力量對比和複雜的國際形勢共同決定的：美國綜合國力鶴立雞群及其對一度蟄伏的美國的「使命感」的啟動；消滅了共同敵人的美蘇兩大政治、軍事強權在意識形態和地緣政治兩方面的矛盾同時激化。因此，「遏制」戰略具有深刻的國內外政治經濟原因，不是杜魯門當局心血來潮的產物，而是在新的國際形勢下美國統治集團精心策劃的結果。

### 一、羅斯福逝世

1945 年 4 月 12 日，正當世界反法西斯戰爭勝利在望之時，美國總統佛蘭克林・羅斯福溘然長逝。這個巨大噩耗對困獸猶鬥的德國法西斯和日本軍國主義而言是個好消息，躲在地下室的希特勒似乎看到了反敗為勝的一絲希望，而對正在浴血奮戰的世界反法西斯同盟無是個不小的心理打擊，且對戰後美蘇關係乃至整個世界局勢而言是一個不祥之兆。換言之，「羅斯福的突然逝世，助長了希特勒分之利用盟國矛盾的幻想，也加強了英美某些當權人物的反蘇傾向。」[2]在世界反法西斯戰爭勝利在望之際，美國總統突然更替雖然不會對戰局產生實質

[2] 石磊主編：《現代國際關係史》（下冊），第 1006 頁。

性影響，但是對美蘇合作關係的不利影響不可低估。這是因為：不僅羅斯福本人在二戰中與史達林結下的私交頗深，而且羅斯福當局設計的戰後美國領導的世界新秩序是以大國合作尤其是美蘇合作為前提的；而被排斥在最高決策之外的美國副總統杜魯門不僅與蘇聯領導人毫無私交可言，而且他強烈的反共意識形態信仰嚴重妨礙美蘇關係的繼續發展。「杜魯門認定未來美國與蘇聯之間的鬥爭是善與惡之間的對決與競賽，與勢力範圍無涉。」[3]它甚至認為蘇聯至少和法西斯德國一樣邪惡，認為克里姆林宮「比任何其他獨裁政權更壞」（包括希特勒的第三帝國）[4]，他對蘇聯的敵意也超過邱吉爾的反蘇意識。蘇德戰爭爆發後，邱吉爾以這樣的話表示對希特勒的痛恨和對蘇聯的支持：如果希特勒入侵地獄，他也要為魔鬼說句好話。而杜魯門在蘇德戰爭爆發時卻說，「如果我們看到德國打贏，我們就得幫助俄國；如果俄國打贏，我們就必須幫助德國。」[5]

杜魯門繼任總統後，尤其是歐戰結束後，美蘇的相互信任迅速減少，摩擦逐漸增多，矛盾不斷激化。杜魯門上臺沒幾天就對其幾位高級外交官反復說，他不怕俄羅斯人，他決心對俄羅斯人採取堅定態度。[6]「……從接任總統開始，他就一直對蘇聯的外交動機和目的抱有深深的疑慮，對蘇聯參戰存有一種矛盾的心理：一方面，羅斯福的既定戰略和太平洋戰爭的實際需要蘇聯參戰，甚至波茨坦會議前夕，軍方對太平洋戰場的評估都將蘇聯參戰看成是早日取得對日戰爭勝利不可或缺的因素；另一方面，他卻不願以此為蘇聯更多插手東亞提供機會。」[7]他完全不相信蘇聯有維護世界和平的誠意：「俄國人是冷酷的

---

3　[美]亨利・基辛格：《大外交》，第 422 頁。

4　轉引自[美]邁克爾・亨特：《意識形態與美國對外政策》，世界知識出版社，1999 年版，第 167 頁。

5　[美]沃爾特・拉弗貝：《1945-1975 美蘇冷戰史話》，商務印書館，1980 年版，第 13 頁。

6　[美]哈里・杜魯門：《杜魯門回憶錄》（上冊），東方出版社，第 77 頁。

7　張振江：《波茨坦會議與美國對華對蘇政策的轉折》，載陶文釗、杜瑞清、王旭主編：《中美關係與東亞國際格局》，中國社會科學出版社，2003 年 12

交易者，他們永遠為自己的每一點利益在打主意」；「武力是俄國人所理解的唯一東西」；「俄國人正在策劃征服世界」。[8]美國甚至聯合英國，企圖單獨與德國媾和，於 1945 年 5 月 7 日同德國簽訂了蘭斯停戰協定。5 月 8 日歐戰結束當天，杜魯門就下令立即停止按照《租借法案》對俄羅斯的一切援助，儘管杜魯門後來又收回這一命令。

當然，蘇聯對美蘇關係的惡化也負有一定責任。蘇聯在二戰期間與美英結盟完全是出於保衛國家安全的現實主義考慮，它在意識形態和社會制度上與西方的根本對立沒有緩解。儘管蘇聯本打算在戰後與美英繼續合作，以鞏固戰爭的勝利成果和爭取西方的經濟技術援助，但是蘇聯在世界革命思想的指導下也做了同西方鬥爭和對抗的思想準備。1945 年 1 月史達林同保加利亞和南斯拉夫領導人談話時就表達過這種思想：「資本主義的危機表現為資本家劃分為兩個集團——一個是法西斯集團，另一個是民主集團。我們同資本家中的民主集團結成了同盟，是因為後者不希望出現希特勒統治，因為這種殘暴的統治將會使工人階級做出極端的反應而導致資本主義的滅亡。我們現在同一個集團一起反對另一個集團，而將來再來反對剩下的一個集團。」[9]

## 二、美國壟斷原子彈

二戰期間，敵對雙方的幾個主要大國如德、美、蘇都千方百計研製原子彈這種威力無比的新式武器，以儘快打敗對手。雖然德國在二戰全面爆發的 1939 年就開始原子彈的研製，但因種種原因沒有成功。美國憑藉強大的經濟和科技實力後來居上，終於在大戰結束前夕首先掌握了原子彈。1945 年 7 月 16 日，美國在新墨西哥州成功試爆原子彈，宣告了核時代的來臨和美國對原子彈壟斷的開始。美國對原子彈

---

月第 1 版，第 158 頁。

8 [美]哈里・杜魯門：《杜魯門回憶錄》（上冊），東方出版社，第 374～475 頁

9 [蘇]納林斯基：《蘇聯對外政策回顧（1917-1991）》，莫斯科 1993 年版，第 122 頁。轉引自劉金質：《冷戰史》，第 58 頁。

的壟斷增強了美國的軍事實力和國際地位，增加了美國對蘇強硬的籌碼，堅定了美國在歐洲和亞洲同蘇聯進行地緣戰略爭奪的決心，從而加速了美蘇關係從盟友到敵人的轉變。

從歐戰結束到美國獲得原子彈之前，雖然美國對蘇聯逐漸失去信任，但是面對仍在頑抗的日本軍國主義，美國為了減輕自身的傷亡而急需蘇聯儘快履行其對日作戰承諾。然而，原子彈的試爆成功完全改變了美國在蘇聯對日作戰問題上的態度。美國開始想方設法推遲蘇聯參戰或搶在蘇聯參戰之前對日本使用原子彈，以減少蘇聯在戰後日本問題上的發言權和阻止蘇聯主導遠東國際事務。所以，1945 年 8 月 6 日，美國在日本廣島投下了第一顆原子彈，企圖搶在蘇聯參戰之前迫使日本投降，並在蘇聯參戰的當日即 8 月 9 日在日本長崎投下了第二顆原子彈，以增強在戰後日本問題上的對蘇優勢。在蘇聯一再表示將履行對日作戰承諾並展開對日作戰之際，在日本戰敗已指日可待因而軍事上完全沒有必要使用原子彈的情況下，美國卻急忙對日本實施核打擊，其以原子彈訛詐蘇聯和稱霸世界的政治意圖昭然若揭。杜魯門在得知原子彈在日本爆炸時說：「這是歷史上發生的最偉大的事件。」就在美國仍下第二顆原子彈的當天，杜魯門宣稱「羅馬尼亞、保加利亞和匈牙利不應是任何一國大國的勢力範圍」。[10]美國一位軍事戰略家這樣評價原子彈對美國的作用：「如果說由於海軍和空軍的優勢，這個國家即使在原子彈發明以前就非同尋常地擺脫了遭受襲擊的危險，那麼，對原子彈這一全能武器的的獨家佔有，已經使全世界（包括蘇聯）的城市與工業中心都處於我們謀求和平的意圖的操縱之下。」[11]

美國對蘇聯推行原子彈外交在波茨坦會議期間已現端倪。當時，杜魯門以神祕的口吻把美國已經掌握原子彈的消息告訴史達林，試圖恫嚇史達林，但是史達林反應非常冷靜，既沒有顯示出很大的興趣，

---

[10]《美國總統公文彙編：哈里・杜魯門，1945 年》，華盛頓政府出版局，1961 年版，第 26 頁。

[11] [美]唐納德・懷特：《美國的興盛與衰落》，第 71 頁。

也沒有表現出驚慌失措，只是說「聽到這個消息很高興」，並希望美國「好好利用它來對付日本」。[12]

美國還試圖把對原子彈的壟斷合法化、制度化、永久化。1946 年 4 月中旬，美國向國際原子能委員會提交「巴魯克計畫」，並於 1948 年 11 月操縱聯合國通過了該計畫。按照該計畫，建立聯合國下屬的國際原子能機構以管制一切核發展和核使用，原子能生產必須國際化，任何國家都不可建立本國的原子能工業。顯然，美國想以此阻止蘇聯等國進行核開發，從而使自己對原子彈的壟斷永久化。蘇聯則堅決主張在聯合國安理會建立一個國際監督委員會以進行定期核檢查，要求禁止和銷毀一切原子武器。蘇聯在其要求得不到滿足的情況下繼續研製原子彈，終於在 1949 年 8 月如願以償。

可見，原子彈的問世和投入實戰雖然加速了二戰的結束，但是又加快了美蘇戰時同盟的破裂，推動了美國對蘇「遏制」戰略的出臺。

## 三、二戰結束

1945 年 8 月 15 日，第二次世界大戰終於以世界反法西斯同盟的徹底勝利告終，這對全世界一切愛好和平的國家和民族以及其他一切進步力量來說都是極大的好事。但是，二戰的結束也終結了世界反法西斯同盟，不利於美蘇合作關係的維持。美蘇這兩個夙敵之所以能超越意識形態和社會制度的根本對立而結成政治軍事同盟，世界反法西斯同盟之所以於 1942 年年初正式建立並維持到二戰結束，完全是因為美、蘇等反法西斯國家面臨法西斯主義和軍國主義的嚴重威脅。因此，二戰結束後美蘇不再保持盟友關係就毫不奇怪。然而，二戰結束後美蘇關係迅速發生從友到敵的變化，與其說是因為二戰結束本身，還不如說是因為二戰結束所產生的兩個重要結果，即美國成為世界最強大

---

[12] [美]哈里・杜魯門：《杜魯門回憶錄》（第 1 卷），世界知識出版社，1964 年版，第 315 頁。

的國家和蘇聯成為僅次於美國的世界政治和軍事大國。美國成為世界最強大國家使它決心成為世界的領袖，因而美國很自然地把蘇聯當作它實現全球霸權戰略目標的主要障礙；而為了鞏固二戰的勝利成果和維護國家安全，蘇聯不得不把企圖稱霸世界的美國當作主要對手。

事實正是如此。歐戰剛結束，美蘇雙方就在剛解放的歐洲沿著雅爾達體制大致劃定的分界線展開地緣政治爭奪。美國的目的是在東歐及巴爾幹建立一條反蘇「防禦帶」，而蘇聯的目的是在此構建一條「安全帶」。日本剛投降，美國就完全停止對蘇援助，並在對日問題上排斥蘇聯，實現對日本的單獨佔領。而且，美國在波蘭問題、伊朗問題、土耳其問題、德國問題等許多問題上立場強硬，對蘇寸步不讓。1946年年初，杜魯門對美國國務卿貝爾納斯說，他要堅決反擊蘇聯的擴張，因為「除非俄國碰到鐵拳和強烈的抗議，另一次大戰就可能發生。他們所瞭解的就只有一種語言——你究竟有多少個師？」[13]

## 四、波蘭問題

所謂波蘭問題，是指蘇聯同美英在波蘭政府的組成和波蘭東西邊界的劃分這兩個問題上的爭執和矛盾。波蘭問題是美、英、蘇在德黑蘭會議、雅爾達會議和波茨坦會議上爭論的焦點之一。雅爾達會議在波蘭問題上達成了如下妥協：改組親蘇的波蘭臨時政府，吸收波蘭國內外民主人士加入臨時政府；波蘭東部邊界基本以寇松線為界，以滿足蘇聯的領土要求，波蘭西部邊界大致以什切青——奧德河——東西尼斯河為界（即把東普魯士劃歸波蘭，以補償波蘭在東部的領土損失），其最終確定要在徵求波蘭臨時民族統一政府意見的基礎上由對德和約決定。但是，美國在波蘭問題上繼續指責蘇聯。1945 年 4 月 23 日，美國總統杜魯門在會見到美國出席聯合國制憲會議的蘇聯外長莫

13　[美]哈里・杜魯門：《杜魯門回憶錄》（第 1 卷），三聯書店，1974 年版，第 519 頁。

羅托夫時，不顧外交禮儀而嚴厲指責蘇聯違背雅爾達協議，他要求蘇聯答應成立新的波蘭政府而不是僅僅按雅爾達協議改組波蘭臨時政府。莫羅托夫當時憤怒地說「有生以來還沒有人這樣對我講過話」，而杜魯門回敬說，「履行你們的協議，就沒有人對你這樣講話了」。[14]歐戰結束後，波蘭問題繼續是蘇聯同美英鬥爭的一個焦點。美國指責蘇聯沒有履行改組波蘭臨時政府和進行自由選舉的承諾，違背了雅爾達協議。蘇聯則認為，美國不要求它的勢力範圍如拉丁美洲國家、義大利、比利時等國舉行自由選舉，卻要求對蘇聯安全生死攸關的波蘭舉行自由選舉，是搞雙重標準，是別有用心。美英雖然承認了 1945 年 6 月 28 日成立的波蘭民族統一政府，但在波茨坦會議上再次因波蘭西部邊界問題同蘇聯發生激烈爭論。會議最後通過的關於波蘭問題的議定書規定，在對德和約最終確定波蘭西部邊界之前，雙方有爭議的西尼斯河以東的領土暫時由波蘭政府管轄。這表明美英實際上默認了既成事實，被迫同意了蘇聯的要求。雖然蘇聯在波蘭問題的爭鬥中最終占了上風，但波蘭問題對美蘇關係造成了嚴重的損害，成為二戰後美蘇冷戰的重要起因之一。

## 五、土耳其問題

所謂土耳其問題，是指二戰末期蘇聯同土耳其圍繞土耳其海峽的控制權，而展開的鬥爭以及戰後初期蘇聯同美英，在該問題上的矛盾衝突。土耳其問題由來已久，可追溯到沙俄時期。蘇聯長期致力於獲得在土耳其海峽的自由航行權。蘇聯對 1936 年它參與簽署的關於土耳其海峽航行問題的《蒙特勒公約》不滿，因而在雅爾達會議上曾提出修約要求，表示不能容忍土耳其繼續扼控蘇聯的咽喉。1945 年 3 月，蘇聯把廢除 1925 年簽訂的蘇土條約的決定通知土耳其，並於 6 月提出簽訂新約的條件，包括同意蘇聯在海峽建立軍事基地。在波茨坦會議

---

14 [美]哈里・杜魯門：《杜魯門回憶錄》（上冊），東方出版社，第 90 頁。

上，史達林要求由蘇聯保證土耳其海峽的安全，而美英主張海峽安全由美英蘇共同負責。1946 年 8 月，蘇聯提出由蘇聯和土耳其共同控制土耳其海峽，遭到土耳其的拒絕和美英的強烈反對。美國甚至威脅將不惜以武力阻止蘇聯控制土耳其海峽，並把艦隊部署在地中海。在這種情況下，蘇聯沒能達到控制土耳其海峽的目的。因此，土耳其問題成為促使美蘇走向冷戰的重要因素之一。

## 六、伊朗問題

所謂伊朗問題，是指二戰結束後蘇聯同美英在三國是否應該按約立即同時從伊朗撤軍的問題上的衝突。伊朗問題的根源也可追溯到沙俄時期。通過伊朗南下波斯灣和進入印度洋，一直是沙俄夢寐以求的目標。為了防範伊朗與德國結盟，1941 年 8 月，蘇聯和英國分別出兵佔領了伊朗北部和南部。1942 年 1 月，蘇聯、英國與伊朗達成協議，規定兩國在戰勝法西斯後半年內從伊朗撤出兩國全部軍隊。不久之後，美國軍隊也進入伊朗。歐戰結束後，伊朗要求美、英、蘇三國軍隊撤走。於是，美英軍隊於 1946 年年初撤離伊朗，但蘇聯沒有撤軍。早在 1945 年 9 月，蘇聯支持伊朗北部的阿塞拜疆人成立民主政府，並支持庫爾德人的自治運動。在美英的支持下，伊朗於 1946 年 1 月和 3 月兩次向聯合國安理會控訴蘇聯武力干涉其內政，要求蘇聯立即撤軍。1946 年 3 月 6 日，美國國務卿貝爾納斯向蘇聯發出立即從伊朗撤軍的最後通牒。在強大的國際壓力下，蘇聯終於在同年 5 月 9 日從伊朗撤出其全部軍隊，而伊朗完全沒有履行蘇聯在撤軍前與它與達成的協定。雖然蘇聯在它製造的伊朗危機中最終被迫退讓，使伊朗問題得以和平解決，但蘇聯與西方的關係受到了無法修補的損害。而且，蘇聯撤軍後不久，伊朗就向美國提供軍事基地，接受美國軍事顧問，成為美國的附庸。正是在伊朗危機的陰影中，美蘇一步一步走向冷戰對抗。甚至可以說，伊朗問題與土耳其以及希臘內戰是比波蘭問題更加重要的促使美國通過冷戰遏制蘇聯社會主義的關鍵因素。[15]

## 七、德國問題

所謂德國問題，是指二戰末期和戰後初期主要反法西斯盟國美、英、蘇圍繞是否及如何分割德國以及德國向戰勝國賠償、對德和約簽訂、德國邊界劃分等問題而產生的分歧。對美、英、蘇等反法西斯盟國而言，德國問題是最重大最棘手的問題。因此，儘管蘇聯同美英進行了長期的折衝樽俎，但是德國問題仍沒有完全解決，特別是對德和約始終沒有簽訂。重要反法西斯盟國在德國問題上的尖銳對抗既是戰後美蘇關係從友到敵的反映，也是促使美國制定對蘇「遏制」戰略和美蘇最終走向全球冷戰對抗的重要因素。

關於是否及如何分割德國的問題，本來在雅爾達會議上基本上得到了解決。當時，美、英、蘇原則上一致同意分割德國，徹底剷除德國法西斯和消除德國的戰爭能力，以確保戰後世界和平與安全，並決定組成由英國外相艾登領頭的專門委員會進行具體研究。然而，德國投降後，雖然美、英、法、蘇四大國按計劃對德國實施了分區佔領，但是，由於蘇聯與美英的摩擦增多，除了法國以外的其他三大國都改變了分割德國的立場，而是想讓德國保持統一並為己所用。但是，在是先實現政治統一還是經濟統一的問題上，美英與蘇聯存在尖銳分歧：美英主張先實現經濟統一，蘇聯則主張先實現政治統一。由於雙方分歧嚴重，既沒有把德國正式分割成幾個國家，也沒有讓它保持統一，而是使四方分區佔領德國固定化。雖然四大國同意由盟國管制委員會處理全德事務，但是各國軍事佔領當局都在自己的占區內自行其事，盟國管制委員會形同虛設。

---

[15] 參見[美]戈登・克雷格、亞力山大・喬治：《武力與治國方略》，第149～150頁。

關於德國的賠償問題，雅爾達會議達成的協議是，在莫斯科設立賠償委員會，以蘇聯提出的主張（德國賠償 200 億美元，其中的一半歸蘇聯）為基礎進行討論。德國投降後，隨著蘇聯與美英摩擦的增多，美英不願按照原先的協議向德國索取賠償，而是主張分佔領區按比例向德國索取賠償。經過激烈爭論，三方在波茨坦會議上達成了如下協定：四大國及各自的盟國都從各自的佔領區內獲取實物賠償，蘇聯另外從西占區索取 25%的和平經濟所不需要的工業設備，其中 15%須用蘇占區的糧食、煤炭等物質交換，蘇聯放棄對德國海外資產和黃金的索取。後來，各方從德國索取的賠償實際上都超過了自己所要求的數額。

關於對德和約的簽訂問題，美、英、蘇三方在雅爾達會議和波茨坦會議上都曾達成儘快簽訂對德和約的原則協議。但是，二戰結束後，由於美蘇關係迅速惡化，雙方在對德和約簽訂的問題上日趨對立。波茨坦會議協定規定由盟國外長會議擬訂對德和約草案，但是從 1945 年 9 月到 1947 年年底召開的 5 次美、英、法、蘇四大國外長會議都沒有就對德和約草案達成一致。蘇聯與西方的主要分歧是，蘇聯主張先成立統一的德國政府，再由該政府代表德國同反法西斯盟國簽訂和約，而美英主張先實現德國的經濟統一，再談政治統一。這樣，德國從被分區佔領演變成兩個對立的德國。後來美國曾提出在兩個德國進行自由選舉，成立統一的德國政府，然後簽訂對德和約，遭到蘇聯拒絕。因此，對德和約始終沒有簽訂。

「關於德國問題的重大利益抵牾和政策分歧使得美蘇矛盾更加激烈。美國為了確立它支配下的穩定繁榮的西方國際經濟體系和促進西歐重建，採取復興德國西占區經濟的政策，為此採取的若干重要措施損害了蘇聯的一項根本利益——通過獲取德國的巨額賠償來加速本國戰後重建，並且使蘇聯嚴重擔心在美國扶植下德國威脅再起。東歐和德國問題上愈演愈烈的對立同美國政府內外的反蘇反共情緒和『世界領導』慾望互為因果，並且作為一個基本原因，促使史達林改變戰時旨在舉國上下團結抗德的比較寬容的國內政策，重新實現高壓政治和其他方面的『史達林治國模式』。這三者共同促成了美國冷戰思想的形成。這一思想由駐蘇使館代辦肯南在 1946 年 2 月著名的『長電報』中予以綜合表述和哲學提煉，並且立即被美國決策者奉為對外政策指南。」[16]

## 第二節　「遏制」戰略的指導原則

「遏制」戰略的指導原則包括「在全世界抵禦共產主義的侵略」的杜魯門主義和「自由世界任何一個地方的陷落意味著整個自由世界的陷落」的美國國家安全委員會 68 號文件精神這兩個一脈相承的美國對外戰略思想。

### 一、杜魯門主義

#### （一）準備

在肯南給美國國務院發回八千字長電之後而其內容尚未在 1946 年 4 月初由《時代》週刊公開之前，已是在野之身但仍致力於反蘇反共的英國前首相邱吉爾率先吹響了對蘇冷戰的號角。1946 年 3 月 5 日，按照事先約定，邱吉爾在美國總統杜魯門陪同下，驅車來到杜魯門家鄉密蘇里州的富爾頓城，在該城的威斯敏斯特學院發表了題為《和平砥柱》的反蘇反共演說，史稱富爾頓演說，此演說以「鐵幕」[17]演

---

[16] 時殷弘：〈論美蘇冷戰——根本機理、主要性質和大致歷程〉，載中國人民大學國際關係學院編：《國際前沿問題研究》，第 286 頁。

[17] 邱吉爾在 1945 年 5 月 12 日給杜魯門的電報中首先使用了「鐵幕」一詞；但該詞源於德國宣傳部長戈培爾在 1945 年 2 月 23 日的一次演說，他說雅爾達協議允許蘇聯對東歐及東南歐的佔領必將使該地區為「鐵幕」所隔離。參見約翰・盧卡克斯：《歐洲的興衰》，紐約 1965 年版，第 47 頁，轉引自劉金質：《冷戰史》，第 94 頁。但杜魯門在其回憶錄中說邱吉爾是在 1945 年 6 月 4 日發給他的勸說美國不要從美軍前線撤軍的第二封電報中使用「鐵

說聞名於世。「鐵幕」演說標誌著美蘇冷戰拉開了序幕。「肯南的『長電文』為美國在歐洲和近東實現積極的『遏制』外交政策提供了思想基礎。邱吉爾的『鐵幕演講』為大西洋國家組成反對蘇聯的經濟軍事壁壘提供了理論依據。」[18]

邱吉爾在演說中極力鼓動美國發起對蘇冷戰。他籲請美國承擔起領導「自由世界」抵禦蘇聯領導的極權世界的歷史重任。他說美國位居世界權力巔峰，只有美國有能力有責任承擔起這一歷史責任。他呼籲建立美英特殊關係和軍事同盟，實現英語民族對世界的統治，以維護戰後世界和平。他攻擊蘇聯分割歐洲並在東歐實施暴政。他說，「從波羅的海的什切青到亞德里亞海邊的裏亞斯特，一副橫貫歐洲大陸的鐵幕已經降落下來」，蘇聯在「鐵幕」一邊的極權統治和世界許多國家的共產黨第五縱隊，對「自由世界」和基督教文明構成嚴重威脅。他鼓動美國實施強硬對蘇政策，認為「俄國人所敬佩的莫過於實力，而他們最瞧不起的是軍事上的虛弱」。一句話，邱吉爾試圖通過極力吹捧美國和危言聳聽地描述蘇聯暴政及其對「自由世界」的威脅，以達到鼓動美國發動對蘇冷戰的目的。

在第二次世界大戰的硝煙剛剛散去之時，邱吉爾如此露骨的反蘇演說立即在世界引起強烈反響。儘管邱吉爾說出了美國政府的心裏話，但是因公開以蘇聯為敵的時機還沒有成熟，美國政府卻不承認事先知道演說的內容，並聲稱與邱吉爾的演說毫無關係。英國政府也稱邱吉爾的演說不代表政府的立場。蘇聯自然作出了憤怒的反應。一周之後，史達林對蘇聯《真理報》記者說，邱吉爾的演說是向蘇聯宣戰，說邱吉爾鼓吹種族優越論和戰爭，與希特勒沒有兩樣。[19]

實事求是地講，「鐵幕」演說雖然為美國對蘇「遏制」戰略提供了一個理論依據，儘管它不符合二戰後愛好和平的各國人民的願望，但

---

幕」一詞的。見《杜魯門回憶錄》（上冊），東方出版社，第 247 頁。

[18] [挪威]托布約爾・克努成：《國際關係理論史導論》，天津人民出版社，2004 年 1 月第 1 版，第 241 頁。

[19] 《史達林選集》（下冊），人民出版社，1963 年版，第 462～463 頁。

它所表達的思想基本符合當時的歐洲的現實和美蘇關係狀況，有一定的客觀必然性。即使沒有邱吉爾，歷史也會讓其他某人吹響對蘇冷戰號角，歷史選擇邱吉爾這個下野的著名反共反蘇分子充當這一角色是非常自然的。而且，邱吉爾雖然強烈主張遏制蘇聯，但並不主張竭力推翻蘇聯的社會制度，而是希望在遏制蘇聯擴張的同時與蘇聯談判，實現與蘇聯的和平共處。[20]

邱吉爾發表「鐵幕」演說後，美國商業部長亨利・華萊士強烈反對遏制蘇聯，主張繼續執行羅斯福當局的與蘇合作政策。他認為美國應該承認和尊重蘇聯在東歐的勢力範圍，加強與蘇聯的經濟貿易關係，與蘇聯和平共處，共同維護世界和平。1946 年 9 月 12 日，華萊士在紐約發表演講，公開抨擊杜魯門當局的對蘇強硬立場，強烈主張同蘇聯進行和平競賽。他說，「我們越強硬，蘇聯也會越強硬……」，「俄國的世界同美國的世界和平競賽」將會使兩個世界「越來越相似」。[21]華萊士的和平主義主張明顯與杜魯門的對蘇遏制主張相背，因而被杜魯門視為比二戰期間親納粹分之更危險的人物，是為史達林服務的「搗蛋分之」。[22]由於採取對蘇強硬立場的主張在杜魯門當局內部占絕對上風，華萊士被迫辭職。華萊士的辭職表明羅斯福當局的與蘇合作政策被完全拋棄，美國對蘇冷戰將不可避免。

此後，杜魯門當局加緊制定對蘇「遏制」戰略。美國總統特別助理克拉克・克利弗德及其助手埃爾西根據杜魯門總統早在 1946 年年初的授意，依據「邊緣地帶」理論和肯南的八千字長電的精神，完成了一份關於美蘇關係的絕密文件的草擬工作，於 1946 年 9 月 24 日向總統提交了 50 頁的《美國與蘇聯關係》報告。該報告全面分析了戰後美蘇關係，認為美蘇關係對世界是戰是和極其重要，蘇聯的戰爭不可避免的觀點和違反戰時協議的行為嚴重威脅美國國家安全利益，因此它

---

20 [美]亨利・基辛格：《大外交》，第 439、442 頁。

21 Facts on File, 1946, pp.292-293. 轉引自資中主編：《戰後美國外交史——從杜魯門到雷根》(上冊)，世界知識出版社，1994 年 5 月第 1 版，第 54 頁。

22 [美]瑪格麗特・杜魯門：《哈里・杜魯門》，紐約 1973 年版，第 347 頁。

建議美國做好應對蘇聯發動戰爭的軍事準備，堅決回擊蘇聯的挑戰和擴張，儘管它也主張加強美蘇的經濟與文化交往。[23]該報告闡述的對蘇「遏制」戰略的要點是：美國必須具有強大到足以遏制蘇聯的軍事力量，使蘇聯的勢力範圍限於其已有的地區，而且要面向全世界，不要忽視廣大的「中間地帶」；「只有在蘇聯力量受到制衡時，克里姆林宮的政策才會改弦更張，對蘇聯侵犯美國，或侵犯攸關我們安全的世界某地區之主要遏阻力，將是我們的軍事力量。」[24]克利弗德報告的誕生表明美國對蘇「遏制」戰略基本形成，只等時機予以公佈和開始實施。

## （二）直接起因

杜魯門主義直接起因於希臘問題和土耳其問題。1944 年 10 月德國軍隊撤出希臘後，希臘共產黨領導的希臘民族解放陣線控制了希臘大部分國土。但是，親英國的希臘政府在英國的軍事和經濟援助下反敗為勝，民族解放陣線受挫。1946 年 3 月，希臘內戰再起，希臘民族解放軍越戰越勇，希臘政府瀕臨垮臺。到 1947 年春天，雖然英國向希臘派遣了 4 萬軍隊並提供了 7 億多美元的軍事援助，但希臘政府軍仍沒能扭轉戰局。與此同時，歐戰末期開始形成的土耳其問題仍沒有解決，蘇聯同美英在土耳其問題上的矛盾並沒有緩和。雖然土耳其不像內戰中的希臘那樣面臨嚴峻局勢，但是它與蘇聯關係的惡化使美英感到它面臨蘇聯的威脅。英國對按照雅爾達協議屬於其勢力範圍的希臘和土耳其的嚴峻局勢感到憂心忡忡，卻無力繼續援助這兩國。於是，英國被迫放下帝國的架子，向美國求援。1947 年 2 月 21 日，英國外交大臣貝文通過英國駐美使館正式向美國國務院發了兩份照會，希望美國按照兩國事先達成的協議向希臘和土耳其提供經濟和軍事援助。關於希臘的照會大意是：美英在戰後初期曾達成共識，由美國向希臘

---

[23] 參見劉金質：《冷戰史》，第 102～103 頁。
[24] [美]亨利・基辛格：《大外交》，第 425 頁。

提供經濟援助，由英國向希臘提供軍事援助，以免讓戰略地位十分重要的希臘被蘇聯控制；如今希臘經濟到了崩潰邊緣，軍事裝備急需更新，而英國在同年 3 月底之後再無力向希臘提供足夠的援助，因此希望美國從 4 月 1 日起承擔起大規模援助希臘的責任。關於土耳其的照會大意是：土耳其維持獨立極其重要，但它沒有維護國家獨立的強大軍事力量，無力有效抵抗蘇聯侵略，因此希望美國取代英國，承擔起向土耳其提供經濟和軍事援助的責任和義務。[25]

最先看到照會的美國國務院官員亨德森和希克森立即意識到，這是大英帝國向美國移交「世界領導權」，美國應當仁不讓地把這個重任接過來。[26]但是，向希臘和土耳其派遣軍隊和提供大規模經濟、軍事援助顯然有干涉這兩國內政之嫌，而干涉別國內政有違美國一貫宣揚的外交道德，美國一般民眾視「干涉內政」為醜惡之舉。因此，美國政府要求希臘政府先向美國提出援助的請求。1947 年 3 月 3 日，希臘政府依據美國國務院起草的信件正式向美國緊急求援，請求美國提供大規模經濟、軍事援助和派遣行政、經濟、技術人員，以恢復希臘經濟和穩定希臘局勢。

在二戰結束後孤立主義在美國再起的背景下，要順利地向別國提供史無前例的大規模經濟、軍事援助，還必須做通孤立主義意識強烈的美國國會的工作，並在全國形成共識。於是，「杜魯門政府採取了如下措施：協調各部門制定援助方針和具體計畫；散佈共產主義威脅的神話，制造反共輿論以爭取支持；加緊同國會溝通，爭取國會的支持，形成兩黨一致的對外政策；協調同英國的行動，共同對付蘇聯可能的責難。」[27]杜魯門特別重視爭取國會的支持，於 2 月 27 日把國會的要員請到白宮進行磋商，通過大肆渲染蘇聯的威脅和希臘、土耳其的嚴峻形勢，終於獲得了國會領袖們的支持，其中具有孤立主義傾向且身

---

[25] [美]約瑟夫・鐘斯：《十五個星期》，紐約 1955 年版，第 5～7 頁。

[26] Joseph M. Jones: The Fifteen Weeks, New York, 1955, p.7. 轉引自資中主編：《戰後美國外交史——從杜魯門到雷根》(上冊)，第 57 頁。

[27] 劉金質：《冷戰史》，第 110 頁。

兼參議院臨時議長和外交委員會主席兩大要職的共和黨重量級參議員范登堡的堅決支持尤其重要。范登堡告訴杜魯門，在國會的演講中一定要誇大蘇聯的威脅，只有把美國人民嚇倒，才能獲得他們的堅決支持。為了達到這種效果，同時又避免美國同蘇聯爭奪勢力範圍和向蘇聯宣戰之嫌，杜魯門對國務院起草的演講原稿很不滿意，以致九易其稿後才定稿。

1947 年 3 月 6 日，杜魯門在一次公開講話中為即將出籠的杜魯門主義作了經濟上的鋪墊，從經濟上解釋了為什麼美國必須在二戰後實施全新的對外政策。杜魯門宣稱：「我們是經濟世界的巨人，不管我們喜歡與否，未來的經濟關係格局將取決於我們。世界正期待著、注視著我們的行動。選擇將由我們做出。」他在這次講話中把羅斯福的「四大自由」修改為「言論自由、信仰自由、企業自由」，指出「和平、自由和世界貿易不可分割」。[28]

## （三）內容

1947 年 3 月 12 日，杜魯門在國會參眾兩院聯席會議上就希臘問題與土耳其問題發表重要演說，提出了杜魯門主義這一戰後美國全新的對外戰略思想、對外政策綱領和指導原則，其內容包括以下幾點：

### 1. 希臘、土耳其面臨的嚴重局勢威脅著美國的國家安全和戰略目標

杜魯門開宗明義地宣稱：世界局勢的嚴重性關涉美國的對外政策和國家安全，特別是希臘面臨內部共產主義勢力的威脅和土耳其面臨外部共產主義勢力的威脅，但是兩國難以獨立抵抗這種嚴重威脅，因此美國必須向這兩國提供緊急經濟、軍事援助，幫助維持它們的自由

[28] 參見《美國總統檔彙編：杜魯門（1947）》，華盛頓 1963 年版，第 167-172 頁。轉引自劉金質：《冷戰史》，第 115 頁。

體制和國家領土完整，抵制那些謀求把極權主義政權強加給它們的侵略活動;「無論是通過直接侵略還是間接侵略將極權主義政權強加給自由國家人民，都破壞了國際和平的基礎，從而也破壞了美國的安全」。[29]他說：「現在我們所面臨的新威脅似乎與納粹德國及其同盟者所造成的威脅同樣嚴重。」[30]

### 2. 全世界面臨著兩種根本對立的生活方式的選擇

杜魯門宣稱:「在當前世界歷史關頭，幾乎每一個國家都面臨著兩種不同生活方式的抉擇……一種生活方式建立在多數人意志的基礎上，其特點是自由體制，代議制政府，自由選舉，保證個人自由、言論和宗教信仰自由，以及不受政治壓迫的自由。第二種生活方式以少數人把意志強加於多數人為基礎，依靠恐怖和壓迫、受控制的新聞和廣播、指定的選舉和取消個人自由。」[31]他把第一種稱為美國代表的自由生活方式，以第二種暗指蘇聯代表的社會主義生活方式。

### 3. 美國必須立即採取行動支持自由生活方式和自由國家，反對極權生活方式和極權國家

杜魯門宣稱，「我認為美國的政策必須支持那些人民，他們正在抵抗武裝起來的少數人或是外來壓力企圖加於他們的奴役。我認為我們必須援助自由人民以自己的方式來規劃自己的命運。我認為我們的幫助首先應該是經濟和財政援助，這是達到經濟穩定和有序的政治進程

---

29 Public Papers, Truman, 1947 ; Joseph M. Jones: *The Fifteen Weeks,* New York, 1955, pp.20-23. 轉引自資中主編：《戰後美國外交史——從杜魯門到雷根》（上冊），第 59～60 頁。

30 [美]哈里・杜魯門：《杜魯門回憶錄》（下卷），東方出版社，第 123 頁。

31 Public Papers, Truman, 1947; Joseph M. Jones: The Fifteen Weeks, New York, 1955, pp.20-23. 轉引自資中主編：《戰後美國外交史——從杜魯門到雷根》（上冊），第 60～61 頁。另見哈里・杜魯門：《杜魯門回憶錄》（下卷），東方出版社，第 129 頁。

所必需的。」[32]杜魯門特別指出，希臘和土耳其自由制度的崩潰和獨立地位的喪失，將給全世界帶來災難性後果；當世界自由人民期望美國向他們提供支持以維護他們的自由時，「倘若我們的領導表現出舉棋不定，我們就會使全世界的和平受到危害——我們也必定使我國的幸福受到危害」。[33]他說，「我國的理想和傳統要求我們去援助希臘和土耳其，要求我們讓全世界知道，我們的政策就是不管在什麼地方，如果自由受到威脅，我們就要加以援助。」「一個大國必須擔當起從事這樣一種可能遭到風險的事業，如果這個國家真正熱愛自由的話。」[34]因此，杜魯門要求美國國會授權行政當局在 1948 年 6 月 30 日以前向希臘和土耳其提供 4 億（其中 3 億給希臘）美元的經濟和軍事援助，並應這兩國的邀請派遣美國文職人員和軍事人員到兩國「參與重建」。

儘管杜魯門主義受到以華萊士為代表的左派自由主義者、以李普曼為代表的理性主義者、以塔夫脫為代表的右派保守主義者從三個不同角度提出的批評，但是杜魯門主義得到了美國社會主流的堅決支持，美國共和、民主兩黨在反對共產主義擴張的旗號下取得了難得的外交共識。

### （四）實質與影響

表面上看，杜魯門主義似乎僅僅是美國向希臘和土耳其提供經濟、軍事援助的政策主張，但實質上，它打著支持自由國家反擊極權國家的擴張和侵略之旗號，染指巴爾幹和中東等具有重要戰略意義的地區，填補二戰結束後出現的地緣政治真空，把美國的勢力範圍擴展到蘇聯的周邊地區，以遏制蘇聯等社會主義國家，從而實現稱霸全球

---

32 Public Papers, Truman, 1947; Joseph M. Jones: The Fifteen Weeks, New York, 1955, pp.20-23. 轉引自資中主編：《戰後美國外交史——從杜魯門到雷根》（上冊），第 60～61 頁。
另見哈里・杜魯門：《杜魯門回憶錄》（下卷），東方出版社，第 128～129 頁。
33 [美]哈里・杜魯門：《杜魯門回憶錄》（下卷），東方出版社，第 129 頁。
34 [美]哈里・杜魯門：《杜魯門回憶錄》（下卷），東方出版社，第 123 頁。

的最高戰略目標。「杜魯門主義不僅僅是援助希、土的一項具體政策聲明，而是一個在反共意識形態掩蓋下在全世界範圍內擴張美國勢力的外交總戰略，是對蘇聯發動全面『冷戰』的宣言書，諮文表明美國當局企圖以對付共產主義的威脅來『論證』美國擴張的合理性，標誌著美國已進入全球擴張的新階段。」[35]

杜魯門主義是二戰後美國全球霸權戰略的指導思想，是美國對蘇政策乃至整個對外政策的基本綱領和行為準則，其本質就是要領導世界，使全世界採用美國的制度。杜魯門說：「把世界從專制主義手中拯救出來的唯一辦法，就是讓世界採用美國式的制度，因為只有當美國制度變成全世界的制度時，它才能倖存下來。」[36]

杜魯門主義是二戰後美國鶴立雞群的綜合國力與其領導世界的強烈使命感相結合的產物。早在 1945 年 12 月杜魯門總統在向國會提交的《特別諮文》中就說：「我們大家必須承認，我們贏得的勝利把繼續領導世界的重擔放到了美國人民的肩頭。世界未來的和平在很大程度上取決於美國是否表現出真正有決心繼續在國際上起領導作用。」[37]1946 年 4 月 6 日，杜魯門在芝加哥的一次演說中明確宣稱：「美國今天是一個強大的國家，沒有一個國家比它更強大。」「這意味著，我們擁有這樣的力量，就得挑起領導擔子並承擔領導。」[38]

杜魯門主義融合了美國外交中的理想主義、現實主義、國際主義和多邊主義思想，開創了戰後美國外交的新時代，在美國對外政策史上佔有十分重要的地位。雖然冷戰時期杜魯門之後的美國總統都有自己的「主義」，但是他們都是在杜魯門主義的基本原則下行動。因此，杜魯門主義的提出和實施標誌著二戰後美國全球霸權戰

---

[35] 桂立：《美蘇關係 70 年》，第 156 頁。

[36] Niall Ferguson, Colossus: The Price of America's Empire, Penguin Press, 2004. p.80.

[37]《美國總統公開檔集：哈里・杜魯門》(1946 年)，第 547 頁。轉自閻學通：《國際政治與中國》，北京大學出版社，2005 年 7 月版，第 246 頁。

[38] 世界歷史長編編委會：《戰後世界歷史長編》第 1 編第 3 分冊，上海人民出版社，1977 年版，第 6～7 頁。

略的確立、美國對蘇遏制政策的正式實施和東西方冷戰的正式開始。從此，美國領導西方世界展開了一場對共產主義的「十字軍東征」和對蘇聯等社會主義國家的全面封鎖和遏制，世界從此進入美蘇兩極對抗的冷戰時代。

杜魯門主義之所以在美國對外政策史上佔有重要地位和對二戰後美國對外政策乃至整個國際關係具有決定性影響，是因為它有史以來第一次把反對共產主義作為美國對外戰略和政策的指導思想，第一次以美國代表的自由生活方式受到嚴重威脅為由，把美國外交中根深蒂固的孤立主義徹底邊緣化，第一次成功地給美國的地緣政治擴張披上一件「保衛自由世界」的華麗外衣，第一次以任何別國受到「間接侵略」都與美國的安全相關為由，使美國的對外干涉合法化。按杜魯門本人的說法，杜魯門主義「是美國對共產主義暴君擴張浪潮的回答」，「是美國在這個新的極權主義的挑戰面前所持的立場」，「是美國外交政策的轉捩點，它現在宣佈，無論什麼地方，無論直接或間接侵略威脅了和平，都與美國的安全有關」。[39]正如美國著名參議員富布萊特所言：「杜魯門主義中的反共產主義遠遠超過其他任何因素，一直是二戰後美國外交的指導思想。」[40]這是因為，杜魯門認為共產主義已經「成為世界上一切邪惡的根源……共產主義的概念從一開始就被認為是一種國際陰謀，像章魚那樣身在莫斯科，觸角則伸到世界最遠的各個角落」。[41]一句話，杜魯門主義是「遏制」戰略的指南針。

## 二、NSC68 號文件精神

1950 年 4 月，美國國家安全委員會制定了由國務院和國防部聯合起草的 68 號文件（以下簡稱 NSC68），這個起草班子由國務院政策設

---

[39] [美]哈里・杜魯門：《杜魯門回憶錄》（下卷），東方出版社，第 128 頁。

[40] [美]威廉・富布萊特：《跛足巨人》，紐約 1972 年版，第 24 頁。轉引自劉金質：《冷戰史》，第 122 頁。

[41] [美]威廉・富布萊特：《跛足巨人》，第 21～22 頁。

計室主任保羅・尼采負責。該文件對杜魯門主義作了進一步的闡釋與較大程度的發揮，其對蘇「全面遏制」的基本精神與杜魯門主義一脈相承。該文件的出籠有深刻和複雜的國際國內背景，它包含豐富的內容和具體的措施，對美國的「遏制」戰略和東西方冷戰產生了巨大的影響。

## （一）背景與原因

國際上，東西方冷戰以 1948 年 6 月第一次柏林危機爆發為標誌進入第一次高潮。雖然西方在冷戰對抗中總體上仍處於優勢，但是國際形勢的發展對西方並非有利。蘇聯對東歐的控制日趨嚴厲和穩固，社會主義陣營不斷壯大。尤其是蘇聯於 1949 年 8 月成功試爆核彈和中華人民共和國於同年 10 月成立，給美國造成非常強烈的心理震撼和危機感，因為前者意味著美國的核壟斷被打破和美蘇核軍備競賽的開始，後者意味著東亞雅爾達格局的巨變和東西方力量對比向不利於西方的方向發展。於是，面對新的嚴峻形勢，杜魯門當局採取新的戰略措施強化其冷戰「遏制」戰略，除了下令加快氫彈的研製和認真考慮重新武裝西德外，於 1950 年年初下令國務院和國防部重新審議美國的外交和防務戰略。同年 4 月，美國國家安全委員會在這兩個部門提交的檔的基礎上出臺了名為《美國國家安全的目標和計畫》的 NSC68 號文件。

與此同時，美國國內黨派鬥爭變得激烈起來。嚴峻的國際形勢給共和黨對杜魯門當局的攻擊提供了機會和彈藥，於是，反共歇斯底里——麥卡錫主義應運而生。1950 年 2 月，來自威斯康辛州的共和黨參議員約瑟夫・麥卡錫危言聳聽地聲稱他掌握了美國國務院有 205 名共產黨員的證據，發起了對所謂共產黨分子的大規模迫害活動。麥卡錫等人指責說，蘇聯掌握原子彈是因為有人向蘇聯出賣了原子彈技術，是民主黨政府「丟掉了中國」。麥卡錫主義所造成的國內政治壓力是杜魯門當局全面強化「遏制」戰略的原因之一。

## （二）內容

NSC68號文件對美國面臨的國際環境、蘇聯的基本目標及其戰略意圖與能力、美蘇衝突的性質和影響、美國的基本目標以及現實和潛在的意圖與能力進行了全面詳細的分析，得出了對美國全球「遏制」戰略具有指導意義的結論。關於世界形勢和美國面臨的國際安全環境，該文件認為：蘇聯在狂熱信仰的驅使下力求把其絕對權威強加給外部世界，它隨時挑起的暴力或非暴力衝突具有傳染性；「隨著可怕的大規模殺傷性武器的發展，如果衝突進入全面戰爭階段，那麼人人都將瀕臨全面毀滅的危險」。[42]關於蘇聯的基本目標、戰略意圖和能力，該文件認為，蘇聯領導人就是要「維持和鞏固他們的專制權力，首先是在蘇聯，然後是在現在處於他們控制之下的其他地區」，對於不受其控制的地區，他們的政策「是清除對其意志的抵抗，擴展其勢力和控制範圍」，美國是他們實現這一目標的最大障礙和頭號敵人，但是蘇聯有能力在歐洲、東亞、中東等戰略區發動大規模軍事進攻。[43]關於美蘇衝突的性質，文件認為：冷戰是兩大勢力和價值體系在全球範圍內的殊死較量，「現在對自由世界的進攻是世界範圍的，在目前兩極力量對抗的情況下，自由制度在任何一個地方的失敗都是全局的失敗」；「沒有其他的價值體系是如此地與我們的價值體系不可調和，它摧毀我們的價值體系的目標是如此不可改變；沒有其他價值體系可以如此得心應手地使我們社會所存在的最危險的分裂趨勢為它們所利用；沒有一種價值體系可以如此駕輕就熟地、如此強烈地在世界各地喚起人性最荒謬的本能；同樣沒有一個價值體系獲得了一個強大的正在不斷增長的軍事中心的支持」。[44]該文件認為：美國的基本目標就是要保障我們建立在公認尊嚴與價值之上的自由社會的完整和生機；美國主要以遏制政策達到以下目標：「1、阻止蘇聯勢力的進一步擴張；2、揭露蘇聯

42 《美國國家安全戰略報告彙編》，梅孜編譯，第310～311頁。
43 《美國國家安全戰略報告彙編》，梅孜編譯，第311～312頁，第319～327頁。
44 《美國國家安全戰略報告彙編》，梅孜編譯，第314頁。

意圖的虛偽；3、勸使克里姆林宮多少要收斂其控制權和勢力；4、總之，平時就要這樣去培養蘇聯體系內部破壞性的種子，迫使克里姆林宮至少要把它的行為限制在適於國際準則的範圍內」;美國是經濟最強大、軍事潛力最強大的國家，美國在人力物力上都佔優勢，但是美國的軍事力量與美國承諾所需要的軍事力量之間存在巨大的差距。[45]

概括起來，該文件的主要內容和結論是：美蘇兩個權力中心在世界範圍內的根本對立完全形成，這種對立是自由與專制的生死較量，美國及其制度處於史無前例的危險之中；如果美國及整個自由世界不想被奴役，那就必須加強團結，勇敢地迎擊威脅，以冷戰遏制共產主義；美國領導的西方必須「通過迅速而持久地加強自由世界的政治、經濟和軍事力量，實施一項可信的計畫，從蘇聯手中奪取主動權，從而顯示出令人信服的證據，證明自由世界的決心和能力，以挫敗蘇聯以自己的意志主宰世界的圖謀」。[46]

## （三）實質與影響

NSC68 號文件的精神與杜魯門主義一脈相傳，是杜魯門主義在冷戰高潮之際的必然延伸。它確立了冷戰中大力重振軍備的政策，把冷戰的意義提高到「事實上是關係著自由世界生死存亡的一場真正的戰爭」[47]。它把杜魯門主義與新的國際形勢結合起來，繪製了「全面遏制」的戰略藍圖，「這就是：對蘇聯進行全方位、全面的遏制；加強在意識形態領域的對抗；強調軍事實力，提出核威懾；加強同盟國的關係」[48]。該文件首次把美國的對外戰略稱為「遏制」戰略，把以強大軍事力量為後盾的冷戰遏制當作實現美國的根本利益和安全目標的基本手段和途徑，儘管沒有排除與蘇聯談判的必要，它把「遏制」正式

---

45 《美國國家安全戰略報告彙編》，梅孜編譯，第 311 頁、第 328 頁。

46 《美國國家安全戰略報告彙編》，梅孜編譯，第 368～369 頁。

47 劉同舜編：《「冷戰」、「遏制」和大西洋聯盟》，復旦大學出版社，1993 年版，第 330 頁。

48 劉金質：《冷戰史》，第 248 頁。

闡述為：運用除戰爭以外的一切手段阻止蘇聯的擴張、抨擊其意識形態和社會制度、損害其國際形象；而且，該文件強調核威懾的重要作用，聲稱「我們向克里姆林宮施加的唯一威懾就是：我們會在任何一個我們不能控制其局面的關鍵問題上發動毀滅性的全球戰爭」[49]，企圖以強大的軍事實力和核優勢達到遏制蘇聯的戰略目標。該文件導致的具體後果有：1、美國大肆擴軍備戰，軍費大幅增加，導致 1951 年的國防費用高達 482 億美元，比 1950 年增加約 250%；2、東西方冷戰加劇，並在朝鮮戰爭期間達到新高潮；3、重新武裝西德，強化西方軍事政治同盟；4、美國武裝入侵臺灣，中美對抗加劇。

由於 NSC68 號文件大大擴展了美國的利益範圍，而且「大體上以道德原則的詞語來界定美國的國家利益」[50]，因此它建議美國必須在國外承擔所有反蘇反共的責任（它認為「現在對自由制度的進攻是世界性的，而在當前權勢極化的情況下，自由制度在任何地方的失敗就是它在所有地方的失敗。」[51]），它事實上大大加劇了美國對外戰略手段與目標之間的矛盾，因而是一個錯誤的戰略決策。「國家安全委員會 68 號文件錯誤深重，這指的是它提議的舉措破壞了它試圖實現的目的。如果美國的利益一成不變，加強軍備就可能增進美國的安全，然而國家安全委員會 68 號文件膨脹了美國的利益。共產主義世界的分裂可能是個值得想望的目標，但將每個地方的共產黨人當做同樣危險的做法並非到達這一目標的途徑。」[52]「以國家安全委員會 68 號文件和朝鮮戰爭為轉捩點，遏制由『要點防禦』變為『周線防禦』。這是美國政府地緣戰略思想的一種蛻變，而蛻變的關鍵是過於關注威望和可信性這樣一些冷戰對抗中的心理因素，而不是主要根據地理上可以明確界定的危險，連同有形亦有限的利益、能力和代價估算來決定政策。[53]

---

[49]《美國國家安全戰略報告彙編》，梅孜編譯，第 339 頁。

[50] [美]亨利·基辛格：《大外交》，第 437 頁。

[51] [美]約翰·加迪斯：《遏制戰略：戰後美國國家安全政策分析》，第 97 頁。

[52] [美]約翰·加迪斯：《遏制戰略：戰後美國國家安全政策分析》，第 111 頁。

[53] 時殷弘：《新趨勢新格局新規範》，法律出版社，2000 年 3 月版，第 218 頁。

# 第三節　「遏制」戰略及其政策措施

## 一、「遏制」戰略的界定

這裏所說「遏制」戰略當然是指狹義的「遏制」戰略，即杜魯門執政中後期（1947 年 3 月-1953 年 1 月）的美國對外戰略。所謂遏制，即以「非全面戰爭」的方式，其中包括軍事、政治、經濟、文化等一些可控、可動員的手段，阻止對手進一步「擴張」，削弱對手擴張的能力，並試圖使對手最終取消實施「擴張」的意圖。[54]所謂「遏制」戰略，是指對蘇聯共產主義及其夥伴採取政治敵視、意識形態攻擊、經濟封鎖、軍事包圍、外交孤立和文化滲透等一切措施，遏制其進一步壯大和對外擴展，以維護美國的世界首強地位和實現美國對世界的領導的美國對外戰略。「遏制」戰略是冷戰時期美國全球霸權戰略的核心和主體，與二戰以前的美國對外戰略大不相同，不僅其目標是稱霸全球，而且其主要手段是前所未有的「遏制」。

儘管杜魯門認為，美國對外戰略目標是建立一個統一、自由和繁榮的世界，因此把這一對外戰略稱為遏制戰略是錯誤的，[55]但是，由於「遏制」是杜魯門當局對外戰略的基本內涵與最大特點（「遏制」既是手段，也是直接目標，且從最初的「重點遏制」發展為「全面遏制」），把杜魯門執政時期美國對外戰略概括為「遏制」戰略是恰當的。

---

54 張曙光：《美國遏制戰略與冷戰起源再探》，上海外語教育出版社，2007 年 2 月，第 17 頁。

55 [美]哈里・杜魯門：《杜魯門回憶錄》（下卷），東方出版社，第 306 頁。

## 二、「遏制」戰略的政策措施

### （一）援助希臘、土耳其

杜魯門主義出籠後，美國國會立即展開對希臘、土耳其提供援助的立法活動。由於事先已經取得了國會領導人的支持，並進行了廣泛宣傳，國會的立法比較順利。杜魯門當局及其支持者把美國的這種單邊行動說成是符合聯合國憲章宗旨和原則、有利於加強聯合國職能的行動，也是符合美國利益的行動，從而打消了一些美國人對美國單幹或過度捲入國外事務的疑慮。1947 年 4 月 22 日和 5 月 8 日，美國國會參眾兩院先後以絕對多數（67 對 23，287 對 107）通過了關於援助希臘和土耳其的法案。同年 5 月 22 日，杜魯門簽署該法案，杜魯門主義開始正式實施。美國對希臘的援助是雙管齊下，但主要是軍事援助。1947 年 11 月，美國與希臘成立聯合總參謀部，向希臘派遣 1,800 名軍事人員，幫助希臘武裝了 20 多萬軍隊。到 1949 年年中，美國總共向希臘提供了近 6.5 億美元的援助，遠超過原定的援助數額，其中大部分是軍事援助。在美國的援助下，希臘內戰終於在 1949 年 10 月結束，希臘革命之火被撲滅。1947 年 7 月 12 日，美國與土耳其簽訂向其提供 1 億美元援助的協議。接著，美國向土耳其派遣軍事代表團，控制了土耳其軍隊及其海空基地。1948 年和 1949 年，美國和土耳其又先後簽訂了經濟合作協定和文化合作協定。至此，希臘和土耳其完全變成美國的勢力範圍，成為美國遏制蘇聯集團的前哨陣地。

### （二）實施馬歇爾計畫

杜魯門主義出籠後，美國政府以援助希臘、土耳其為由，加緊準備向巴爾幹和中東滲透，以遏制蘇聯的南向擴張。但是，戰後初期西歐滿目瘡痍，經濟處於崩潰邊緣，政局動盪，法國共產黨和義大利共產黨的影響迅速上升，加上遭遇罕見的嚴寒和水災，整個形勢很不穩定，社會動亂正在孕育之中。這種嚴峻形勢使西方國家擔心蘇聯會趁機向西歐進行滲透和擴張。杜魯門當局認為，若蘇聯破壞雅爾達協議，強行向西歐擴張，對美國將非常不利，「如果不改善這種局面，共產主義可能取得勝利」。[56]新任美國國務卿馬歇爾對杜魯門說，蘇聯「冷酷地決定利用歐洲這種一籌莫展的情況來發展共產主義」。[57]因此，擺在美國面前的當務之急是向西歐提供大規模經濟援助，以復興歐洲和控制歐洲，從而遏制蘇聯的滲透和擴張。

1947 年 6 月 5 日，馬歇爾借參加哈佛大學畢業典禮和接受名譽博士學位之機發表了 15 分鐘的演說，提出了歐洲復興計畫，即美國將向歐洲提供大規模的經濟援助，以復興歐洲。馬歇爾在演說中強調了歐洲形勢的極端嚴重性和美國向歐洲提供援助的必要性和緊迫性。他認為：世界形勢很嚴重，特別是歐洲的局勢極其嚴重，因為經濟結構正在解體，歐洲需要大量的生活必需品，但沒有進口商品所需的美元，若得不到及時的經濟援助，歐洲的政治、經濟和社會形勢將進一步惡化，從而給美國經濟造成嚴重後果；因此美國必須儘快向歐洲提供大量經濟援助，以復興歐洲經濟，拯救歐洲社會，從而「使自由制度賴以存在的政治和社會條件能夠出現」[58]馬歇爾指出，美國的援助應該起到「根治歐洲疾病」的效果，接受援助應該是整個歐洲，不以意識形態劃線，但是只有那些願意協助完成歐洲復興工作的政府才能得到美國政府的充分合作，而任何圖謀阻撓別國復興的政府，都不能指望得到美國的援助，「凡謀求延長人們的困苦以便在政治上或其他方面得利的政府、政黨和團體，都將遭到美國的反對」。[59]馬歇爾還指出，歐洲的復興主要是歐洲自己的事，只有歐洲國家聯合向美國提出申請並

---

[56] [美]哈里・杜魯門：《杜魯門回憶錄》（第二卷），三聯書店，第 128 頁。

[57] [美]迪安・艾奇遜：《創世紀現場——我在國務院的歲月》，紐約 1969 年版，第 129 頁。

[58]《國際關係史資料選編》（下冊），武漢大學出版社，1983 年版，第 96 頁。

[59] Joseph M. Jones:*The Fifteen Weeks,* New York , 1955, p.283. 轉引自資中主編：《戰後美國外交史——從杜魯門到雷根》（上冊），第 80 頁。

與美國達成援助協定之後，美國對歐洲的援助才能實施，而且，德國的西方戰區也應該得到援助。馬歇爾計畫提出後，英國、法國等西歐國家做出了積極反應。英國外交大臣貝文稱它是「世界歷史上最偉大的演說之一」[60]，並與法國外長皮杜爾聯合邀請蘇聯外長莫洛托夫參加磋商美國對歐援助事宜。1947 年 6 月 27 日，英、法、蘇三國外長在巴黎商討美國對歐洲的援助問題。但是，由於美、英、法並非真心希望蘇聯加入馬歇爾計畫，因此英法兩國按照美國的旨意，主張受援國公開自己的經濟計畫並向美國提供統一的歐洲經濟計畫，而且邀請德國參加（法國在此問題上有保留，後來在美國的壓力下讓步）。蘇聯主張受援國單獨向美國提出申請和擬定計劃，德國問題應由四國外長討論，它認為美國提出的受援條件太苛刻，是干涉受援國內政，是企圖控制整個歐洲。這次會議沒有達成任何協定，因為蘇聯以該計畫「不過是美國用美元來買通進入歐洲事務道路的一項險惡計畫」[61]為由退出巴黎會議，並且不許捷克斯洛伐克等東歐國家接受馬歇爾計畫。這樣，美國對歐洲的援助變成了對西歐的援助，歐洲復興計畫實際上只是西歐復興計畫。1947 年 7 月 12 日，英、法、意等 15 個西歐國家和土耳其在巴黎開會，成立了歐洲經濟合作委員會。同年 9 月 22 日，巴黎經濟會議 16 國簽署了歐洲經濟合作委員會總報告並向美國提交，要求美國在 4 年內提供 224 億的援助。這就是由歐洲國家提出的最初的歐洲復興計畫。

美國國內一直在為實施馬歇爾計畫進行各種準備，特別是國會的立法準備。為了使國會批准馬歇爾計畫，杜魯門在 1947 年 7 月向國會提交的經濟報告中稱該計畫是「美國外交政策的核心」，[62]並下令成立三個專門委員會具體研究如何以最小代價最有效地實施這一計畫。

---

[60] [英]卡萊爾・瑪格麗特編：《國際事務外交集（1947-1948）》，第 29 頁。轉引自劉金質：《冷戰史》，第 134 頁。

[61] 桂立：《美蘇關係 70 年》，第 162 頁。

[62] Facts on File , 1947, p.230F. 轉引自資中主編：《戰後美國外交史——從杜魯門到雷根》（上冊），第 85 頁。

1948 年 4 月 2 日，美國國會經過長期辯論，終於以壓倒多數（參議院：69 對 17，眾議院：329 對 74）通過了總額近 70 億美元的 1948 年對外援助法案（其中 53 億作為馬歇爾計畫第一年的援助數額），並在次日交給杜魯門簽署成為法律。同年 4 月 16 日，歐洲經濟合作委員會 16 國代表及美、英、法三國的德國佔領區軍事長官在巴黎簽訂了歐洲經濟合作公約，成立歐洲經濟合作組織，馬歇爾計畫正式開始實施。到 1952 年 6 月底馬歇爾計畫結束時（到 1951 年年底實際上結束了），美國在四年中總共向西歐國家提供了 132 億美元的援助，其中英國及其屬地獲得最多，達 32 億，冰島最少，僅 2,900 萬美元。這筆龐大的援助中的一部分用於從美國購買糧食等生活必需品，一部分是用於從美國購買機械等生產資料的低息貸款，其中一部分貸款用於生產美國需要的戰略物質。

馬歇爾計畫的實施對歐洲產生了非常重要的影響，也給美國帶來了極大的好處，完全達到了美國的預期目標。

### 1. 馬歇爾計畫的實施為西歐經濟的發展和繁榮奠定了基礎

在戰後西歐最困難的時候，美國通過馬歇爾計畫拯救了西歐經濟，促進了西歐社會經濟的全面復興。在馬歇爾計畫實施期間，西歐經濟迅速恢復並大幅增長，西歐國家的國民生產總值增長了 25%，工業產值增長了 35%，農業生產增長了 10%。西歐國家經濟的發展不僅有利於提高這些國家人民的生活水平和維持社會安定，而且為西歐經濟繼續發展打下了良好基礎。因此，馬歇爾計畫的實施不僅使西歐避免了經濟崩潰和社會動亂，而且為西歐經濟的發展和繁榮奠定了基礎。

### 2. 馬歇爾計畫的實施促進了西歐的聯合，有利於大西洋聯盟的形成

在冷戰背景下，在美國影響下的西歐的聯合發展完全符合美國的戰略意圖和國家利益。西歐國家正是以聯合一體的形式接受馬歇爾計

畫的。繼 1947 年成立歐洲經濟合作組織後，西歐國家於 1950 年成立了促進貿易和支付自由化的歐洲支付同盟，法、西德、義、荷、比、盧六國於 1951 年簽訂了實現煤鋼聯營的舒曼計畫，從此開始了歐洲一體化道路。尤其要指出的是該計畫對德國的分裂和西德與西方關係的影響。通過該計畫的實施，將德國西占區經濟同西歐經濟聯在一起，是此項成功的主要內涵之一，因為這麼做解決了一個對大西洋聯盟體系的形成及其全球優勢來說至關緊要的問題：既將德國的巨大潛力動員起來服務於加強西方，又使一個復興的德國因被「包容」（先是經濟上，然後是政治和軍事上）而真正脫棄其傳統的極端民族主義，不致再度成為西方的災禍。[63]

### 3. 馬歇爾計畫的實施成功地阻止了蘇聯共產主義向西歐的發展

戰後初期，法國、義大利、比利時等國共產黨的影響很大，若舉行真正的自由選舉，這些國家很可能變成社會主義國家。為了避免這種局面的出現，美國把西歐國家排斥共產黨等左翼力量進入政府作為向這些國家提供援助的條件，並在馬歇爾計畫開始實施前警告法、意等國，若共產黨上臺執政，美國將立即停止援助。美國的這一威脅果然阻止了法共和義共上臺執政。因此，馬歇爾計畫的實施使美國在意識形態和政治上控制了西歐，削弱了西歐國家共產黨的力量和影響，成功地遏制了蘇聯對西歐的影響，把西歐完全納入其反蘇反共的全球戰略軌道。誠如杜魯門所說，「沒有馬歇爾計畫，西歐是很難避免共產主義的專制統治的。」[64]他認為馬歇爾計畫既使歐洲避免了一次經濟災難，又把它從俄國共產主義奴役的陰影中拯救出來。[65]

---

63　時殷弘：《新趨勢新格局新規範》，第 201 頁。
64　[美]哈里・杜魯門：《杜魯門回憶錄》（第 2 卷），三聯書店，第 137 頁。
65　[美]哈里・杜魯門：《杜魯門回憶錄》（下卷），東方出版社，第 140 頁。

### 4. 馬歇爾計畫的實施加劇了歐洲的分裂

馬歇爾計畫提出之前，美蘇矛盾的激化和杜魯門主義的出籠已經使歐洲開始分裂。馬歇爾計畫的實施終於造就了一個親美反蘇、與東歐分道揚鑣的西歐集團。蘇聯退出關於馬歇爾計畫的巴黎會議後，分別與保、捷、匈、南、波、羅等東歐國家簽訂了雙邊貿易協定——莫洛托夫計畫，加強了與這些國家的經濟聯繫和合作，並通過 1947 年 9 月成立的九國情報局在政治上控制了東歐。為反擊杜魯門主義和馬歇爾計畫，蘇聯在政治、經濟、軍事等各方面加強對東歐的控制，使歐洲不可挽回地分裂了。

### 5. 馬歇爾計畫的實施大大促進了美國經濟的發展

在馬歇爾計畫實施過程中，美國與西歐國家簽訂了一些對美國非常有利的雙邊和多邊協議，不僅使對西歐國家的援助處於美國的監督下，而且使西歐國家撤除了關稅壁壘，放鬆或取消了外匯管制，並給美國資本以優惠，從而為美國商品和資本大舉進入西歐市場掃清了道路。馬歇爾計畫的實施幫助美國避免了生產過剩危機，使美國商品和資本佔領了西歐市場，從而大大促進了美國經濟的發展。「在馬歇爾計畫下，美國通過貿易從歐洲賺回的美元幾倍於它援助歐洲的美元。這在美國戰後經濟的關鍵時刻起了促進良性連鎖反應的作用，為以後 50、60 年代的持續繁榮打下了基礎。」[66]

總之，馬歇爾計畫是美國為落實杜魯門主義而採取的一項十分重要的戰略措施，是杜魯門主義在西歐的重要表現，因而可稱為「經濟杜魯門主義」。表面上看，馬歇爾計畫只是美國援助歐洲經濟的一項重大措施，但實際上它是戰後美國為實現其全球霸權戰略目標而採取的一項具有一箭三鵰作用的戰略措施。首先，它的實施使美國在經濟上控制了西歐。第二，它的實施使美國在政治上控制了歐洲。第三，它的實施為美國通過成立北約實現對西歐的軍事控制打下了堅實的經濟

---

[66] 資中筠主編：《戰後美國外交史——從杜魯門到雷根》（上冊），第 88 頁。

基礎。杜魯門毫不隱諱地說，「杜魯門主義的意識形態——軍事承諾與馬歇爾計畫的經濟義務是一個胡桃的兩半。」[67]假使沒有馬歇爾計畫，很難想像戰後西歐的發展道路和東西歐之間的徹底分裂。

## （三）成立北大西洋公約組織

二戰結束後，隨西方國家與蘇聯矛盾的不斷激化，英法等西歐國家越來越感到西歐面臨蘇聯滲透和入侵的威脅，因而認為有必要儘快建立西歐政治軍事聯盟。於是，為了給西歐聯盟的建立打下基礎，在英國的倡議下，英法兩國於 1947 年 3 月 4 日在對兩國頗具紀念意義的法國敦克爾克簽訂了相互提供軍事援助的協定，史稱敦克爾克協定。雖然該協定規定英法兩國在遭到德國侵略時相互提供支援，但是英法真正要防範的是蘇聯，因為德國已經戰敗，且在四大國的佔領之下，而蘇聯是歐洲的第一軍事大國，且控制了東歐。英法之所以打著防範德國侵略的幌子締結防範蘇聯侵略的協定，一是因為杜魯門主義還沒有出籠，美蘇關係尚未徹底從盟友變成敵人，英法不願承擔公開挑起東西方衝突的責任，二是因為只有把德國這個夙敵作為防範的對象，才能贏得法國國民的支持。

1947 年 12 月 16 日，英國外交大臣貝文向美國國務卿馬歇爾建議建立某種形式的西方聯盟以防範蘇聯，而馬歇爾要求西歐國家像接受馬歇爾計畫那樣先聯合起來再尋求美國的支持。1948 年 1 月 4 日，貝文在英國議會的演講中提出建立抵禦蘇聯侵略和擴張的西歐聯盟的主張，得到議會的支持。英國的這一主張得到了美國的支持和法國、比利時、荷蘭、盧森堡的贊同。1948 年 3 月 5 日，英、法、比、荷、盧五國在布魯塞爾正式舉行建立西歐聯盟的談判，並於 17 日簽署了為期 50 年的《布魯塞爾條約》，簡稱「布約」。該條約於同年 8 月 25 日生效，布魯塞爾條約組織由此誕生（1954 年 10 月簽訂的巴黎協定決定刪除「布約」中的反德條款，並吸收德國和義大利加入布魯塞爾條約

[67] Charles Bolen, *Witness of History, 1929-1969*, New York, 1973, p.265.

組織，該組織因而改名為西歐聯盟）。該條約規定，一旦締約國遭到侵略，彼此按照聯合國憲章提供一切援助。布魯塞爾條約組織的成立完全符合美國遏制蘇聯的戰略意圖，因此美國立即表示支持。杜魯門在條約簽訂的當天說，「我們協助歐洲自由國家進行自衛的決心並不低於他們自衛的決心。」[68]布魯塞爾條約組織的成立為美歐建立跨大西洋聯盟打下了基礎。

1948 年 3 月 22 日至 4 月 1 日，美國、英國、加拿大三國代表在美國國防部祕密討論建立大西洋安全體系的問題，會議所達成的協議叫《五角大樓文件》，它是北大西洋公約的雛形。該文件內容有五點，其主要內容是吸收義大利、葡萄牙、愛爾蘭以及丹麥等北歐國家參加布魯塞爾條約組織，美國承諾在大西洋安全聯盟建立之前向布魯塞爾條約組織成員國提供安全保障。

爭取美國國會對建立大西洋安全聯盟的支持至關重要。經過努力，杜魯門當局獲得了具有很大影響力的參議院外交委員會主席范登堡的支持。1948 年 5 月 19 日，美國參議院外交委員會以全票（13 票對 0 票）通過了由行政部門和國會共同起草的所謂《范登堡決議案》。6 月 11 日，美國參議院以壓倒多數（64 票對 4 票）也通過了該決議案。該決議案以聯合國憲章第 51 條規定的單獨或集體自衛的自然權利為依據，一改美國孤立主義對外政策傳統，支持美國與西歐國家結成安全聯盟，向這些國家作出安全承諾。因此，《范登堡決議案》的通過為美國在軍事上全面介入西歐事務和通過建立大西洋聯盟遏制蘇聯掃清了道路，為美國在國外進行廣泛軍事介入提供了法律基礎，「標誌著美國同不與歐洲國家結成永久同盟的傳統外交徹底決裂，第一次由國會授權在和平時期走上與美洲以外的國家軍事結盟的道路。」[69]

1948 年 7 月 6 日，「布約」五個成員國與美國、加拿大的代表在華盛頓開始關於簽訂北大西洋公約的第一階段磋商。經過兩個多月的

---

[68] [美]哈里・杜魯門：《杜魯門回憶錄》（第二卷），三聯書店，第 288 頁。
[69] 資中主編：《戰後美國外交史——從杜魯門到雷根》（上冊），第 108 頁。

五輪磋商，這七個國家終於在 9 月 9 日達成一致，形成了「在華盛頓舉行的關於安全問題討論參加國向本國政府提供討論的備忘錄」，即所謂《華盛頓文件》。該文件的主要內容是，北大西洋國家加強集體防務合作，必要時採取一切措施對抗蘇聯的直接或間接侵略。

儘管美國國內在多大程度上介入西歐安全的問題上存在爭論，但是杜魯門在贏得 1948 年 11 月的總統選舉後，決定在歐洲安全問題上對蘇聯採取更加強硬立場，以回擊蘇聯對西柏林的封鎖。1948 年 12 月，上述七國代表在華盛頓祕密開始關於簽訂北大西洋公約的第二階段磋商。1949 年 3 月 11 日，與會國與新加入的挪威一致贊同《華盛頓文件》。4 月 4 日，這八國與剛加入的冰島、葡萄牙、義大利、丹麥共同簽署了以《華盛頓文件》為要點的《北大西洋公約》。不久，美國參議院以絕對多數（82 票對 13 票）批准了該公約，並由杜魯門簽署。各成員國依法批准後，該條約於 8 月 24 日生效，北約大西洋公約組織由此正式誕生。

北約的組織結構有三個層次：最高層次北大西洋理事會是最高決策機構，由各國外長組成，後發展到由各國首腦及外長組成，每年至少召開一次會議；第二層次是防務委員會，由各國國防部長組成，每年召開兩次會議，負責審議北約軍事政策和制定統一軍事計畫；第三層次是軍事委員會，由各國總參謀長組成，負責向理事會和防務委員會提供軍事建議，並指導各戰區司令部的工作。北約具有統一軍事指揮系統，設有西歐、北歐、南歐及西地中海、北大西洋、美加地區五個司令部。

北大西洋公約的要點是第四和第五條：無論何時任何締約國認為締約國中任何一國領土完整、政治獨立或安全遭到威脅，各締約國應共同協商；各締約國同意對歐洲或北美之任何締約國的武裝攻擊，應視為對締約國全體之攻擊，……每一締約國按照聯合國憲章第 51 條的規定行使包括使用武力在內的單獨或集體自衛權，以恢復和維持北大西洋區域的安全。

北大西洋公約組織又稱北大西洋聯盟或北大西洋集團，簡稱北約，它的成立是美國繼實施馬歇爾計畫後採取的對蘇遏制的又一次重大行動。北約是美國全球霸權的重要組成部分，是美國對蘇「遏制」戰略的產物和重要表現，也是美國藉以控制西歐的戰略工具。該組織是北美與西歐之間結成的第一個正式軍事政治聯盟，也是美國在非戰爭時期首次與外國結成的正式同盟。它是有史以來含蓋範圍最廣、歷時最久（在可預見的將來不會解散）、且在不斷擴展的政治軍事組織。北約的成立和馬歇爾計畫的實施是美國推行杜魯門主義的兩個「車輪」，標誌著「門羅主義」的「歐洲化」。正如對該公約持有異議的美國參議員康納利所說，「北大西洋公約，無非是門羅主義原則的必然延伸。」[70]

北約名義上依據聯合國憲章的集體安全原則，但是實際上它完全違背了集體安全原則，不是真正的集體安全組織，而是一個典型的軍事政治同盟。這是因為，「集體安全是國際社會設想的以集體力量威懾或制止其內部可能出現的侵略者或侵略行為的辦法來保護每一個國家安全的一種安全保障體系」[71]，其目的是「一國為所有國家，所有國家為一國」，其手段是「所有國家保證所有國家，所有國家防範和對付某個國家」，其最大特點是所有參加國沒有任何假想敵，不針對任何明確的國家或國家集團，無論是內部還是外部的，它必須建立在所有參加國的共同安全利益上，或者說建立在所有參加國對共同安全威脅的共識上；而北約以蘇聯和東歐國家為明確假想敵，其目標是防範蘇聯的侵略，而不是防範內部可能的侵略。因此，北約的成立違背聯合國憲章的宗旨和原則。

北約的成立對戰後美蘇關係、美歐關係、歐洲安全乃至整個世界局勢都產生了重大影響，它在美國對外政策史上具有里程碑意義。首先，它大大加強了美國與西歐國家的政治軍事關係。其次，它進一步

---

[70] 美國參議院外交委員會：《關於北大西洋公約的聽證會》，華盛頓 1949 年版，第 231 頁。轉引自劉金質：《冷戰史》，第 203 頁。

[71] 倪世雄等著：《當代西方國際關係理論》，第 376 頁。

惡化了美蘇關係以及東西歐之間的關係，加劇了它們間的對抗。最後，它使美國的對外安全戰略和安全政策從戰時的臨時結盟完全過渡到平時的正式結盟，或者說，它的成立標誌著美國在和平時期把「門羅主義」從美洲擴展到歐洲。

## （四）分裂德國

戰後德國逐漸分裂為分屬東西方兩大陣營的東德和西德的主要背景和原因是，美蘇冷戰開始之際美國領導的西方與蘇聯在如何處理德國問題上的分歧和矛盾越來越尖銳，以致無法按照原先計畫簽訂對德和約。蘇聯與西方的主要分歧在兩個方面。一是美英主張先實現德國經濟統一，而蘇聯主張先實現德國的政治統一。美英的意圖是利用西方的經濟優勢保證德國完全統一後的親西方立場。蘇聯因擔心德國被西方利用來對付自己或德國軍國主義再起而不願意在德國的政治身份確定之前讓德國經濟復興。二是戰爭賠款問題，蘇聯堅持按照雅爾達協定和波茨坦協定從東西占區索取 100 億美元的物質賠款，而美國反對蘇聯從西占區獲得賠償。雖然法國因擔心德國再起的威脅而一度反對復興德國經濟，但是隨著馬歇爾計畫的實施和北約的成立，法國最終完全站到美英一邊。

在 1946 年 6～7 月間舉行的美、英、法、蘇四國巴黎外長會議沒有就德國問題達成協議後，美英開始著手合併西佔區。1946 年 12 月，美英在華盛頓正式簽訂美英佔區合併協定。馬歇爾計畫公佈後，美國宣佈把德國包括在內。1947 年 8 月，美英公佈美英雙佔區合併後的工業計畫，大幅突破了對德國工業發展的原有限制。1947 年 12 月的四國倫敦外長會議無果而終之後，雙方都放棄了簽訂對德和約的努力，各自在自己的佔領區內自行其事，尤其是美、英、法加緊準備在西佔區單獨建立德國政府，從而使德國的分裂不可避免。

1948 年 2 月下旬至 6 月初，美、英、法、荷、比、盧在倫敦舉行會議，決定在西占區成立德國政府，並使它加入馬歇爾計畫。同年 6 月中旬，西佔區開始幣制改革，發行 B 記馬克。蘇聯作出強烈反應，全面切斷西佔區與西柏林的水陸交通，並在蘇佔區發行 D 記馬克。蘇聯對柏林的封鎖引發了第一次柏林危機，美蘇走到全面戰爭的邊緣，東西方冷戰達到第一次高潮。蘇聯封鎖柏林的目的是把西方從西柏林趕走，但是美國堅守西柏林，毫不妥協。美英在對蘇佔區實施反封鎖的同時，通過空運維持西柏林的生產和生活，拒絕蘇聯向西柏林提供生活必需品的建議。美國擺出一副不惜一戰的架勢，向英國調派了 60 架 B-29 戰略轟炸機，甚至揚言必要時可能對蘇聯發動核武打擊。由於蘇聯在總體上處於弱勢，它擔心封鎖導致擦槍走火，且長期實施封鎖對其國際名聲不利，蘇聯於 1949 年 5 月中旬正式取消了長達 11 個月的柏林封鎖，第一次柏林危機結束。

柏林封鎖結束之後，雖然蘇聯與西方的關係稍有緩和，但是雙方在德國問題上的分歧不僅沒有縮小，反而進一步擴大。1949 年 5 月初，美、英、法共同頒佈對西佔區的佔領法，規定佔領當局具有管理國家職能的最高權力。與此同時，由西佔區各個黨派和三個佔領當局共同舉行的制憲會議公佈關於聯邦德國的基本法，規定即將成立的國家是聯邦制國家。同年 6 月中旬，美、英、法簽訂成立盟國最高委員會的協定，規定該委員會在西佔區具有管制德國的一切權力。8 月中旬，西佔區單獨舉行議會選舉，基督教民主聯盟獲勝。9 月 20 日，以阿登納為總理的德意志聯邦共和國成立。蘇聯針鋒相對地在蘇佔區加緊組建親蘇聯的德國政府。1949 年 5 月，德國人民代表大會批准德意志民主共和國憲法。同年 10 月 7 日，德意志民主共和國正式成立。

德國正式分裂為兩個國家是美蘇冷戰的產物和重要表現之一，是歐洲冷戰對抗最具有指標意義的事件。德國的分裂標誌著歐洲範圍內最終形成分別以美國和蘇聯為首的兩大社會陣營的對立，歐洲被完全一分為二，美蘇兩極冷戰格局在歐洲完全形成。從此，東西德之間的邊界成為東西方冷戰的最前沿，兩個德國成為世界上武裝程度最高的地方，東西方兩大陣營、兩大集團以此為前沿在歐洲進行了長達整整 40 年的冷戰對抗。

## （五）扶蔣反共

在二戰結束之際誕生的雅爾達體系中，中國作為美國在亞洲的主要盟友，在美國的東亞戰略處於舉足輕重的地位。戰後初期美國對華政策的基本目標是，建立由蔣介石領導的統一的非共產黨國家，使中國作為美國的重要盟友和貿易夥伴，在東亞起維持均勢的作用。[72]因此，美國試圖幫助中國避免爆發內戰和建立民主聯合政府，赫爾利和馬歇爾先後作為美國總統特使到中國調解國共矛盾。但是，在美蘇關係不斷惡化和冷戰展開的形勢下，美國更加需要蔣介石這個盟友的支持，因此當蔣介石挑起內戰時，美國立即放棄在國共間進行「公正」調停的立場，支持他武力剿共。與此同時，蘇聯與中共的關係密切起來。於是，中國內戰成了美蘇冷戰的一個重要表現。然而，1947 年夏秋之際，中國人民解放軍開始全國性戰略反攻，中國內戰的形勢開始出現令美國非常擔憂的轉折性變化。在這種情況下，美國對華政策目標由援助蔣介石武力統一中國轉變為援助蔣介石阻止中共取勝，因為美國認為：中國國民黨的反共鬥爭是制止蘇聯侵略的全球鬥爭的一部分，援助蔣介石打內戰、削弱日漸強大的中國共產黨是抵禦蘇聯在東亞擴張、維護雅爾達體制和維持東亞力量均勢的唯一途徑。「從這一前提出發，美國的基本立足點當然不是制止中國內戰，或不捲入，而是阻止中共取勝。」[73]因此，雖然美國對蔣介石的腐敗無能越來越不滿，但是美國只有硬著頭皮繼續支持和援助蔣介石打內戰。正如著名美國外交史家孔華潤（Warren I.Cohen）所說，「既然馬歇爾在 1946 年未能避免內戰，美國領導人也就放棄了對以服務美國利益為宗旨的類似於一個中國的期望，蔣介石的勝利成為他們明確的優先選擇，他們繼續援助其軍隊，儘管沒有他希望的那麼多，但是還是遠遠超過了他們認為的他的政權值得援助的數量。」[74]

---

[72] [美]湯瑪斯・派特森等：《美國外交政策》（下冊），中國社會科學出版社，1989 年版，第 629 頁。

[73] 資中主編：《戰後美國外交史——從杜魯門到雷根》（上冊），第 129-130 頁。

[74] [美]孔華潤主編：《劍橋美國對外關係史》（下冊），新華出版社，2004 年版，

除了在抗戰結束之初把近百萬國民黨軍隊從大西南運送到東北和華北之外，美國援助蔣介石打內戰主要表現在兩個方面。一是經濟和軍事援助。美國國務卿馬歇爾在提出歐洲復興計畫的同時提出了對華援助的建議。1948 年 2 月，杜魯門當局正式向國會提出總額 5.7 億美元的援蔣法案。同年 4 月初，美國眾參兩院通過了《1948 年援外法》（其中的援華部分稱為《1948 年援華法》），決定向蔣介石政權提供為期一年總額 4.63 億美元（後來被削減為 4 億美元）的援助。加上抗戰勝利之初美國的對華援助，美國在戰後總共向蔣介石政權提供了 22.54 億美元的經濟和軍事援助。二是派遣軍事顧問團。早在二戰結束之初，美國就向中國派遣了軍事顧問。到 1948 年 9 月美國國會正式決定向中國派遣軍事顧問團時，美國在華軍事顧問實際上已經達到 1,200 多人，國民黨軍隊的師級單位都有美國軍事顧問。美國軍事顧問的主要任務是向蔣介石提供作戰建議、培訓國民黨軍隊和監督援華物質的使用。

美國的扶蔣反共政策是美國遠東冷戰政策的主要組成部分，它給戰後中美關係乃至整個遠東國際關係造成了深遠的消極影響。

### 1. 中美關係發生了從友到敵的變化

在美國公開扶蔣反共之前，中美不僅維持盟友關係，而且美國與中國共產黨的關係也不錯。假使美國不採取扶蔣反共政策，而是公正地對待國共兩黨，即使蔣介石政權被推翻，中美關係也不會發生從敵到友的巨變。然而，戰後美國對共產主義的全球「遏制」戰略使它在不共戴天的中國國共兩黨之間錯誤地選擇了腐敗透頂但堅決反共的國民黨政權，從而不僅失去了與新中國建立正常關係的歷史性機會，而且成了新中國的最大敵人。直到 20 多年後，國際地位開始嚴重衰落的美國才主動卸掉了當初的錯誤抉擇給美國對華政策造成的沉重包袱。

---

第 282 頁。

### 2. 促成了遠東冷戰格局的形成

美國的扶蔣反共政策和中美關係的逆轉是戰後美國冷戰「遏制」戰略的產物，這一產物反過來又加劇了東西方冷戰，促成了遠東乃至全球冷戰格局的最終形成。

### 3. 導致了中美關係中的臺灣問題

二戰期間，美國堅決主張中國在日本投降後收回臺灣，這一立場明確地體現在《開羅宣言》和《波茨坦公告》中。1949 年前，美國不僅認為而且事實上把臺灣當作中國的一部分。然而，當 1949 年年初美國認識到蔣介石丟掉中國大陸已成定局時，美國開始考慮和策劃把臺灣從中國分離出去，企圖以臺灣遏制中國大陸。但是，為了離間正在進行結盟談判的中國和蘇聯，考慮到臺灣無力單獨抵抗中國大陸武力攻擊，美國總統杜魯門和國務卿艾奇遜於 1950 年 1 月先後發表聲明，再次確認臺灣是中國的一部分，並表示美國對臺灣沒有領土野心。但是，中蘇結盟之後，美國利用朝鮮戰爭之機武力封鎖臺灣海峽，公然在中美關係中製造了一個特殊的臺灣問題。

## （六）實施「第四點計畫」

所謂「第四點計畫」，是指「技術援助與開發落後地區計畫」，因杜魯門在 1949 年 1 月 20 日的就職演說中把它作為第四點提出而得名。1949 年 1 月 20 日，杜魯門在第二任就職演說中提出了其執政的四點行動原則：第一，繼續支持聯合國和有關機構；第二，繼續執行世界經濟復興計畫；第三，加強愛好自由國家的力量以防禦侵略的威脅；第四，對落後地區實施技術援助和開發。杜魯門稱第四點計畫是一項利用先進科技和發達工業促進落後地區發展的新的大膽計畫：「我們必須實現一項新的、大膽的計畫，以便使我們的科學進步和工業發展所提供的利益用於不發達地區的進步和成長。」[75]

---

[75] William A. Brown Jr. and Redverse Opie , American Foreign Assistance , The

顯然，「第四點計畫」是為美國的冷戰「遏制」戰略服務的。根據杜魯門的說法，「第四點計畫」是與杜魯門主義和馬歇爾計畫同時設想出來的，但它不像後兩者那樣是應急計畫，而是一項長期計畫。[76]因此，在美蘇冷戰展開之際，美國忙於以杜魯門主義應對希臘和土耳其的嚴峻局勢並以此作為美國外交指導原則，急於以馬歇爾計畫救助西歐，無暇顧及其他地區貧窮國家的長期發展。當美國通過杜魯門主義和馬歇爾計畫的順利實施使近東和西歐的局勢緩和後，杜魯門當局自然地提出「第四點計畫」，試圖通過該計畫阻止蘇聯向廣大「中間地帶」滲透。按照美國的邏輯，貧窮產生共產主義，要阻止蘇聯擴張和共產主義的蔓延，必須消除落後國家的貧窮。杜魯門在 1949 年 6 月下旬給國會的特別諮文中說，亞、非、拉地區的人民「已經騷動和甦醒」，若美國不迅速採取行動支援這些國家，它們就會「落入同人類自由敵對的哲學的控制下」。[77]他還說：「全世界半數以上的人口正瀕臨悲慘的境地。他們的貧困對他們自己和比較繁榮的地區來說，都是一種障礙和威脅。……美國在工業發展和科學技術方面遠遠超過其他各國。……我認為，我們應該使我們豐富的技術知識為愛好和平的人民造福，幫助他們實現改造生活的願望。」[78]正如美國外交史家貝利所說：「杜魯門寧願花幾百萬美元防止人們變成共產黨人，而不是等他們變成共產黨人之後再花幾億美元去打死他們。」[79]

然而，由於當時正在實施的馬歇爾計畫使美國的財政盈餘大幅減少，美國國會要求減少對外援助。為了減小國會的阻力，杜魯門當局強調美國私人資本進入「第四點計畫」的重要性，並設法調動其加入

---

Brookings Institution, 1953, p.383. 轉引自資中筠主編：《戰後美國外交史——從杜魯門到雷根》（上冊），第 185 頁。

76 何春超主編：《國際關係史》（1945-1980），法律出版社，1986 年 12 月，第 57 頁。

77 劉緒貽、楊生茂主編：《戰後美國史》（1945-1986），第 36 頁。

78 哈里·杜魯門：《杜魯門回憶錄》（下冊），東方出版社，第 286 頁。

79 Thomas A. Bailey, *A Diplomatic History of the American People*, New York, 1964, p.804.

的積極性，以降低政府的對外援助額。但是，直到 1949 年 10 月中華人民共和國的成立震撼了美國朝野，美國國會才開始就「第四點計畫」採取立法行動，並於 1950 年 6 月 5 日通過了包含「第四點計畫」的《對外經濟援助法案》，該法案隨著杜魯門當天的簽署而開始生效。同年 9 月初，杜魯門下令美國國務院實施「第四點計畫」，並成立「國際開發諮詢委員會」和「技術合作署」具體負責實施。到同年年底，美國與 33 個國家和地區簽訂了技術援助協定。到 1953 年年初杜魯門離職時，美國向 35 個國家和地區派遣了 2,400 餘名技術人員。美國實施「第四點計畫」的費用從 1951 年的 3,450 萬美元和 1952 年 1.27 億美元增加到 1953 年 1.45 億美元。

「第四點計畫」是美國「遏制」戰略不可忽視的組成部分。杜魯門當局推出以亞、非、拉地區非共產黨領導的貧窮國家為援助對象的「第四點計畫」，當然不是基於基督教信仰的慈善，而是為了有利於「遏制」戰略的推行。「第四點計畫」雖然在主觀上主要是服務於美國全球「遏制」戰略，但在客觀上對受援國也產生了一些積極效果，對一些國家的工農業生產和醫療衛生與教育事業起了促進作用。儘管「第四點計畫」在有些國家實施的效果並不令美國滿意，但是總體上它是成功的，對美國「遏制」戰略的推行起了促進作用。具體而言，「第四點計畫」的實施產生了以下幾方面的影響。

### 1. 美國把一批亞、非、拉國家納入其全球「遏制」戰略軌道

處於東西方陣營之間的「中間地帶」主要是英、法等歐洲大國的殖民地和受其影響的亞非落後國家，其中許多國家具有重要的地緣戰略價值。美國打著「反殖民主義」和「技術援助」、「經濟開發」的旗號，通過實施「第四點計畫」，排擠英、法等舊殖民帝國主義勢力和防止蘇聯社會主義影響的進入，從而大大擴展了在亞、非、拉地區的影響，亞、非、拉地區從此被美國納入其全球「遏制」戰略的軌道，許多國家（如受援最多的以色列、埃及、阿根廷等）成為美國的重要盟友。

### 2. 美國在亞、非、拉地區樹立了良好形象

二戰結束後，一些亞、非、拉國家對美國大力援助西歐而忽視更需要援助的貧窮國家的做法表示不滿，它們要求聯合國尤其是美國等發達國家實施援助的呼聲日益高漲。為了呼應一些落後國家的援助要求，杜魯門在其第二任期開始之際正式提出早已設想好的對落後國家實施技術援助與開發的戰略計畫，並在國會授權下予以實施，從而在受援國樹立起美國的良好形象。

### 3. 美國在海外的經濟利益得到促進

由於亞、非、拉地區是美國重要的工業品銷售地、工業原料與戰略物質的供應地和資本投資地，通過技術援助和開發落後地區，美國可以從這些地區獲得巨大經濟利益。當與美國的政治、經濟關係密切的落後國家的經濟增長和繁榮時，不僅美國與這些國家的貿易會增加，而且美國資本在這些國家的獲利機會也就大增。

因此，「總的說來，『第四點計畫』是杜魯門政府的得意之作，以後歷屆政府沿襲下來，予以補充、修正、發展，形成美國戰後與發展中國家關係的獨特模式。」[80]這種關係模式是：以經濟、技術援助為誘餌，把許多具有重要地緣戰略價值的貧窮國家拉入美國領導的反蘇反共的政治、軍事聯盟，並以新殖民主義取代老殖民主義，謀取經濟利益。1951 年美國出臺《共同安全法》後，美國對外援助統一在「共同安全計畫」之內，軍事援助成為對外援助的重點，並與軍事聯盟的組建掛鉤。因此，「第四點計畫」又成為美國引誘、脅迫亞、非、拉落後國家加入其反蘇反華的地區軍事聯盟的重要工具。美國於 1951 年與菲律賓的軍事同盟、1953 年與韓國的軍事同盟、1954 年與英、法及一些東南亞組建的東南亞防務聯盟、1954 年與蔣介石集團建立的軍事同盟以及美國沒有直接參加的 1955 年的巴格達條約組織等都是以這種模式成立的。

---

80 資中筠主編：《戰後美國外交史——從杜魯門到雷根》(上冊)，第 189 頁。

## （七）武力介入朝鮮戰爭

1950 年 6 月 25 日朝鮮戰爭爆發後，美國立即武力介入，從而使朝鮮內戰迅速變成一場國際戰爭。美國武力介入朝鮮內戰是美國為了同蘇聯爭奪朝鮮半島而採取的一項戰略舉措，是美蘇冷戰對抗極端尖銳化的表現。

美國武力介入朝鮮戰爭的背景包含相互關聯的三個層次。第一，美蘇冷戰全面展開，逐漸從歐洲、中東向東亞擴散。第二，朝鮮半島逐漸形成南北武裝對峙的局面。第三，朝鮮內戰以北方先發制人的形式爆發。美國武力介入朝鮮戰爭「並不是因為美國負有保衛南朝鮮的法律責任，也不是因為朝鮮半島的南半部是美國的戰略利益所在，而是美國相信它若無動於衷，則在政治上和心理上產生的結果將會影響到全球的平衡」。[81]明確地講，美國之所以武力介入朝鮮內戰，主要是因為美國認為：它是蘇聯對美國的武力試探，甚至是社會主義陣營向西方發動全面進攻的序幕，因此如果坐視金日成佔領整個朝鮮，那將嚴重威脅聯合國的原則和信譽，並嚴重損害美國在東亞乃至全球維護國際和平與安全的信譽，從而縱容蘇聯進行更大的冒險，使第三次世界大戰不可避免。杜魯門說，「除非這次對朝鮮的無理攻擊得到制止，聯合國的基礎和原則將受到威脅。」[82]杜魯門認為，朝鮮北方對南方的武力攻擊不只是朝鮮半島的內戰，而且是整個社會主義陣營對整個西方陣營的戰爭，其目的是搞垮整個西方的權力體系。[83]朝鮮北方對南方的武力攻擊的確不是簡單的局部戰爭，「而是蘇聯全球戰略的一個組成部分，其目的在於消除東北亞大陸上保存的最後一個堡壘，削弱美國和西方在整個遠東的地位。」[84]此外，美國企圖通過武力干涉朝

---

[81] [美]斯帕尼爾：《第二次世界大戰後美國的外交政策》，商務印書館，1992 年 5 月第 1 版，第 421 頁。

[82] [美]哈里・杜魯門：《杜魯門回憶錄》（第二卷），三聯書店，第 394 頁。

[83] 轉引自劉金質：《冷戰史》，第 396 頁。

[84] 王傳劍：《雙重規制——冷戰後美國的朝鮮半島政策》，世界知識出版社，

鮮內戰鞏固和擴展在東亞的勢力範圍。朝鮮戰爭爆發之前，美蘇在東亞大體上處於戰略均勢：雖然美國完全把日本納入其遏制戰略軌道，但是它完全失去了中國，在朝鮮半島雙方則平分秋色。因此，如果美國坐視不管，具有軍事優勢的北方肯定會統一朝鮮，那將使美國在東亞大陸的勢力範圍喪失殆盡；反之，美國的武力干涉不僅可以鞏固它在朝鮮半島南部的影響，而且可能把整個朝鮮變成其勢力範圍。

因此，朝鮮戰爭爆發當天下午，美國總統杜魯門召開國家安全委員會緊急會議，做出三點決定：立即對朝鮮南方提供海空支援、立即封鎖臺灣海峽、立即建議聯合國對朝鮮戰爭做出反應。次日，聯合國安理會應美國要求通過了譴責朝鮮北方的決議，並要求交戰雙方立即停火、朝鮮北方立即撤回到「三八」線以北和聯合國成員國立即中止對朝鮮北方的援助。6 月 27 日，杜魯門下令美軍向朝鮮南方提供海空支援，並下令封鎖臺灣海峽，以阻止中國大陸武力攻擊臺灣。同日，美國利用蘇聯因抗議中國在安理會的席位仍由蔣介石政權把持而臨時退出安理會之機，操縱聯合國安理會再次通過決議，要求聯合國成員國向朝鮮南方提供一切必要援助。7 月 7 日，美國操縱聯合國安理會通過了關於朝鮮戰爭的第三個決議，決定向朝鮮半島派遣由美國指揮的聯合國軍，以制止朝鮮北方的「侵略」。聯合國軍由美國等 16 個國家的軍隊組成，其中美軍占總數的 90%。7 月 27 日，由美國將軍麥克亞瑟率領的聯合國軍在朝鮮釜山登陸。至此，朝鮮內戰完全變成以美蘇對抗為背景的大規模國際戰爭。

美國的大規模軍事介入並沒有立即從根本上改變朝鮮戰局。於是，麥克亞瑟率領 8 萬美軍於 9 月 15 日出其不意地在朝鮮中部的仁川成功登陸，從而使朝鮮人民軍腹背受敵，朝鮮戰局急轉直下。10 月初，美國不顧中國的警告，一面率領聯合國軍向「三八」線以北推進，一面操縱聯合國通過了英國等 8 國的提案，授權麥克阿瑟以武力統一朝鮮。在這種危機關頭，經朝鮮北方請求和中蘇協商，中國人民志願軍

2003 年 10 月第 1 版，第 39 頁。

於 10 月 19 日入朝作戰。從此至 1951 年 5 月，中朝兩軍協同作戰，同敵軍進行了 5 次大戰，以高昂的代價取得了殲敵 19 萬和把敵軍從鴨綠江邊趕到「三八」線附近的重大勝利。這時，勢均力敵的雙方都開始認識到需要談判，但是因雙方立場根本對立，戰爭並沒有真正停止，而是打打談談，邊打邊談。直到 1953 年 7 月 27 日板門店停戰協定簽訂為止，歷時 2 年多的談判才事實上結束了歷時三年又一個月的朝鮮戰爭。

雖然美國打著聯合國的旗號把 15 個同盟國招到其麾下，損失了 5 萬多軍人，花費了 830 億美元（相當於現在的約 1 萬億美元），使用了除原子彈以外的最先進武器，但是它仍沒有實現佔領整個朝鮮的戰略目標。美國武力介入朝鮮戰爭不但沒有削弱反而增強了新中國的國際影響，不但沒有消除反而加劇了美蘇在朝鮮半島的冷戰對抗，不但沒有提升反而損害了美國的國際地位。具體講，美國介入朝鮮戰爭產生了以下影響。

### 1. 促成了東北亞冷戰格局的最終形成

朝鮮戰爭以前，雖然中蘇已經結盟，但是美日、美韓還沒有正式結盟；雖然美國拒絕承認新中國，但是中美沒有兵戎相見；雖然朝鮮南北互相敵對，但是沒有同室操戈。而朝鮮戰爭爆發和美國武力介入後，東北亞圍繞美蘇冷戰形成了蘇中朝同盟與美日韓同盟的全面對抗：不僅美蘇冷戰從歐洲和中東擴展到東亞並激化為大規模熱戰，而且中美變成了死敵；不僅朝鮮半島的分裂局面固定下來，而且美、蘇、中、日與朝鮮南北雙方的關係格局完全形成。

### 2. 嚴重衝擊了戰後美國以歐洲為中心的全球戰略佈局

從美國被捲入二戰起，美國的對外戰略就以歐洲為中心，美蘇冷戰也是起源於歐洲並以歐洲為中心。然而，美國武力介入朝鮮戰爭後，美國的主要人力、物力、財力用於亞洲，從而嚴重衝擊戰後美國以歐洲為中心的全球戰略佈局。從此，美國以遏制共產主義在亞洲擴張為由在亞洲越陷越深，但在朝鮮戰爭和越南戰爭這兩場冷戰時期最大規模的戰爭中都遭受戰略挫敗，以至於在 20 世紀 60 年代末陷入全球戰略被動。

### 3. 加深了中美之間的仇恨

為了維護國家安全和履行國際主義義務，滿目瘡痍、百廢待興的新中國敢於同挾聯合國以令世界的美國超級大國進行直接軍事較量，並成功挫敗了美國把整個朝鮮半島納入其勢力範圍的戰略企圖。這不僅大長了新中國的志氣，大滅了美國的超級大國威風，而且使中美成了不共戴天的仇敵。

## （八）全面扶植日本

二戰結束後，美國搶先單獨佔領了日本。由於當時美蘇關係還沒有徹底破裂，因此美國的對日政策是改造和壓制日本，以確保日本不再威脅美國安全和世界和平。美國佔領當局以盟國的名義對日本實施懲罰與管制，包括解除日本武裝、懲罰日本軍國主義、審判戰犯、傳播自由民主思想、制訂和實施和平憲法、解散日本財閥、實現農地改革和教育改革以及要求日本支付戰爭賠款。然而，從 1948 年秋季開始，美國的對日政策發生了根本性變化，即從以日本為敵到以日本為友，從壓制和改造日本到扶植和利用日本。這種根本性變化除了與美日內部因素（日本社會經濟形勢嚴峻導致日本共產黨影響上升，美國國內親日勢力要求寬待日本）有關外，其背景和原因主要有二：首先是美蘇冷戰全面展開，其次是中國內戰發生不利於美國的轉折性變化，中國這個美國在東亞地區最大的盟國即將變成美國的敵國。在這種形勢下，日本在美國遠東戰略中的價值凸顯出來，美國急需把日本變成反蘇反華的堡壘，以遏制共產主義在東亞的發展。

朝鮮戰爭爆發後，日本對美國的遠東「遏制」戰略顯得更加重要。為了把日本變成遏制中蘇的基地和朝鮮戰爭的後勤補給地，美國實施了以下對日政策：

### 1. 拖延對日和約的簽訂

美國本來從 1946 年年底就開始考慮對日和約的簽訂問題，並於 1947 年 3 月拿出了對日和約草案，即「博頓草案」，其宗旨是防止日本軍國主義復活。但是，該草案因被不少人指責對日本太苛刻而被束之高閣。1947 年秋天，美國國務院政策設計室主任喬治·肯南提出了對日和約的詳盡報告，建議儘量推遲對日和約的簽訂，以在盡可能長期單獨佔領日本的有利條件下強化其在東亞的冷戰遏制政策。

### 2. 減少直至取消日本的戰爭賠款

二戰結束後，美國本計畫從日本索取巨額戰爭賠款，並嚴格限制日本的工業能力。但是，隨著東亞冷戰的全面展開，美國大幅減少直至取消了日本的戰爭賠款，並幫助加強日本的工業能力。

### 3. 放寬直至取消對日本財閥的限制

1948 年年初，美國政府開始放寬對日本財閥的限制，同年 3 月，美國政府決定中止執行限制日本財閥的政策，致使大批原計劃被解散的壟斷企業得以逃脫。

### 4. 幫助日本經濟復甦

從 1948 年開始，美國不僅大幅度增加對日援助，而且幫助日本穩定和復甦經濟。1948 年年底，美國佔領當局要求日本實施美國提出的「穩定經濟九原則」。1949 年 2 月，奉命到日本實施「九原則」的美國銀行家道奇提出了緊縮日本經濟的「道奇計畫」，對處於崩潰邊緣的日本經濟起到了穩定和復甦的作用。

### 5. 把打擊和鎮壓對象從右翼勢力轉到左翼勢力

1948 年之後，美國對日本右翼分子的整肅明顯放寬，轉而開始所謂「赤色整肅」，打擊和鎮壓日本共產黨等左翼勢力。

### 6. 重新武裝日本

朝鮮戰爭爆發後，美國開始正式武裝日本。在美國的要求下，日本成立了 75,000 人的警察預備隊，後又先後改編為「保安隊」和「自衛隊」。

### 7. 單方面與日本媾和

朝鮮戰爭爆發後，美國不僅通過大量戰略物質採購刺激日本經濟的發展，而且通過簽訂三藩市對日和約和美日安全保障條約把日本完全納入其全球「遏制」戰略軌道。1951 年 9 月 4 日至 8 日，在美國的操縱下，所謂對日和會在美國三藩市召開，會議結束時美國等 48 個反法西斯盟國與日本簽訂了所謂和約。這個和約是片面的和不合法的，因為美國不顧蘇聯等不少國家的反對，把中國這個在對日作戰中犧牲最大的主要國家排斥在外，並且在和約中別有用心地只要求日本放棄臺灣，沒有按照《開羅宣言》和《波茨坦公告》的精神明確規定日本必須把臺灣交還給中國。美國的用心顯然是企圖把它在朝鮮戰爭爆發後立即拋出的「臺灣地位未定論」合法化，把它對臺灣海峽的武力封鎖合法化。

美國對日政策的根本性轉變給東亞地區乃至全世界造成了嚴重的消極影響，主要表現在以下幾方面。

### 1. 加劇了東西方冷戰

戰後美國對日政策的根本性轉變是冷戰從歐洲擴展到東亞的產物和反映，但它反過來加劇了東西方在東亞的冷戰對抗，促成了東亞冷戰格局的形成。

### 2. 嚴重衝擊了雅爾達體制

按照雅爾達體制，反法西斯盟國必須共同使日本非軍事化和民主化，以防止日本軍國主義再次危害亞洲和平。然而，美蘇冷戰開始後，美國利用單獨佔領日本的優勢和便利，逐漸把日本轉變成為遏制中蘇的東亞大本營。戰後美國對日政策的轉變和對華政策的轉變一起促成了雅爾達體制在東亞的崩潰，使整個雅爾達體制遭受嚴重衝擊。

### 3. 深刻影響了朝鮮半島局勢

美國改變對日政策為美國後來迅速武力介入朝鮮戰爭準備了條件。假如美國堅持壓制和懲罰日本，並且與其他反法西斯盟國一起簽訂公正的對日和約，結束對日本的單獨佔領，那麼，朝鮮戰爭爆發後，美國也很難迅速武力介入，朝鮮半島的局勢就會大不相同。

# 第六章　「新面貌」戰略與「解放」戰略
## ——「遏制」戰略的調整

到 20 世紀 50 年代初期，隨著朝鮮戰爭陷入僵局和美國戰無不勝神話的破滅，美國統治集團開始反思「遏制」戰略。於是，在 1952 年的美國大選年，杜魯門當局的對外戰略自然成為決心重新奪回白宮寶座的共和黨攻擊的目標。1953 年年初共和黨人艾森豪威爾就任美國總統後，美國開始調整其對外戰略，即把杜魯門當局主要依靠常規軍事力量的「全面遏制」戰略調整為安全上以核威懾為核心的所謂「新面貌」戰略和政治上以意識形態戰和情報戰為主的所謂「解放」戰略。

## 第一節　「新面貌」戰略和「解放」戰略的背景與原因

艾森豪威爾當局制定和實施「新面貌」戰略和「解放」戰略，主要是由當時美國面臨的國內外形勢決定的。

### 一、朝鮮戰爭僵局導致「遏制」戰略的調整

朝鮮戰爭對冷戰雙方是一次非常嚴峻的考驗。為了把這種考驗變成顯示美國國際威望和挫敗所謂共產主義擴張的機遇，美國打著聯合國的旗號，投入了大量的軍力和財力，但是沒有實現佔領整個朝鮮半島的戰略目標。朝鮮戰爭嚴重耗損了美國的國力，打破了美軍戰無不勝的神話。因此，朝鮮戰爭成為 1952 年美國大選的首要話題，結束朝鮮戰爭是美國選民的迫切要求。共和黨候選人艾森豪威爾把當選後儘快結束朝鮮戰爭的承諾作為擊敗民主黨候選人史蒂文生的殺手鐧。艾

森豪威爾做出的「當選後集中精力結束朝鮮戰爭，親自到朝鮮去一趟」的競選承諾幫助他贏得了選舉。

美國沒能贏得朝鮮戰爭，表明杜魯門當局的「遏制」戰略並不成功。因此，艾森豪威爾當局認為，今後要盡力避免捲入類似的大規模常規戰爭，美國及整個自由世界的安全有賴於美國的絕對核優勢和必要時發動核攻擊的決心。杜勒斯在 1952 年 5 月 19 日出版的《生活》上發表的〈一項大膽的政策〉中指責杜魯門當局「一心奉行消極的『遏制』和『僵硬』政策」，使共產黨國家的人民「生活在絕望之中」，他說，「只要提出希望，就能改變被奴役國家人民的情緒，它會給禁錮者增加新的負擔，並創造新的解放機會。」艾森豪威爾和杜勒斯等人在 1952 年的總統競選中抨擊杜魯門當局的「遏制」戰略，認為它縱容蘇聯在東歐的暴政，是「消極和不道德的」，且使美國處於被動，而核威懾和「解放」戰略能使美國保持戰略主動，「解放」戰略還能使美國的對外政策具有道義力量，給共產黨國家人民以獲得解放的希望。

## 二、艾森豪威爾當局對美國軍費開支的限制

艾森豪威爾當局信奉共和黨一貫的保守主義經濟理念，主張財政預算平衡。艾森豪在競選成功之後就制定了所謂「大平衡」的基本決策和指導原則，即在經濟與防務之間保持基本平衡，以同時確保美國的繁榮與安全，或者說以儘量小的軍費代價獲取最大限度的國家安全。但是，朝鮮戰爭耗費了大量的軍費，給美國經濟造成了沉重負擔，卻沒有加強美國的安全。因此，艾森豪威爾當局認為，朝鮮戰爭的結局證明了杜魯門當局實施的主要依靠常規軍事力量的「遏制」戰略的失敗，所以它極力主張儘快結束朝鮮戰爭，盡力避免再次捲入類似的地區戰爭，主張主要依靠美國耗費相對不高卻佔有絕對優勢的核力量而不是耗費很高卻並不佔優勢的常規軍事力量來保證美國及整個自由世界的安全。因此，美國的國家安全戰略的調整勢在必行。

## 三、美蘇軍事力量對比的現實要求美國揚長避短

艾森豪威爾上臺之際，美國的常規軍事力量不如蘇聯，但是其核軍力遠遠超過蘇聯。當時蘇聯的核彈最多不過幾十枚，而美國有 1350 枚，美國的戰略轟炸機在數量和質量方面都遠超過蘇聯。「美蘇在核和常規力量對比方面的巨大反差使艾森豪威爾政府清楚地看到了核優勢和保持這一優勢的重要意義。」[1]而且，艾森豪威爾當局認為朝鮮停戰協定的簽訂與美國兩次發出動用核武器的軍事威懾有很大關係。因此，把美國的軍事戰略從杜魯門時期的主要依靠常規軍事力量轉變為主要依靠核軍事力量，在艾森豪威爾當局看來既必要又可行。

## 四、史達林逝世有利於美國調整對蘇戰略

在史達林晚期，面對美國咄咄逼人的冷戰攻勢，蘇聯奉行的是與西方針鋒相對的僵硬政策，因此美蘇關係和整個世界局勢高度緊張。1953 年 3 月史達林突然逝世後，蘇聯新領導人馬林科夫表現出與西方緩和的姿態，因此艾森豪威爾當局感到史達林逝世可能是東西方關係緩和的一次機會，也是西方對東方進行意識形態滲透的大好機會。因此，艾森豪威爾當局認為，不能延續杜魯門當局不與蘇聯接觸的全面遏制政策，不能排除與蘇聯談判的可能，有必要對美國的對蘇政策和美國國家安全戰略進行調整。

## 五、艾森豪威爾和杜勒斯具有強烈的宗教意識和道德使命感

艾森豪威爾和杜勒斯不僅深信西方的民主制度，而且都是虔誠的基督教徒，都具有強烈的宗教意識和道德使命感，都認為無神論是與世俗民主制相衝突的。艾森豪威爾認為民主概念是從一種宗教信仰發

---

1　資中主編：《戰後美國外交史——從杜魯門到雷根》（上冊），第 247 頁。

展而來的。對杜勒斯而言：美國對外政策是美國國家意志在國外的具體化；反蘇反共既是意識形態信仰也是宗教信仰，因而是不可能改變的。他說：「偉大的美國實驗……能成為一種榜樣，它將在各處發起巨大的力量。」[2]他認為，美蘇對抗主要不是那種可以通過調整和妥協使之緩解的傳統的大國之間的利益衝突，而主要是一場不可調和的思想較量，「是無神論的共產主義和信仰上帝的資本主義之間的對立，是兩種截然不同的經濟制度之間的對立」[3]。他特別強調精神的力量和美國的道德使命感，認為美蘇冷戰「主要是一場爭取人們的靈魂和頭腦的鬥爭，是不可能單靠物質力量去贏得的」；「一個民族如果想的只是安全，不想它的使命；如果只用鋼鐵而不用精神的寶劍去尋求安全的話，這個民族就必然滅亡」。[4]他還說：「美國人民被賦予了一種空前規模的世界性機遇和責任，這是上帝的意志與歷史的環境使然」；「如果作為一個國家，我們能夠擔當起這個任務的話，人類已知的最好的世界秩序就能實現。如果我們失敗了，整個國際大家庭就將遭遇到前所未聞的悲劇。」[5]他認為：從物質、精神等各方面來衡量，美國都是世界上最偉大的國家；美國是一個有堅定信心和強烈使命感的民族；再也沒有比美國可以完成的更崇高的任務了，人類的生存取決於它的成功與否，美國懷著無比的信心——美國將實現其命運——獻身於這一任務。[6]

總之，強烈的宗教意識和道德使命感使艾森豪威爾當局得出結論：蘇聯信仰的共產主義是對美國及其整個西方價值觀的嚴峻挑戰和威脅，

---

[2] John Foster Dulles, *Foreign Policy-Ideals, Not Deals*, at the Island Daily Press Association, Chicago, Dulles Papers. 轉引自資中主編：《戰後美國外交史——從杜魯門到雷根》（上冊），第 241 頁。

[3] 石斌：《杜勒斯與美國對蘇戰略》（1952-1959），中國社會科學出版社，2004 年 6 月版，第 63 頁。

[4] 轉引自資中主編：《戰後美國外交史——從杜魯門到雷根》（上冊），第 242 頁。

[5] 轉引自石斌：《杜勒斯與美國對蘇戰略》（1952-1959），第 61 頁。

[6]《杜勒斯言論選輯》，世界知識出版社，1960 年版，第 374、510、575 頁。

這是繼 10 世紀以前伊斯蘭教對基督教文明的挑戰後千年一遇的大挑戰，美國有責任有能力領導西方世界應對這場不可調和的思想大挑戰。

## 第二節　「新面貌」戰略和「解放」戰略的指導原則

「新面貌」戰略和「解放」戰略的指導原則是艾森豪威爾的「大平衡」思想（包括「中間道路」哲學與「新共和黨主義」）和杜勒斯的「和平變革」哲學。

### 一、「大平衡」思想

艾森豪威爾在上任之前先後宣稱其政治哲學是「中間道路」和「新共和黨主義」。他屬於溫和的共和黨人，在財政經濟上主張「小政府」和預算平衡，在對外政策上奉行自由主義的國際主義，認為「反動的右翼和急進的左翼都將導致專制」。他的對外戰略乃至整個國家戰略的指導思想是所謂「大平衡」，即在國家安全與經濟繁榮之間保持平衡，明確地說就是既要保證國家安全，又要少花錢。他在競選時指責杜魯門當局的龐大軍費開支導致美國預算赤字和通貨膨脹，說「我們必須既得到安全，又具備償付能力，軍事力量的基礎實質上是經濟力量，一個破產的美國比一個在戰場上被征服的美國更加是蘇聯的目標。」[7]1953 年 6 月 10 日由艾森豪威爾批准的國家安全委員會 153/1 號文件是這樣闡述「大平衡」思想的：「對美國的基本價值和制度的生存有兩種威脅：蘇聯領導是共產黨世界的可怕力量和侵略政策；因持久反對蘇聯威脅而導致的對美國經濟的嚴重削弱」；「美國面臨的基本問題是（如何）使兩種威脅帶來的風險得到適當的平衡。」[8]1953 年 10 月 30 日，艾森豪威爾批准的美國國家

---

[7] R.J. Caridi, *The Korea War and American Politics*, University of Pennsylvania Press, 1968, p.239. 轉引自石斌：《杜勒斯與美國對蘇戰略》（1952-1959），2004 年 6 月版，第 111 頁。

[8] *FRUS1952-1954*, Vol.2, p.380. 轉引自石斌：《杜勒斯與美國對蘇戰略》

安全委員會 162/2 號文件指出：美國國家安全政策的基本問題是「如何對付蘇聯的威脅」而又「避免嚴重削弱美國的經濟，避免動搖我們的價值觀念和賴以生存的制度」。[9]就美國對外戰略而言，「大平衡」思想也稱「中間道路」思想，它在美國對蘇戰略上集中表現在「艾森豪威爾政府認為純粹防禦性的『遏制』戰略與狹義的『解放』戰略（即軍事上的進攻態勢）皆不可取，實際上是希望走介於二者之間的中間道路，因為它既不能心甘情願地全盤繼承『遏制』戰略更不願冒全面戰爭的風險。」[10]

## 二、「和平變革」哲學

「和平變革」哲學是杜勒斯的政治哲學，他在 1939 年出版的《戰爭、和平與變革》中深刻闡述了這一思想。他認為人類社會主要包含「靜態力量」和「動態力量」，前者極力維持現狀，後者努力改變現狀，因此人類社會總是充滿衝突，而且「動態力量」總是戰勝「靜態力量」。該書的主題思想是：除非「和平地變革」國際社會的政治結構，建立一個「正義與持久」的世界新秩序，否則戰爭將不可避免。他認為，戰爭的原因往往是「得到滿足的」、占統治地位的國家力圖維持現狀，阻止變革，壓制尋求變革的力量，從而爆發武裝衝突。[11]顯然，杜勒斯在當時是一個威爾遜主義者，他所謂的變革主要是指國際體系的變革，認為建立新的世界制度是實現和平變革和永保世界和平的根本途徑。1943 年他提出了「和平的六支柱」，其精神與威爾遜主義和羅斯福藍圖基本相同。他認為，儘管美蘇的意識形態和社會制度是對立的，但是雙方應該也可以通過談判避免關係惡化。但是，到 1946 年下半年，杜勒斯開始強調蘇聯對美國的巨大威脅和美蘇矛盾的不可調和

---

（1952-1959），第 119 頁。

[9] *FRUS1952-1954*, Vol.2, p.380. 轉引自石斌：《杜勒斯與美國對蘇戰略》（1952-1959），第 248 頁。

[10] 石斌：《杜勒斯與美國對蘇戰略》（1952-1959），第 126 頁。

[11] 石斌：《杜勒斯與美國對蘇戰略》（1952-1959），第 52～53 頁。

性，並且全力支持杜魯門當局的對蘇強硬政策。因此，美蘇冷戰開始後，杜勒斯主張的「和平變革」主要是指東方國家內部的政治變革，特別指受蘇聯控制的國家通過和平方式擺脫其控制的變革。他反復強調他在 1950 年出版的《戰爭或和平》一書中的觀點：「變革生活的法則，是國際生活、國家生活和個人生活的法則。要是築起一道壁障，企圖阻止一切變革，那結果必然要發生猛烈的和爆炸性的變革。」[12]「和平變革」哲學是美國對蘇聯、中國的「以壓促變」政策和主要爭對東歐社會主義國家的「解放」戰略的指導思想。

## 第三節　「新面貌」戰略和「解放」戰略及其政策措施

### 一、「新面貌」戰略和「解放」戰略的界定

1953 年 10 月 30 日，艾森豪威爾批准美國國家安全委員會 162/2 號文件，標誌著經過近一年謀劃的「新面貌」國家安全戰略正式出臺和「遏制」戰略實施以來的明顯調整。該文件具有幾大特點：充分體現了「大平衡」思想；強烈的反蘇反共意識形態色彩；強調基於核威懾的「大規模報復」戰略的核心地位；強調通過聯盟政策實現集體安全；重視對東方的心理戰和隱蔽活動；不排除在保持對蘇聯和中國的強大壓力的前提下與之談判以緩和局勢的可能性。「新面貌」戰略是指艾森豪威爾當局通過依賴美國的核優勢達到既大幅降低軍費又有效遏制蘇聯和中國這一雙重目標的新的對外戰略。所謂「新面貌」戰略，就是大大強化核武器在美國軍事力量構成中的中心地位，大幅擴充空軍，特別是當時作為核武器的主要運載手段的戰略空軍，同時急劇削減陸軍，使其預算份額到 50 年代晚期不及空軍的一半。[13]因此，「新

---

[12] Dulles, *War or Peace*, New York: Macmillan, 1950, p.18. 轉引自石斌：《杜勒斯與美國對蘇戰略》(1952-1959)，第 54 頁。

[13] 時殷弘：《新趨勢新格局新規範》，第 225 頁。

面貌」戰略被一些瞭解艾森豪的財政保守主義的人通俗而不準確地稱為「少花錢而多打炮」[14]。「新面貌」戰略，具體包括「大規模報復」戰略、聯盟戰略、「戰爭邊緣」政策、心理戰和隱蔽戰，其中，「大規模報復」戰略是核心。

與此同時，艾森豪威爾當局端出了「解放」戰略。所謂「解放」戰略，是指通過向蘇聯、東歐等社會主義國家傳播西方意識形態和支持這些國家的反政府人士，逐漸使這些國家的性質發生根本改變的「和平演變」戰略。按照艾森豪威爾當局的設計，「解放」戰略不是指「武力解放」戰略（既不是指西方以武力解放東歐國家，也不是指美國支持東歐國家人民和蘇聯、中國人民通過暴力推翻本國政府），而是指「和平解放」戰略，即美國在給這些國家施壓的同時支持這些國家的人民以和平方式爭取自由民主權利，從而使這些國家在內外壓力之下走向「民主化」，即「以壓促變」。1953 年 1 月，杜勒斯在參議院為他被提名為國務卿所舉行的聽證會上說，「解放並非解放戰爭」，而是用「政治戰、心理戰和宣傳戰的方法」，「它只能、也必須以不至於挑其全面戰爭的方式，或者以不至於挑起暴動的方式進行」。[15]「解放」戰略包括「激變」戰略和「演變」戰略。「前者主要依靠敵對宣傳和隱蔽行動，旨在激發和助長蘇東社會內部緊張與社會基層的『造反』行為，謀求自下而上的突變；後者則更強調順應史達林之後蘇東的初步改革嘗試，因勢利導，推動主要是自上而下的漸變。」[16]「解放」戰略的政策措施和實施方法很多，主要有三：一是離間對手與其盟國或附屬國之間同盟關係的所謂「楔子策略」；二是挑撥對手的國內公眾對政權或領導人的不滿直至反叛的「心理戰術」；三是以自身政治理念、文化價值觀動搖對手「挑戰現狀」之信心的「政治較量」。[17]

---

[14] [美]孔華潤主編：《劍橋美國對外關係史》（下冊），第 308 頁。

[15] 轉引自石斌：《杜勒斯與美國對蘇戰略》（1952-1959），第 164 頁。

[16] 石斌：《杜勒斯與美國對蘇戰略》（1952-1959），第 180 頁。

[17] 張曙光：《美國遏制戰略與冷戰起源再探》，第 20 頁。

「新面貌」戰略和「解放」戰略這兩個「一武一文」的戰略相伴而生，相互配合，密不可分。它們的思想基礎也是同時產生的。杜勒斯早在 1952 年策劃美國新的對外戰略時，就在當年 5 月 19 日出版的《生活》雜誌上發表了〈一項大膽的政策〉一文，提出了「報復——威懾」論和「解放」政策主張，這兩者分別成為「大規模報復」戰略和「解放」戰略的思想基礎。

## 二、「新面貌」戰略和「解放」戰略的政策措施

### （一）「大規模報復」戰略

美國國家安全委員會 162/2 號文件指出：「如果發生核戰爭，美國將考慮像使用其他武器那樣可以使用核武器」。[18]該文件制定的美國新的戰略是：第一，建設和保持強大的軍事力量，重點是保持和發展核打擊力量，對蘇聯形成有效威懾；第二，提高美國和盟國的戰備水平，對蘇聯的入侵作出有力的反應，並堅守要害地區；第三，擁有充足的戰備力量，確保在戰爭中取勝。1954 年 1 月 25 日，杜勒斯發表題為「大規模報復」的演說，宣稱「依靠一種巨大的報復能力，能夠即刻以我們所選擇的方式和地點進行報復」。次年 3 月，他甚至說，「如果是用來襲擊嚴格意義上的軍事目標，且為了達到嚴格意義上的軍事目的，我們看不出有什麼理由不使用原子武器，就像作為子彈和其他什麼武器一樣」。這就是所謂「大規模報復」戰略。「大規模報復」戰略的理論依據是杜勒斯在 1952 年正式提出的「報復——威懾」論。他認為，如果在某個地方出現共產主義擴張，美國能夠而且願意以自己選擇的方式，針對擴張者的薄弱環節予以回擊。……使擴張者的所失大於所得。顯然，「大規模報復」戰略，就是充分利用美國的絕對核優勢，

---

[18]《美國對外關係（1952-1954）》（第二卷），華盛頓印刷所（GPO），1984 年版，第 593 頁。轉引自劉金質：《冷戰史》，第 258～259 頁。

向蘇聯和中國表明美國決心用核打擊報復它所謂的對外擴張和侵略，以威懾社會主義陣營，避免捲入大規模的常規戰爭和防止全面戰爭，從而保證美國及其自由世界的安全與繁榮。作為「新面貌」戰略的核心和最主要內容，「大規模報復」戰略是艾森豪威爾時期美國軍事戰略的基本內容。

## （二）反共聯盟政策

集體安全政策是艾森豪當局的國家安全戰略的重要內容，鞏固、擴大聯盟體系和建立對蘇聯領導的社會主義陣營的軍事包圍圈是其既定方針。為了加強針對蘇聯和中國的西方軍事聯盟和構築世界性的集體安全體系，艾森豪威爾當局大肆渲染所謂共產主義威脅。為了爭取美國人民和美國盟國對強化西方聯盟的支持，杜勒斯剛就任美國國務卿就危言聳聽地說蘇聯及其同盟國正在陰謀毀滅美國乃至整個自由世界。艾森豪威爾當局認為，蘇聯所控制的東方集團具有強大實力和豐富資源，而且它奉行與自由民主主義根本對立的共產主義意識形態，對西方的威脅是嚴重的和長期的，因此僅靠美國的力量難以遏制蘇聯的威脅，西方必須團結一致並與一切反共力量合作，共同抵制蘇聯和中國的擴張和侵略。艾森豪威爾當局始終堅信，「自由國家安全的基石必須是集體防禦制度」，「美國在孤立狀態下得不到安全」。[19]美國國家安全委員會 162 號文件認為：「無論在和平還是戰爭條件下，美國都需要高度工業化的主要非共產黨國家的軍隊和經濟資源同美國站在一邊。如果這些國家逐步丟失給蘇聯集團，將使美國孤立無援，危及美國在全面戰爭中獲勝的能力。」[20]於是，艾森豪威爾當局強化和擴大了杜魯門當局建立的聯盟體系。除了重新武裝西德並把它納入北約之外，美國還在東亞和中東建立起軍事聯盟體系。朝鮮戰爭一結束，美國就於 1953 年 8 月上旬與韓國簽訂了共同防禦條約。1954 年 9 月上

---

19 《杜勒斯言論選輯》，第 99、110 頁。

20 *FRUS1952-1954*, Vol.2, p.583. 轉引自石斌：《杜勒斯與美國對蘇戰略》（1952-1959），第 133 頁。

旬，美國與英、法、澳、新、菲、泰、巴共同簽訂了《馬尼拉條約》，即東南亞集體防禦條約，組建以中國為主要遏制對象的東南亞集體防務集團。1954 年 12 月初，美國與蔣介石集團簽訂《共同防禦條約》。1955 年 11 月下旬，在美國授意下，英國、土耳其、伊拉克、伊朗、巴基斯坦簽訂《巴格達條約》，成立巴格達條約組織（1959 年 3 月改為中央條約組織）。這樣，到 50 年代中期，美國沿著歐亞大陸邊緣地帶構築了一條針對蘇聯和中國的新月形軍事包圍圈。「到 1957 年，美國已經與 42 個國家和地區簽訂了集體防禦條約，建立了遍及全球的區域性集體安全體系。這是一種軍事聯盟，確保相關國家和地區的軍事安全；同時也是一種政治聯盟，確保美國的政策得到盟國的支持。」[21]

### （三）「戰爭邊緣」政策

為了增強「大規模報復」戰略的有效性，艾森豪威爾當局認為，必要時美國要堅決作出準備戰爭的姿態，不惜走到戰爭的邊緣，以阻止蘇聯、中國的擴張和侵略。這就是所謂「戰爭邊緣」政策。1956 年 1 月 16 日，美國《生活》雜誌援引據說是杜勒斯的一段話：「有人說我們被帶到了戰爭的邊緣。我們自然是被帶到了戰爭的邊緣。到了這個邊緣而又不被捲入戰爭的本領，就是一種必不可少的藝術。如果你不能掌握這種藝術，你就必然要捲入戰爭。如果你企圖從那裏逃跑，如果你害怕走到邊緣上，你就失敗了。我們曾不得不——在擴大朝鮮戰爭的問題上，在捲入印度支那戰爭的問題上，在臺灣問題上——正視了它。」雖然杜勒斯否認說過這些話，但是他不反對這種觀點，甚至說美國要用生命來保衛公正持久的和平。這就是「戰爭邊緣」政策的由來。艾森豪威爾執政時期，美國多次揮舞核大棒，對東方陣營進行過核威懾和核訛詐。美國為了儘快結束朝鮮戰爭而對中國和北朝鮮實施過核威懾，它在 1954 年和 1958 年的兩次臺灣海峽危機中都威脅要對中國發動核打擊，它在試圖幫助陷入印度支那戰爭困境的法國時

[21] 劉金質：《冷戰史》，第 258 頁。

也發出過核威脅。而且，在 1958 年 10 月爆發的第二次柏林危機中，美國也發出過核叫囂。在這些戰爭和危機中，美國不是直接捲入，就是走到了戰爭邊緣。顯然，「戰爭邊緣」政策與「大規模報復」戰略本質上沒有什麼不同，實際上是其邏輯延伸與具體表現。

### （四）心理戰和隱蔽戰

艾森豪威爾當局很重視對蘇聯等社會主義國家的心理戰，實際上，「大規模報復」戰略、「戰爭邊緣」政策和聯盟戰略都包含心理戰因素。前兩者都是企圖憑藉核優勢從心理上戰勝對手，因此「大規模報復」實際上是大規模威懾，「戰爭邊緣」就是玩戰爭的危險遊戲；後者在很大程度上是通過嚇唬美國民眾和盟國而得以實施的。美國國家安全委員會 162 號文件關於心理戰的規定是：盡力開發蘇東民眾的「精神資源」，煽動他們的反政府情緒，「採取公開或隱蔽的手段詆毀作為蘇聯力量有效工具的蘇聯威望和意識形態，削弱各國共產黨和各種親蘇分子的力量」。[22]至於隱蔽行動，雖然它一直是戰後美國對外政策的內容之一，但是它在艾森豪當局的對外政策中的地位更突出，真正成了實施國家安全戰略的重要工具。「顛覆敵對國家政府，扶植親美政府上臺是艾森豪政府進行隱蔽活動的一大特色。」[23]艾森豪威爾上臺不久，美國就以隱蔽行動推翻了伊朗摩薩臺政府，扶植起親美的巴列維專制政府。1955 年，美國又以同樣手段推翻了瓜地馬拉的阿本斯政府，扶植起阿馬斯政府。

### （五）「激變」戰略

所謂「激變」戰略，就是要「啟動」共產黨國家內部的不穩定因素，加劇其內部困難，使其體制發生根本變化。「激變」戰略從杜魯門時期開始就成為美國對共產黨國家戰略的組成部分。杜魯門當局 1949

---

[22] 石斌：《杜勒斯與美國對蘇戰略》（1952-1959），第 132 頁。
[23] 石斌：《杜勒斯與美國對蘇戰略》（1952-1959），第 133 頁。

年 12 月制定的國家安全委員會 58 號文件提出了鼓勵在東歐出現新的鐵托的「激變」戰略。1950 年 4 月出臺的國家安全委員會 68 號文件提出要以祕密的政治戰和心理戰反攻蘇聯，以激起蘇東國家內部的動盪和造反。在艾森豪威爾第一個任期，「解放」戰略的主要表現形式是「激變」（儘管 1953 年 6 月中旬爆發的東柏林事件和美國對該事件的反應已經證明「激變」戰略行不通），基本上延續了杜魯門當局的做法，即以敵對宣傳和隱蔽行動煽動社會主義國家內部的和平造反，不同的是艾森豪當局高喊「解放」口號，明確把美國對社會主義國家的政治和意識形態戰略稱為「解放」戰略，而杜魯門當局則不然。

「激變」戰略的具體內容包括對社會主義國家的意識形態和社會制度的攻擊、鼓勵和贊助東歐國家內部反政府力量組成各種政治團體和隱蔽的情報收集活動等。美國領導的西方以西柏林為基地大肆進行針對蘇聯和東歐國家的「激變」活動。美國中央情報局等情報機構在西柏林的活動比杜魯門時期更為頻繁，如散發反蘇宣傳冊，設立進行反蘇廣播的自由歐洲電臺，煽動和贊助親西方政治團體，製造虛假資訊和祕密收集情報，等等。1953 年 6 月東柏林暴亂在相當大程度上與西方的宣傳和煽動有關，是美國實施「激變」戰略的一次嘗試。但是，當暴亂被平息時，美國及整個西方除了提出強烈抗議和向東德提供食品援助外，幾乎束手無策。

## （六）「和平演變」戰略

東柏林事件不僅使美國認識到「激變」戰略難以奏效，而且強化了艾森豪當局的這一認識：儘管西方對共產主義制度的崩潰要保持信心，但是它在短期內不會垮臺，美國在實施「解放」戰略時必須避免引發戰爭。於是，「解放」戰略自然逐漸以「和平演變」戰略的形式表現出來。1955 年 1 月美國國家安全委員會 1 號文件的制定標誌著「和平演變」戰略的確立，但是「激變」完全被「演變」取代是在 1956 年的波蘭事件和匈牙利事件之後。該文件提出了「和平演變」戰略的基本原則，即充分利用蘇聯東歐國家內部的社會矛盾和各種困難，不斷施加外部壓力和製造內部壓力，以促使這些國家的社會制度逐漸發生和平演變而不是急風暴雨式的革命。因此，該戰略的基本內涵是：「順應蘇東內部漸變，利用漸變所提供的條件來加強這一趨勢，使之逐步發展到根本改變蘇東各國國家性質的地步。」[24]但是實施「和平演變」戰略並不排除艾森豪威爾當局繼續高喊「解放」口號，它在 1955 年的聖誕文告中稱，把東歐國家從社會主義制度下「解放出來，過去、現在和將來——一直到成功為止——都是美國對外政策的基本目標」。[25]

實施「和平演變」戰略的基本方式和手段是：利用蘇聯調整對外政策和努力緩和與西方關係的機會，建立和擴展東西方之間的經濟、文化、人員和資訊交流的各種渠道，擴大和加強西方在蘇聯和東歐等社會主義國家的影響；通過突出東西方社會的對比，增強東方社會民眾向學習西方的要求，使其政府面臨不得不進行政治改革的壓力，即「單是證明專制制度壞還不夠，還需要繼續不斷地證明自由是好的。」[26]具體包括：通過自由歐洲電臺等媒體進行政治宣傳，突出西方對東方的政治經濟優勢；反覆宣稱堅決支持東方國家人民以和平方式爭取自由民主的鬥爭，努力樹立美國作為自由民主領袖的堅定形象；在與蘇聯談判中強調蘇聯放鬆對東歐的控制和開放東西方交流的渠道對改善美蘇關係的至關重要性。在標誌著 20 世紀 50 年代中期美蘇關係緩和的日內瓦四大國政府首腦會議上，蘇聯與西方達成的唯一協議就是原則上同意進行東西方交流，儘管西方要的是政治思想和人員、資訊交流，而蘇聯要的是經濟貿易交流。可見，「和平演變」戰略的核心「在於強調西方的『樣板』作用，其運作機制是，與外部壓力相配合，鼓勵和製造內部壓力」。[27]

---

[24] 石斌：《杜勒斯與美國對蘇戰略》（1952-1959），第 181 頁。

[25]《紐約時報》，1955 年 12 月 31 日。轉引自劉金質：《冷戰史》，第 262 頁。另見 A.C. 阿尼金等編：《外交史》第 5 卷（下），三聯書店，1983 年版，第 872 頁。

[26]《杜勒斯言論選輯》，第 248～249 頁。轉引自石斌：《杜勒斯與美國對蘇戰略》（1952-1959），第 199 頁。

[27] 石斌：《杜勒斯與美國對蘇戰略》（1952-1959），第 183 頁。

# 第四節　「新面貌」戰略和「解放」戰略的影響與評價

## 一、「新面貌」戰略的影響

### 1.「新面貌」戰略對美國及其對外關係都產生了顯著影響

該戰略首先影響美國經濟發展、軍事建設和軍事思想。該戰略的實施使美國軍費開支在 1954 年和 1955 年連續兩年大幅下降，此後逐年緩慢增加，在聯邦政府總支出中的比重幾乎是逐年下降，從 1953 年的 68.1%下降到 1961 年的 58.3%[28]但是，由於這一時期美國軍費開支的絕對數量年均達到 450 億美元，龐大的軍費開支大大刺激了美國軍事工業特別是核軍事工業，因此美國經濟結構逐漸向畸形的國民經濟軍事化發展，從而不利於美國經濟的健康發展。艾森豪威爾在告別演說中告誡美國人民要提防的「軍工複合體」就是在這個時期形成的，它對美國的政治經濟生活產生了廣泛、深刻的影響。「新面貌」戰略對美國的軍事建設和軍事思想的影響也很大，它不僅改變了美國軍事力量的結構，而且促成了以核威懾為核心的美國新軍事戰略思想的形成。艾森豪威爾執政時期，杜魯門當局執行的「三軍均衡發展」原則被打破，優先發展的核軍事力量和戰略空軍在美國整個軍事力量中穩居主導地位，在陸海軍費用下降時，空軍的費用卻上升，核彈數量激增了 16 倍，從 1,350 枚增加到 23,000 枚。[29]也是在這個時期，核威懾成為美國向盟國提供的保護傘和遏制蘇聯和中國的殺手鐧，成為美國軍事戰略乃至整個安全戰略的核心。

---

[28]《美國統計年鑒》，1967 年版，第 254～255 頁。轉引自資中主編：《戰後美國外交史——從杜魯門到雷根》（上冊），第 250 頁。

[29] 轉引自資中主編：《戰後美國外交史——從杜魯門到雷根》（上冊），第 251 頁。

### 2.「新面貌」戰略對美蘇關係、美中關係、美歐關係乃至整個國際關係都產生了明顯影響

由於美國具有絕對核優勢和多次向中蘇發出核威脅，同時由於美國「遏制」戰略的調整和史達林逝世後蘇聯調整對外政策，因此艾森豪威爾執政時期，美蘇關係、美中關係都有所緩和。比如，朝鮮停戰協定的簽定、奧地利條約的簽定、四大國日內瓦首腦會議的舉行、中美大使級談判的舉行、美蘇大衛營首腦會談都是東西方關係緩和的表現。但是另一方面，美國的政治軍事聯盟戰略、「大規模報復」戰略和「戰爭邊緣」政策使東西方關係多次陷入危機，使國際局勢高度緊張。比如，美國武裝西德導致蘇聯組建華沙集團和第二次柏林危機，美國直接捲入兩次臺海危機。總體上看，艾森豪執政時期，東西方之間畢竟避免了大規模戰爭（這本來就是艾森豪當局的基本目標）。從這個角度講，艾森豪威爾當局調整對外戰略還是有一定的積極意義。

## 二、「新面貌」戰略的評價

在冷戰大背景下，艾森豪威爾當局的對外戰略不可能脫離「遏制」戰略的軌道，它只是依據共和黨的國家安全、經濟理念和東西方對抗的新形勢，對杜魯門當局的「全面遏制」戰略進行一定程度的調整，改變實現這一戰略目標的手段和方式。艾森豪威爾當局制定和實施「新面貌」戰略，是想以此取代被 1952 年共和黨競選綱領稱之為「消極、徒勞和不道德」的「把無數生靈遺棄到專制主義和邪惡的恐怖主義手中」[30]的「遏制」戰略，把美國對蘇聯和中國行為的被動反應變成美國「以自己選擇的武器和地點馬上進行報復」[31]。但是，「新面貌」戰略實際上是一種新「遏制」戰略，它與杜魯門當局實施的「全面遏制」

---

[30] 轉引自[美]斯蒂芬・安布羅斯：《全球主義的興起：1938 年以來的美國外交政策》，第 6 版修訂本，潘金出版社，1999 年，第 133 頁。

[31] John Foster Dulles, *Piety, Pragmatism, and Power in U.S. Foreign Policy*, p.83. 轉引自石斌：《杜勒斯與美國對蘇戰略》（1952-1959），第 143 頁。

戰略沒有本質差別，不同的是它以核威懾取代常規軍事力量和大規模局部戰爭，作為遏制蘇聯和中國的主要方式。

「新面貌」戰略以「大平衡」為原則，以「大規模報復」為核心，以同時確保外部安全和內部繁榮為目標，即以核優勢阻止所謂共產主義擴張，同時使美國經濟免遭巨額軍費的損害。但是，在東西方尖銳對抗的形勢下，安全和繁榮實在難以兩全。這個時期美國既沒有確保安全（雖然美國沒有捲入戰爭，但是美國的核優勢和核威懾迫使蘇聯大力發展導彈核力量和空間技術，引起美國對「導彈差距」和「轟炸機差距」的嚴重不安），美國經濟也沒有能實現繁榮。

「大規模報復」戰略本身具有難以克服的內在矛盾。一方面，該戰略的根本目標是避免東西方之間大規模戰爭。「杜勒斯一直聲稱該戰略的目標是防止戰爭，而不是進行和贏得戰爭，更不是挑起戰爭」[32]。另一方面，為了準備實施該戰略，以使敵方確信它不僅有能力而且有決心實施大規模核打擊，美國又必須表現得十分好戰，而這可能使蘇聯誤以為戰爭不可避免而先發制人，從而違背美國避免戰爭的目標。而且，由於蘇聯具有強大常規軍力並逐漸具備強大的核反擊力量，美國不可能對蘇聯實施「大規模報復」。因此，「大規模報復」戰略的威懾效果是有限的。艾森豪威爾當局的本意是企圖以「大規模報復」戰略獲取戰略主動和阻止中蘇向外擴展其影響，但這個僵硬的戰略難以阻止中蘇向並非生死攸關的「中間地帶」擴展影響。因此，民主黨人批評「大規模報復」戰略使美國面臨「無所作為和核戰爭的兩難選擇」。

此外，由於美國與英、法等主要西方盟國在地緣政治與安全領域也存在矛盾，作為「新面貌」戰略之重要組成部分的反共聯盟戰略曾經遭受危機。比如，1957 年 1 月美國利用 1956 年 10 月爆發的蘇伊斯運河戰爭推出其新中東政策主張——艾森豪威爾主義，使美國向中東地區滲透同英、法維護在該地區傳統影響之間的矛盾激化，從而削弱了反共聯盟體系。

---

32　石斌：《杜勒斯與美國對蘇戰略》（1952-1959），第 140 頁。

## 三、「解放」戰略的影響與評價

雖然「解放」戰略被艾森豪威爾當局寄予厚望，但它的實施沒有帶來「和平解放」蘇聯和東歐的效果，因為無論是「激變」戰略還是「演變」戰略，在當時都沒有成功實施的充分條件。事實上，「解放」戰略的實施導致了兩方面的影響。一方面，它導致東歐的不穩定和美蘇矛盾的激化，另一方面，它通過增加西方與蘇東集團的接觸，使美蘇冷戰對抗有所降溫。

「解放」戰略是艾森豪威爾時期美國對蘇聯等社會主義國家的政治意識形態戰略，是當時美國整個對外戰略的重要組成部分。艾森豪威爾當局認為：「解放」戰略符合「大平衡」原則，能以較低的代價對社會主義國家實施意識形態進攻，從而促進美國乃至整個西方的安全；只有改變蘇聯等社會主義國家的社會制度，才能改變其對外行為；這些國家存在可以為西方所利用的內部矛盾和各種困難；史達林之後蘇聯國內的改革和對外政策的調整為西方向蘇東集團進行政治意識形態滲透和發揮西方的「樣板」作用提供了機遇。該戰略的內容相當豐富，方式和手段靈活多樣，並且隨著形勢的變化大致經歷了並非涇渭分明的「激變」和「演變」兩個階段。艾森豪威爾當局言辭上的高調和行動上的謹慎既互補又形成反差，這是該戰略的一大特點。該戰略的「和平解放」目標始終未變，短期內取得了一些效果，長期看其影響也不可忽視（80、90 年代蘇聯、東歐的巨變並非與此毫無聯繫）。但是，從總體上講，「解放」戰略是失敗的，美國既沒有實現「和平解放」東歐的目標，也沒有使蘇聯和中國走上「和平演變」的道路。這是因為，在蘇聯等社會主義國家對國內實行嚴厲思想控制之時，美國的自由民主思想很難在這些國家滋生，在蘇聯視東歐為其禁臠而美國極力避免引發美蘇戰爭的情況下，「解放」戰略不可能實現其預期目標。

# 第七章　「和平」戰略
## ——「遏制」戰略的有限回歸

1960 年 11 月，民主黨總統候選人約翰·甘迺迪以 0.1%的些微多數擊敗共和黨總統候選人理查德・尼克森，當選美國第 35 任總統。1960 年甘迺迪在贏得民主黨候選人提名時提出了「新邊疆」的口號：「無論我們是不是在尋求『新邊疆』，『新邊疆』已是既成事實……未知的科學與空間領域，未解決的和平與戰爭問題，尚未征服的無知與偏見的孤立地帶，尚無答案的貧窮與過剩的課題。」[1]甘迺迪就職後以「新邊疆」為施政綱領，開始實施「新邊疆」國家戰略，並把其「新邊疆」對外政策稱為「和平」戰略。由於甘迺迪任參議員時就強烈批評艾森豪當局的對內對外政策，他上臺反其道而行之，使美國對外戰略一定程度上回歸到杜魯門時期的「全面遏制」。隨著甘迺迪入主白宮，美國的全球霸權戰略在 60 年代進入了一個新階段——美國霸權由盛轉衰的時期。這個階段從 1960 年 1 月甘迺迪上臺開始，到 1969 年 1 月詹森下臺為止。

## 第一節　「和平」戰略的背景與原因

### 一、美蘇軍備競賽嚴重威脅世界和平

到甘迺迪上臺時，雖然美國仍具有核軍事優勢，但是美蘇核軍力的差距正在縮小，且蘇聯的常規軍事力量仍佔優勢。因此，雖然美蘇

---

1　[美]希歐多爾・索倫森：《甘迺迪》，上海譯文出版社，1981 年版，第 74 頁。

軍事力量總體上處於平衡狀態，但美蘇軍備競賽的趨勢對美國不利。更嚴重的是，美蘇軍備競賽使雙方乃至全世界面臨前所未有的生存威脅，雙方都具有毀滅對方乃至全世界的戰爭能力。因此，美國必須調整對外戰略，以便在維護世界和平的旗號下，阻止美蘇戰略態勢向不利於美國的方向發展，從而鞏固美國優勢地位。甘迺迪在就職演說中說，他要以新的「遏制」戰略（即「和平」戰略）取代舊「遏制」戰略，因為國際局勢的變化，特別是美國喪失核壟斷後美蘇力量對比的變化使原有的遏制戰略失去了基礎，而他的「和平」戰略就是因應這種變化而生的。[2]

## 二、「大規模報復」戰略與「和平解放」戰略已經失敗

由於「大規模報復」戰略實際上就是核威懾戰略，因此其有效性必須建立在巨大核優勢和不惜進行美蘇大戰的明確而堅定之決心的基礎上。但是，戰後美國在推行全球霸權戰略中極力避免美蘇大戰，而且美國的核優勢到 20 世紀 60 年代逐漸喪失。於是，「大規模報復」戰略必須被新的軍事戰略取代。早在任參議員時，甘迺迪就把「大規模報復」戰略稱為「馬其諾防線心理狀態」，認為它無法對付核戰爭以外的侵略，只是「把美國趕進了一個死胡同，在那裏唯一的抉擇就是要麼是毀滅世界，要麼低頭屈服」。[3]而且，1956 年東歐的嚴重動亂被蘇聯武力平息之後，東歐局勢已經穩定，蘇聯對東歐的控制趨於穩固。在這種形勢下，「激變」戰略難以繼續實施。因此，在堅持演變社會主義國家這一總目標下，美國必須把重點放在以強大軍事力量為後盾的緩慢推進的「和平演變」戰略上。

---

2 參見戴超武：〈甘迺迪——詹森時期的外交與第三世界〉，《美國研究》，2006 年第 2 期，第 62 頁。

3 [美]小亞瑟・施萊辛格：《一千天》，三聯書店，1981 年版，第 238 頁。

## 三、美蘇關係相對緩和

50 年代中期，蘇聯以「三和路線」為指導思想，高舉和平旗號，開始調整史達林時期與西方全面對抗的僵硬外交政策，一定程度上有利於美蘇關係緩和。雖然 1958 年 11 月爆發了第二次柏林危機，但是從 1959 年到 1960 年，美蘇關係出現以美蘇首腦會晤為高潮的緩和。在甘迺迪當局看來，美蘇關係的緩和不僅使美國推行「和平」戰略成為可能，而且要求美國高舉和平旗號，不應該落在蘇聯後面。如果說美蘇軍備競賽從反面催生了「和平」戰略，那麼 20 世紀 50 年代後期至甘迺迪上臺時美蘇關係的相對緩和從正面引導了「和平」戰略的出臺。

## 四、60 年代初亞、非、拉掀起民族獨立運動

20 世紀 60 年代風起雲湧的亞、非、拉民族獨立運動，既為美國武力干涉「中間地帶」提供了藉口，又為美國向這些地區滲透提供了機會。一方面，美國對那些它認為是受共產主義影響的民族獨立運動採取武力干涉，以阻止對美國總體有利的地區現狀發生改變；另一方面，美國在「和平」與「民族獨立」的旗號下，支持那些只是為了擺脫殖民統治的民族獨立運動，排擠英法等老牌帝國主義國家，以擴展在落後地區的影響。上世紀 50、60 年代波瀾壯闊的民族獨立運動正好發生在英法等殖民大國衰落和美國國力處於頂峰之際，因此為美國向英法的傳統勢力範圍擴張和抵禦共產主義向第三世界的發展提供了歷史性機遇。

## 五、甘迺迪的政治意識形態和外交哲學

甘迺迪和他的外交智囊是比較典型的民主黨自由派。他們「在外交思想上繼承了從傑弗遜到威爾遜的『理想主義』，同時又繼承了戰後

美國以反蘇反共為核心的『冷戰』戰略思想和美國以『世界領袖』自居的『使命感』。二者結合起來，使以他為首的一批自以為『天降大任』於己身的美國精英分子把美國的『全球主義』擴張政策推到頂峰」。[4]甘迺迪當局認為美國負有在全球阻止共產主義擴張和保衛自由世界的責任和力量。甘迺迪說：「我們是整個自由世界力量的關鍵、秩序和基本要素」；[5]「我們保有意識形態上的優勢，我們比世界上任何國家都更有條件對外輸出《獨立宣言》中的革命思想，因而也更有條件領導東西方反對各種帝國主義的民族運動。」[6]他還說：「每當一個國家，不管它距離我們的邊界有多遠……落入鐵幕之後，美國的安全就因此遭到危險。」詹森認為美國對人類負有不可推卸的使命，美國外交的最重要目標就是向世界推廣美國的模式。[7]他說「任何地方的投降都預示著在所有地方的失敗。」[8]這與杜魯門當局的「全面遏制」邏輯（即自由世界任何一個地方的失敗都是自由世界的整體失敗）如出一轍。

## 第二節　「和平」戰略及其政策措施

### 一、「和平」戰略的界定

1961 年 1 月 30 日，甘迺迪在向美國參眾兩院聯席會議宣讀的第一份《國情咨文》中說：「在美國總統的徽章上，美國之鷹的右爪抓著一根橄欖枝，左爪抓著一束箭。我們打算給這兩者以同樣的注意。」[9]

---

4 資中主編：《戰後美國外交史——從杜魯門到雷根》（上冊），第 349 頁。
5 [美]約翰・加迪斯：《遏制戰略：戰後美國國家安全政策分析》，第 218 頁。
6 John F. Kennedy, The Strategies of peace, pp.43～44.
7 參見戴超武：〈甘迺迪——詹森時期的外交與第三世界〉，《美國研究》，2006 年第 2 期，第 65 頁。
8 [美]約翰・加迪斯：《遏制戰略：戰後美國國家安全政策分析》，第 223 頁。
9 Public Papers of the Presidents, John F. Kennedy, p.23. 轉引自資中主編：《戰後美國外交史——從杜魯門到雷根》（上冊），第 348 頁。

這是對美國新的對外戰略的兩面性——追求和平與準備戰爭——及其「以實力求和平」的本質的形象概括。在「為談判而武裝」和「以實力求和平」的對外戰略思想指導下，甘迺迪當局的「和平」戰略可以概括為：全面增強軍事力量，實施「靈活反應」戰略，強化西方聯盟，重視意識形態的鬥爭，以實力為後盾同蘇聯對話與談判，加強向第三世界滲透與擴張，在實施遏制的同時對社會主義國家推行「和平演變」戰略，以確立美國的世界霸主地位。

## 二、「和平」戰略的政策措施

### （一）全面擴軍備戰

甘迺迪在當參議員時曾強烈批評「新面貌」戰略，指責該戰略把美國的財政安全放在美國國家安全之上，使美國的戰略和軍事要求適應其預算的需要，以致美蘇之間出現「導彈差距」。在甘迺迪看來，因受制於財政保守主義，其前任沒有使美國實現充分的武裝，從而使美國的國家安全受到威脅，也就是說，如果美國不加大軍事投入，美國人就會冒生命危險。甘迺迪當局認為，美國有充足的資源可以同時促進經濟增長和增加軍備，而且經濟利益與安全利益是互補的，決不可因為擔心經濟受拖累而不增加軍費。「在甘迺迪政府的『新經濟學』中，國內和國外利益被假定是互補的：經濟經得起甚至得益於國防和國內改革兩者的開支增長。軍事並不應當『由於一個錯誤觀念——經濟經不起承受任何額外負擔』而被保持在安全需要水平之下，……」[10]因此，甘迺迪上臺後下令大幅增加軍費開支，進行全面擴軍備戰。他給國防部長羅伯特・麥克拉馬拉的第一道命令是：「在任何情況下，我們都不允許按事先武斷規定的財政限額來制定戰略或軍備的水平」。[11]甘迺迪執政期間，行政當

---

[10] [美]約翰・加迪斯：《遏制戰略：戰後美國國家安全政策分析》，第 217 頁。

[11] Theodore Sorensen, Kennedy, Bantam Books, 1965, p.276. 轉引自資中主編：《戰後美國外交史——從杜魯門到雷根》（上冊），第 349 頁。

局渴望減少對核武器的依賴，但這並不意味著它有任何相應的決心去削減核武器的數量或種類。[12]因此，美國的核軍備和常規軍備都大幅加強。美國的洲際導彈從 1961 年的 63 枚增加到 1963 年的 424 枚。美國的常規軍力藉柏林危機之機增加了 30 萬人。甘迺迪的國家安全副助手希歐多爾・索倫森說：「在三年內，甘迺迪以增加預算 170 億美元的代價，建立起了人類歷史上最強大的軍備——也是美國歷史上和平時期規模最大、最迅速的擴軍。用他本人的話說，這使他擁有了一個『從最大規模的核威懾到最隱蔽的影響』的武器庫。」[13]

詹森繼承和發揚甘迺迪的「新經濟學」。1965 年年初他告訴美國國會:「世界上最富裕的社會肯定經得起花費為其自由和安全必須花費的一切」。[14]因此，在詹森執政時期，美國繼續大規模擴軍，除了常規軍事力量隨著越南戰爭的逐步升級而大幅增加外，核武庫也迅速增大。到 1964 年年中，相對於艾森豪時期，美國核武器數量增加了 150%，核爆炸力當量增加了 200%，北極星核潛艇增加了 10 艘（總數達 29 艘），「民兵」陸基戰略導彈增加了 400 枚（總數達 800 枚）。[15]到 1967 年，美國的陸基洲際導彈達到 1,054 枚，潛射洲際導彈有 656 枚，仍對蘇聯具有核優勢，且基本處於飽和狀態。美國在 60 年代還花費了 400 億美元同蘇聯展開太空競賽，開拓太空「新邊疆」，尤其是花費 200 億美元為期 9 年的阿波羅登月計畫使美國取得了暫時的太空優勢。

### （二）強化美歐關係

甘迺迪當局面臨的諸多問題之一，是羽翼逐漸豐滿的法國等西歐盟國不再唯美國馬首是瞻。美歐矛盾為蘇聯提供了分化西方的機會，從而有損於美國的西方領導地位和西方的整體力量。因此，甘迺迪當

---

[12] [美]約翰・加迪斯：《遏制戰略：戰後美國國家安全政策分析》，第 229 頁。
[13] Ibid. p.686. 轉引自資中主編：《戰後美國外交史——從杜魯門到雷根》（上冊），第 356 頁。
[14] [美]約翰・加迪斯：《遏制戰略：戰後美國國家安全政策分析》，第 274 頁。
[15] [美]約翰・加迪斯：《遏制戰略：戰後美國國家安全政策分析》，第 229 頁。

局對外戰略的重點之一就是強化西方聯盟體系。為此，甘迺迪當局提出了所謂「宏偉計畫」，聲稱要建立平等的美歐夥伴關係，試圖從政治、經濟、軍事等多方面重振美國領導的大西洋聯盟。美國明確支持歐洲經濟一體化。柏林危機期間，美國副總統詹森訪問西柏林，聲稱美國為保衛西柏林不惜一戰。1963 年 4 月，甘迺迪訪問西德時表示，西歐的安全就是美國的安全，西歐的自由就是美國的自由，任何對西歐國家領土的襲擊就是對美國領土的襲擊。詹森繼任後，美國繼續採取措施加強美歐關係。但是，美國加強美歐關係的努力收效甚微：美國發起的「甘迺迪回合」多邊貿易談判失敗，後來在詹森當局的努力下，該回合談判於 1967 年 6 月才取得了成功；美國讓英國加入歐共體以強化美歐關係的希望因法國的否決而落空；美國提出的由美國擁有最後決定權的「多邊核力量」計畫因英法的反對而沒能實施；逐步在軍事上脫離北約的法國於 1967 年把北約總部逐出巴黎。總之，不僅美歐關係沒有明顯改善，反而美法矛盾不斷激化。

## （三）緩和美蘇關係和強化對東歐的「和平演變」

一方面，甘迺迪當局認為：「我們作為自由世界最強大的領袖的抱負同他們作為共產主義世界最強大的領袖的抱負相衝突。任何談判都無法解決這些分歧。」[16]但是另一方面，甘迺迪政府認為核戰爭沒有贏家，共產主義意識形態不可能以武力加以消滅，東西方必須和平共處，必須通過談判緩和東西方緊張關係。甘迺迪說，「讓我們永不出於害怕而談判，但是讓我們永不害怕談判。」[17]因此，甘迺迪上臺後不久，美蘇於 1961 年 6 月在維也納舉行了首腦會晤。儘管這次會晤只就老撾的中立化達成了協議，在西柏林問題等更重要問題上沒有達成任何協議，但是會晤本身有利於緩和美蘇緊張關係。古巴導彈危機過後，由於美蘇對美蘇大戰的可怕後果的更清晰認識、美國經濟實力的相對

---

[16] [美]阿蘭・內文斯：《和平戰略》（甘迺迪言論集），世界知識出版社，1961 年版，第 33 頁。轉引自劉金質：《冷戰史》，第 269 頁。

[17] [美]約翰・加迪斯：《遏制戰略：戰後美國國家安全政策分析》，第 238 頁。

衰落、東西方兩大陣營內部的分裂、第三世界的興起，美蘇關係開始緩和。比如，兩國開通了首腦熱線，美蘇英三國於 1963 年 8 月在莫斯科簽訂了《部分核禁試條約》。這種緩和勢頭在詹森任內繼續發展。比如，1966 年 10 月美國正式承認奧德——尼斯河為德波邊界，1967 年 1 月美英蘇等 60 國簽訂了禁止把大規模殺傷性武器擴展到外太空的條約，美蘇英三國於 1968 年 7 月簽署《不擴散核武器條約》。

在這種形勢下，甘迺迪當局以「和平演變」戰略取代它稱之為幻想的「和平解放」戰略。甘迺迪當局主張向東歐國家提供各種形式的經濟技術援助和與這些國家進行各種形式的社會文化交流，以削弱東歐國家對蘇聯的依賴，「使那些已經不滿的僕從國脫離其蘇聯主子，……從出現在鐵幕上的任何縫隙中培養自由的種子」，使美國的自由民主制度在不發生核戰爭的條件下「傳染到共產黨控制的地區」，從而建立一個「自由、多樣化的世界」。[18]

### （四）強化與東方的意識形態對抗

在「理想主義」和道德「使命感」的驅使下，甘迺迪當局的對外戰略具有非常強烈的意識形態和「全球主義」色彩。甘迺迪在 1960 年 9 月下旬的一次競選演說中斷言「敵人就是共產主義制度本身」，強調冷戰「不僅是追求軍事霸權的鬥爭，也是兩種對立的意識形態之間的鬥爭，即上帝所保有的自由與與殘酷無情的、無神論的暴政之間眾多最高權力的鬥爭」。[19]甘迺迪在就職演說中說出了如下豪言壯語：「我們將不惜任何代價，不惜承擔任何責任，不惜應付一切困難，支持所有朋友，反對任何敵人，以確保自由的存在和成功。」[20]因此，20 世

---

[18] 《美國國務院公報》，1962 年 3 月 19 日，第 443～448 頁。轉引自劉金質：《冷戰史》，第 270～271 頁。

[19] Thomas Paterson, Meeting the Communist Threat: Truman to Reagan (New York Oxford University Press, 1988), p.199.

[20] 岳西寬、張衛星譯：《美國歷屆總統就職演說》，中央編譯出版社，2002 年 4 月版，第 298 頁。

紀 60 年代民主黨執政時期，美國不遺餘力地宣揚和傳播自由民主主義，抨擊共產主義，全力遏制所謂「共產主義擴張」。甘迺迪當局曾經考慮過調整美國對華政策以緩和中美全面敵對，但是因受國內外各種因素尤其是意識形態的制約而無法使之成為現實。於是，美國堅持對華敵視政策，繼續「以臺制華」，長期阻止恢復中國在聯合國的合法席位，極力遏制所謂赤色中國在東南亞和南亞的擴張。甘迺迪當局和詹森當局認為，在美蘇緩和之際，中蘇分歧表明高喊反美口號的中國是比蘇聯更加好戰、危險的共產主義敵人。美國在 60 年代初支持古巴流亡分子入侵古巴、干涉剛果內政和長期支持老撾反共勢力，尤其是武力入侵越南，都是出於意識形態的考慮。詹森上臺後擴大侵略越南的戰爭，其根本原因是他在意識形態上仇視中國，他說：「我決不做讓東南亞走中國道路的總統。」[21]

### （五）大肆向第三世界滲透和擴張

上世紀 60 年代初，美國面臨的兩大國際挑戰是蘇聯打著經濟、技術援助的旗號向第三世界的擴張和以反霸維和為宗旨、奉行和平中立外交政策的不結盟運動的興起。甘迺迪認為，第一種挑戰是根本性的，美國面臨的最大威脅已不是軍事上的，而是蘇聯對不發達地區的經濟、技術援助和貿易滲透，因此美國必須通過對不發達地區的經濟、技術援助使它們認識到，能夠幫助它們獲得穩定和發展的不是俄國和中共，而是美國。[22]為了改善美國的國際形象和擴大美國在第三世界的影響，防止民族解放運動發展為社會主義運動，抵禦蘇聯在第三世界逐漸增大的影響，甘迺迪當局以援助為誘餌，以和平為旗號，大肆向第三世界滲透和擴張。它實際上接受了「中立主義」，拉攏一些第三世界國家，改變了其前任只重視對外軍事援助

---

[21] Public Papers of the Presidents of the United States: Lyndon B. Johnson, 1966 (Washington, D.C.: Government Printing Office, 1968), p.726.

[22] John F. Kennedy, The Strategies of Peace (New York: Harper & Brothers, 1960), 轉引自王瑋、戴超武：《美國外交思想史》，第 443 頁。

和短期單項援助的做法，代之以對一些具有重要戰略價值的第三世界國家或地區實施長期大規模的全面開發援助，以從根本上保證這些國家的非共產主義性質。甘迺迪認為，美國對第三世界國家的援助就是同蘇聯爭奪勢力範圍的鬥爭，既是雙方的意志和目的的較量，也是在武力和暴力方面的競爭，既是爭取人心和靈魂的鬥爭，也是保衛生命和領土的鬥爭。甘迺迪當局的具體做法主要有三：1、先後向 50 多個國家總共派出一萬多人的「和平隊」，向這些國家提供經濟、技術、教育援助和傳播西方自由民主主義；2、繼續和加強「糧食用於和平」計畫，對外糧食援助總額年均達 15 億美元；3、在拉丁美洲建立雄心勃勃的「爭取進步聯盟」(那是個在十年內向拉丁美洲提供大約 200 億美元的美國援助計畫，條件是該地區各國政府要做出相應的承諾，願意進行國內改革。[23])，試圖把美國的價值觀和意識形態推廣到整個美洲，抵禦共產主義的滲透，以維護美國在拉美的利益和領導地位。美國在第三世界收買人心的做法的確取得了一些預期的效果，但是美國因此背上了沉重的經濟、軍事包袱，是美國霸權由盛轉衰的原因之一。

## （六）以「靈活反應」戰略取代「大規模報復」戰略

甘迺迪當局在軍事上奉行「戰略多元論」和「靈活反應」戰略，反對其前任奉行的「戰略一元論」和「非對稱反應」戰略。所謂「戰略一元論」，就是主要依賴美國的核優勢來保衛美國及其盟國的安全，其具體表現就是特別重視發展核軍事力量和戰略空軍，實施「大規模報復」戰略。這種「非對稱反應」戰略被甘迺迪當局認為是僵化的和無效的。所謂「戰略多元論」，就是同時重視發展核軍力和常規軍力，通過加強各種軍事力量實現美國及其盟國的安全，其具體表現就是實施「靈活反應」戰略，即針對蘇聯、中國等社會主義國家的各種不同威脅，美國及其整個西方相應採取各種對稱性的靈活反應措施。這種

---

[23] [美]約翰・加迪斯：《遏制戰略：戰後美國國家安全政策分析》，第 235 頁。

對稱性反應戰略與非對稱性反應戰略的差別是：「不對稱性戰略的可信性大多來自威脅使用難以置信的武器，同時預期自己實際上不會非得這麼做，亦即為求得節省而冒升級風險。對稱性戰略的可信性則來自實際上以有限的規模使用不那麼危險的武器，亦即為避免升級而犧牲節省。」[24]甘迺迪在 1961 年 3 月提出的首份國情咨文中指出，美國的軍事戰略目標是：「遏阻一切戰爭：全面戰爭或有限戰爭，核戰爭或常規戰爭，大戰爭或小戰爭；使所有的潛在侵略者確信任何進攻都無濟於事，為爭端的外交解決提供後盾，確保我們擁有足夠的討價還價的籌碼以結束軍備競賽。」[25]甘迺迪當局認為，美國的核優勢雖然可以遏制蘇聯、中國發動核攻擊，但對其他形式的攻擊無能為力，因此美國必須具備從核威懾到隱蔽戰爭的各種能力，以便對各種威脅做出靈活反應。甘迺迪在解釋「靈活反應」戰略時說，「我們的國防姿態必須要既靈活又堅定——對自由世界任何一部分發起襲擊的侵略者必須懂得我們的反應將是適當的、有選擇的、迅速而又有效的。」[26]「靈活反應」戰略的內容是：用特種部隊（又稱「綠色貝雷帽」部隊）對付民族解放運動，用常規戰爭對付「有限戰爭」，用佔優勢的戰略導彈作為核威懾或在萬不得已時作為先發制人的武器，以及實施應對核打擊的「民防計畫」。由於甘迺迪當局認為，最有可能發生的不是核戰爭，而是「衛星外交、灌木林火式的有限戰爭、間接的非公開侵略、恫嚇、顛覆、內部革命……」[27]，實際上，「靈活反應」戰略的重點在常規軍事力量建設方面和進行特種戰爭與有限常規戰爭。在這個戰略之下，甘迺迪當局制定了「兩個半戰爭」計畫，即美國要準備與蘇聯打一場歐洲戰爭，與中國打一場亞洲戰爭，在其他地區打一場較小規模的戰爭。因此，美國在第三世界的各種軍事干涉在 20 世紀 60 年代達到頂峰，其中規模最大、時間最長、影響最深遠、最為典型的就是美國逐

---

24　[美]約翰·加迪斯：《遏制戰略：戰後美國國家安全政策分析》，第 371 頁。
25　[美]約翰·加迪斯：《遏制戰略：戰後美國國家安全政策分析》，第 226 頁。
26　轉引自劉金質：《冷戰史》，第 268 頁。
27　[美]小亞瑟·施萊辛格：《一千天》，第 237 頁。

步武力入侵越南。美國之所以逐漸陷入越南戰爭泥坑，就是因為甘迺迪、詹森當局決心在印度支那實施「靈活反應」戰略，企圖阻止該地區的「赤化」。「靈活反應」戰略最終失敗的原因之一，是因為它意味著美國做出反應的手段是形形色色的，因而要求美國的資源是用之不竭的，而實際上美國的手段和資源都是有限的。

## 第三節　「和平」戰略的影響與評價

### 一、「和平」戰略的影響

#### （一）美國的軍費和對外援助費用大幅上升

由於甘迺迪當局堅定奉行以實力求和平的對外政策，大肆擴軍備戰，加強對外武力干涉，開拓「新邊疆」，因此美國軍費開支大幅增加。以 1963 年為例，當年軍費高達 483 億美元。同時，為了向第三世界滲透和擴張，美國使用大規模對外經濟、技術、教育、軍事援助，使其財政經濟承受著相當大的壓力。繼承了這兩大「遺產」的詹森當局以「偉大社會」作為國內施政綱領，決心消滅貧困，因此美國社會福利開支大幅增加。於是出現這樣的兩難境地：要麼讓軍費、外援和福利這三大預算支出導致美國財政赤字大幅增加，從而加大美元貶值的壓力，要麼讓這三大支出爭搶有限的財政預算，從而不是導致對外駐軍的裁減和對外援助的減少，就是使「向貧困開戰」變得有名無實和加劇社會矛盾。

#### （二）東西方冷戰對抗加劇

雖然甘迺迪政府高舉和平旗號，制定和實施貌似有利於世界和平的「和平」戰略，但是美國追求的和平是以強大軍力為後盾的和平，是以美國對蘇聯佔有優勢為前提的和平。同時，美國打著援助的旗號，大肆向第三世界國家和地區擴張，在廣大「中間地帶」與蘇聯爭奪勢力範圍。雖然美蘇關係在甘迺迪及其繼任者詹森執政時期有緩和的一面，但是這個時期美蘇關係總體上呈現對抗加劇之勢。1961 年 4 月、8 月和 1962 年 10 月接連發生了豬灣事件、柏林危機和古巴導彈危機。蘇聯和美國先後於 1961 年 9 月和 1962 年 4 月恢復了核子試驗。特別是，美國以遏制赤色中國擴張為由，從 1961 年開始以「特種戰爭」方式逐步武力介入印度支那，從而使東西方冷戰在該地區激化為熱戰。1964 年 8 月，美國製造「北部灣事件」，並以此為藉口於 1965 年 4 月開始全面轟炸越南北方，致使東西方冷戰對抗進一步加劇，使中美再次陷入大規模武力對抗的危險局面。

### （三）美國霸權走向相對衰落

儘管上世紀 60 年代美國經濟在甘迺迪當局的擴張主義經濟政策和越南戰爭的雙重刺激下持續繁榮，美國軍事力量也繼續增強，但是，由於美蘇經濟、軍事差距的繼續縮小和歐洲、日本經濟實力的迅速壯大以及第三世界的興起，美國的國際地位相對衰落。不僅美國在西方的領導地位受到挑戰，而且它面臨蘇聯在全球範圍內的嚴峻挑戰。尤其是在反共產主義意識形態的驅使下，美國繼續奉行「多米諾骨牌理論」，推行以戰爭保衛和平的政策，以武力阻止共產主義在印度支那的擴展，從而一步一步深陷越南戰爭泥淖。美國在全球範圍進行的反蘇反華鬥爭不僅沒有削弱共產主義的影響，反而使美國逐漸陷入內外交困境地：不僅美國的國際形象嚴重受損，而且美國在與蘇聯進行全球爭奪中日趨被動，美國國內矛盾也逐漸加劇，從而導致美國霸權相對衰落。

## 二、「和平」戰略的評價

「和平」戰略具有明顯的兩面性：一方面以和平為旗號，以談判為手段，因此美蘇達成了一些重要協定，美蘇關係出現過緩和；另一方面以強大軍力為後盾，強化對共產主義的遏制，大肆向第三世界擴張，「為談判而武裝」，因此美蘇軍備競賽和東西方冷戰對抗加劇，國際危機頻發，國際局勢緊張。這正好印證了甘迺迪的那句「美國一手握著橄欖枝，一手拿著劍」的名言。

「和平」戰略在一定程度上是「遏制」戰略的回歸，是兩種「全面遏制」戰略。兩者的不同主要有二：一是杜魯門當局主要依賴美國的常規軍力實施遏制，相對忽視美國的核威懾力量，而甘迺迪當局對常規軍力和核軍力同等重視；二是杜魯門當局只與蘇聯對抗而不與之談判，而甘迺迪當局與蘇聯既對抗又談判。

因此，「和平」戰略不是真正的和平戰略，而是新形勢下的「遏制」戰略，是以和平為旗號的全球霸權戰略，其實質是「以實力求和平，以和平求霸權」。換言之，談判與對抗並用，是「和平」戰略的基本手段，謀求世界霸權，是「和平」戰略的根本目標。這是因為：第一，美國追求的和平不是以國際法為基礎的世界和平，而是美國霸權下的世界和平，美國為了追求霸權，不惜發動戰爭；第二，「和平」戰略實施的時期，東西方對抗持續，國際危機和國際戰爭頻發，世界幾度面臨核戰爭邊緣。

# 第八章　「新和平」戰略
## ——美國全球霸權戰略的重大調整

在 1968 年 11 月的美國總統大選中，以「冷戰鬥士」著稱的共和黨候選人尼克森以些微多數擊敗民主黨候選人韓弗里，當選美國第 37 任總統。隨著 1969 年年初尼克森入主白宮，美國對外政策開始重大調整，美國全球霸權戰略進入第四個階段——「新和平」戰略階段。「新和平」戰略的出籠標誌著實施了 20 餘年的「遏制」戰略的重大調整。「新和平」戰略持續到福特執政時期，並對卡特時期的美國對外戰略產生了顯著影響。

## 第一節　「新和平」戰略的背景與原因

「新和平」戰略是在 20 世紀 60 年代末美國面臨非常嚴峻的國際國內形勢下出籠的。尼克森上臺之後就對美國全球戰略進行重大調整，既是迫於國內外嚴峻形勢而做出的無奈之舉，也是為維護美國霸權地位而極力利用複雜國際形勢中可資利用的因素所採取的戰略主動行為。這種總體上對美國構成嚴重挑戰但也包含戰略機遇的國際形勢概括起來就是：越南戰爭正在嚴重耗損美國國力、損害美國國際形象和國際地位，美蘇力量對比朝不利於美國的方向發展，西歐、日本經濟迅速崛起加劇了西方內部的矛盾和它們對美國的離心傾向，第三世界的壯大和反霸鬥爭削弱了美國在廣大「中間地帶」的影響力，因此美國的世界強權地位戰後第一次同時受到來自東、西、中三個方向不同程度的挑戰；與此同時，社會主義陣營的分裂和中蘇全面對抗既使國際形勢更加緊張和複雜，又為美國推行聯華抗蘇的均勢戰略提供了現實可能性。當然，「新和平」戰略與尼克森的現實主義外交哲學密切相關。

## 一、美國深陷越戰泥淖導致其全球戰略被動

美國深陷越南戰爭泥淖，是 20 世紀 60 年代美國留給尼克森當局的巨大包袱和最大難題，是戰後美國長期實施全球遏制戰略所造成的最嚴重後果。到尼克森上臺時，越南戰爭已經打了 8 年，耗資 1000 多億美元，使 31,000 名美軍喪命，但是沒有顯現出任何以美國取勝而告終的跡象，而是使美國難以脫身。越南戰爭消耗了美國大量人力財力物力，從而削弱了美國的國力和國際地位。這場美國打不贏而且即使打贏也沒有戰略意義的不道德的戰爭，不僅加劇了美國社會的各種矛盾，而且嚴重損害了美國的國際形象，從而大大降低了作為「道德化身」和西方領袖的美國的價值觀和意識形態的吸引力。大多數美國人無法理解美國為什麼要花如此高昂代價到地球另一邊的一個與美國國家利益沒有直接關係的國家去作戰。包括大多數美國人在內的世界人民對美國以大屠殺的方式把自己的意識形態和社會制度強加於別國的野蠻做法，不只是感到不理解，而且感到憤怒。摩根索認為，美國在越南戰爭中遭受到難以估量的損失。這場由文明人發動的聖戰呈現給世人的卻是以殺人為目的的野蠻暴行，美國作為全人類道德楷模的光輝形象受到了玷污。[1]為了美國的威望而發動戰爭，結果卻使美國的威望降到歷史最低點。[2]因此，「越戰是美國歷史上的一場大悲劇，它給美國的政治、經濟、社會和心理帶來了深刻的危機」，「使美國社會幾乎到了崩潰的邊緣」。[3]正是由

---

1 Hans J. Morgenthau, *A New Foreign Policy for the United States,* New York: Federic A. Praeger Publisher, 1969, p.138.

2 Hans J. Morgenthau, *Truth and Power,* New York: Federic A. Praeger Publisher, 1970, p.404.

3 資中主編：《戰後美國外交史——從杜魯門到雷根》（下冊），第 600 頁。

於美國的主要精力被錯誤地消耗在印度支那，美國的國際形象因為越戰而嚴重受損，美國的國際影響正在受到削弱，從而使美國陷入全球戰略被動。

## 二、美蘇全球戰略均勢形成

雖然 20 世紀 50、60 年代美國經濟和軍事力量都有顯著增長，但是這個時期蘇聯國力的增長更快，其經濟和軍力的增長幅度都遠超過美國。在經濟方面，從 50 年代初期到 70 年代初期的 20 年，蘇聯的國民收入、工業產值、工業勞動生產率和農業產值的年均增長率分別為 8.5%、10%、6.3%和 4%，而美國的相關資料分別為 3.4%、4.2%、3.3%和 2%。到 1970 年，蘇聯的國民收入、工業總產值和農業總產值分別達到美國的 66%、75%和 85%～90%。在軍事方面，蘇聯不僅在常規軍力方面保持一些優勢，而且在核軍力方面趕上了美國。古巴導彈危機時美國在核力量方面佔有絕對優勢，到勃列爾涅夫上臺前的 1964 年 7 月，美國與蘇聯的洲際導彈的數量之比是 4：1，但是到 1969 年，美國的洲際導彈有 1054 枚，而蘇聯有 1060 枚。因此，到 1969 年，雖然美蘇經濟實力的差距還比較明顯，但是美蘇軍力差距已經消失（儘管美國在質量上仍略佔優勢），美國的全球戰略優勢已經被美蘇全球戰略均勢取代。而且，美蘇核軍備競賽的趨勢對美國不利，若不加以限制，蘇聯將會逐漸取得優勢。

## 三、蘇聯開始咄咄逼人的對外攻勢

蘇聯在戰略核力量趕上美國時，趁美國深陷越戰泥淖之機，打著與西方「緩和」與「和平共處」的旗號，展開了咄咄逼人的對外擴張和全球攻勢。蘇聯開始的新攻勢與 50 中後期和 60 年代末以前的滲透和擴張有所不同，其範圍是全球性的，採用的主要是明火執仗的武力侵略，而且是先拿違背蘇聯意願或不聽從蘇聯擺佈的社會主義國家開刀，以高壓手段整肅社會主義陣營，樹立其東方霸主的權威。1968 年 8 月，蘇聯率領華約五國的軍隊入侵捷克斯洛伐克，扼殺了「布拉格之春」，隨即抛出了以「主權有限論」為核心的勃列爾涅夫主義，以此作為其對外擴張的合法依據。1969 年 3 月和 8 月，蘇聯先後在烏蘇里江的珍寶島和新疆的鐵列克提挑起中蘇武裝衝突，侵犯中國領土主權。

## 四、中蘇從分裂到武裝衝突

中蘇兩大社會主義國家本是政治軍事盟友，然而從 20 世紀 50 年代中後期開始，中蘇兩黨之間出現了日趨嚴重的意識形態分歧和爭鬥，嚴重影響了兩國的整體關係。到 60 年代，中蘇政治分歧導致頻繁的邊境武裝衝突，直到 60 年代末發生較大規模的珍寶島武裝衝突。珍寶島的槍聲震驚了全世界，宣告了中蘇從盟友完全轉變成為死敵，為震驚之中的白宮新主人推行均勢戰略以扭轉美國全球戰略被動提供了絕好機會，因而預示著國際政治格局的重大變化和中美蘇大三角關係的即將形成。因此，尼克森稱中蘇武裝衝突是「當代世界最深刻的國際衝突」。[4]中蘇全面對抗是尼克森上臺之際面臨的複雜、嚴峻國際形勢中唯一可為美國所利用的重要因素。

## 五、西方內部矛盾激化而東西歐關係改善

20 世紀 60 年代開始激化的美歐、美日矛盾到尼克森上臺時不僅沒有減緩，反而呈現加劇之勢。這種矛盾在政治外交、安全防務、經濟貿易等各方面都有表現。法國繼續全面挑戰美國在西方的領導地位，加強與社會主義國家特別是蘇聯的關係。德國開始實施與蘇聯和

---

[4] Richard M. Nixon ,US Foreign Policy for the 1970. Building for Peace. 轉引自資中主編：《戰後美國外交史——從杜魯門到雷根》（下冊），第 596 頁。

東歐國家全面改善關係的「新東方政策」，特別是承認東德與波蘭的邊界和兩個德國間的邊界，並在 1970 年 12 月先後與蘇聯、波蘭簽訂了總稱為「東方條約」的莫斯科條約（即《蘇德互不侵犯條約》）和華沙條約（即《波德關係正常化基礎條約》）。同時，歐共體、日本成為美國強勁的經濟競爭對手，美歐、美日經濟貿易摩擦加劇，戰後美國一直享有的對外貿易順差趨於消失。美國與歐、日經濟競爭和貿易摩擦的加劇影響了美國與其主要盟友的政治、安全關係，增強了它們對美國的離心傾向和獨立性，削弱了美國的西方霸主地位。美國與其主要盟國之間矛盾的加劇，不僅是美國國際地位尤其是國際經濟地位下降的反映和產物，而且在西歐國家與蘇聯和東歐國家關係緩和的背景下，反過來進一步加劇了西方國家之間的矛盾。

## 六、多極化趨勢發展

由於美國的國力相對下降和西方領導地位動搖、歐共體與日本經濟力量崛起、中國國際政治地位上升以及以不結盟運動為主體的第三世界不斷壯大，20 世紀 60 年代初初露端倪的世界多極化趨勢不斷發展。世界多極化趨勢的強化既是美國霸權相對衰落和美蘇兩極冷戰格局趨於弱化的反映和產物，而且反過來進一步衝擊美國的西方霸主地位和美蘇兩極冷戰格局。多個力量中心崛起這一新的國際形勢客觀上要求美國改變其僵硬的冷戰遏制模式，調整其全球霸權戰略。「美國已經無法在全球各地大行其道，世界已經是這個樣子，但沒有人比尼克森更能承認這一點。」[5]於是，尼克森當局代表的美國被迫以「五大力量中心」之一的身份（儘管是五大力量之首）去謀求美國的全球利益，極力維護美國的西方霸權地位。

---

5　[美]大衛・斯泰格沃德：《六十年代與現代美國的終結》，商務印書館，2002 年 6 月版，第 131 頁。

## 七、美國國內各種矛盾激化

美國國際經濟地位乃至整個國際地位的相對衰落不僅加劇了美國與其盟國的矛盾，而且加劇了美國國內各種社會矛盾，這些矛盾借越南戰爭而全面爆發出來。以學生為骨幹的反戰運動、以黑人為主體的民權運動、以婦女為核心的女權運動以及新左派運動和「反文化」運動，都興起於 20 世紀 60 年代。到 60 年代中後期，詹森當局從學生中徵兵的決定激化了反戰運動。1968 年 4 月馬丁・路德・金的被殺導致民權運動從非暴力走向暴力。美軍在越南的大屠殺和深陷戰爭泥潭加劇了以推翻美國資本主義制度為目的的新左派運動。這些波瀾壯闊的社會運動相互交織，不僅導致詹森退出 1968 年的總統競選和民主黨人交出白宮，而且給剛入主白宮的尼克森以極大壓力，迫使他盡一切努力儘快結束越戰。

## 八、尼克森與基辛格的現實主義外交哲學

尼克森是靠反共產主義起家的，以「反共鬥士」聞名於世，但是他也是典型的現實主義者。當美國國力在二戰結束至 60 年代中後期處於頂峰並具有對蘇聯的明顯優勢時，尼克森堅決主張美國奉行強硬的反蘇、反華政策和全球擴張戰略；當美國國力在 60 年代末開始明顯相對衰落和美國對蘇實力優勢喪失時，他又能面對現實，客觀地估計美國所能發揮的國際作用，極力主張調整美國對外戰略和緩和對蘇、對華關係，以維持美國的超級大國地位和西方霸主地位。早在 1967 年，尼克森就認識到「美國將來作為世界警察的作用可能是有限的」[6]基辛格是著名的現實主義外交思想家、理論家和實踐家，對拿破崙戰爭後的歐洲均勢外交情有獨鍾，反對在外交中強調意識形態的作用，主張

---

[6] [美]理查德・尼克森：〈越戰之後的亞洲〉，《外交》季刊，1967 年 10 月號。

通過外交談判和均勢政策維護國際秩序與國際和平，以確保美國的國家安全和國際優勢地位。他在 1969 年 12 月宣佈，「我們判斷其他國家，包括共產黨國家……將根據它們的行動，而不是根據它們的國內意識形態。」[7]「基辛格所信奉的那種源於歐洲的『均勢』理論以及他的『多極』世界的主張被認為對尼克森外交政策的形成提供了現實主義的理論依據。」[8]因此，尼克森和基辛格對國際權力鬥爭持基本相同的現實政治觀點。「通過精心維持的權力平衡來求得穩定，成為指導尼克森外交的基本思路。」[9]

## 第二節　「新和平」戰略的指導原則

「新和平」戰略的指導原則是尼克森主義，或者說尼克森主義是尼克森當局大幅調整美國全球霸權戰略的指導思想。

### 一、尼克森主義的形成

1969 年 7 月 25 日，尼克森在關島舉行的新聞記者招待會上非正式地闡述了美國的亞洲新政策。這一新政策的要點是：1、美國「將繼續履行我們根據條約所承擔的義務」，繼續在亞洲發揮主要作用，但是美國「必須避免這樣一種政策，它將使亞洲國家非常依靠我們，以致把我們拖入就像我們在越南被拖入的那種衝突」；[10]2、「如果一個核國家威脅一個同我們結盟的國家的自由或者威脅一個我們認為它的生存對我們的安全以及整個地區的安全至關重要的國家的自由，我們將提供援助」；「如果發生其他類型的侵略，我們將在接到請求時，提供適當的軍事和經濟援助。但是我們將指望直接受到威脅的國家承擔主要

---

[7] [美]約翰·加迪斯：《遏制戰略：戰後美國國家安全政策分析》，第 299 頁

[8] 資中主編：《戰後美國外交史——從杜魯門到雷根》（下冊），第 595 頁。

[9] [美]大衛·斯泰格沃德：《六十年代與現代美國的終結》，第 131 頁。

[10] 《美國國家安全戰略報告彙編》，梅孜編譯，第 381 頁。

責任來提供其防務所需的人力」。[11]也就是說，美國堅決支持其亞洲盟國建立集體安全，反對共產主義的威脅，美國繼續充當它們的堅強後盾，但不再衝鋒在前，不再「包打亞洲」，也不再「發號施令」[12]。美國的這個亞洲新政策被稱為「關島主義」。1969 年 11 月，尼克森在一次關於越南問題的全國電視講話中正式把其亞洲新政策分三點公佈於世，與上文的兩點核心內容完全相同。

1970 年 2 月，尼克森在向國會提交的名為《美國外交政策：和平的新戰略》的美國外交政策年度報告中，把關島主義發展為適用於美國整個對外政策。於是，關於美國亞洲新政策的關島主義演變為關於美國全球新政策的尼克森主義。

## 二、尼克森主義的內涵

按照尼克森的解釋，尼克森主義的中心思想是：「美國仍將參與盟國與友邦的防衛和發展。但是……美國不能也不會為世界上所有自由國家設想和擬定全部計畫，執行全部決策，承擔全部防務責任。如果我們的援助能在某地顯著生效，而且這樣做對我們有利，我們將會提供援助。」也就是說，美國將最優先地考慮自己的利益，即「我們的利益必須決定我們的義務，而不是相反。」[13]尼克森主義的著重點是承認美國力量的有限性，並以此為據，在堅持美國領導責任的同時要求盟國分擔防務負擔，以最大限度地維護美國利益。尼克森認為，「在當代，認為世界的安全和發展主要是美國的事是不正常和不可能的。其他國家的防務和進步，必須首先是它們自己的責任，其次才是地區

---

11 [美]亨利・基辛格：《白宮歲月》（第一冊），世界知識出版社，1980 年版，第 293 頁。

12 *Public Papers of American Presidents, Richard Nixon* (1969), GPO. Washington D.C. (1971). p546.

13 Richard M. Nixon，*First Annual Report to the Congress on U.S Foreign Policy for the 1970's,* February 18. 1970. 參見[美]約翰・加迪斯：《遏制戰略：戰後美國國家安全政策分析》，第 312 頁。

性的責任。」[14]到第二個任期時，尼克森仍堅持這個觀點。他在 1973 年 1 月的就職演說中說：「我們將努力支持這樣一條原則：任何國家都無權運用武力將其意志或統治強加於別的國家」；「美國把別國的衝突視為自己的衝突，或把關心別國的前途視為自己的職責，或認為應該告訴別國人民怎樣管理自己的國家，這樣的時代一去不復返了。」[15]

尼克森在這個報告中提出了尼克森主義的三個原則：實力、夥伴關係、談判。他認為美國的根本任務是有效地履行美國的責任、保護美國的利益和締造和平，而要完成這個艱巨任務，就需要「實力地位、需要夥伴關係和需要談判的誠意」。在尼克森當局看來，尼克森主義三原則是美國新的對外戰略的三大支柱。所謂「實力」，就是指美國需要全面增強國力，既要增強軍事和經濟實力，也要增強意識形態的影響力和吸引力，因為只有以強大的實力為後盾，才能在談判中處於有利地位，談判才能取得預期的效果。所謂「夥伴關係」，就是指把美國與盟國之間的不平等關係改變為平等夥伴關係，通過改善美國與盟國的關係來加強西方國家的團結和維護美國的西方領袖地位，因為美國要阻止蘇聯擴張和扭轉其全球戰略被動，不僅需要美國加強自身實力，還需要西方國家團結一致。所謂「談判」，就是指以實力為後盾，同蘇聯進行外交談判，以緩和美蘇關係，實現美蘇和平，因為在美蘇實力趨於平衡的核時代，美蘇全球對抗和大規模軍備競賽只會使世界變得更加危險，而美蘇直接談判是緩和美蘇關係、實現美蘇和平和維護美國安全的唯一有效途徑。尼克森認為，國際格局從兩極向多極的發展使「談判時代」取代了「對抗時代」，談判是美國處理與社會主義國家關係的主要途徑。

---

[14] Richard M. Nixon ,US Foreign Policy for the 1970』. Building for Peace. 轉引自資中主編：《戰後美國外交史——從杜魯門到雷根》（下冊），第 715 頁。

[15] 王建華選編：《美國總統就職演說名篇》，（上海）世界圖書出版公司，1995 年，第 227 頁。

## 三、尼克森主義的實質

尼克森當局反覆強調尼克森主義的宗旨是建立世界和平，因而把尼克森主義指導下的美國對外新戰略稱為「新和平」戰略，以別於甘迺迪當局的「和平」戰略。為了強調美國對外戰略的和平性質，尼克森當局在連續 4 年的美國對外政策報告中突出其對和平的追求。1971 年、1972 年、1973 年的美國對外政策報告分別是《美國外交政策：締造和平》、《美國外交政策：構築和平結構》、《美國外交政策：爭取持久和平》。

尼克森主義看似自相矛盾，因為它一方面表明美國要在亞洲作戰略收縮和進行其全球戰略的重大調整，另一方面又表明美國將繼續承擔其全球責任和履行其條約義務，並為其全球干預辯護。但是，實際上尼克森主義是美國應對其兩難處境的理性選擇，因為美國只有在亞洲收縮其過長的戰線，特別是擺脫越南戰爭的泥潭，它才可能擺脫其全球戰略被動，而如果它退出亞洲，立即無條件地從越南撤軍，且不重申其所謂全球責任與義務，那麼它作為西方領袖和世界超級大國的信譽將蕩然無存，其國際地位將一落千丈。尼克森後來在其回憶錄中說，美國需要新的亞洲政策以確保美國不再捲入越南戰爭那樣的衝突，儘管美國要繼續承擔已經承擔的條約義務，但是美國不再承擔任何新的義務，除非為了美國的切身利益，而且美國只準備向那些願意承擔責任和自己保衛自己的國家提供軍事和經濟援助。[16]尼克森又說：「但是我相信，要避免捲入亞洲另一場戰爭的辦法就是美國要繼續發揮作用。」「我認為那種試圖從亞洲撤退的做法將可能使我們重新捲進去，因為不管我們是否願意，地理位置使我們成為一個太平洋國家。」[17]

---

[16] [美]理查德・尼克森：《尼克森回憶錄》（中冊），商務印書館，1979 年版，第 39 頁。

[17] 《美國國家安全戰略報告彙編》，梅孜編譯，第 378 頁。

可見，尼克森主義並不是一個要美國退出亞洲的方案，它並未放棄戰後美國外交政策的基本目標以及美國在亞洲等世界各地的軍事存在。它所要求的僅僅是是美國承擔的義務同它自身的利益以及它有限的資源和力量相適應。[18]尼克森主義不過是試圖以實力為後盾、以夥伴關係和談判為手段實現美蘇關係緩和、維護美國的西方領導地位、扭轉美國全球戰略被動和阻止蘇聯獲得戰略優勢的美國對外戰略指導思想，是美國在失去其全球戰略優勢的新形勢下的明顯縮水的「杜魯門主義」。尼克森主義的實質是通過適當戰略收縮和緩和對蘇關係，扭轉美國全球戰略被動，維持美蘇兩極均勢和美國的西方領導地位。按他本人的說法，其本質「是我們決定繼續在世界上發揮我們積極的領導作用。」[19]

## 第三節　「新和平」戰略及其政策措施

### 一、「新和平」戰略的界定

尼克森當局把它實施的對外戰略稱為「新和平」戰略，以強調該戰略真正以維護世界和平為最高目標。它把「實力」、「夥伴關係」和「談判」作為「新和平」戰略的三大支柱，表明該戰略仍是以實力為基礎，以西方國家間的平等夥伴關係、美蘇談判、中美和解為基本途徑。因此，所謂「新和平」戰略，是指以實力為基礎，以中美和解為關鍵，以美蘇談判為主要形式，通過維護美蘇力量均勢、緩和美蘇戰略矛盾和保持對蘇最低限度核威懾，達到維護美國的超級大國地位和西方領袖地位與世界和平之目標的對外戰略。「新和平」戰略包含三個分「戰略」——「均勢」戰略、「緩和」戰略和「現實威懾」戰略。實

---

18　資中主編：《戰後美國外交史——從杜魯門到雷根》（下冊），第 609 頁。

19　[美]班寧・加瑞特等：《從尼克森到雷根》，時事出版社，1988 年版，第 79 頁。

際上，這三個戰略都是實現「和平」戰略目標的策略和手段，三者相互配合，密不可分。「現實威懾」戰略是「均勢」戰略與「緩和」戰略的力量基礎，這是由本質上仍是「以實力求和平」的「新和平」戰略決定的。「均勢」戰略是實施「緩和」戰略與維持世界總體「和平」的前提，因為沒有均勢，就很難通過談判實現美蘇關係的緩和，世界和平與穩定也難以維持。「緩和」戰略不僅是實現「新和平」戰略目標的主要途徑，而且有利於「現實威懾」戰略和「均勢」戰略的維持。

## （一）「均勢」戰略

「均勢」戰略以均勢理論為指導。均勢理論是歷史最悠久、影響最大、也最具爭議的國際關係理論和外交理論。「如果說有什麼關於國際政治的獨特的政治理論，則非均勢理論莫屬。」[20]在各種均勢理論中，基辛格獨具特色的均勢理論最著名，而在外交中最成功運用均勢理論的非基辛格莫屬。關於「均勢」的含義，歷來有多種解釋，而以下四種是公認的：一種勢均力敵的國際力量結構；一種常見的國際體系的穩定狀態；一種為了阻止對手取得優勢而採用的處理國際關係的常用手段；一種為了保持對自己有利的力量均衡或為了阻止對自己不利的力量失衡的出現而實施的常見的對外政策和戰略。其中，第四種實際上就是指「均勢」戰略。因此，所謂「均勢」戰略，是指戰略對抗中處於弱勢的一方採取一切手段壯大自己或採取除與強勢對手進行直接戰爭之外的一切手段削弱對手，從而取得與對手的力量均衡、消除自己的戰略弱勢和戰略被動的對外戰略，或者指處於力量均勢中的一方採取除與對手直接交戰外的一切手段阻止對手獲取戰略優勢，從而維護自己的安全利益與國際體系穩定的對外戰略。尼克森當局推行的「均勢」戰略屬於後一種情形。基辛格對「均勢」戰略情有獨鍾，他認為「均勢」既是權力鬥爭的結果，又是通往理想國際秩序的一種

[20] [美]肯尼士・華爾滋：《國際政治理論》，上海世紀出版集團，2003 年 11 月第 1 版，第 155 頁。

特殊道路，是和平的一種特殊結構，既是一種軍事上的相互制約關係，也是一種政治上、心理上、道義上和物質上的相互牽制關係。[21]他斷定，「一個更為多元化的世界，深切地符合我們的長遠利益。」[22]在他看來，均勢就是和平與穩定。「均勢作為和平的一種保證，其全部思想均取決於這樣一種假定，即為獲取足夠自延的權力而付出的代價在某一點上可能會變得過於昂貴，從而令人望而卻步。」[23]「他始終認為，穩定總是與均勢聯繫在一起的，沒有均勢就沒有穩定。」[24]在基辛格的外交思想中，和平的概念及其含義非常實際，能夠獲得穩定就是得到了和平這一現實主義觀點根深蒂固。對於理想主義者那種基於共同價值觀之上的理想化的和平，他從來沒有奢望過。[25]他給和平下的定義是：「對於一個現實主義者來說，和平代表著一種穩定的力量安排。」[26]他認為，「在外交上，國家利益超越意識形態分歧之上，意識形態的口號掩蓋著均勢的考慮。」[27]尼克森當局認為，在無政府的國際體系中，國際和平從根本上依靠國際力量均勢。「在尼克森的認知裏，和平、和諧不是事物之本然，而是在煩擾不安的世界裏偶見之綠洲，要靠十足的努力才能維持安定。」[28]1972 年尼克森在接受《時代》雜誌採訪時說：「在世界歷史上我們享有任何漫長的和平的唯一時候是存在均勢的時候。正是在一國變得比它的潛在競爭者無限強大時，戰

---

[21] 參見[美]沃倫・納特：《基辛格的總構想》，商務印書館，1976 年版，第 25 頁。

[22] Kissinger, *White House Years,* pp.68-69. 轉引自[美]約翰・加迪斯：《遏制戰略：戰後美國國家安全政策分析》，第 297 頁

[23] [美]阿諾德・沃爾弗斯：〈紛爭與協作——國際政治論集〉，世界知識出版社，2006 年 1 月第第 1 版，第 86 頁。

[24] 朱聽昌、李堯：〈基辛格的均勢理論及其在外交實踐中的運用〉，《國際政治研究》，2005 年第 1 期，第 41 頁。

[25] 朱聽昌、李堯：〈基辛格的均勢理論及其在外交實踐中的運用〉，《國際政治研究》，2005 年第 1 期，第 42 頁。

[26] [美]亨利・基辛格：《動亂年代》(中譯本，第 1 冊)，世界知識出版社，1983 年版，第 471 頁。

[27] [美]亨利・基辛格：《動亂年代》(中譯本，第 1 冊)，第 86 頁。

[28] [美]亨利・基辛格：《大外交》，海南出版社，1998 年 1 月版，第 681 頁。

爭的危險就興起……我認為，如果我們有較為強大的和健康的美國、歐洲、蘇聯、中國和日本，互相制衡而非利用一個反對另一個，即構成一種均衡，那麼世界就將是一個更為安全、更為美好的世界。」[29]尼克森上臺後，雖然美國在美蘇對抗中並不處於劣勢，但是美國已經喪失了戰後 1/4 世紀所具有的對蘇戰略優勢，而且對美國不利的美蘇戰略對抗態勢的發展趨勢將使美國在美蘇全球爭奪中處於劣勢。因此，尼克森當局依據基辛格的均勢外交思想（即兩極控制之下的多極均勢既穩定又不僵化），推行兩極之下的多極均勢外交，實施「均勢」戰略，力圖在對美國不利的國際形勢下維護美國的全球首要大國地位，謀求美國的全球戰略利益，實現美蘇關係的緩和與世界和平。1972 年，尼克森在向國會提交的國情咨文中正式把「均勢」戰略作為美國的基本對外戰略。因此，西方媒體稱「尼克森和基辛格是在用同樣的語言講話」,「均勢是理解尼克森和基辛格的關鍵」。[30]

為了實現「均勢」戰略目標，尼克森當局主要採取以下三種途徑：通過中美和解形成中美聯合抗蘇的戰略態勢；通過美蘇談判限制蘇聯戰略核力量的發展；通過改善與西歐國家的關係增強西方抗衡蘇聯的整體力量。這三種均勢戰略手段是尼克森當局採用的最重要的對外戰略手段。第一，經過約三年的相互試探和接觸，尼克森在 1972 年 2 月首次訪問中國時，中美共同發表了改變國際政治格局的《上海公報》，美國以此作為與蘇聯實現緩和的最重要籌碼，構築對美國有利的美蘇全球戰略均勢。聯華抗蘇和防止蘇聯打敗中國是尼克森當局「均勢」戰略的關鍵。基辛格說，「我們將不惜一切代價維持世界均勢。……因此，不希望並且不准許蘇聯摧毀中國，這是與我們自己的利益一致的……即對中國的進攻，就是對美國根本利益的進攻。這是我們精心制訂的政策。」[31]第二，1972 年 5 月，尼克森在首次以總統身份訪問

---

[29] *Time,* XCIX (January 3, 1972), 15. 轉引自[美]約翰・加迪斯：《遏制戰略：戰後美國國家安全政策分析》，第 296 頁。

[30] 轉引自倪世雄等著：《當代西方國際關係理論》，第 286 頁。

[31] [美]亨利・基辛格：《動亂年代》（第 1 冊），第 214 頁。

蘇聯時與蘇聯領導人簽訂了經過兩年半談判而達成的《關於限制進攻性戰略武器的某些措施的臨時協定》，一定程度上限制了蘇聯戰略核武器的快速增加，並為美蘇限制戰略武器的第二階段談判鋪平了道路。第三，為了顯示美國對美歐關係的高度重視，尼克森上臺後不久就出訪歐洲。美國試圖通過加強與西歐盟國的協商、對話和支持西歐的統一與重申對盟國的義務，把東西歐之間的緩和納入美蘇緩和的軌道，以共同遏制蘇聯的對外擴張和保持東西方之間的戰略均勢。

但是，對美國外交戰略來說，維護均勢本身並不是最終目的，而是避免美蘇戰爭、維護現實和平和保證美國國家安全的重要途徑。

## （二）「緩和」戰略

緩和通常是緊張的對立面，但是就尼克森當局的對蘇對華政策和在此影響下的美蘇關係狀態而言，緩和並非指沒有緊張，而是指敵對關係和緊張狀態的緩解或和緩。緩和並非取代了遏制或消除了冷戰，而是意味著通過談判實施「軟遏制」，而不是繼續通過對抗實施「硬遏制」。緩和也不是美國為了利益而放棄原則。基辛格說：「我們不是放棄意識形態鬥爭，而是試著將意識形態鬥爭融入國家利益的概念中，使其理性化。……緩和不能解釋成一種友誼，而是重新限定對手之間的關係，即新形式下的一種遏制方式。」[32]美蘇雙方都毫不隱諱自己的觀點：「緩和並不意味著美蘇在第三世界競爭的終結，它只意味著美蘇共同同意此等競爭不會被允許升級到危險境地。」[33]美方還希望通過緩和把美蘇對抗變成美蘇和解與合作。基辛格曾謹慎地說：「緩和促進這麼一種環境：競爭者在其中可以調整並抑制它們的分歧，並且最終從對抗走向合作。」[34]「在尼克森當局看來，緩和並非結束冷戰或

32　轉引自[美]郝雨凡：《美國對華政策內幕》，臺海出版社，1998年版，第72頁。

33　[美]約翰・加迪斯：《遏制戰略：戰後美國國家安全政策分析》，第329頁。

34　轉引自[美]約翰・加迪斯：《遏制戰略：戰後美國國家安全政策分析》，第328頁。

結束美蘇敵對狀態，而只是意味著在相互敵對的總環境和背景下，同蘇聯以及中國保持有限的合作。」[35]尼克森認為，緩和是利益不同的國家間的協議，它並不意味著美蘇在所有問題上都達成協定，而是意味著：雖然美蘇在大多數問題上存在分歧，但是雙方想就一些問題達成協議，不想為任何問題而打仗。[36]基辛格所謂的緩和是指「在我們同蘇聯的關係中制定出基本準則和雙方一致同意的限制，以便減少發生任何一方都可能被捲入的核戰爭和國際衝突的危險的一種嘗試。」[37]可見，尼克森當局所使用的「緩和」一詞指的是通過在各個問題領域中建立規範，從而使美蘇間的相互依賴進一步擴大。[38]換言之，雖然「在經典外交中，緩和這個術語指的是緊張關係的鬆弛過程，然而尼克森及其國家安全事務助理亨利・A・基辛格的用法有一種更廣泛的含義：它不僅涉及緊張關係的鬆弛，而且與先前的敵手和解，以期最終造就一個新的國際體系。」[39]

作為尼克森當局對外戰略的重要組成部分，「緩和」戰略謀求的是，通過承認蘇聯的戰略平等地位、合法利益和進行以此為基礎上的美蘇有限合作，實現美蘇全球對抗局面的緩解，從而維護美國的安全利益和超級大國地位。具體地講，「緩和」戰略的目標包括以下幾個方面：建立一種新的國際「和平結構」；防止核戰爭；促使蘇聯接受「侵略受懲罰、克制受獎勵」的國際行為規範；遏制蘇聯的擴張；擺脫越南戰爭泥坑；促使蘇聯社會演變；分化蘇聯東歐集團；與蘇聯合作解決世界面臨的一系列共同問題。[40]總之，「美國要有意識選擇緩和作為自己的戰略，用緩和戰略來處理超級大國之間的敵對關係。也就是要

---

35 潘銳：《冷戰後的美國外交政策：從老布希到小布希》，時事出版社，2004年12月版，第10頁。

36 [美]理查德・尼克森：《1999不戰而勝》，第47頁。

37 李義虎：《基辛格：超級智者》，學苑出版社，1995年版，第309頁。

38 [美]丹・考德威爾：《論美蘇關係：1947年至尼克森、基辛格時期》，世界知識出版社，1984年版，第7頁。

39 [美]戈登・克雷格、亞力山大・喬治：《武力與治國方略》，第168頁。

40 參見劉金質：《冷戰史》（中冊），第667～669頁。

改變過去那種到處插手，導致冷戰對峙和危機迭起的代價高昂的政策，在和緩一些的程度上，以較小代價謀求保護美國的利益。」[41]

為了實現緩和的目標，尼克森當局確立了實施「緩和」戰略的如下基本原則：堅持美蘇談判；堅持履行美國對自由所承擔的責任；強化聯盟關係；堅持有效核威懾；把美蘇關係當作建設性的非「零和」關係。基辛格把這些原則概括為兩個支柱，一是抵制蘇聯的擴張主義，二是願意就具體問題與蘇聯談判。[42]這是因為，只有堅持美蘇談判，美蘇關係和國際局勢才能緩和；只有堅持保衛自由的承諾，美國才能繼續發揮榜樣作用，才能維持其世界領袖的信譽和超級大國地位；只有強化西方聯盟關係，才能有力地面對蘇聯的擴張，決不能使美蘇緩和削弱西方的聯盟關係；只有以強大的軍事力量特別是核威懾為後盾，才能使蘇聯約束自己的國際行為，決不能因為追求美蘇緩和而降低核威懾和必要時使用核威懾的堅定決心；只有認識到美蘇關係不完全是「零和」關係，才能在美蘇有共同利益的問題上進行合作，實現美蘇關係的緩和。

實現美蘇緩和的途徑主要是通過美蘇關於戰略武器的談判、美蘇首腦會晤和巧妙利用中蘇矛盾。由於美蘇在 20 世紀 70 年代初期處於戰略均勢，雙方都想利用談判謀求現實安全利益和樹立愛好和平的國際形象，因此談判自然成為美國實現緩和目標的主要途徑。尼克森當局希望通過美蘇間公平的長期協議實現以較少量的戰略武器達到較大程度的戰略穩定之目的。即使談判不能取得進展，談判本身也能製造緩和氣氛和表明美國對緩和與和平的追求。但是，美國不僅是有原則地與蘇聯談（在談判的同時堅決抵制蘇聯的擴張，把蘇聯的國際行為與美蘇緩和聯繫起來，即實施所謂「聯繫」原則。因為「基辛格相信，如果談判被允許在各個分開的領域分割進行，在一個領域的進展不受在另一個領域的困難的影響，那麼修正蘇聯行為方式的嘗試就不能成

---

41 [美] J・斯帕尼爾：《第二次世界大戰後美國的外交政策》，第 240 頁。
42 參見劉金質：《冷戰史》（中冊），第 669～671 頁。

功。」[43]），而且善於利用中美關係的改善促進美蘇談判，實現美蘇緩和。早在 1968 年美國總統選舉時，基辛格就這樣告訴共和黨侯選人之一納爾遜・洛克菲勒：「要學會有想像力地與幾個互相競爭的共產黨權勢中心打交道……在華盛頓、北京和莫斯科之間微妙的三角關係中，隨著我們增大與它們兩者關係的選擇餘地，我們就可以增進與其中每個和解的可能性。」[44]利用中蘇矛盾實現中美緩和不僅是實現美蘇緩和的重要途徑，而且是美國不作出較多讓步就能實現美蘇關係緩和的前提。基辛格認為，「如果我們同中蘇任何一方保持比它們彼此間更密切的關係，中蘇敵對便會最好地服務於我們的目的。」[45]基辛格頗為得意地說，「我們同北京及莫斯科都改進了關係，儘管它們兩家都希望我們的態度不要那麼模棱兩可——而我們也許正是由於這一點才取得成功。『重要的是我們善於同這兩個首都周旋，就可以繼續既乾茅臺酒又喝伏特加酒』。」[46]美國對中蘇矛盾的利用使美國在美蘇中戰略大三角中處於「左右逢源」的地位。一位美國記者這樣描述尼克森的美國與中蘇兩國的關係：「總統現在就像一個美麗的少女，有兩個熱烈的情人（中國和蘇聯）在向她求愛，這兩個人彼此瞭解，但是都無法確定在這個少女單獨同他的情敵在一起時會發生什麼事。」[47]

但是，緩和本身不是美國對蘇戰略的目標，而是實現「新和平」戰略目標的重要手段。「緩和的目的就是通過經常變換與混合使用胡蘿蔔和大棒（必要時），鼓勵莫斯科更加約束自己的行為。因此緩和是一種策略，是一種持久不懈的行動，直到美國人民『恢復勇氣』為

---

[43] [美]約翰・加迪斯：《遏制戰略：戰後美國國家安全政策分析》，第 307 頁
[44] 轉引自[美]約翰・加迪斯：《遏制戰略：戰後美國國家安全政策分析》，第 310 頁。
[45] 轉引自[美]約翰・加迪斯：《遏制戰略：戰後美國國家安全政策分析》，第 311 頁
[46] [美]亨利・基辛格：《動亂年代》（第 1 冊），第 90 頁。
[47] New York Times, Feb. 21, 1972.轉自潘銳：《冷戰後的美國外交政策：從老布希到小布希》，第 11 頁。

止。」[48]「尼克森開始謀求同蘇聯和中國建立聯繫，搞所謂的「緩和」，目標不是同它們作朋友，而僅僅是為了在一個相對穩定的世界裏保證美國的權力。」[49]

## （三）「現實威懾」戰略

按照《辭海》的解釋，威懾指「以聲勢和威力相懾服」。基辛格認為，「威懾就是設法向對方提出危險性。這種危險性將使對方認為與其所要獲得的任何利益不成比例，因而使對方不致採取某種行動途徑。」[50]「核威懾」戰略是二戰後美國全球霸權戰略的重要支柱，但是隨著 60 年代後期美國霸權的衰落、蘇聯戰略核力量的增長和美蘇「相互確保摧毀」態勢的形成，美國實施了 1/4 世紀的「絕對威懾」戰略既缺乏絕對優勢國力的支撐，也不利於美蘇關係的緩和與世界和平。於是，尼克森當局面對美蘇的力量均勢和可以「相互確保摧毀」的嚴峻現實，以「相對威懾」取代「絕對威懾」，實施「現實威懾」戰略。所謂「現實威懾」戰略，就是以足以摧毀蘇聯的最小核力量來懾止蘇聯對美國及其盟國的可能核攻擊，從而對蘇聯構成現實的戰略威懾，即只需要擁有足以摧毀蘇聯的有限核反擊力量，並不一定要與蘇聯保持核力量均勢，或者把美蘇核均勢凍結在 70 年代初期的水平上，不謀求核優勢。換言之，該戰略的目的是以較低的代價遏制蘇聯的全面進攻。核時代的威懾，即核威懾，只能成功，決不許失敗。

當然，與其他威懾一樣，「現實威懾」戰略要取得成功，還必須有心理戰和一定的戰略模糊性相配合，還有賴於「雙方具有同一的忍受損害程度的界定」[51]。一方面，基辛格認為：「威懾首先存在於人們的

---

48　[美]J・斯帕尼爾：《第二次世界大戰後美國的外交政策》，第 418 頁。

49　[美]大衛・斯泰格沃德：《六十年代與現代美國的終結》，第 131 頁。

50　[美]亨利・基辛格：《核武器與對外政策》，世界知識出版社，1959 年版，第 93 頁。

51　巨永明：《核時代的現實主義——基辛格外交思想研究》，中國社會科學出版社，2005 年 8 月版，第 100 頁。

思想中」，[52]「威懾有賴於心理上的標準」，[53]它是力量和意志以及雙方對使用力量和意志的估計的綜合較量，這三者缺乏一項，威懾就不會起作用。[54]換言之，威懾有效性是力量、使用力量的決心以及對手對這二者感知的乘積。[55]因此，美國要設法使蘇聯相信其堅定的核反擊決心（即使美國的決心實際上是虛張聲勢），因為，「如果威脅進行報復是可信的，那麼即使其中一方用於報復的核力量要少於對方，只要它的核力量中有足夠的部分被認為是能夠躲避第一次核打擊，並能夠給進攻者帶來無法忍受的損失，即足以構成威懾。」[56]另一方面，美國又要使蘇聯感到美國的威脅有些模糊。基辛格認為，「被認真看待的虛張聲勢比被當作虛張聲勢的認真威脅更有用」，「對美國意圖的把握不確定可以使蘇聯人更願意談判」。[57]而且，只有雙方對難以忍受的虛擬損害達成共識，威懾才能奏效。[58]基辛格認為：「威懾可能單純由於雙方對什麼構成難以忍受的損害有不同的看法而不起作用。或者用另一種方法來說明，如果侵略者準備為勝利付出防衛者認為太高的代價的話，威懾就將不起作用。」[59]

「現實威懾」戰略的主要內容包括三個方面。首先，在戰略核力量方面以「充足」論取代「優勢」論。尼克森剛上臺就明確表示，美國的目標是擁有充足的軍事力量，甚至認為「充足」是比「優勢」或「均勢」更好的概念。[60]根據「充足」論，美國不再增加戰略導彈的

---

52 [美]亨利・基辛格：《美國對外政策》，上海人民出版社，1972 年版，第 5 頁。

53 [美]亨利・基辛格：《美國對外政策》，第 44 頁。

54 [美]亨利・基辛格：《選擇的必要：美國外交政策的前景》，商務印書館，1973 年版，第 19 頁。參見巨永明：《核時代的現實主義——基辛格外交思想研究》，第 99 頁。

55 [美]詹姆斯・多爾蒂、小羅伯特・普法爾茨格拉夫：《爭論中的國際關係》第五版，世界知識出版社，2003 年版，第 379 頁。

56 [美]阿諾德・沃爾弗斯：《紛爭與協作——國際政治論集》，第 116 頁。

57 [美]約翰・加迪斯：《遏制戰略：戰後美國國家安全政策分析》，第 314 頁。

58 巨永明：《核時代的現實主義——基辛格外交思想研究》，第 100 頁。

59 [美]亨利・基辛格：《選擇的必要：美國外交政策的前景》，第 24 頁。轉引自巨永明：《核時代的現實主義——基辛格外交思想研究》，第 100 頁。

60 [美]《新聞週刊》文章：《多少軍備才算充足？》，1969 年 2 月 10 日，第 9 頁。

數量，不在數量上與蘇聯競爭，而是著力於質量的提高和技術的改進。其次，收縮常規力量，特別是收縮在亞洲的常規軍事力量，把「兩個半戰爭」戰略收縮為「一個半戰爭」戰略。由於美國不打算繼續以中國為敵，而且力圖儘快從越南撤軍，因此尼克森當局決定集中有限的常規軍事力量對付蘇聯。尼克森在 1970 年的美國對外政策報告中稱：「在把戰略方針和軍事力量協調起來的努力中，我們選擇了可以最適合地稱為『一個半戰爭』的戰略。根據這一戰略，我們在和平時期維持的一般任務部隊，將足以對付在歐洲和亞洲發生的一次共產黨大規模進攻，又援助亞洲盟友抵禦不是來自中國的威脅，並對付其他地方的一場緊急事態。」[61]第三，在西方聯盟的共同防禦中實行分級責任制，即以美國的戰略核力量遏制蘇聯可能發動的核大戰，以美國承擔主要責任和英國這樣的核國家承擔次要責任的方式遏制地區核戰爭，美國與盟國共同對付地區常規戰爭，美國援助盟國對付次地區性常規戰爭。

總之，「現實威懾」戰略的實施標誌著二戰後美國軍事戰略的又一次重大變化，其核心是以充足的戰略核力量和有效的第二次核打擊防止核戰爭，以盟國的協作對付地區性威脅，其直接目標是通過削減常規部隊和在亞洲的駐軍以擺脫軍事擴張過度、負擔過重因而陷入全球戰略被動的困境。

## 二、「新和平」戰略的政策措施

### （一）儘快體面地結束越南戰爭

由於越戰是導致美國霸權衰落和陷入全球戰略被動的最主要直接因素，因此，對於立志要對美國全球戰略進行重大調整以挽救美國霸

---

61　《美國總統公開檔集：理查德·尼克森，1970 年》，美國政府出版局，1972 年，第 177 頁。

權的尼克森當局而言，擺脫越戰泥淖是當務之急和重中之重，而如何體面地儘快結束越戰是最大的難題。如果說當初美國武力介入印度支那這不慎一著導致美國全球戰略滿盤被動，那麼現在美國只有走出結束越戰這關鍵的一著，其全球戰略棋局才可能滿盤變活。尼克森在上臺之前就多次表示美國必須儘快從越南脫身，必須認識到美國的世界警察作用的有限性。他在 1968 年的競選總統時公開表示，美國已經到了必須重新評估其在世界上的作用和責任的時候了。[62]因此，越南問題處於尼克森當局議事日程的首位。尼克森一上臺，美國就於 1969 年 1 月 25 日在巴黎與越南有關三方舉行會談。但是，尼克森當局認為，美國只能體面地撤出越南，不能撤的過快，尤其是不能敗退，以免進一步嚴重損害美國的國際信譽和國際地位。基辛格承認，美國即使在越南戰爭中取勝也毫無意義，而失敗又是無法忍受的，美國只求在擺脫這場戰爭時保留一點面子。[63]為了儘快而又體面地擺脫越戰，尼克森當局採取邊談邊打、逐步撤軍與轟炸升級的軟硬兩手策略。一方面，美國祕密和公開地與打手談判；另一方面，它也沒有停止軍事行動。一方面，美國逐漸把越戰「美國化」轉變為「越南化」，以減輕國內的反戰壓力；另一方面，美國幾次把轟炸升級，以迫使對手在談判中讓步和平息國內強硬保守勢力的不滿。美國的軟硬兼施終於使越南有關各方於 1973 年 1 月 27 日與美國簽訂了《關於在越南結束戰爭、恢復和平的協定》。根據該協定，1975 年美軍全部撤出越南，長達 15 年的越戰正式結束。

### （二）與中國和解

政治上敵視中國、意識形態上攻擊中國、外交上孤立中國、軍事上包圍中國、經濟上封鎖中國的全面對華遏制政策，是冷戰前期美國亞洲政策的核心和對華政策的基調。但是，到尼克森 1969 年上臺之

---

[62] 〈尼克森言行錄〉，《美國新聞與世界報導》，1968 年 7 月 15 日，第 52 頁。

[63] [法]馬・卡布林、伯那德・卡布林：《基辛格》，三聯書店，1974 年版，第 457 頁。轉引自劉金質《冷戰史》，第 659 頁。

際，美國的這一亞洲政策已經難以為繼，因為中國的國際影響沒有因美國的遏制而縮小，反而逐漸增大，尤其是美國在主要針對中國的朝鮮戰爭和越南戰爭中都遭受挫折，且深陷越戰泥淖，以致在與蘇聯的全球爭霸中陷入了戰略被動。因此，擺脫越戰和調整其亞洲戰略從而扭轉其全球戰略被動，對美國來說已是勢在必行；而改變對華敵視政策不僅對美國結束越戰十分必要，而且對緩和美蘇關係非常有利。早在 1967 年，尼克森就認為：「我們根本經不起讓中國永久置身於國際大家庭之外，孤處一隅地滋長它的幻想、加劇它的仇恨和威脅它的鄰國。」[64]尼克森在其第一篇對外政策報告中斷定：「沒有這個擁有 7 億多人民的國家的貢獻，任何穩定和經久的國際秩序都是不可想像的。」[65]基辛格在反駁那些反對改善中美關係的人時說，「正如我對尼克森說的那樣，『這些人不瞭解，我們不到中國，也就去不了莫斯科』。」[66]而且，中蘇關係的徹底破裂以至兵戎相見，不僅為美國聯華制蘇提供了大好時機，而且要求美國極力制止蘇聯對中國的大規模軍事進攻，因為如果中國被蘇聯打敗，世界戰略均勢將被打破，從而將危害美國的根本利益。基辛格敏銳地意識到：「烏蘇里江衝突使一切朦朧不清消失，國際關係結構清楚起來；」「蘇聯對中國的全面入侵不僅會破壞地緣政治，而且也會打破世界的心理平衡。」[67]於是，尼克森一上臺就開始不斷試探與中國和解的途徑，儘管口頭上仍然稱中國是美國的主要威脅。經過法國、巴基斯坦和羅馬尼亞的「牽線搭橋」和基辛格在 1971 年的兩次訪華，美國終於在 1972 年實現了與中國的歷史性和解。中美《上海公報》以模糊的措辭回避了中國堅持的「一個中國」原則，淡化了雙方在臺灣問題上的根本分歧，並開始形成聯合制蘇的準聯盟。

---

[64] [美]約翰・加迪斯：《遏制戰略：戰後美國國家安全政策分析》，第 310 頁。

[65] Richard M. Nixon，*First Annual Report to the Congress on U.S Foreign Policy for the 1970's*, February 18. 1970. 轉引自[美]約翰・加迪斯：《遏制戰略：戰後美國國家安全政策分析》，第 298 頁。

[66] [美]亨利・基辛格：《白宮歲月》（第 3 冊），第 189 頁。

[67] 李義虎：《基辛格：超級智者》，第 256 頁。

## （三）與蘇聯緩和

尼克森在上臺之前就主張美蘇關係應該由對抗轉向對話與緩和。尼克森當局把與蘇聯緩和作為對外政策的重點之一。基辛格把他的所謂「聯環套」思想作為對蘇緩和外交的一個原則。「所謂聯環套思想，就是通過緩和約束蘇聯的行為，軍備控制的協定要同蘇聯在越南、中東和東歐問題上的所作所為，甚至同雙邊貿易關係掛鈎，以求得一攬子解決的效果，並在把蘇聯拉入一個盤根錯節的關係網絡後套住它。」[68]

美國對蘇緩和政策主要表現在密切相連的三個方面。第一，通過美蘇關於戰略武器的談判緩和美蘇緊張關係，減緩美蘇核軍備競賽的步伐和降低核戰爭的可能性。在經過大半年的相互試探和討價還價後，美蘇關於戰略武器的第一階段談判於 1969 年 11 月在赫爾辛基正式開始，並在 1972 年 5 月簽署協定，把雙方的戰略核導彈的數量限定為美國 1,710 枚（其中陸基戰略導彈 1,054 枚）、蘇聯 2,358 枚（其中陸基戰略導彈 1,618 枚），為此後 5 年美蘇戰略核導彈數量設置了上限，並把反導系統數量限制為雙方各兩套，從而一定程度上限制了蘇聯快速發展的戰略力量，使美蘇戰略力量基本保持均衡。隨後美蘇開始了限制戰略武器的第二階段談判。顯然，美蘇限制戰略武器談判是美蘇緩和的象徵，談判所產生的協定是實現美蘇緩和的關鍵。第二，通過美蘇首腦互訪和簽訂一系列條約，營造和維持美蘇緩和氣氛，並促進限制戰略武器談判的繼續。1972 年 5 月，尼克森正式訪問蘇聯時，美蘇簽訂《關於限制進攻性戰略武器的某些措施的臨時協定》、《美蘇關於反彈道導彈系統條約》和《美蘇相互關係基本原則》等 9 個條約。1973 年 6 月，勃涅爾列夫回訪美國，美蘇簽訂了《美蘇關於防止核戰爭的協定》等 13 個法律文件。1974 年 6 月，尼克森再次訪蘇，美蘇同意把各方的反導系統從兩套減少到一套和禁止 15 萬噸級以上的地下核子試驗。儘管這次美蘇沒有在限制進攻性戰略武器的問題上取得

---

[68] 巨永明：《核時代的現實主義——基辛格外交思想研究》，第 182 頁。

進展，但首腦會晤有利於美蘇緩和的持續。第三，把西歐與蘇聯的緩和納入美蘇緩和的軌道。由於美國對 60 年代末期開始的西歐與蘇聯的緩和以及東西歐關係的緩和感到擔憂，因而設法主導西方與蘇東集團的緩和。美國對蘇聯召開歐洲安全與合作會議的倡議作出積極反應，於是從 1973 年 7 月初到 1975 年 8 月初，該會議分三階段在赫爾辛基召開。會議產生的《歐洲安全與合作會議最後文件》標誌著以美蘇緩和為核心的東西方之間的緩和達到高潮。

### （四）改善與盟國的關係

尼克森上臺之際，美國與西歐、日本的關係因力量對比的變化和經濟摩擦的增多而惡化，從而不利於美國霸權的維持。因此，尼克森當局盡力改善與盟國的關係，以增強西方的整體實力，從而維持美蘇均勢和實現美蘇緩和。尼克森強調指出：「保持自由世界同盟的力量、團結和堅定性是我們在世界上爭取和平與安全的一切其他活動的基礎。在我們謀求同昔日的敵人改變關係的時候，我們決不做任何對不起我們在世界上的朋友和盟友的事。」[69]為了改善美歐關係，尼克森上臺伊始就出訪歐洲，強調北約在美國對外戰略中的核心地位。1973 年 2 月，尼克森稱 1973 年是「歐洲年」，表示要盡力改善與歐洲盟國的關係。同年 4 月，基辛格就「歐洲年」發表重要講話，建議美歐加強協調、分擔防務負擔、相互尊重彼此利益、共同參與東西方的緩和。基辛格呼籲制定新大西洋憲章，「讓那些使聯盟分裂的外交、軍事和經濟上的芥蒂，都服從於保衛西方民主價值這一更大的共同目標。」[70]1974 年 6 月，北約布魯塞爾首腦會議通過了美國極力倡導的《大西洋關係宣言》，聲稱美歐聯盟的共同目標仍然是防止任何一個成員受到外來威脅。尼克森當局還通過繼續向日本提供安全保障和把沖繩歸還日本的方式改善美日關係。

---

[69] [美]亨利・基辛格：《白宮歲月》（第 4 冊），第 259 頁。

[70] [美] J・斯帕尼爾：《第二次世界大戰後美國的外交政策》，第 280～281 頁。

### （五）擴大美國在中東的影響

20 世紀 70 年代以前，美國全力支持以色列，以發揮對中東地區的影響，但是這使美國處於阿拉伯世界的對立面，反而不利於美國擴大在中東地區的影響。從 70 年代初開始，美國利用埃及新總統薩達特對蘇聯謀求與美國緩和的不滿，通過援助拉攏埃及，以此改善與阿拉伯世界的關係。在 1973 年 10 月爆發的第四次中東戰爭中，美國一方面支持以色列，另一方面促成了雙方停火，從而成為阿以衝突中的主要調停者和唯一仲裁者，而蘇聯則被排斥在中東和平努力之外，其在中東的影響受到削弱。隨後展開的基辛格「穿梭外交」促成了埃及、約旦與以色列在日內瓦的首次政治談判，並使埃及、敘利亞分別於 1974 年 1 月和 5 月與以色列達成了兩軍脫離接觸的協定，從而擴大了其在中東的影響，有效地遏制了蘇聯向中東的擴張，為以後福特當局促成埃以關於西奈半島的協定和卡特當局促成埃以和平協定奠定了基礎。

## 第四節　「新和平」戰略的影響與評價

### 一、「新和平」戰略的積極影響

「新和平」戰略是尼克森當局以實力為後盾、以美蘇緩和為主要途徑、以「均勢和平」和扭轉美國全球戰略被動為直接目的、以避免美蘇大戰和維護美國霸權為根本目標的對外戰略。在基辛格執掌美國外交大權的時期，「新和平」戰略的目標基本實現了，美國對外戰略實現了從被動到主動的轉變，有人甚至認為「很少有一個國家實現過比這更引人注目或更迅速的從失敗到支配的轉變。」[71]具體而言，「新和

[71] [美]約翰・加迪斯：《遏制戰略：戰後美國國家安全政策分析》，第 356 頁。

平」戰略的實施對美國的對外關係和國際局勢產生了如下相互關聯的四大積極影響：

### 1. 美國擺脫了全球戰略被動

結束越戰既使美國擺脫了全球戰略被動，從而有利於遏制蘇聯擴張、維持美蘇戰略均勢和美國的西方霸主地位，又有利於中美和解、美蘇緩和與美歐關係的改善，還緩和了很大程度上由越戰導致或激化的美國國內矛盾。

### 2. 美蘇中戰略大三角形成

美國與中國和解不僅使美國成功地在亞洲實現了戰略收縮和擺脫了越戰泥淖，而且使美國利用「中國牌」緩和了美蘇關係，從而有利於維持美蘇均勢和牽制中國，不僅促進了世界多極化趨勢，而且促成了美蘇中大三角關係的形成，並使美國在其中處於最有利地位，因為美國與中國、蘇聯的關係明顯好於中蘇關係。基辛格說，「讓這兩個共產黨國家競相與我們搞好關係這只能對和平有利；這正是三角戰略的真義所在。」[72]

### 3. 國際緊張局勢大為緩和

美蘇關係的緩和不僅有利於結束越戰和改善美歐關係，從而幫助維持美蘇均勢，而且有利於避免美蘇直接衝突和維護世界和平與穩定，從而使國際局勢顯著緩和。

### 4. 意識形態在美國對外政策和國際關係中的影響下降

尼克森當局不以意識形態作為美國外交的指導原則，使美國外交一定程度上回歸美國立國初的以現實國家利益為基本依據的現實主義傳統，使國際關係逐漸回到以國家利益為根本依據的理性狀態。因此，

---

[72] [美]亨利・基辛格：《白宮歲月》（第3冊），第137頁。

意識形態在美國對外政策和國際關係中的影響顯著下降，這在冷戰時期是第一次，也是唯一的一次。

「新和平」戰略之所以對美國外交和整個國際局勢產生這些重大積極影響，除了尼克森當局超越意識形態的審時度勢的現實主義外交政策和基辛格辨證靈活而具有強烈整體性的外交哲學這兩個主觀因素起了重要作用外，主要是因為以下三個方面的客觀因素。

### 1. 美蘇力量的對比處於大致均衡狀態

在尼克森執政時期，雖然就整體國力而言美國對蘇聯略佔優勢，特別是美蘇經濟實力差距還比較明顯，但是，美國經濟已經陷入了滯脹狀態，而蘇聯經濟仍以較高的速度增長，而且美蘇軍事力量的競爭態勢開始向不利於美國的方向發展。因此，美蘇已經進入了戰略均勢狀態。美國對蘇戰略優勢的喪失和其全球戰略的被動，迫使美國調整其全球戰略和改變導致其全球戰略被動的長期的全球干預政策和對蘇對華的全面遏制政策，放棄以意識形態劃線的對外政策，從而有利於東西方冷戰的降溫和國際緊張局勢的緩和。按照均勢理論，國際力量結構的均衡有利於實現國際穩定與和平。因此，美國霸權的衰落和美蘇戰略均勢的形成雖然對美國全球霸權戰略不利，但是對國際和平與穩定有利。

### 2. 蘇聯推行與西方和平共處的緩和戰略

從 1969 年開始，蘇聯再次高舉「和平」大旗，倡導與西方和平共處，推行對外緩和戰略，如倡議舉行美蘇首腦會晤和召開歐洲安全與合作會議，接受美國提出的關於限制戰略武器談判的倡議。1971 年召開的蘇共 24 大正式把「和平」確立為蘇聯對外戰略的綱領。蘇聯推行緩和戰略的目的是：改善因入侵捷克斯洛伐克而嚴重受損的國際形象；全面緩和歐洲局勢以獲得西方對戰後歐洲邊界的正式承認；取得美國對美蘇是平起平坐的超級大國的承認；在加強對華威懾時取得美國的合作與諒解；在「緩和」旗號的掩護下向外擴張。雖然美蘇各自的對外戰略目標從根本上講是衝突的，但是蘇聯的緩和戰略在表面上與尼克森當局的「和平」戰略不僅不衝突，而且有不少相同追求，客觀上有利於「新和平」戰略的實施。

### 3. 中蘇分裂和世界格局多極化趨勢的形成

在中蘇分裂和發生武裝衝突之後，美國充分利用中蘇矛盾實現了與中國的和解，並以此促進美蘇關係的緩和，而蘇聯要緩解中美和解對它造成的壓力和把中國作為主要威脅對象，就只有與美國緩和關係。與此同時，歐洲和日本的崛起以及作為一個整體的第三世界的壯大，使美國在西方和廣大中間地帶的影響力下降，從而迫使美國順應多極化趨勢，發展與盟國的平等夥伴關係，改善在第三世界的形象。總之，中蘇分裂和世界格局多極化趨勢的形成既是美國把咄咄逼人的全球「遏制」戰略轉變為「新和平」戰略的客觀依據，客觀上也有利於「和平」戰略目標的實現。

## 二、「新和平」戰略的局限性

但是，「新和平」戰略的積極影響是有限的，美國的戰略目標並沒有全部實現。這主要表現在兩個方面。

### 1. 蘇聯對外擴張沒有被真正遏止

美蘇關係緩和雖然使東西方冷戰明顯降溫，但是實際上又為蘇聯的擴張提供了某種掩護，因此美國並沒有真正達到遏制蘇聯擴張的戰略目標。尼克森和福特執政時期，一方面，國際局勢因美蘇緩和而總體趨緩，另一方面，美蘇在中東、南亞、中美洲和非洲等地區的爭奪使這些地區的形勢高度緊張。蘇聯並沒有因美蘇關係緩和而放慢擴軍步伐，以致它不僅在數量上繼續領先而且在質量上接近美國。

### 2. 西方國家內部凝聚力沒有得到真正加強

雖然美國採取了一些改善與歐洲、日本等盟國關係的措施，但是美國為了自己的利益仍不惜損害盟國的利益(如 1971 年 8 月單方面宣佈實施「新經濟政策」)和在採取重大外交行動之前不與盟國協商（如 1971 年 7 月宣佈新的對華政策而對日本造成「尼克森衝擊」)。因此，西方國家內部凝聚力下降的趨勢並沒有得到根本遏制。歐洲、日本不僅在經濟貿易領域與美國的矛盾激化，而且在外交、安全領域對美國的獨立性不斷增強。

「新和平」戰略的積極影響的有限性主要是兩個因素決定的。

### 1. 70 年代美蘇國力發展的相反趨勢

雖然美蘇國力在 60、70 年代之交處於均衡狀態，但是兩國國力的發展趨勢相反，美國繼續相對衰落，蘇聯則向優勢發展。美蘇國力發展趨勢的不同決定了兩國對外戰略目標的根本不同。蘇聯戰略目標是取得對美國的戰略優勢，而美國的戰略目標是維護美蘇戰略均勢。因此，蘇聯把與美國的緩和當作權宜之計，甚至以此作為對外擴張的掩護，從而使美國遏制蘇聯擴張、維持美蘇戰略均勢、緩和國際局勢的「新和平」戰略目標難以完全實現。

### 2. 美國全球霸權戰略

尼克森當局調整美國對外戰略的目的不是放棄戰後美國全球霸權戰略，而是以新的途徑和手段現實這一戰略的根本目標。因此，「新和平」戰略實際上是以美蘇戰略均勢和世界格局多極化趨勢為客觀背景的霸權護持戰略。基辛格說，「就尼克森而言，美國撤出越南的痛苦過程，就是如何維持美國的世界地位之問題。」[73]這就決定了美國不會放棄其西方霸主地位和與蘇聯爭霸全球的戰略目標，因而美國與其西方盟友的關係難以顯著改善，美蘇緩和也難以持續。

---

[73] [美]亨利・基辛格：《大外交》，第 680 頁。

## 三、「新和平」戰略的評價

「新和平」戰略對「遏制」戰略的重大調整主要體現在三個方面。第一，雖然「新和平」戰略的最高目標仍是實現美國對世界的領導，但是其現實目標不再是維持美國對蘇聯的戰略優勢，而是維護剛形成的美蘇力量均勢。第二，「新和平」戰略不再以美國政治意識形態為指導原則，不再搞意識形態劃線，而是以美國的現實國家利益為指南。這是尼克森主義與杜魯門主義的最大不同。第三，「新和平」戰略的實施途徑是「有限遏制」和「軟遏制」，不再是「全面遏制」和「硬遏制」。

受尼克森和基辛格的現實主義均勢外交思想的影響，美國追求的和平當然不是積極、持久的和平，而是以維持美國的西方霸權和美蘇戰略均勢為前提的「霸權和平」與「均勢和平」。因此，美國通過實施現實威懾和維護美蘇均勢追求世界和平，並以此改善與盟國的關係和維護其西方霸權。美國追求的美蘇緩和自然也不是與緊張根本對立的真正意義上的緩和，而是在美國霸權相對衰落的形勢下主要以談判和條約制約蘇聯國力上升和對外擴張的「軟遏制」。從語義上講，緩和是緊張的反面，但實際上的美蘇緩和只是意味著緊張關係的暫時緩解而不是消除。「緩和一詞常被認為是國際緊張局勢的緩解，而並不意味沒有緊張。」[74]換言之，美蘇緩和並不意味著美蘇冷戰的結束，而是指冷戰烈度的降低。緩和與冷戰並不是非此即彼的關係。「這兩種政治關係都是對峙與談判的混合。緩和與冷戰的區別就在於兩者的混合程度。」[75]總之，「美國並未放棄『遏制』，它只是使『遏制』變得更加靈活，採取了多樣的形式。70 年代，美蘇對抗的基本格局並未改變。緩和只是美蘇對抗的一種新形式。」[76]

---

[74] [美]J·斯帕尼爾：《第二次世界大戰後美國的外交政策》，第 288 頁。
[75] [美]J·斯帕尼爾：《第二次世界大戰後美國的外交政策》，第 288 頁。
[76] 資中主編：《戰後美國外交史——從杜魯門到雷根》（下冊），第 717 頁。

基辛格的外交有一個受到廣泛批評的特點，那就是過分重視外交權謀與祕密外交而忽視了美國外交重視原則和道德的傳統，甚至為了目的而不擇手段。的確，尼克森和基辛格的外交可謂美國外交史上的「異端」，它深受歐洲傳統現實主義均勢外交影響，與具有強烈道德色彩的美國外交傳統形成反差。然而，基辛格認為他的外交只是消除了情緒化的僵化的意識形態色彩，並沒有拋棄美國外交的原則與道德。他論辯說，「權勢政治並非與道德原則不相容……在能夠取得正義之前，某種依靠權勢操縱來實現的起碼秩序標準必不可少。」[77]他甚至認為，「美國不能只是為了維持力量均勢而在世界上繼續有目的地生存下去，除此之外，還要推廣美國的觀念與價值。」[78]他後來在回憶錄中說：「我信仰我移居的這個國家的道德意義。美國是自由國家中唯一強大得足以保證全球安全免遭暴政力量危害的國家。只有美國才既有力量、又有正義來鼓舞為自我、進步和尊嚴奮鬥的各國人民……如果我們現在放棄自己的國際責任，或屈從於自我厭憎，那麼沒有任何人前來拯救美國。」基辛格為其總體上相當成功的現實主義外交難以避免的所謂「道德缺陷」辯解，使他顯得言行不一。實際上，他的確說一套做一套。他的外交從理論到實踐是典型的現實主義，但他的說辭與辯解不乏理想主義色彩。他對理想主義外交的看法也是矛盾的。「他一方面批評美國的理想主義，一方面又認為美國的領導地位來源於美國的實力與價值觀。」[79]

綜合基辛格的外交言行，他的外交實際上是努力在美國的理想與它面臨的現實中尋找平衡。正如基辛格所說，「我們好象在走鋼絲：既要致力於和平又不能為謀求和平而擯棄一切其他原則，使我們從精神

---

77 [美]約翰・加迪斯：《遏制戰略：戰後美國國家安全政策分析》，第354～355頁。

78 Herry Kissinger, *Years of Upheaval,* Boston: Little Brown Company, 1982, p.242.

79 雷小華：〈基辛格的理想主義政治觀〉，《國際資料資訊》，2007年第1期，第33頁。

上解除武裝；既要保衛自由，又要表明：毫無節制的爭奪有可能導致一場核浩劫，從而使我們喪失一切，包括自由。」[80]因此，有人把基辛格的多次外交演講稱讚為「很可能代表了伍德羅・威爾遜以來調和權勢要求與理想要求的最為持續不斷的官方努力」。[81]可見，「尼克森和基辛格並非否定美國的傳統價值觀，他們只是認為美國的傳統價值觀固然重要，但不能轉化為解決現實問題的辦法。現實之舉應當以國家利益、地緣政治考慮和維持均勢為重。」[82]

[80] [美]亨利・基辛格：《白宮歲月》（第4冊），第260頁。
[81] [美]約翰・加迪斯：《遏制戰略：戰後美國國家安全政策分析》，第354頁。
[82] 呂磊：《美國的新保守主義》，江蘇人民出版社，2004年1月第1版，第121頁。

# 第九章　「世界秩序」戰略
## ——從「緩和」向「新冷戰」過渡

1976 年 11 月，美國民主黨候選人基米・卡特以較大優勢擊敗共和黨在任總統傑拉德・福特，當選美國第 39 任總統。卡特當局一方面繼續其前任的現實主義均勢外交，繼續聯華抗蘇，另一方面秉承民主黨的理想主義外交傳統，以人權外交突顯美國對外政策的道義原則和道德優勢。它一方面通過繼續美蘇關於第二階段限制戰略武器的談判，維持美蘇關係的緩和勢頭和美蘇戰略均勢，另一方面以人權為武器向蘇聯發起攻擊，以損害蘇聯的國際形象和改善美國的國際形象。卡特執政前半期的美國對外戰略以對蘇緩和為主，並重視發展與盟國及南方國家的關係，在其執政的後半期，美國通過與中國正式建交和出臺卡特主義，實施對蘇強硬政策。因此，卡特當局的全球戰略明顯具有從總體「緩和」向總體「新冷戰」過渡的特點。

## 第一節　「世界秩序」戰略的背景和原因

「世界秩序」戰略的出臺是以 70 年代中後期美國國力繼續相對下降和美蘇關係、美歐關係、美國與第三世界國家的關係都趨於惡化的不利形勢為背景的，也與民主黨的外交傳統和卡特本人的理想主義外交理念密切相關。

### 一、美國國力繼續相對衰落

雖然「新和平」戰略使美國擺脫了全球戰略被動，但是美國國力在 70 年代中期主要因美國經濟陷入滯脹和衰退而繼續相對衰落。美國經濟在世界經濟總量中的份額下降到21%左右。美國軍事力量的增長明顯慢於蘇聯軍事力量的增長，美蘇軍力的平衡繼續向不利於美國的方向發展。同時，「越南戰爭綜合症」繼續困擾著美國，大多數美國人對美國是否還具有道德優勢感到懷疑，對美國繼續充當世界領袖沒有信心，反對全面介入國際事務。因此，隨著美國霸權的相對衰落和多極化趨勢的發展，美國感到越來越難以繼續主要憑藉硬國力以強硬姿態介入全球事務和維持美國的領導地位，也難以繼續推行「大國均勢」戰略而不使美國的道德優勢和信譽受損。於是，通過突顯美國軟實力來增強美國的信心和重振美國的國際地位勢在必行。

## 二、美蘇關係緩和出現逆轉勢頭

雖然福特當局繼承了「新和平」戰略，繼續推行對蘇緩和政策，但是，由於兩國戰略的根本性矛盾，加上兩國內部強硬派的反對和阻撓，美蘇關係的緩和到 1976 年出現逆轉的勢頭。1976 年年初，基辛格在訪問莫斯科前後對蘇聯和古巴在安哥拉的武裝干涉進行強烈抨擊，認為那是與美蘇關係的緩和不相容的。與此同時，美蘇第二階段限制戰略武器談判也陷入僵局並最終歸於失敗。由美國保守勢力在 1976 年成立的當前危險委員會把蘇聯的擴張看成當時美國面臨的主要危險，堅決主張以實力抗衡蘇聯。福特對美蘇緩和的效果也感到很失望，以致他禁止行政官員繼續使用「緩和」一詞。美國副總統洛克菲勒甚至公開譴責蘇聯「謀求建立一個新的世界帝國」。[1]蘇聯也因對美蘇緩和產生懷疑而對美國轉趨強硬。蘇聯不僅對美蘇遲遲不能在第二階段限制戰略武器談判中達成協議感到失望，而且認為美國把蘇聯排除在中東和平進程之外違背了美蘇 1972 年達成的相互關係基本原則。蘇聯不僅對美國國會 1974 年 12 月通過的以蘇聯

---

1 Raymond L. Garthoff , *Detente and Confrontation* , The Brookings Institution ,Washington , D.C. ,1985 ,.p.550.

限制猶太人移居以色列為由限制美蘇貿易的傑克遜——瓦尼克修正案一直耿耿於懷，對美國不兌現在 1972 年的美蘇貿易協定中作出的給予蘇聯最惠國待遇的承諾感到強烈不滿，而且對美蘇緩和在意識形態領域給蘇東內部造成的消極影響保持高度警惕。作為美蘇緩和的主要反對力量，蘇聯軍方反對在限制戰略武器的談判中作更多的讓步。於是，勃涅爾列夫在 1976 年 2 月召開的蘇共 25 大上一改蘇共 24 大提出的緩和政策，不再強調緩和不可逆轉，指責美國對緩和不感興趣。

## 三、美國與歐、日的關係沒有改善

雖然尼克森當局把改善美國與歐洲、日本的關係作為「新和平」戰略的三大支柱之一，福特當局也強調美國與盟國關係的重要性，但是美國與歐洲、日本的矛盾依舊，西方陣營內部的凝聚力繼續下降。「兩次尼克森衝擊」對美日關係造成了消極影響，而美歐關係並沒有因為所謂「歐洲年」而顯著改善。在國力繼續相對衰落和東西歐關係緩和的形勢下，美國仍極力維護其西方霸主地位，以致美國不僅在經濟貿易領域與歐、日的摩擦加劇，而且在政治安全領域與歐、日的分歧加大。

## 四、大國均勢戰略損害了美國與第三世界國家的關係

在基辛格現實主義外交理論的指導下，兩屆共和黨當局都奉行典型的大國均勢外交，主要通過達成美蘇限制戰略武器條約和利用美蘇中大三角關係，實現和維護對美國有利的美蘇全球戰略均勢，而在很大程度上忽視了發展與第三世界國家的關係，以致南北關係更趨惡化，美國在第三世界的形象更差，影響進一步下降。

## 五、中美關係停滯不前

中美實現和解後，中美關係並沒有向完全正常化的方向繼續發展，而是逐漸陷入了停滯不前的狀態。這是因為：尼克森當局把與中國和解作為實現美蘇緩和的一種手段，在中蘇之間搞平衡，一旦美蘇關係變得緩和，美國推動中美關係繼續發展的動力就減弱；美國的反華親臺勢力和中國的極左派都反對發展中美關係；尼克森深陷「水門醜聞」且與國會關係很僵，其執政地位受到削弱直到被迫辭職，而中國處於領導層的交替階段，這些都影響了中美關係的繼續發展；先天弱勢的福特當局對蘇聯比較軟弱，擔心中美關係的發展會影響美蘇緩和。但是，中美關係的停滯不前對美國不利，而對蘇聯有利，從而減少了蘇聯在緩和的旗號下進一步對外擴張的阻力。

## 六、卡特虔誠的宗教信仰和自由主義外交理念

雖然卡特為了降低高通貨膨脹和預算赤字而在國內政策上顯得相當保守，但是他的對外政策具有濃厚的理想主義色彩。他認為，美國應該在外交中強調道義原則和顯示美國的道德力量，應該把人權原則作為美國外交的基本原則。他贊成與蘇聯緩和關係，但是反對基辛格的那種不顧道義、不講人權的無原則的緩和外交和均勢外交，這與他作為一個虔誠的基督教徒和溫和的南方民主黨人的身份分不開，與他對威爾遜主義的崇尚分不開。這是他力圖超越「遏制」戰略、大力推行人權外交和實施「世界秩序」戰略的思想基礎。他在首次關於國際事務的演說中宣稱超越的時候已經到來：超越「蘇聯擴張近乎必然但必須予以遏制」的信念，超越「對於共產主義的狂亂恐懼，那曾經導致我們擁抱任何同我們一樣持有這恐懼的獨裁者」，超越「採納我們對手的那些多有缺陷和錯誤的原則、有時放棄我們自己的價值觀而改用他們的價值觀」的傾向，超越由越戰產生並「由我們某些領導人祕而

不宣的失敗主義加劇了」的「信任危機」。「這是個新的世界，我們應當幫助塑造它。這是個新的世界，要求有一種新的美國對外政策——一種基於其價值始終莊重體面、基於我們的歷史眼界樂觀前瞻的政策。」[2]

## 第二節 「世界秩序」戰略及其政策措施

### 一、「世界秩序」戰略的界定

所謂「世界秩序」戰略，是指卡特執政時期美國的對外戰略，其含義是：在繼續推行緩和外交的同時，加強西方內部團結，改善美國與第三世界國家的關係，憑藉美國的道德優勢，大力推行人權外交，以建立以美國價值觀為指導的「世界秩序」。卡特上臺伊始就宣佈美國的對外戰略的根本目標是建立「世界秩序」，他在就職演說中宣稱：「美國當前最高尚最雄心勃勃的工作，莫過於建立一個公正、和平而又真正合乎人性的世界。」[3]卡特當局在對外戰略方面「四管齊下」，同時推行緩和外交、人權外交、「三邊外交」和「南方外交」。卡特當局認為，只有既維持美蘇關係的緩和，又使各國遵循人權原則，既建立和加強美歐日三邊聯盟關係，又改善南北關係，以美國的價值觀為基礎的由美國主導的「世界秩序」才能真正建立。因此，「世界秩序」戰略包括「緩和」戰略、「人權」戰略、「三邊主義」戰略和「南方」戰略這四個分戰略。

---

[2] *Public Papers of the Presidents: Jimmy Carter,* 1977, pp.956-957. 轉引自[美]約翰・加迪斯：《遏制戰略：戰後美國國家安全政策分析》，第 362 頁。

[3] 岳西寬、張衛星譯：《美國歷屆總統就職演說》，第 328 頁。

## （一）「緩和」戰略

「緩和」戰略是卡特主義出籠之前卡特當局對蘇戰略的兩大基本內容和特徵之一。卡特當局的「緩和」戰略與其前任的「緩和」戰略沒有根本的不同（儘管依據不同的外交理論），其根本目標也是在美國已經喪失對蘇戰略優勢的形勢下緩解美蘇的全球對抗，從而維護世界和平和美國的西方霸主地位。但是，卡特當局強調美蘇緩和是實現「世界秩序」這個戰略目標的一個不可缺少的重要途徑，而不是維護美蘇戰略均勢的主要手段。為了維護美蘇關係的緩和與世界和平，卡特當局主要不是通過極力維持美蘇戰略均勢，而是通過強調美蘇的共同利益大於利益衝突。卡特認為，美國對共產主義不必太擔心，美國應該盡力擴大與蘇聯的合作並努力縮小分歧，應該主要以政治、經濟等非軍事手段與蘇聯競爭。他甚至理想化地認為，為了人類的利益，堅持人道主義的美國必須謀求與蘇聯的廣泛合作。也就是說，與把美蘇緩和視為美蘇力量均勢的產物並以緩和維護均勢的基辛格現實主義外交不同，在以理想主義為基調的卡特外交中，美蘇緩和既是「世界秩序」戰略的重要手段，也是美國對外政策的目標，它不應該是美蘇力量均勢的產物，而應該是美蘇共同利益的表現。因此，卡特不顧布熱津斯基的反對，採納國務卿萬斯的主張，即拋棄基辛格的把美蘇限制戰略武器談判和美蘇緩和與蘇聯的國際行為掛鈎的「聯繫原則」，主張通過達成限制或削減美蘇戰略武器的條約促進美蘇更廣泛的和解以及遏制蘇聯的軍備擴張，通過給予蘇聯貿易最惠國待遇和發展美蘇貿易關係緩和美蘇關係，通過「以水滅火」而不是「以火滅火」的方式緩解美蘇在第三世界的爭奪。由於卡熱當局更強調美蘇基於共同利益的合作，其對蘇政策顯得既較靈活而又較軟弱。比如，美國對蘇聯在中南部非洲和非洲之角的軍事擴張沒有作出強硬的反應，美國在蘇聯繼續在第三世界擴張時仍堅持與蘇聯進行限制戰略武器的談判。

## （二）「人權」戰略

所謂「人權」戰略，是指在對外政策中把對別國人權的關注提高到戰略的高度，把人權原則當作對外政策的基本原則，把人權問題當作對外關係中的基本問題，把別國是否接受自己的人權標準當作判斷與別國關係好壞的重要標準之一。輸出「自由、民主、人權」等價值觀，在對外關係中重視人權，是美國外交的一大傳統和理想主義外交的基本特點，尤其是民主黨政府對外政策的基本特色。但是，「戰後最直接、最明確地向全世界宣佈人權是美國對外政策核心原則的是卡特政府」。[4]卡特在 1976 年競選總統時就宣稱「總統必須負責恢復我國在對外政策操作中的道義權威」。[5]他一上臺就開始以充滿理想主義色彩的「具有道德感的」的人權外交取代他稱之為「不道德的」基辛格式的現實主義均勢外交，作為其對外政策的基本取向。他批評說，美國在二戰後大部分時間裏沒有把傑弗遜和威爾遜的理想作為美國的特性顯示出來，以致美國喪失了抵禦極權主義思想意識的威脅和鼓舞美國人民士氣的一項最有效的手段。[6]他在就職演說中宣稱：「由於我們是自由的，我們永遠不能對其他地方自由的命運漠然處之。我們的道義感決定了我們明白無誤地偏向於那些和我們一樣堅持尊重個人人權的社會。」[7]他一再強調，對人權承擔義務是「美國對外政策中的基本信條」，重視人權是美國對外政策的核心和靈魂，甚至直言不諱地說「道德原則是美國行使武力和擴大影響的最好基礎」。[8]他在 1977 年 5 月 22 日在聖母大學的講話中稱；「我相信我們可以有這樣一項外交政

---

4　資中主編：《戰後美國外交史——從杜魯門到雷根》（下冊），第 787 頁。
5　[美]約翰・加迪斯：《遏制戰略：戰後美國國家安全政策分析》，第 349 頁。
6　[美]吉米・卡特：《忠於信仰——一位美國總統的回憶錄》，新華出版社，1985 年版，第 167 頁。
7　Vital Speeches of the Day, Vol.43, No.9, p.259. 轉引自資中主編：《戰後美國外交史——從杜魯門到雷根》（下冊），第 787 頁。
8　參見資中主編：《戰後美國外交史——從杜魯門到雷根》（下冊），第 788 頁。

策，它是民主的、以進步價值觀為基礎並且為人道的目的而運用我們所擁有的實力和影響。」[9]

卡特當局的「人權」戰略既針對蘇聯東歐等社會主義國家，也針對第三世界的一些專制獨裁國家，前者既是為了損害蘇聯和東歐國家的國際形象，也是為了改善美國的國際形象，而後者主要是為了擴展美國在第三世界的影響，抵禦蘇聯在第三世界的擴張。

卡特當局之所以熱衷於人權外交，是因為：

### 1. 美國的道義形象受損

越南戰爭和水門醜聞使美國的國內外形象嚴重受損，基辛格的均勢外交也使美國缺乏道德感，因此美國急需以人權外交重振其道德威望和增強其自信心。卡特上臺時，美國已經形成了「一種廣泛共識，那就是基辛格和他為之效勞的兩屆總統忽視了政策與原則之間的恰當結合，那是任何國家為維持自信都必須有的」[10]

### 2. 美國硬國力相對下降

美國國力的相對下降使美國不能通過難以取勝的軍備競賽遏制和挫敗蘇聯的對外攻勢，而人權攻勢可以使美國揚軟實力之長避硬實力之短，既有利於改善美國的國際形象，又可以損害蘇聯的國際形象。

### 3. 民主黨的傳統外交理念和卡特本人強烈的宗教信仰的影響

卡特上臺後，美國經濟仍在滯脹中掙扎，越南戰爭綜合症和水門醜聞仍深深地困擾著美國人，美國的硬實力和軟實力都在下降，而蘇聯的國力仍在上升之中，其對外政策仍顯得咄咄逼人。因此，卡特試圖通過人權外交使美國人保持信心，使蘇聯東歐國家發生和平演變，從而降低和消除美國的主要威脅，維護美國霸權。卡特認

---

[9] [美]茲比格紐・布熱津斯基：《實力與原則》，世界知識出版社，1985 年 12 版，第 58 頁。

[10] [美]約翰・加迪斯：《遏制戰略：戰後美國國家安全政策分析》，第 350 頁。

為，「以美國基本價值觀為基礎的政策，會更好地為美國的安全利益服務。」[11]

## （三）「三邊主義」戰略

所謂「三邊主義」戰略，是指以強調美歐日三邊聯盟關係的極端重要性的「三邊主義」為指導的美國對外戰略，其目標是以美歐日聯盟的強化牽制蘇聯的對外擴張。戰後歷屆美國政府都不同程度地重視美歐關係和美日關係，聯盟戰略是戰後美國全球戰略的主要支柱之一，但是在卡特執政之前，這種聯盟戰略是美國領導的雙邊聯盟戰略，而卡特當局把美歐聯盟、美日聯盟這兩個雙邊聯盟聯合為美歐日三邊聯盟戰略，標誌著美國聯盟戰略的新發展。卡特當局甚至把「三邊主義」戰略視為「世界秩序」戰略的核心和維護美蘇緩和的前提。

卡特當局實施「三邊主義」戰略，主要有以下三方面的原因。

### 1. 西方內部凝聚力下降

70 年代美國與其主要盟友歐洲和日本的關係趨於惡化，歐洲、日本對外政策的獨立性不斷增強（比如，第一次石油危機爆發後，歐共體、日本不再追隨美國的親以色列政策，而是發展與阿拉伯國家的關係），從而使西方聯盟在蘇聯的擴張面前顯得軟弱無力。於是，卡特當局試圖以「三邊主義」戰略增強西方聯盟的凝聚力，把西歐與蘇聯、東歐的緩和納入美蘇緩和的框架之內，共同應對蘇聯的挑戰。卡特當局認為，只要西方加強凝聚力並改善南北關係，蘇聯對西方的挑戰就比較容易應對。

---

[11] N. N. Petro, *The Predicament of Human Rights: The Carter and Reagan Policies*, p.15. 轉引自資中主編：《戰後美國外交史——從杜魯門到雷根》（下冊），第 788 頁。

### 2. 美歐日共同面臨蘇聯擴張的壓力

70 年代中後期是蘇聯對外擴張的高峰期，蘇聯除了在歐洲以佔優勢的常規軍力對西方保持巨大壓力之外，還在其他地區特別是非洲、拉美、南亞和東南亞大肆擴張，使美歐日感到巨大壓力。因此，卡特認為，只要團結起來，西方「就會具有壓倒一切的地緣政治的優勢來對付任何外來的威脅」。[12]蘇聯在東西方緩和氣氛中所採取的全球擴張政策，客觀上促進了美歐日三邊同盟關係的加強。

### 3. 卡特本人及其主要外交助手奉行「三邊主義」

1973 年 7 月，由美歐日三方的一些要人和學者成立了一個名為「三邊委員會」的民間國際組織。卡特曾是這個組織的成員，國務卿萬斯、國家安全事務助理布熱津斯基等人也是其成員。卡特的對外政策及部分國內政策都深受這個委員會的影響，因而這個委員會提出的「三邊主義」戰略自然成為卡特當局整個對外戰略的重要組成部分。

## （四）「南方」戰略

所謂「南方」戰略，是指卡特當局為了在第三世界改善美國的形象和擴展美國的影響而著力發展與第三世界國家的關係的對外戰略。由於基辛格的大國均勢外交在相當程度上忽視了第三世界國家在美國全球戰略中的作用，忽視了美國外交中的道義責任，因此美國的領袖形象受損，在第三世界的影響下降，而蘇聯在第三世界許多地區的影響上升。因此，卡特當局實施南方戰略的根本目標，就是為了緩和南北矛盾、維護美國在第三世界的影響和增強在第三世界防範和抵禦蘇聯擴張的能力，以服務於其「世界秩序」戰略。在卡特當局看來，第三世界越來越重要，美國必須加強與第三世界國家的關係，重新樹立美國的道義權威和領袖形象。布熱津斯基在就

---

[12] [美]勞倫斯・肖普：《卡特總統與美國政壇內幕》，時事出版社，1980 年版，第 141～142 頁。

任總統國家安全助理時把恢復美國對第三世界的政治號召力作為美國對外政策的三大目標之一。[13]1977 年 5 月 22 日，卡特在美國聖母大學發表的對外政策演說中把減輕發展中國家的痛苦和縮小世界範圍的貧富差距作為美國對外政策的一個基本前提。[14]卡特當局認為，要維持美蘇關係的緩和從而建立美國主導的「世界秩序」，除了必須加強美歐日三邊同盟關係之外，還必須改善南北關係，特別是美國與第三世界的關係。

## 二、「世界秩序」戰略的政策措施

### （一）繼續與蘇聯進行限制戰略武器的談判

「世界秩序」戰略是一個充滿理想主義色彩的全球霸權戰略，達到這一目標的重要途徑之一是通過繼續進行美蘇戰略武器談判限制全球軍備競賽，從而為削減和最終消除核武器開闢道路。卡特在就職演說中非常樂觀地說：「今年我們將開始向我們的最終目標邁進，即從地球上消滅一切核武器。」[15] 6 天以後，卡特給勃涅爾列夫寫信，就恢復第二階段限制戰略武器談判和舉行美蘇首腦會晤提出建議。這表明卡特當局從一開始就主要通過在軍備控制談判上取得進展來謀求美蘇關係的穩定與發展。因此，儘管談判不順利，但卡特當局鍥爾不舍，始終對達成第二階段限制戰略武器協定保持信心。經過兩年半的討價還價，美蘇兩國政府首腦終於在 1979 年 6 月在維也納簽署了 SALT2。儘管 SALT2 因 1979 年 12 月底蘇聯入侵阿富汗而被美國參議院拒絕，但是美蘇在談判過程中的相互妥協和協定的簽署畢竟有利於卡特執政大部分時間內美蘇關係緩和的維持。

---

13　[美]茲比格紐・布熱津斯基：《實力與原則》，第 6 頁。

14　Vital Speeches of the Day, Vol.43, No.17, p515. 轉引自資中主編：《戰後美國外交史——從杜魯門到雷根》（下冊），第 797 頁。

15　岳西寬、張衛星譯：《美國歷屆總統就職演說》，第 329 頁。

### （二）廣泛推行人權外交

人權外交是卡特當局對外政策的最大特色，也是美國在努力維持美蘇關係緩和的同時向蘇聯發動攻勢的主要武器。如果說卡特當局主要通過與蘇聯進行限制戰略武器談判來維持美蘇緩和，因而對蘇顯得比較軟弱的話，那麼它對蘇聯、東歐大肆推行人權外交就顯得比較強硬。在卡特當局看來，美國對蘇政策的一軟一硬，既有利於維持美蘇緩和，又有利於在世界上樹立美國的道義權威，從而有利於「世界秩序」戰略目標的實現。

卡特上臺後不久就公開稱讚蘇聯著名的持不同政見者薩哈羅夫，指責蘇聯不許他發表觀點是對人權的侵犯，並親自給他回信，以表示對他的堅決支持。卡特還不顧蘇聯的強烈抗議，在白宮接見蘇聯另一名著名的持不同政見者布科夫斯基。接著，美國以兩名在押蘇聯間諜與蘇聯交換了 5 名持不同政見者，卡特甚至與其中的浸禮會會友一起做禮拜。在薩哈羅夫等百名蘇聯持不同政見者的強烈呼籲下，在 1977 年 10 月的歐洲安全與合作會議上，美國聯合其他西方國家猛烈抨擊蘇聯政府違反人權原則，並重提 1968 年的捷克斯洛伐克事件。1978 年 7 月，美國以蘇聯審判持不同政見者夏蘭斯和金茲伯格等人為由，取消了美國科技、環保等代表團對蘇聯的訪問，並考慮對蘇聯實施貿易制裁。此外，卡特當局還要求國會增加對美國之音和自由歐洲電臺的撥款，以加大對蘇聯、東歐的人權攻勢。

卡特當局還以人權為武器向第三世界尤其是拉美地區的一些追隨美國的專制獨裁政府施加壓力，以削減或停止援助相要脅，要求其尊重國內人權，試圖以此爭取這些國家的民心，從而防範和抵禦蘇聯的滲透。美國以侵犯人權為由，削減甚至取消對智利、阿根廷、烏拉圭、海地、玻利維亞等拉美國家的援助。

## （三）著力發展美歐日三邊同盟關係

卡特上臺的第二天就派副總統蒙代爾訪問日本和歐洲，以示對日本和西歐的高度重視。1977 年 5 月，卡特出訪西歐，出席在倫敦舉行的北約首腦會議、西方七國首腦會議和關於西柏林問題的四國首腦會議，並在加強歐洲防務問題上與歐洲盟國達成了新的共識，即決定增強歐洲的常規軍備以平衡華約常規軍力的不斷增長。卡特強調美國要與西歐建立緊密的平等夥伴關係，共同應對華約的軍事威脅，並在要求北約盟國承擔更多防務負擔的同時反覆重申對盟國的安全義務，甚至支持西歐建立對美元不利的歐洲貨幣體系，不再反對法國、西德分別向巴基斯坦和巴西出售核技術，以維護美歐團結。1978 年 5 月，卡特與到訪的日本首相大平正方發表聯合聲明，宣佈美日將進行全面合作和加強共同防衛以遏制蘇聯的擴張。總之，卡特當局對西歐和對日本政策的主要目標，是力圖減少分歧、擴大共識和加強防務合作，以增強美國主導的美歐日三邊聯盟遏制蘇聯的能力。

## （四）發展與第三世界國家的關係

卡特當局除了在第三世界推行人權外交以凸顯美國外交的道義原則之外，還注重加強與一些重要的發展中國家的戰略合作和擴大美國在中東、拉美等地區的戰略影響。1977 年 9 月，美國與巴拿馬簽訂了巴拿馬運河條約，承諾在 2000 年把運河的主權歸還給巴拿馬，從而改善了美國在拉美地區的形象。1979 年 3 月，在美國的調停下，埃及和以色列在華盛頓簽訂了和平條約，中東和平進程取得了歷史性突破。美國把蘇聯排斥在中東和平進程之外，因此鞏固了它在中東的主導地位。更重要的是，由於卡特政府視中美關係為美國全球戰略的一個中心環節，視中國為維護世界和平的關鍵性力量，[16]1979 年 1 月，經過大半年的祕密談判，美國終於做出了歷史性的明智選擇，接受了中國提出的中美建

---

[16] [美]茲比格紐・布熱津斯基：《實力與原則》，第 232 頁。

交三條件——毀約、斷交、撤軍，與中國建立了正式的外交關係，從而促進了中美聯合遏制蘇聯的戰略合作。

## 第三節 「世界秩序」戰略的影響與評價

### 一、「世界秩序」戰略的積極影響

儘管「卡特政府對世界和平、擴大全球公正以及加強國家安全方面做出了很大貢獻……世界上更多的人認識到美國又重講原則，並且參加到爭取更多的社會、政治正義的運動中去」[17]的觀點中不無溢美之詞，但是不可否認的是，「世界秩序」戰略的實施的確產生了以下幾個方面的積極影響。

#### 1. 它有利於世界的總體穩定與和平

由於卡特當局為了建立以美國價值觀為指導的「世界秩序」而在對外政策中強調對人權的尊重，極力維持東西方緩和，加強美歐日關係和緩解南北矛盾，因此 70 年代初期開始的東西方關係的緩和得以延續，從而有利於世界的總體穩定與和平。卡特執政四年，美國沒有對外用兵，也沒有以祕密行動顛覆敵國政權，這在二戰以來美國對外政策史上是絕無僅有的。這是 1979 年底蘇聯入侵阿富汗之前美蘇關係保持緩和勢頭和國際局勢總體持續穩定的主要原因。

#### 2. 它增強了美國外交的自信心

由於卡特政府第一次明確地把人權原則確定為美國對外政策的基本原則，不僅對蘇聯和東歐國家推行人權外交，而且對許多親美的第三世界國家推行人權外交，因此美國的人權外交不僅在國際上贏得了一些

[17] [美]茲比格紐・布熱津斯基：《實力與原則》，第 580 頁。

好評，而且受到大多數美國人的歡迎，從而增強了美國人對美國對外政策的信心，一定程度上恢復了受越南戰爭打擊的美國道德優越感。

### 3. 它改善了美國的國際形象

由於卡特當局重視緩和南北矛盾和發展與第三世界國家的關係，因此卡特當局的對外政策在第三世界取得了不少重大成就，如巴拿馬運河條約的簽訂、埃及與以色列和平條約的簽訂等。這些外交成就是卡特當局為地區穩定和世界和平做出的重要貢獻，美國在第三世界的形象因此大為改善。

### 4. 它改善了美歐關係、美日關係

由於卡特當局非常重視美歐日三邊聯盟關係，把它作為建立美國主導的「世界秩序」的基礎，因此美歐關係、美日關係與尼克森——福特時期相比要融洽一些，總體上沒有繼續惡化，儘管在中子彈問題上美國與西歐盟國特別是德國的存在較大分歧，儘管西歐盟國不願意與美國一起制裁伊朗和蘇聯。

## 二、「世界秩序」戰略的消極影響

「世界秩序」戰略的實施也對美國的對外關係和國際局勢帶來了一些消極後果，從而使卡特當局面臨更大的外部和內部壓力，陷入了執政危機。

### 1. 它減輕了蘇聯對外擴張的壓力

卡特當局淡化美蘇矛盾和誇大美蘇共同利益的對蘇緩和政策，在使美蘇關係緩和勢頭得以延續的同時，也減輕了蘇聯對外擴張的壓力，客觀上為蘇聯在第三世界的擴張提供了掩護，從而使美國在戰略上陷入更加被動的境地。1977 年 5 月卡特首次發表對外政策講話時稱，美國「已擺脫了對共產主義的過分擔心」，美國「同蘇聯發生衝突

的威脅已不那麼尖銳」。[18]實際上，卡特上臺之前，蘇聯已經開始在安哥拉進行代理人戰爭，美蘇緩和開始出現逆轉的跡象。卡特上臺之後，蘇聯一邊通過第二階段限制戰略武器談判維持美蘇緩和，一邊以緩和為掩護加緊在一些重要地區擴張，如擴大對中南部非洲的武裝干涉，介入非洲之角的武裝衝突，支持越南入侵柬埔寨，尤其是入侵阿富汗。直到蘇聯大規模入侵阿富汗後，卡特當局才如夢初醒，開始對蘇聯採取強硬立場，實際上宣告了「世界秩序」戰略的終結與破產。1980 年 1 月，卡特在向國會提交的國情咨文中宣佈了美國的新波斯灣政策，即任何外來力量企圖控制波斯灣地區的嘗試，都將被視為對美國重大利益的侵犯，美國將使用包括軍事力量在內的一切手段進行回擊。這就是所謂的卡特主義。為了配合卡特主義的實施，卡特當局採取了諸如抵制 1980 年莫斯科奧運會、對蘇聯實施糧食禁運、支持國會推遲批准美蘇第二階段限制戰略武器條約、建立快速反應部隊等多種措施。卡特主義的出籠標誌著卡特當局對外戰略的重大轉變，即從強調道義的人權外交和強調美蘇共同利益的緩和外交轉變為重新對蘇強硬的實力外交，也標誌著 70 年代美蘇緩和的終結，預示著「新冷戰」的即將來臨。

### 2. 人權外交損害了美國的地緣戰略利益

卡特當局對敵人和朋友「一視同仁」地推行人權外交，雖然增強了美國外交的道義色彩和公正性，但是既不利於美蘇關係的緩和，也不利於密切美國與第三世界的盟國的關係，倒是削弱了美國在一些國家和地區的影響，甚至使美國失去了盟友。比如，美國對伊朗推行人權外交實際上加速了伊朗巴列維政府的垮臺和伊斯蘭革命的爆發，美伊關係因此發生了從盟友到死敵的變化，美國在波斯灣地區的影響因此受到極大的削弱，而隨後發生的人質事件使卡特當局焦頭爛額，而武力解救人質的

---

[18] Edward W. Chester , The Scope and Variety of U.S. Diplomacy History: Readings Since 1900, Vol.2, New Jersey 1990. 轉引自資中主編：《戰後美國外交史——從杜魯門到雷根》（下冊），第 779 頁。

失敗又使卡特當局威信掃地，是卡特沒能連任總統的重要原因，被布熱津斯基認為是卡特當局對外政策中「唯一的致命錯誤」。[19]

## 三、「世界秩序」戰略的評價

正是由於「世界秩序」戰略產生了正負兩方面的後果，人們對卡特本人和卡特當局的對外戰略有完全不同的評價。肯定派認為：卡特是一個有理想而又務實的和平主義者，是精明而又謹慎、正派而又有吸引力、極聰明而又極天真、忠於原則而又策略靈活的政治家；[20]卡特當局實施的「世界秩序」戰略不僅使世界局勢更趨緩和，而且增強了美國外交的道義感、原則性和國際關係的公正性，從而重振了美國的國際威望，增強了美國的國際地位。布熱津斯基認為：「由於卡特，美國在水門事件和越南戰爭後，重又被人們視為維護傳統的自由價值的國家」；「由於卡特政府致力於人權，美國不僅被再次看成是主要大國，而且還是人類進步的一支道義力量」；「總的講，卡特離任時美國在世界上的地位比他接任時要好得多」。[21]否定派認為，卡特優柔寡斷，天真幼稚，軟弱無能，是一個不稱職的總統，因為他的重原則、輕實力的對外戰略不僅沒有重建「世界秩序」，反而使蘇聯更加肆無忌憚，使美國的國際地位進一步下降。美國歷史學家湯瑪斯・派特森說，「卡特缺乏佛蘭克林・羅斯福的魅力，艾森豪的名望，約翰・甘迺迪在電視上的風度，林登・詹森操縱國會的能力，以及尼克森利用壯觀場面的才能。」[22]雷根在競選中更是把卡特及其對外戰略說得一無是處，指責他向邪惡勢力屈服，把美國引上了一條衰落之路。

然而，這兩種極端的觀點都是偏頗的，都與事實不甚相符。其實，儘管卡特當局的對外政策具有兩面性，但是卡特的執政能力和卡特當

---

[19] [美]茲比格紐・布熱津斯基：《實力與原則》，第 588 頁。
[20] [美]茲比格紐・布熱津斯基：《實力與原則》，第 29 頁。
[21] [美]茲比格紐・布熱津斯基：《實力與原則》，第 580 頁，第 594 頁。
[22] [美]湯瑪斯・派特森等著：《美國外交政策》，第 863～864 頁。

局對外戰略的影響總體是介於這兩種極端之間的某種混合狀態。一方面，卡特的道義感和原則性的確很強，「世界秩序」戰略確實具有很強的道德理想主義色彩；但另一方面，卡特當局並沒有真正忽視實力在對外戰略中的基礎地位和決定性作用，卡特執政時期美國的軍費明顯增加就是證明，卡特主義的出籠也說明卡特並非像鷹派所指責的那樣軟弱無能。一方面，「世界秩序」戰略的實施的確在一定程度上恢復了美國的國際威望；但是另一方面，卡特當局不受「聯繫原則」指導的以美蘇限制戰略武器談判為主要內容的對蘇緩和戰略客觀上的確在一定程度上方便了蘇聯的對外擴張，從而使美國在與蘇聯的全球爭奪中處於更加不利的地位。儘管卡特指責玩弄權力政治和大國均勢的尼克森——基辛格——福特外交是「孤獨的騎士」[23]的行為，抨擊權力政治缺乏道義和不講原則，因而卡特當局在對外政策中重視原則和極力凸顯美國的軟實力，不像其共和黨前任那樣忠實地遵循權力政治邏輯和巧妙地推行大國均勢政策，但是卡特當局並沒有拋棄權力政治和大國均勢政策。實際上，卡特當局對外戰略的真正追求是把實力與原則結合起來，以實力支撐原則，這正是布熱津斯基在其回憶錄中反復強調的核心精神。

卡特當局對外政策的兩面性和「世界秩序」戰略正負兩方面的影響，是由卡特的政治哲學和宗教信仰、民主黨的外交傳統與 70 年代美國國力相對衰落、對蘇戰略優勢喪失、美蘇爭奪態勢對美國日趨不利這幾方面共同決定的。因此，卡特當局的對外戰略就不像美國處於對蘇戰略優勢時期的杜魯門當局、甘迺迪當局和詹森當局的對外戰略那樣咄咄逼人，也不像同樣處於美國國力相對衰落時期的尼克森當局和福特當局的對外戰略那樣缺乏道義感和原則性。正是由於理想主義的外交傳統和身處美國國力衰落的困境，卡特當局才極力通過凸顯美國的道德優勢和理想主義的和平追求，試圖在喪失了戰略優勢的情況下遏止蘇聯取得戰略優勢，維護美蘇緩和與美國霸權。

---

[23] [美]茲比格紐・布熱津斯基：《實力與原則》，第 58 頁。

由此可見，作為「世界秩序」戰略主要內容的緩和戰略和人權戰略是卡特的和平理念、美國的人權原則與美國國力衰落相結合的產物，是美蘇戰略均勢時期美國的對蘇遏制戰略和霸權護持戰略。換言之，緩和並沒有取代遏制，而是一種柔性遏制；人權原則並沒有取代實力原則，而是對實力原則的一種補充和裝飾。儘管卡特反覆聲稱要運用美國的實力去追求人道的目的，但是當人權原則與實力原則發生矛盾時，卡特當局往往讓後者優先。正如布熱津斯基所言：「當需要在運用美國的實力和維護人權二者之間進行選擇時（例如在伊朗），我認為居首位的應是實力。沒有可靠的美國的實力，我們就根本不能保護我們的利益，也無法促進更多的人道的目的。」[24]1978 年 3 月，卡特在一次對外政策講話中直言不諱地說，「我們的戰略力量必須——而且必須使人們知道——能和蘇聯人的能力相匹配。他們將永遠無法用他們的核力量威脅、強迫和訛詐我們和我們的朋友。作為我們國家安全的手段，軍備控制協定是一個主要目標，但是只有在我們保持相應的軍事水平時才可能做到這一點。」[25]「卡特只是為美國冷戰外交設置了新的標準，開闢了新的途徑，提供了新的工具。除了國家安全、軍力競賽、經濟利益、政治地位以外，現在美國的冷戰政策又增加了道德的標準與人道的考慮。」[26]

總之，「世界秩序」戰略以美國的人權原則、卡特的和平主義外交哲學為指導，以美國的超級大國實力為基礎，是卡特當局在美國硬國力繼續相對衰落的情況下試圖通過主要發揮美國軟實力的作用維護美國霸權的表現。

---

[24] [美]茲比格紐・布熱津斯基：《實力與原則》，第 59 頁。

[25] [美]茲比格紐・布熱津斯基：《實力與原則》，第 220 頁。

[26] 鄧朋、李小兵、劉國力：《剪不斷理還亂：美國外交與中美關係》，中國社會科學出版社，2000 年 1 月第 1 版，第 272 頁。

# 第十章　「新遏制」戰略
## ——美國全球霸權戰略的再次強化

在 1980 年 11 月初舉行的美國大選中，共和黨總統侯選人羅奈爾得・雷根以巨大優勢戰勝在任總統卡特，當選為美國歷史上第 40 任總統。這是美國新保守主義對新自由主義的勝利，是對蘇強硬派對對蘇緩和派的勝利，標誌著 70 年代美蘇緩和的徹底終結和 80 年代美國對蘇「新遏制」和美蘇「新冷戰」的開始。

雷根執政時期，由於美蘇力量對比向有利於美國的方向變化和戈巴契夫的改革導致蘇聯內政與外交的顯著變化，美國的對蘇政策和美蘇關係表現出明顯的階段性。在雷根的第一任期，美國實施全面對蘇「新遏制」，導致美蘇關係乃至整個國際局勢高度緊張。在雷根的第二任期，蘇聯迅速衰落，美蘇關係逐漸緩和，「新遏制」戰略取得巨大成效。

## 第一節　「新遏制」戰略的背景和原因

### 一、70、80 年代之交，美國經濟的嚴峻形勢

20 世紀 70 年代中期美國經濟陷入滯脹後，在第二次石油危機的衝擊下，到 70 年代末美國經濟形勢更加嚴峻，陷入 30 年代經濟大危機結束以來最嚴重的困境。1979 年 6 月，美國通貨膨脹率高達 14%，而且經濟隨即出現新的衰退。1980 年年初，美國通貨膨脹率上升到創記錄的 18%，而且 3 月份的工業生產大幅下降 10%。下半年，在利率高達 22%的情況下，通貨膨脹仍居高不下，而嚴重的銀根緊縮使失業

人數達到 800 萬。[1]這種史無前例的滯脹狀態使卡特當局焦頭爛額和一籌莫展，是卡特在 1980 年的總統選舉中敗北的兩大原因之一。而打著「振興經濟」旗號並以絕對優勢戰勝卡特的雷根上臺後，以供應學派和貨幣主義等反凱恩斯經濟學為指導，實施自由放任的「雷根經濟學」，與實施了近半個世紀的新政式國家壟斷資本主義一刀兩斷，其根本目的就是為「重振國威」、實施對蘇「新遏制」戰略打下堅實的經濟基礎。

## 二、美國國際地位繼續下降

雖然 20 世紀 70 年代前期「新和平」戰略的實施減緩了美國國際地位的相對衰落，但是從 70 年代後半期到 80 年代初，在蘇聯咄咄逼人的全球擴張面前，美國缺乏強有力的應對措施，致使美國國際地位和國際威望繼續下降。儘管卡特當局在蘇聯入侵阿富汗後出臺了卡特主義，但是在大多數美國人看來，遲遲不能解決的伊朗人質危機和蘇聯入侵阿富汗足以證明卡特當局無力在國外捍衛美國的利益，其以人權外交和緩和外交為主要特色的自由國際主義外交政策已經走入了死胡同。這是卡特在大選中失敗的另一主要原因。於是，以強烈反蘇反共著稱、把蘇聯對外擴張視為美國有史以來面臨的最嚴重威脅的雷根上臺後，利用美國社會保守主義高漲的形勢，決心採取對蘇強硬立場和全面反擊措施，以重新奪回對蘇優勢和提振美國國威。

## 三、蘇聯陷入阿富汗戰爭泥坑

1979 年年底蘇聯大舉入侵阿富汗，引起全世界輿論一片譁然，美蘇關係因此立即下降到冰點，國際形勢驟然緊張。蘇聯對一個主權國

---

1 見羅奈爾得·雷根首個國情咨文，載《美國總統國情咨文選編》，時事出版社，1994 年版，第 668 頁。

家的公然入侵，表明它繼美國之後完全走上了霸權主義道路，導致其國際形象嚴重受損，幾乎成為眾矢之的。這一事件標誌著蘇聯的對外擴張達到頂點，並成為蘇聯由盛到衰的轉捩點。蘇聯在阿富汗重蹈美國在越南的覆轍，陷入戰爭泥潭，為美國把蘇聯妖魔化並發起戰略反擊以扭轉其全球戰略被動提供了藉口和良機。於是，新上臺的雷根當局決心對蘇聯發動「新冷戰」。

## 四、雷根的政治與外交哲學

雷根不是蘇聯問題專家，對蘇聯並沒有深刻、客觀的瞭解。但是，由於他的基督教信仰非常強烈，他的政治與外交哲學十分保守，因此他極端仇視共產主義，對蘇聯持非常強硬立場。他早年曾是民主黨人，信奉過羅斯福的「新政自由主義」，但是在 60 年代初加入共和黨，改信保守主義，在 60、70 年代新保守主義興起時期曾兩次任加州州長，成為共和黨政治明星和極端保守派的主要代表。雷根的國內政治經濟信條是小政府、大商業、低稅收、低福利，其對外政策的基本信條是加強軍備和反蘇反共，奉行全面與蘇聯對抗的強硬立場。雷根依據其「善惡對立、黑白兩分」的宗教觀和世界觀，把美國當作善良和正義的化身，把蘇聯共產主義視為邪惡的代表和「現代世界的禍根」。他認為，世界上有犯罪和邪惡，美國應該按照聖經和主耶穌的告誡，竭盡全力與犯罪和邪惡進行鬥爭。[2]他全力支持二戰後美國發起的對蘇冷戰，強烈反對美國 70 年代的對蘇緩和戰略，認為越南戰爭是一場光榮、正義的戰爭，主張對蘇聯共產主義發起一場十字軍討伐。他認為「緩和的後果僅僅是造成了『和平的墳墓』」。[3]「雷根總統明確地表示，美蘇衝突不僅是世界上的一場殊死鬥爭，而且也是善與惡、正確與錯誤之間的鬥爭。」[4]

---

2 [美]J・斯帕尼爾：《第二次世界大戰後美國的外交政策》，第 344 頁。
3 [美]羅伯特・舒爾茨辛格：《外交博士基辛格》，第 241 頁。
4 [美]J・斯帕尼爾：《第二次世界大戰後美國的外交政策》，第 344 頁。

# 第二節　「新遏制」戰略及其政策措施

## 一、「新遏制」戰略的界定

所謂「新遏制」戰略，是指雷根執政時期美國對蘇強硬的「全面遏制」戰略，即採取政治、外交、軍事、經濟、文化、隱蔽行動等各種方式和手段遏制蘇聯，尤其是強化美蘇意識形態對抗，全面擴軍備戰，加強在全球範圍與蘇聯的地緣戰略爭奪，旨在分化蘇東集團和搞垮蘇聯，從而達到稱霸全球的最終目標。「新遏制」戰略內涵豐富，外延廣泛，主要包括以下三個分戰略。

### （一）反蘇反共的意識形態戰略

雷根是共和黨極端保守派和強烈的反共分子，以對蘇強硬著稱。雷根當局在對外政策中特別重視意識形態鬥爭，十分強調資本主義與社會主義的「善惡對立」和絕對不可調和性，極力使資本主義在與社會主義的鬥爭中「重放光彩」，把促使社會主義國家的「和平演變」作為對社會主義國家外交的最高目標，對自由資本主義最終戰勝社會主義充滿信心。在雷根當局看來，蘇聯共產主義是世界上最邪惡的力量，是對人類文明的最大威脅，西方文明在 70 年代進入了「最危險的 10 年」，美國是唯一有資格有能力充當領導力量以抵禦蘇聯擴張和侵略的國家。因此，雷根當局一開始就對蘇聯發動了一場「十字軍討伐」，把對蘇聯進行意識形態攻擊作為「新遏制」戰略的重要組成部分，把促進蘇聯和東歐的自由民主化作為人權外交的主要內容。美國國務卿舒爾茨說，支持自由民主不僅是美國政府的堅定政策，也是美國的歷史傳統和世界觀之根本所在，美國的目標是促使共產黨國家發生和平演變。[5]後來他在《外

[5] 美國《中國時報》，1982 年 10 月 20 日。轉自楊生茂主編：《美國外交政策

交》季刊上撰文稱：「共產主義看來已經在道義上和經濟上破產了，西方正在重放光彩。」[6]

### （二）「新靈活反應」戰略

雷根當局指責70年代美國實施的現實威懾戰略過於僵硬，沒能對蘇聯的國際行為作出靈活有效反應，導致美國軍事力量下降和蘇聯戰略優勢及其在第三世界的大肆擴張。因此，雷根當局特別重視全面增強美國的軍備，試圖在核軍備和常規軍備的各個方面都取得對蘇優勢，使美國具備靈活反應的軍事能力，即進行各種形式和各種規模戰爭的能力。在戰略核軍備方面，雷根當局努力建立攻防兼備的戰略武器系統，把美蘇爭奪引向太空，試圖憑藉美國的經濟和科技優勢奪取在太空的戰略優勢。1983 年 3 月，雷根提出所謂「戰略防禦計畫」（SDI），即著名的星球大戰計畫，企圖建立一種多層次、多手段、大縱深、低漏率的以天基定向能武器為主要武器的攔截洲際彈道導彈的太空武器系統，作為奪取對蘇聯軍事優勢的重要手段。[7]雷根當局非常重視奪取太空優勢，認為「這是美國國家力量能否日益增長的十分重要的因素，如果不能確保對太空的利用，美國的國家安全就將遇到嚴重危險。」[8]雷根當局企圖通過星球大戰計畫達到一箭三雕的目標：既大大增強美國的核威懾力量，又促進美國科技和經濟的發展，還迫使蘇聯與美國展開太空軍備競賽以拖垮蘇聯。[9]星球大戰計畫的提出標誌著美國核戰略思想的轉變，即從「相互確保摧毀」向「確保自己生存」轉變。在常規軍事方面，雷根當局拋棄了70年代的「一個半戰爭」戰略，變被動和僵硬應對為主動和靈活反應，即不再事先確定在哪些地

---

史》，人民出版社，1991 年 11 月版，第 603 頁。

[6] George P. Shultz, *New Realities and New Ways of Thinking* , Foreign Affairs, Spring, 1985, Vol.63, No.4, p.721.

[7] 楊生茂主編：《美國外交政策史》，第 599-600 頁。

[8] 楊生茂主編：《美國外交政策史》，第 600 頁。

[9] 楊生茂主編：《美國外交政策史》，第 600 頁

區打幾場有限戰爭和被動應付蘇聯的擴張，而是主動選擇戰場和靈活反擊蘇聯的攻勢。「新靈活反應」戰略的主要特點是：強調戰略防禦而不是戰略報復的核威懾作用，以「確保生存」為最高目標；以靈活多樣的常規軍事行動遏制蘇聯的擴張；以軍事強硬扭轉戰略被動，以軍威振國威。

### （三）「有限推回」戰略

「有限推回」戰略是雷根時期美國與蘇聯爭奪第三世界從而扭轉地緣戰略被動的一種進攻性戰略。1985 年 2 月，雷根宣佈，美國將公開支持全世界的反共革命，不論「自由戰士」在何處同蘇聯人或蘇聯支持的政府進行鬥爭。[10]1986 年 3 月，雷根發表題為《自由、地區安全和全球和平》的對外政策諮文，提出了以實力為後盾、以蘇聯為主要對手、以縮小蘇聯勢力範圍和擴大美國影響為目標的第三世界戰略。這個戰略方針被稱為雷根主義，其主要內容是以「低烈度戰爭」實現對蘇聯在第三世界的勢力範圍的「有限推回」，即把蘇聯的勢力範圍推回到 70 年代以前狀態，並輔之以「民主化運動」，即迫使一些追隨美國的專制獨裁國家實現政治民主化，以防範蘇聯的滲透和擴張。所謂「低烈度戰爭」是指核戰爭和大規模常規戰爭之外的局部衝突與戰爭，美國政府認為這種戰爭最容易爆發，也是美國抵禦蘇聯在第三世界擴張的主要手段。雷根主義不是雷根執政時期美國全球戰略的指導原則，而是美國的第三世界戰略原則，它「既不同於以全面遏制蘇聯為特徵的『杜魯門主義』，也不同於以對蘇聯『緩和』、用『當地力量』對付地區性衝突從而使自己脫身為主要內容的『尼克森主義』，而是同蘇聯既對抗又對話而以對抗為主，以在第三世界同蘇聯進行爭奪為重點，對蘇聯實現『有限推回』的新遏制政策。」[11]

---

[10]《總統文件每週彙編》，第 2 期，1985 年 2 月 11 日，第 146 頁。轉引自[美]湯瑪斯·派特森等著：《美國外交政策》，第 870 頁。

[11] 楊生茂主編：《美國外交政策史》，第 613～614 頁。

## 二、「新遏制」戰略的政策措施

### （一）振興經濟

在冷戰年代，經濟本不是美國對外戰略的重點領域。但是，由於經濟是對外戰略的實力基礎，上世紀 70 年代美國經濟的相對衰落正是美國衰落的根本原因，因此雷根上臺時美國經濟滯脹的延續，是決心重振美國人信心和重新強化美國全球霸權戰略的雷根當局面臨的一大挑戰。「從根本的意義上說，雷根政府上臺伊始面臨的關鍵問題並不是蘇聯、薩爾瓦多、北約或是中東，而是美國經濟停滯不前的問題。這個問題在 80 年代對總統來說已不容忽視，因為如果沒有經濟增長……美國就無法支持其全球外交政策。」[12]雷根當局深知，沒有美國經濟復興，美國要想擴軍備戰、實施強硬的對蘇戰略和重新奪回對蘇戰略優勢只是一句空話。於是，雷根當局把重振美國經濟作為施政的優先要務，把「振興經濟，重振國威」作為治國方針。1981 年 2 月雷根在全國電視講話中稱：「我們受到了一次相當大規模的經濟災難，按老辦法辦事已經不能解決問題了」。[13]雷根當局奉行供應學派和貨幣學派的經濟思想，即通過增加有效供給促進經濟增長和通過減少貨幣供應量降低通貨膨脹，把很大的精力放在振興美國經濟上，首先是通過提高利率降低高通膨，其次是以大規模削減個人和公司所得稅刺激經濟增長。雷根當局的這套保守主義經濟政策被稱為「雷根經濟學」。雷根當局的經濟政策雖然在短期導致財政赤子增加，甚至使美國經濟在 1981 年秋天到 1982 年 11 月陷入衰退，但是它使通膨大幅降低，使美國經濟逐漸擺脫了滯脹狀態，進入長期低速增長階段。1984 年，美國經濟

---

[12] [美]J・斯帕尼爾：《第二次世界大戰後美國的外交政策》，第 411 頁。

[13] [美]盧・坎農：《從演員到總統：羅奈爾得·雷根》，中國社會科學出版社，1986 年版，第 403-404 頁。轉引自劉緒貽、楊生茂主編：《戰後美國史》，第 480 頁。

增長達到近 30 年以來創記錄的 6.5%，而通膨率從 80 年代初的兩位數下降到 4%以下。

## （二）擴軍備戰

雷根當局充分體現了共和黨重視軍備和把國家安全置於對外戰略首位的傳統，其對外政策以黷武主義和咄咄逼人為基本特徵，其對蘇戰略以重新奪回對蘇戰略優勢為基本目標，以僵硬對抗為主要手段，因而與 70 年代以對蘇緩和為主要特徵的美國對蘇戰略有很大不同。雷根當局堅定奉行「以實力求和平」的現實主義外交政策，確信只有通過大規模的軍備建設才能抵消蘇聯對美國的戰爭威脅和迫使蘇聯在談判中讓步，才能重新奪回對蘇聯的戰略優勢和維護美蘇之間總體上的脆弱和平。雷根上臺後宣稱，「10 年來我們疏忽、軟弱、猶豫不決。現在，美國外交的任務就是重整軍備，在政治上再次發動攻勢。」[14]雷根當局反對無條件與蘇聯進行限制戰略武器談判，而是決心先與蘇聯進行軍備競賽。雷根當局相信，「美國進行大規模的軍事建設會阻止蘇聯的核戰爭或常規戰爭威脅，迫使蘇聯在談判桌上作出讓步」。[15]雷根認為，蘇聯在進攻性戰略核力量方面享有對美國的優勢，在這種情況下舉行美蘇談判只會對蘇聯有利，因此美國的當務之急是以大幅度擴軍消除蘇聯的戰略優勢，關閉所謂「脆弱之窗」（即從理論上說，美國日趨老化的「民兵」陸基洲際彈道導彈容易受蘇聯第一次打擊的狀態），其方法是加速部署 MX 導彈並擴大美國的核武庫。MX 導彈是一種可裝載 10 枚核彈頭的高精度大當量陸基洲際導彈，能夠抵消蘇聯 SS-18 和 SS-19 導彈對美國的巨大威脅。因此，雷根上臺後提出了高達 16,000 億美元的 1982～1986 年五年軍備計畫，美國每年都大幅增加軍費，到 1985 年財年，美國軍費高達 3,050 億美元，比 1980 年的

---

[14] [美]蜜雪兒·曼德爾伯姆、羅伯特·塔爾伯特：《雷根與戈巴契夫》，國際文化出版公司，1988 年版，第 21 頁。轉自楊生茂主編：《美國外交政策史》，第 597 頁。

[15] [美]湯瑪斯·派特森等著：《美國外交政策》，第 869 頁。

軍費增加一倍還多，創戰後和平時期軍費的最高記錄。雷根認為，「為了在本世紀剩餘時間裏買到和平」，不惜「接受大量財政赤字」。[16]雷根當局不僅開始實施星球大戰計畫，而且利用微電子、電腦、隱形技術等新技術，大力開發新的進攻性戰略核武器。雷根不僅批准製造曾被卡特否決的 B-1 戰略轟炸機和中子彈，而且下令生產化學武器。[17]雷根不僅下令加快部署此前卡特被迫同意部署的 MX 導彈，而且下令在西歐部署潘興-2 中程導彈和巡航導彈，以抵消雷根當局認為的蘇聯在歐洲享有的中程導彈優勢。

## （三）發動對蘇聯的意識形態攻勢

雷根認為，世界是善惡對立和黑白兩分的，美蘇分別是善惡的代表。他在總統競選中指責蘇聯是世界上所有動盪和衝突的根源，並強烈抨擊卡特當局對蘇聯太軟弱。1981 年 1 月 29 日，在上任後的首個記者招待會上，雷根公開宣稱，蘇聯領導人「不惜犯任何罪，不惜撒謊和欺騙」，以便達到一個共產主義世界。[18] 5 月 17 日，雷根公開稱共產主義是「人類歷史上悲慘的異乎尋常的篇章」。[19] 1982 年 6 月 8 日，雷根在英國議會宣稱「將把馬克思列寧主義拋進歷史的垃圾堆」。[20] 1983 年 3 月 8 日，雷根在一次基督教福音會教徒集會上把蘇聯稱為「罪惡帝國」。在他看來，「在蘇聯洗心革面，表達成為世界社會一名愛好和平的成員的真誠渴望之前，試圖同這個『邪惡帝國』(他在 1983 年如此稱呼蘇聯）打交道不僅違背邏輯，而且違背道德。」[21]總之，雷根執政時期，特別是他的第一任期，美國與蘇聯展開了一場激烈的政

---

16 路透社 1982 年 3 月 2 日：雷根在新墨西哥州的講話。

17 楊生茂主編：《美國外交政策史》，第 601～602 頁

18 《美國總統官方文件，羅奈爾得·雷根，1981 年》，華盛頓政府出版局，1982 年，第 57 頁。

19 路透社印第安那南本德 1981 年 5 月 17 日電。轉引自劉金質：《冷戰史》(下冊），第 1152 頁。

20 《美國外交政策文件（1982)》，華盛頓政府印刷所，1984 年版，第 14 頁。

21 [美]戈登・克雷格、亞力山大・喬治：《武力與治國方略》，第 185 頁。

治意識形態戰爭，雙方相互攻擊與詆毀，以致 4 年內兩國沒有最高層接觸，美蘇關係十分緊張。蘇聯把美國視為好戰的帝國主義。美國視蘇聯為邪惡帝國主義，逢蘇必反，逢蘇聯的盟友必反。而且，為了反對蘇聯共產主義，美國往往同非共產主義的專制勢力妥協與合作。因為「對於雷根政府來說，保守的獨裁主義總比左派的極權主義好。如果說前者不太重視人權——像美國人所理解的政治權利和公民權利的話——那麼後者可以說是根本不予重視的。」[22]為了在東歐培植反蘇勢力，雷根下令美國中央情報局全力資助波蘭團結工會，並對波蘭軍管政府實施全面制裁。為了遏制蘇聯共產主義在中南部非洲、中南美洲和中東波斯灣等第三世界地區的擴張，雷根當局支持在國際上非常孤立的南非白人種族主義政權，支持薩爾瓦多等國的專制獨裁政府，長期與專制的沙特結盟並合謀壓低石油價格以加重蘇聯經濟的困難，甚至資助和支持本・拉登等伊斯蘭原教旨主義勢力抵抗蘇聯對阿富汗的侵略，與卡特當局為促進第三世界的人權事業而不惜向伊朗巴列維政權和尼加拉瓜索莫查政權等親美專制政府施壓形成強烈對比。

### （四）打低烈度戰爭

雷根當局在第三世界實行「以蘇劃線」的外交政策，非常重視在第三世界與蘇聯進行強硬的對抗和爭奪，其基本目標是把第三世界納入「新遏制」戰略軌道，把武力遏制蘇聯在第三世界的擴張作為檢驗「新遏制」戰略成敗的關鍵。雷根當局把打低烈度戰爭作為實施「有限推回」戰略的基本途徑，作為對付蘇聯在第三世界擴張和奪取對蘇優勢的主要手段。美蘇在第三世界爭奪的重點地區是中東波斯灣、非洲、中美洲與加勒比海、印度支那。從 80 年代初開始，美國全力支持阿富汗各派反蘇力量和巴基斯坦等穆斯林國家抵抗蘇聯入侵。同時，美國繼續拉攏埃及、約旦、沙特等溫和阿拉伯國家，堅決支持以色列打擊親蘇的巴勒斯坦民族解放運動和敘裏亞等激進阿拉伯國家。在

---

[22] [美] J・斯帕尼爾：《第二次世界大戰後美國的外交政策》，第 367 頁。

1982 年的第五次中東戰爭之後直接出兵黎巴嫩，威懾敘利亞。1983 年 10 月，美國入侵格林伍德，阻止了該國的「古巴化」。1986 年上半年，美國兩次轟炸利比亞。美國還在 80 年代與蘇聯在中美洲展開拉鋸戰，支持薩爾瓦多等親美政權鎮壓反政府武裝，支持尼加拉瓜等親蘇國家的反政府武裝。美國還與南非結成反蘇聯盟，極力支持安哥拉反政府武裝的反蘇運動，支持柬埔寨的反共武裝，遏制越南的擴張。在第三世界的激烈爭奪中，美國總體上逐漸佔據上風。

### （五）對蘇聯實施嚴厲的全面經濟制裁

在發動對蘇意識形態攻擊和全面擴軍備戰的同時，雷根當局除了為兌現競選承諾而取消對蘇聯的糧食禁運這一反向舉動之外，對蘇聯實施全面經濟制裁，以加劇蘇聯的經濟困難。雷根在 1981 年 7 月的渥太華西方七國首腦會議上提出了對蘇貿易三原則：不讓蘇聯獲取西方軍事技術；西歐國家不要過度依賴蘇聯的天然氣；避免西方貸款流入蘇聯受政府補貼的部門。12 月底，雷根宣佈了對蘇聯的多項經濟制裁，其中包括引起美歐嚴重分歧的對蘇聯——歐洲的天然氣合作的制裁。美國還通過巴黎統籌委員會對蘇聯實施經貿制裁。因此，美蘇經貿關係急劇惡化，雙邊貿易額從 1979 年的 145 億美元下降到 1983 年的 23 億美元。

### （六）繼續聯華抗蘇

雷根在意識形態上敵視中國，上臺之前曾指責卡特當局與中國建交是出賣臺灣這個老朋友，甚至聲稱當選總統後要恢復與臺灣的外交關係。但是，他上臺後不得不繼續推行聯華抗蘇的現實主義對外戰略，使中美關係從 70 年代的戰略合作發展為全方位的交流與合作。雷根執政時期，儘管中美在人權、西藏、經貿等問題上摩擦不斷，尤其是中美關係因臺灣問題一度緊張，但是總體上進入了戰後最好狀態，因此被稱為「准盟友關係」。除了中國的改革開放需要中國發展與美國的關係之外，美國把中國當作巨大潛在市場因而重視發展中美經貿關係，特別是美國把中國視為共同抗蘇的重要力量因而繼續推動中美戰略合作，也是重要原因。與尼克森當局在中蘇之間搞平衡不同，雷根當局更注重利用中國遏制蘇聯，實際上把中國當作盟國。1984 年和 1985 年，中美實現了首腦互訪，雷根訪華是他首次訪問社會主義國家，這是中美關係中的歷史性進展。

### （七）重視協調與西歐國家和日本等盟國的關係

雷根當局把強化西方聯盟作為美國全球戰略的一塊重要基石。雷根上臺後就在其首個國家安全戰略報告中指出，「美國必須與其盟國和朋友協調行動，別無其他選擇」。面對蘇聯的擴張和西方內部凝集力的下降，雷根當局主要從以下幾方面加強美國與歐、日的關係。第一，在外交上加強與歐、日的磋商，以減少在蘇歐天然氣合作等問題上的分歧。第二，協調與盟國的經濟摩擦，力圖維持美國的經濟主導地位。第三，繼續要求盟國多承擔共同防務費用，以減輕美國的軍費負擔。

### （八）與蘇聯談判

由於美國在雷根第一任期重新奪回對蘇戰略優勢，蘇聯對外政策在 1985 年 3 月戈巴契夫執掌蘇聯最高權力後開始重大調整，因此在雷根的第二任期，美國對蘇立場從僵硬趨於靈活，美蘇關係趨於緩和，其主要表現是美蘇首腦開始頻繁互訪與會晤，美蘇恢復軍控和裁軍談判，並取得重大成果。從 1985 年 3 月到 11 月，美蘇在日內瓦舉行了三輪核裁軍談判，雖因雙方在 SDI 問題上的尖銳分析而沒有達成協定，但談判本身具有積極意義，為後來達成中導條約做了鋪墊。1985 年 11 月，雷根與戈巴契夫在日內瓦舉行首次會晤，雙方發表了承諾永遠不打核戰爭和各削減 50%的進攻性核武器的聯合聲明。1986 年 11 月，美蘇首腦的雷德雅未克會晤差點達成全面核裁軍協定。1987 年 12 月，戈巴契夫訪問華盛頓，與雷根簽署了美蘇《中導條約》，雙方正式承諾按照「全球雙零點方案」全部銷毀各自的中短程與中程導彈（蘇聯有中短程導彈 1,752 枚，美國只有 859 枚）。這是世界裁軍史上的第一次重大突破。1988 年，美蘇首腦實現互訪，美蘇關係繼續緩和。

# 第三節 「新遏制」戰略的影響與特點

## 一、「新遏制」戰略的影響

「新遏制」戰略的實施幾乎貫穿雷根的兩個任期，只是在其執政後期「新遏制」戰略才演變為「新緩和」。這一戰略的實施對美蘇戰略攻守態勢、美蘇關係、國際局勢、美國經濟力量及綜合國力都產生了重要的影響。具體講，「新遏制」戰略的實施產生了以下幾個方面的影響。

### 1. 美國重新奪回了對蘇戰略優勢

從 70 年代初到 80 年代初，美國不僅喪失戰後 1/4 世紀的對蘇戰略優勢，而且讓蘇聯逐漸取得了戰略優勢，因而在蘇聯的全球擴張面前顯得比較軟弱和被動。雷根上臺後實施的對蘇「新遏制」戰略使美國逐漸擺脫了戰略被動，並重新奪回了對蘇戰略優勢。這是因為：一方面，美國在經濟持續增長的基礎上憑藉高科技優勢全面大規模擴軍，在第三世界與蘇聯進行針鋒相對、寸土不讓的較量，特別是星球大戰計畫的提出使美國在美蘇的太空競賽中搶佔先機，在心理上和氣勢上壓倒了蘇聯，美國經濟和軍事的振興增強了美國國力和國威，從而對蘇聯形成巨大的戰略壓力，導致了美蘇攻守態勢從蘇攻美守轉為美攻蘇守；另一方面，蘇聯到 80 年代初深陷阿富汗戰爭泥淖，以致陷入全球戰略被動，國際形象嚴重受損，在國際上日益孤立，而且經濟陷入了停滯狀態，以致難以繼續為蘇聯的全球擴張和與美國的全面軍備競賽提供有力的經濟支撐。

### 2. 美蘇關係從高度緊張發展為「新緩和」

雷根當局在第一任期對蘇聯實施的「新遏制」戰略，挑起了美蘇新一輪冷戰，導致美蘇關係高度緊張。由於雷根當局的對蘇戰略目標不僅是奪回戰略優勢，而且是通過激烈的意識形態攻擊、更大規模的軍備競賽、嚴厲的對蘇經濟制裁等多種手段和方式，詆毀、孤立和拖垮蘇聯或使其發生和平演變，因此遭致蘇聯的全面而強烈的反擊。蘇聯對美國意識形態攻擊的激烈程度絲毫不亞於美國對蘇聯的攻擊。蘇聯稱雷根當局是戰後美國最反動、最好戰的政府，甚至把其外交政策與希特勒的外交政策相提並論。[23]蘇聯還強烈指責美國企圖以經濟貿易制裁與封鎖取代正常的國際經濟貿易交往，以大規模擴軍備戰和威脅使用武力取代軍控談判。這樣，80 年代前期的美蘇關係惡化到 1962 年古巴導彈危機以來的最緊張狀態。美蘇不僅在五年中沒有最高級會晤，甚至蘇聯外長葛羅米科因美國對蘇聯實施航空禁運而不能到紐約出席聯合國會議。

但是，美蘇關係在雷根的第二任期逐漸緩和。從美國方面講，由於經濟和軍事力量的顯著增強並重新奪回了戰略優勢，因此主動發出美蘇重開談判和舉行首腦會晤的倡議，並以強硬姿態與蘇聯談判，以緩和美蘇關係和促使蘇聯逐漸發生和平演變。從蘇聯方面講，經濟停滯、國力明顯下降和對外戰略陷入被動等嚴峻形勢迫使蘇聯新領導人實施經濟改革和外交「新思維」，不再與美國進行僵硬對抗，而是通過談判和讓步緩和與美國的關係。從 1985 年 11 月到 1988 年 12 月的三年內，雷根與戈巴契夫就軍控、人權、地區衝突和雙邊關係進行了五次會晤和談判，在軍控和改善雙邊關係方面取得了一些成果。特別是，由於蘇聯的重大讓步，美蘇於 1987 年 12 月達成了「中導協定」。這期間，雷根當局不再對蘇聯發動意識形態的猛烈攻擊，不再相信蘇聯是世界上所有罪惡的根源，只是在人權問題上不斷對蘇聯施加壓力。1986 年元旦，雷根和戈巴契夫分別罕見地向對方的國民發表新年賀辭。1988 年 7～8 月，蘇軍總參謀長和美國國防部長實現了二戰後的首次互訪。可見，美蘇關係出現實質性緩和，「新冷戰」終於被「新緩和」取代。

---

[23] 見[蘇]《真理報》1984 年 6 月 3 日和[美]《紐約時報》1984 年 7 月 20 日。轉引自劉金質：《冷戰史》（下冊），第 1167 頁。

### 3. 地區形勢持續高度緊張

在雷根的第一個任期，美蘇關係全面高度緊張，其中最緊張的是美蘇在第三世界的武力對抗和爭奪，這種緊張形勢到了美蘇關係總體逐漸緩和的雷根第二任期也沒有明顯緩和。在中東波斯灣地區、非洲、東南亞、中美洲和加勒比海等第三世界重要戰略區，美蘇通過代理人戰爭展開激烈的對抗、爭奪和長期拉鋸戰，致使第三世界形勢在 80 年代的大部分時間高度緊張。美蘇在第三世界的地緣戰略爭奪是雙方爭奪世界霸權的重要表現。這種爭奪不僅嚴重影響了美蘇關係，而且加劇了地區衝突和動盪，嚴重惡化了國際形勢。

### 4. 美歐關係繼續惡化

儘管雷根當局很重視與歐洲盟國的關係，但是 80 年代的美歐關係不僅沒有改善，反而繼續惡化。這主要是因為美國從其全球霸權戰略出發，要求歐洲盟國與它一起對蘇聯進行「新冷戰」，而這些國家從自身經濟和安全利益出發，要繼續與蘇聯和東歐國家擴大交流和加強合作，以進一步改善東西歐之間的關係，緩和歐洲局勢。美國的西歐盟國拒絕與美國一起對蘇聯進行經濟制裁和意識形態的「十字軍」討伐，不僅不願意加入美國的星球大戰計畫，而且以「尤里卡計畫」與美國分庭抗禮。雷根執政時期，美歐矛盾和分歧主要體現在歐洲與蘇聯的天然氣合作和美國在西歐部署潘興-2 中程導彈這兩個問題上。1981 年 12 月底，雷根當局宣佈對蘇聯實施一系列經濟制裁，其中包括對蘇聯通向歐洲的天然氣管道建設所需的技術和設備實施禁運。美國明確反對歐洲與蘇聯進行天然氣合作，要求巴黎統籌委員會和北約共同採取對蘇制裁行動，並把制裁擴展到美國在歐洲的子公司，企圖既迫使蘇聯在波蘭等問題上讓步，又阻止歐洲依賴蘇聯的天然氣供應和加劇蘇聯的經濟困難。但是，為了獲取經濟利益和維持與蘇聯的緩和，西歐國家堅持在天然氣管道的建設上與蘇聯合作，繼續向蘇聯提供貸款和設備，反對美國干涉。這些國家認為美國的行為是違背國際法的，連一向緊跟美國的英國柴契爾夫人也認為美國的法令對歐洲無效。1982 年 11 月中旬，美國被迫取消對蘇聯天然氣管道建設的制裁。在部署中程導彈的問題上，美歐分歧最終以雙方相互妥協而化解。1979 年 12 月，北約外長和國防部長特別會議作出所謂「雙重決定」，即美國儘快與蘇聯進行談判，以保證歐洲中程導彈的平衡，若談判無果，美國就從 1983 年底開始在西歐部署中程導彈。但是，美國企圖先部署後談判，而西歐國家堅持先談判後部署，最後美國同意先以強硬姿態與蘇聯談判。從 1981 年 12 月到 1983 年 11 月，美蘇兩年的談判最終歸於失敗。談判期間。西歐國家傾向於同意蘇聯提出的「對等削減」方案，不支持美國的「零點」方案，而且西歐國家出現了大規模的反核抗議示威，反對美國在西歐部署導彈。最後，西歐國家政府不得不頂住民眾的強烈反對，支持美國在西歐部署潘興-2 導彈和巡航導彈。美國與北約盟國因潘興導彈問題而產生的分歧是「北約在成立 30 年後遇到的最嚴重危機。在過去 30 年中，聯盟曾在政策問題上多次發生分歧，但沒有一次像這次部署美國潘興導彈和巡航導彈那樣危及到聯盟的統一和完整。」[24]

### 5. 美國經濟喜憂參半

雖然美國通過「新遏制」重新奪回了對蘇戰略優勢，實現了「重振國威」的目標，但是它付出了沉重的經濟代價。儘管美國經濟在雷根執政的大部分時間裏保持增長，但是美國經濟的問題也越來越嚴重。第一，美國的財政赤字越積越多，雷根時期的財政赤字累計達 13,482 億美元，比以前歷屆總統累積的財政赤字的總和還多，這主要是因為國防開支過多，八年累計高達 18,786 億美元。[25]第二，美國的外貿赤字越積越多，雷根執政時期的貿易逆差高達 9,986 億美元。第三，美國的負債越來越多，雷根卸任的 1988 年，美國對外淨負債達

---

[24] [美] J·斯帕尼爾：《第二次世界大戰後美國的外交政策》，第 384 頁。

[25] Statistical Abstract of the United States , 1990 , p.309.

5,300 億美元，而八年累計負債總額達到天文數字，僅國債利息總支出達 12,711 億美元。[26]第四，由於雷根當局把抑制通貨膨脹放在經濟工作的首位，為大力吸引國外資金而實行高利率政策，因此雷根時期美國經濟的增長只是低增長。此外，由於雷根當局執行給富人減稅和削減社會福利的「劫貧濟富」的保守主義社會經濟政策，因此美國國威的重振卻伴隨著美國貧富差距的擴大、教育經費和質量的下降等嚴重的社會經濟問題。

## 二、「新遏制」戰略的特點

「新遏制」戰略是新形勢下的「全面遏制」戰略。「新遏制」戰略與「遏制」戰略既有共同之處，也有不同之處。其相同點是，對蘇聯採取政治、意識形態、經濟、軍事、文化等全方位遏制，從而導致美蘇關係的嚴重惡化和國際局勢的高度緊張。其不同點主要有以下幾個方面：

### 1. 背景不同

「遏制」戰略制訂與實施的背景是：二戰的結束與美蘇共同敵人的消失；美國的世界首強地位與美國全球霸權戰略目標的確立；美蘇地緣戰略的衝突與意識形態的根本對立。「新遏制」戰略制訂與實施的背景是：美國國力的繼續相對衰落和蘇聯對美戰略優勢的出現；美守蘇攻的全球戰略態勢與蘇聯在第三世界的大肆擴張；美蘇關係緩和的終結與美國國內保守主義、民族主義的高漲。

### 2. 世界力量結構不同

「遏制」戰略出籠時，東西方力量對比並不均衡，美國及其領導的資本主義世界對蘇聯及其領導的社會主義世界具有明顯的力量優

26 Statistical Abstract of the United States , 1990 , p.309.

勢，除了常規軍事力量之外，美國不僅壟斷了核武器，而且在經濟和科技方面享有對蘇聯的巨大優勢。「新遏制」戰略問世時，雖然美國仍在經濟上具有優勢，但是蘇聯在軍事上略佔優勢，美國與蘇聯的綜合國力旗鼓相當，東西方力量對比基本平衡。

### 3. 戰略目標不盡相同

儘管「遏制」戰略隱含著和平演變社會主義國家的長遠目標，但其基本目標是阻止蘇聯在東歐之外的擴張，把蘇聯的影響限制在戰後初期的範圍內。「新遏制」戰略的目標不僅是阻止蘇聯的擴張，而且要把 70 年代蘇聯在第三世界獲得的勢力範圍奪回來，不僅要奪回地緣戰略優勢，而且要在意識形態上搞垮蘇聯和東歐，使其發生和平演變。正如基辛格所說，雷根當局的戰略「表達出堅信共產主義可以被擊敗，不只是被遏制的信念」。[27]

### 4. 影響與結果不同

「遏制」戰略的實施雖然一定程度上限制了蘇聯的對外發展和增加了社會主義陣營的困難，但是不僅沒能阻止蘇聯國力的增強和影響的擴大及其社會主義陣營的逐漸壯大，反而更多地消耗了美國的力量，使其逐漸失去對蘇戰略優勢並陷入全球戰略被動。「新遏制」戰略的實施雖然一定程度上增大了美歐聯盟內部的分歧，但是振興了美國的軍威和國威，增強了美國的國際地位，加劇了蘇聯的國際困境，從而不僅使美國重新奪回了戰略優勢，而且使美蘇關係逐漸緩和，加快了蘇聯的衰落和解體。

---

[27] [美]亨利・基辛格：《大外交》第 748 頁。

# 第十一章　「超越遏制」戰略與「世界新秩序」戰略

## ——從「冷戰」向「後冷戰」過渡

1988 年 11 月初，美國共和黨總統侯選人喬治・布希在總統選舉中戰勝民主黨總統侯選人杜卡基斯，當選為美國第 41 任總統。布希上臺之際正是蘇聯國力迅速衰落和美蘇關係大為緩和的冷戰結束前夕，他執政不久就接連發生了東歐巨變、蘇聯解體和兩極冷戰格局終結等一系列翻天覆地的變化。因此，在布希執政的四年，美國全球霸權戰略先後表現為「超越遏制」戰略和「世界新秩序」戰略，明顯具有從冷戰時代向後冷戰後時代過渡的特點。

## 第一節　「超越遏制」戰略與「世界新秩序」戰略的背景與原因

「超越遏制」戰略與「世界新秩序」戰略的最大國際背景是國際格局從兩極冷戰向多極化發展。其次，在美國贏得冷戰勝利的同時，美國經濟陷入衰退也是導致美國對外戰略大轉變的因素。具體講，這兩個過渡性戰略出臺的背景與原因有以下幾個相互關聯的方面。

### 一、蘇聯迅速衰落與美蘇關係不斷緩和

從雷根執政中後期到布希上臺初期，美國在美蘇全球爭奪中逐步獲得戰略主動與優勢，而蘇聯的國力和國際影響逐漸衰落，蘇聯的社會矛盾尤其是民族矛盾日趨尖銳。與此同時，在「改革與新思維」的

指導下，蘇聯經濟與政治改革不斷深入，對外戰略不斷收縮，因而美蘇關係逐漸緩和。在這種形勢下，美國逐漸放棄代價高昂且不再符合美蘇關係現實的「遏制」戰略，採取與蘇聯全面接觸的新戰略，在不放棄對蘇軍事壓力的同時，主要使用軍事以外的政治、經濟、文化等手段發展與蘇聯的關係，以實現和平演變東歐和蘇聯從而稱霸全球的最高戰略目標。

## 二、東歐社會變革面臨重要關頭

隨著蘇聯逐漸衰落、美蘇關係逐漸緩和蘇聯改革不斷深入，蘇聯逐漸放鬆對東歐的控制，東歐國家的獨立性增強。同時，在西方的長期滲透下，到 1989 年上半年，表面上基本平靜的東歐實際上正在醞釀一場大規模的革命風暴。1989 年 2 月至 4 月，長期在地下活動的波蘭團結工會逐漸獲得了合法地位，不斷向波蘭政府施加強大壓力。1989 年 2 月至 5 月，匈牙利政府逐步為 1956 年 10 月事件平反。政治嗅覺相當敏銳的布希當局感到徹底和平演變東歐和蘇聯的歷史性機遇即將來臨。於是，布希當局決定充分利用這個機遇，以價值觀傳播、政治支持、經濟援助、文化交流等軟性手段促進東歐和蘇聯的全面西化。

## 三、東西方意識形態對抗消失和美蘇冷戰走向終結

蘇聯逐漸衰落、蘇聯與東歐的西化式改革與美蘇關係迅速緩和，使戰後 40 多年的東西方意識形態對抗消失，使美蘇冷戰趨於終結。蘇聯和東歐在意識形態和社會制度方面向西方靠攏，蘇聯的地緣政治擴張急劇收縮。在美國看來，不僅即將被自由民主主義徹底戰勝的共產主義不再對西方構成嚴重威脅，而且蘇聯大為收斂的國際行為使美國面臨的地緣戰略威脅大為減小。因此，布希當局認為，冷戰遏制政策正在成為歷史，美國要把對蘇聯的階段性勝利變成徹底的全面勝利，就必須走出「遏制」戰略和冷戰對抗。

## 四、波斯灣危機爆發和美國贏得波斯灣戰爭勝利

1990 年 8 月 2 日，伊拉克以 10 萬大軍入侵並佔領科威特，從而引發了震驚世界的波斯灣危機。「如果說前蘇聯和東歐的劇變是美國提出建立世界新秩序的基本前提的話，那麼波斯灣危機的爆發，則為美國利用前蘇聯和東歐劇變的有利環境，來直接建構一個維護其自身主導地位的世界新秩序提供了一個現實可行的機會。」[1]在布希當局看來，冷戰正在結束這一巨大轉機只是為美國創造了建立世界新秩序的必要條件，波斯灣危機則為美國將世界新秩序的構想付諸實踐提供了難得機會——一個實現戰後 40 多年美國對外戰略之最高目標的極好機會：趁蘇聯迅速衰落和美蘇關係大為緩和之機，打著反對侵略、維護和平的旗號，利用聯合國的權威，武力懲罰伊拉克，確立和鞏固在中東的霸權，從而確立美國的世界權威和建立以美國價值觀為指導的「世界新秩序」。於是，1990 年 9 月 11 日，布希正式提出了建立「世界新秩序」的戰略構想。從波斯灣危機爆發到波斯灣戰爭打響之前，美國推動聯合國通過了對伊拉克實施制裁直至動武的一系列決議。波斯灣戰爭結束後，布希當局乘美國軍威和國威大振之勢，於 1991 年 4 月中旬提出了「世界新秩序」的四項原則，勾畫了其基本框架。因此，波斯灣危機與蘇聯、東歐的劇變共同促使美國出臺「世界新秩序」戰略。

## 五、中美關係迅速惡化

經過 20 世紀 70、80 年代中美關係從敵到友的逐步深入和全面發展，到布希上臺的 1989 年年初，中美關係處於戰後最好狀態。但是，1989 年的「6・4」事件成為中美關係的轉捩點，因為美國以此為由實施對華全面制裁，致使中美關係迅速惡化到中美和解以來的最低點。在蘇東劇變和蘇聯對美威脅迅速消失之際，基於共同對付蘇聯的中美

---

[1] 汪波：《美國冷戰後世界新秩序的理論與實踐》，第 3 頁。

准盟友關係對美國的戰略作用迅速下降，而中美意識形態、社會制度的根本對立立即凸現。於是，美國對中國全面施壓和制裁，企圖迫使中國與蘇東一起發生和平演變，從而實現資本主義的一統天下和建立美國領導的「世界新秩序」。

### 六、美國經濟衰退

在美國一步步走向冷戰勝利之際，在波斯灣危機爆發前夕，美國經濟卻從 1990 年 7 月進入了戰後第九次衰退。這次經濟衰退持續近兩年，接著是蕭條，即使美國在波斯灣戰爭中的大勝和蘇聯解體也沒有刺激美國經濟的復甦，直到柯林頓上臺後美國經濟才逐漸復甦。美國贏得了冷戰，卻輸掉了經濟。因此，美國國內新孤立主義抬頭，各種社會矛盾激化，布希當局面臨巨大壓力。於是，布希當局揚外交之長，避經濟之短，企圖乘美國軍威和國威大振、國際影響增大之勢，通過強調美國的道義優勢和強力傳播美國價值觀，構建美國領導的「世界新秩序」，從而抑制國內的孤立主義，緩和經濟不景氣所加劇的各種社會矛盾，增大繼續執政的資本。

## 第二節　「超越遏制」戰略與「世界新秩序」戰略及其政策措施

「超越遏制」戰略與「世界新秩序」戰略具有明顯的遞進關係，即前者是後者的前提與準備，後者是前者的發展和目標。

### 一、「超越遏制」戰略及其政策措施

1989 年 5 月 12 日，布希在美國德克薩斯州農業與機械學院發表題為《蘇聯的變化》的講話，首次提出「超越遏制」（beyond containment）的概念。緊接著，布希在幾次對外政策講話中進一步闡述了這一新戰

略。布希當局在 1990 年 3 月向國會提交的國家安全戰略報告集中表達了實施「超越遏制」戰略的意志：美國應當遵循一種新方向，「以保護戰後時代的遺產」，「幫助形成一個新時代，一個超越遏制的時代，一個將我們帶進下一個世紀的時代」。[2]所謂「超越遏制」戰略，是指布希當局實施的全球霸權戰略，其涵義是：趁蘇聯衰落、蘇聯與東歐全面改革和美蘇關係大為緩和之機，在保持對蘇軍事壓力的同時，憑藉美國的政治與意識形態強勢和經濟與技術優勢，通過政治緩和、意識形態輸出、經濟技術援助和文化交流，與蘇聯、東歐進行全方位的接觸和對其進行全面的滲透，從而達到使東歐脫離蘇聯、弱化蘇聯的軍事力量、迫使蘇聯與美國合作解決地區衝突和徹底西化蘇聯與東歐的目標。具體來說，「超越遏制」戰略的政策措施主要包括以下幾方面內容。

### 1. 和平演變蘇聯

通過與蘇聯全面接觸和加強美蘇合作，使蘇聯發生和平演變，成為國際社會負責任的一員。布希在 5 月 12 日的講話中直言不諱地說，美國現在的目標遠不僅僅是遏制蘇聯的對外擴張，而是謀求使蘇聯重新融入國際社會，回到世界秩序中來。為此，布希當局以停止實施傑克遜——瓦尼克修正案、提供經濟技術援助和支持蘇聯繼續進行全面改革為誘餌，向蘇聯提出了一系列要求：開放對外移民、放鬆社會控制與輿論控制、實現政治民主化和尊重人權；開放天空；削減軍事力量特別是在歐洲佔優勢的常規力量；收斂國際行為，以外交途徑解決國際爭端和緩和地區衝突;在反毒品走私、反國際恐怖主義和保護環境等方面與美國合作。

### 2. 和平演變東歐

與歐洲盟國一起對蘇聯軟硬兼施，並以經濟援助為誘餌引誘東歐國家擺脫蘇聯控制，以實現「建立開放、自由和統一的新歐洲」和結束東西方冷戰的目標。布希在 5 月 12 日的講話中要求蘇聯拆除柏林牆

---

[2] The White House, *National Security of the United States*, March 1990, p.5.

及整個「鐵幕」，以便「從莫斯科驅車到慕尼克看不到一座崗樓或一片帶刺的鐵絲網」。「超越遏制」戰略提出不久，布希當局就利用 5 月底的北約首腦會議和 7 月中旬的七國集團首腦會議之機，成功獲得了美國的主要盟國對這個新戰略的支持。與此同時，布希在東歐劇變之際訪問波蘭和匈牙利，讚揚這兩國的政治經濟改革，並許諾提供經濟援助和把波匈兩國培養為整個東歐回歸西方的領頭羊。美國國會隨後授權布希當局從 1990 年起的三個財政年度向波匈兩國提供 9.38 億美元援助，以推動兩國的政治民主化和經濟私有化。

### 3. 以強大軍事力量作為走出「遏制」戰略的實力基礎

布希當局把「遏制」戰略的成功主要歸功於美國具有強大的軍事力量，特別肯定雷根當局的「以實力求和平」的強硬對蘇政策。由於當時蘇聯仍是軍事力量強大的超級大國，因此美國繼續發展軍事力量，以保持對蘇聯的軍事威懾，並以此為後盾，在非軍事領域加強與蘇聯的交流與合作。從這個角度看，「超越遏制」戰略與「遏制」戰略沒有本質區別。

美國實施「超越遏制」戰略的主要途徑是堅決支持蘇聯和東歐進行全面的政治經濟改革，從而使蘇聯和東歐的政治經濟體制和行為在民主價值觀的指導下發生根本性改變。這一戰略規定的美國對蘇新政策的主要內容是：政治上支持蘇聯實行民主化和公開性，鼓勵自由化和多元化，促使其進一步向西方開放；經濟上加強美蘇經貿關係，向蘇聯提供一定援助，促進蘇聯經濟的市場化和私有化；外交上繼續與蘇聯展開高層對話，擴大多層次交流，推動雙邊關係進一步發展，特別是爭取蘇聯在解決地區衝突問題上的合作；軍事上通過裁軍談判，爭取與蘇聯達成對美國有利的有關削減和銷毀大規模殺傷性武器和常規武器的協議，削減蘇聯的軍備水平。[3]這個戰略規定的對東歐的

---

[3] 參見趙學功：《當代美國外交》，第 42 頁；劉麗雲、張惟英、李慶四：《美國政治經濟與外交概論》，中國人民大學出版社，2004 年 8 月版，第 275 頁。

政策主要是，消除蘇聯對東歐改革的干預，推動東歐政治多元化、民主化和經濟私有化、自由化，從而使東歐回歸西方，成為美國的勢力範圍。

## 二、「世界新秩序」戰略及其政策措施

波斯灣危機既是對美國對外政策的嚴峻考驗，也為美國制定與實施「世界新秩序」戰略提供了難得機遇。波斯灣危機一爆發，美國駐沙特大使弗理曼就通過電報告訴布希當局，如果美國能在這場危機中採取積極行動，將會重新決定世界的秩序。[4]經過三個星期的醞釀和謀劃，布希當局的「世界新秩序」構想逐漸成熟。1990 年 8 月 23 日，布希的國家安全顧問斯考克羅夫特首次提出了美國新的對外戰略設想：利用美蘇敵對消失和波斯灣危機爆發，創造新的世界秩序。從此，「世界新秩序」一詞就反復出現在布希及其主要對外政策助手的講話中。

1990 年 9 月 9 日，布希與戈巴契夫在赫爾辛基討論波斯灣危機時說：「現在有一個設想，我們不但不能讓薩達姆・侯賽因從這次侵略中獲得任何利益，而且還要從這場悲劇中建立起一種世界新秩序。」[5]布希提出的所謂「世界新秩序」，「是一個建立在市場經濟和民主政治基礎上、體現自由主義價值觀的總體構想」。[6]

同年 9 月 11 日，布希以「通向世界新秩序」為題，就波斯灣危機及美國的對策向美國國會兩院聯席會議發表講話。布希明確提出了美國在波斯灣的四項近期目標：伊拉克立即、無條件地從科威特全部撤軍，恢復科威特的合法政府，確保波斯灣的安全與穩定，保護美國的海外公民。接著，布希闡明了美國對外戰略的宏偉目標：「我們今天處

[4] 汪波：《美國冷戰後世界新秩序的理論與實踐》，第 6 頁。

[5] George Bush and Bent Scowcroft?, *A World Transformed,* New York, Knopf, 1998, p.363. 轉引自汪波：《美國冷戰後世界新秩序的理論與實踐》，第 6 頁。

[6] 汪波：《美國冷戰後世界新秩序的理論與實踐》，第 315 頁。

於一個獨特的非常時刻。雖然波斯灣危機很嚴重，但是它提供了一個朝著具有歷史意義的合作時期邁進的少有機會。這一動盪期結束後，我們將實現第五個目標——世界新秩序，即一個新時代的出現：一個較少受恐怖的威脅、在追求公正中變得更加強大、在追求和平中變得更加安全的新時代，一個世界各國，無論東方還是西方，無論是北方還是南方，都能繁榮富強與和諧生活的新時代。……這個新世界——一個完全不同於我們所知的世界，一個法律的統治將取代生存鬥爭統治的世界，一個所有國家將認識到對自由與正義負有責任的世界，一個強者尊重弱者權利的世界——今天正在奮鬥中誕生」[7]

波斯灣戰爭結束後不久，布希於 1991 年 3 月 6 日在美國國會演說道：「現在，一個嶄新的世界已經映入眼簾，它正向我們徐徐走來。這是一個真正孕育著世界新秩序的世界……一個聯合國在其中擺脫了冷戰僵局並準備完成其締造者們的歷史夢想的世界，一個每個國家都享有自由、都尊重人權的世界。」[8]

1991 年 4 月 13 日，布希在阿拉巴馬州的馬克斯威爾空軍基地向蒙哥馬利空軍學院學生發表演說，詳細闡釋了「世界新秩序」的含義與基本原則。他說：「隨著冷戰的結束，我們看到了建立世界新秩序的各種機會」，「新秩序不是指導各國行為的一個藍圖，也不是淩駕一切的結構或制度；它並不意味著放棄我們的國家主權或犧牲我們的經濟利益」，「新秩序是勝利賦予我們的一種責任，是指與其他國家一起用新的方法去阻遏侵略，實現穩定、繁榮，尤其是和平」。布希提出的「世界新秩序」的四項基本原則是：「和平解決爭端，團結一致反對侵略，減少和控制武器，公正對待所有國家的人民」。[9]

---

7 President George Bush, *Toward a New World Order*, before a joint session of the Congress, Washington D.C., Sept. 11 1990, Current Policy, No. 1298.

8 [美]茲比格紐・布熱津斯基：《大抉擇：美國站在十字路口》，新華出版社，2005 年 1 月第 1 版，第 149 頁。

9 轉引自潘銳：《冷戰後的美國外交政策——從老布希到小布希》，第 129-130 頁。

總之，所謂「世界新秩序」戰略，是指利用冷戰結束和波斯灣危機之機，大力傳播美國價值觀，發揮美國的領導作用，以建立美國領導的世界新秩序的美國全球霸權戰略。「世界新秩序」戰略的內容是：確保美國的「全球領導地位」，發揮美國的世界領導作用；建立以美國軍事力量為保障的國際安全結構，「以消除未來對美國本土和海外駐軍、對友邦和盟友的威脅」；推行西方式的「民主制度」和「市場經濟」，用美國的價值觀改造世界；調整聯盟戰略，充分發揮其國際協調作用，力圖以國際社會的集體名義來實現美國全球戰略目標；加強綜合國力建設，為推行美國全球戰略奠定實力基礎。[10]

具體而言，「世界新秩序」戰略包括以下幾方面的內容與政策措施。

### 1. 趁冷戰結束的大好時機建立美國領導的單極世界體系和世界新秩序

這是「世界新秩序」戰略的核心內容，也是其根本目標。由於美蘇關係空前緩和與蘇聯正在迅速衰落，兩極冷戰格局即將終結，因此布希當局認為:作為唯一超級大國的美國終於迎來了建立全球霸權、單極世界體系和世界新秩序的歷史性機遇，因為只有美國既具有領導世界的道義聲望又具有支持這一聲望的強大物質力量。布希當局在 1991 年的美國國家安全戰略報告中指出，美國的領導對世界新秩序的建立是不可缺少的，美國要幫助建立一個「美國的價值不僅繼續生存而且繁盛的新世界」，「美國必須是個領袖」。[11]

### 2. 以美國價值觀為指導推進「全球民主化」和建立「自由世界大家庭」

這是「世界新秩序」戰略的「旗號」與「招牌」，也是其基本戰略途徑。在布希當局看來，只有把美國的民主、自由、人權等價值觀推

---

[10] 劉麗雲、張惟英、李慶四：《美國政治經濟與外交概論》，第 277 頁。
[11] The White House, National Security of the United States, August 1991, p.v.

廣到全球，「世界新秩序」才能建立，世界和平、安全與繁榮才有保障。因此，美國不僅極力鞏固東蘇巨變的成果，而且企圖迫使中國和平演變；不僅向廣大中間地帶國家傳播價值觀，而且引誘和促使俄羅斯加快政治經濟西化的步伐，並向獨聯體國家等前蘇聯地區滲透。

### 3. 強化和協調與盟國的關係

這是「世界新秩序」戰略的前提與基礎。布希當局非常重視西方國家的團結和合作對美國建立「世界新秩序」的關鍵作用。這是因為，蘇聯解體後意識形態和社會制度基本相同的西方國家在世界上的影響更大，西方國家加強協調與團結有利於「世界新秩序」的建立，經濟實力相對衰落的美國在建立「世界新秩序」中更加需要盟國的財力支持（如波斯灣戰爭的費用主要是由日本、德國、沙特等盟國提供的）；如果西方國家間關係因共同敵人的消失和經濟競爭與貿易摩擦加劇而惡化，美國就不可能建立以它為領導以西方為主體的「世界新秩序」。這方面最突出的表現就是美國國務卿貝克於 1991 年 6 月提出指導美歐關係的「新大西洋主義」，即通過改造北約職能和強化其作用、加強美國與歐共體的聯繫、擴大歐安會的作用，建立美國主導的歐洲新格局和強化美歐聯盟關係。

### 4. 保持強大軍事力量

這是「世界新秩序」戰略的力量基礎，它既是為了對蘇聯保持軍事壓力，更是為了懾止侵害美國利益的地區武裝衝突。蘇聯迅速衰落直至解體和兩極冷戰對抗逐步終結，使美國面臨的國際安全環境大為改善，因而美國在 80 年代末 90 年代初先後與蘇聯、俄羅斯簽訂了一系列裁軍條約，從而使世界軍備競賽大大降溫。但是，在布希當局看來，雖然蘇聯的巨大威脅消失了，但是世界卻受到像伊拉克那樣的地區霸權主義、大規模殺傷性武器擴散、恐怖主義、民族與宗教矛盾引發的地區衝突和內戰、毒品氾濫與愛滋病等瘟疫的蔓延等威脅，因此世界仍是不安全的，美國面臨更加分散的挑戰和威脅，因而必須保持強大軍事力量。布希認為，「冷戰的結束並沒有使世界進入一個永久和平的時代」，這正是美國必須領導世界建立和平與繁榮的新世界秩序的原因，努力建立新的世界秩序「在一定意義上就是接受挑戰，撥亂反正」。[12]受這種觀念的支配，美國軍備的裁減是十分審慎和有限的，而且美國往往利用其戰略優勢迫使蘇聯、俄羅斯裁減更多的軍備，從而增大其軍事優勢。在這個新戰略的指導下，美國國防部在 1992 年 2 月向國會提交的《1993 財年國防報告》中把美國的軍事戰略命名為「地區防務」戰略。該戰略的問世「標誌著美國以『遏制共產主義』為特徵的冷戰型戰略的終結和『冷戰後』戰略構想的開始。其特點是：美國的主要作戰對象由蘇聯轉變為可能危及美國戰略利益的地區性軍事強國，地區安全問題成為美國戰略關注的重點；戰略重心由歐洲變為歐亞並重。」[13]因此，儘管「世界新秩序」戰略充滿理想主義色彩，但它仍是以強大軍事力量和戰略優勢為後盾的，因而本質上仍是「以實力求和平」。

## 第三節　「超越遏制」戰略與「世界新秩序」戰略的影響與特點

### 一、「超越遏制」戰略的影響

無論從美國意識形態的傳播角度還是從美國地緣戰略擴張的角度看，「超越遏制」戰略都是成功的，因為它的基本目標在短期內相當順利地實現了。總體上講，「超越遏制」戰略順應冷戰結束之際的國際形勢，充分利用了蘇聯、東歐等社會主義國家遭遇的經濟困難、政治挫折和美國等西方國家的經濟技術優勢，因而實現了削弱蘇聯國力與國際影響、加快蘇聯與東歐的西化、進而大大擴展美國意識

[12] 布希於 1991 年 4 月 13 日在馬克斯威爾空軍基地的講話，見《外交政策背景資料》，轉引自潘銳：《冷戰後的美國外交政策——從老布希到小布希》，第 131 頁。

[13] 蔣曉燕、信強：《美國國會與美國對華安全決策》（1989-2004），時事出版社，2005 年 5 月第 1 版，第 49 頁。

形態和地緣戰略影響的目標，而且對國際形勢的緩和與兩極冷戰格局的終結具有重大促進作用。具體而言，「超越遏制」戰略的影響有以下幾個方面：

### 1. 它促進了東歐巨變

1989年下半年東歐劇變是兩極冷戰格局形成後40餘年裏歐洲乃至全世界發生的最具戲劇性和最具里程碑意義的重大變化，直接導致了東歐巨變。儘管戈巴契夫的政治改革與外交「新思維」是導致東歐巨變的首要外部因素，但在東歐劇變前夕出籠並在東歐劇變期間付諸實施的美國「超越遏制」戰略也是非常重要的外部因素，因為該戰略目標之一就是西化東歐，使之脫離蘇聯控制並成為美國的勢力範圍。

### 2.它促進了兩德的統一

1989年11月9日柏林牆的倒塌是東歐劇變中極具歷史意義和象徵性的一幕，它不僅是歐洲冷戰結束的重要標誌之一，而且開啟了對德意志民族、東西歐關係乃至整個東西方關係具有重大積極影響的兩德統一進程。柏林牆倒塌既是東德在蘇聯西化式改革影響下發生突變的表現與產物，也是「超越遏制」戰略取得的重大成果，還是兩德統一的前提與先兆。可以說，沒有「超越遏制」戰略，就沒有柏林牆的倒塌，也就沒有兩德的統一。在柏林牆倒塌後不到11個月的時間裏，兩德之所以能實現從對立到統一的歷史性巨變，除了兩德特別是西德的積極努力和蘇聯在西德巨額經濟援助誘惑下最終放棄反對西德吞併東德的原則立場之外，「超越遏制」戰略的推行是另一個重要因素。

### 3.它促進了美蘇關係緩和與蘇聯西化

從1985年戈巴契夫執政開始，80年代前期高度緊張的美蘇關係漸趨緩和。但是，這一緩和進程在布希上臺之際有所停滯。經過對美蘇關係和國際局勢近四個月的認真評估和對美國全球戰略的重新謀劃，布希當局正式出臺了「超越遏制」戰略，以取代基本完成歷史使命的「遏制」戰略。雖然「超越遏制」戰略的出臺以蘇聯、東歐的改革和美蘇關係的緩和為背景，甚至可以說它本身就是這一改革與緩和的產物，但是它的出臺與實施進一步促進了美蘇關係的緩和與蘇聯的全面西化。這是由「超越遏制」戰略的基本特性與目標——走出 40 多年的對蘇聯遏制——決定的。

### 4.它導致美蘇冷戰逐步退出歷史舞臺

雖然美蘇關係在雷根第二任期逐漸緩和，但是美蘇冷戰在布希就職時並沒有結束，美國對美蘇關係的走向仍沒有把握，這是剛上臺的布希當局對當時美蘇關係的基本看法。美國國防部長切尼甚至說戈巴契夫的改革將因他會被更加敵視西方的蘇聯領導人取代而失敗。當時蘇聯對布希當局沒有立即採取措施促進美蘇關係的緩和感到失望。就在美蘇緩和陷入停滯之際，布希當局審時度勢，正式出臺了以結束美蘇冷戰為直接目標的「超越遏制」戰略。在東歐劇變尚未落幕的 1989 年 12 月初，布希與戈巴契夫在馬爾他舉行歷史性的首次會晤，戈巴契夫向布希保證不對東歐進行軍事干涉，並與布希一起宣佈「將冷戰丟進地中海」。1990 年 5 月底 6 月初，布希與戈巴契夫在華盛頓舉行正式會談，就削減美蘇進攻性戰略武器和化學武器達成了共識，為 1991 年 7 月 31 日美蘇首腦在莫斯科簽署第一階段削減進攻性戰略武器條約鋪平了道路。

### 5.它導致中美關係嚴重惡化

在「超越遏制」戰略出籠和「6・4」事件發生之前，中美是准盟友。但是，由於在「超越遏制」戰略促進東歐劇變、蘇聯西化和美蘇關係緩和之際，中國發生了震驚世界的「6・4」事件，因此不僅中國對美國的戰略價值急劇下降，而且中國在意識形態和社會制度方面與美國的對立凸現。於是，美國以該事件為藉口實施對華「以壓促變」戰略，企圖迫使中國步東歐後塵，以致中美關係嚴重惡化。

有理由認為，如果沒有「超越遏制」戰略及其促進的東歐劇變和美蘇關係緩和，即使中國發生「6・4」事件，美國也不會實施全面對華制裁。

## 二、「超越遏制」戰略的特點

從總體上看，相對於「遏制」戰略而言，「超越遏制」戰略不僅僅是戰略措施與手段的變化，更主要的是戰略目標的變化，即美國的戰略目標主要不再是遏制蘇聯的擴張和把它限制在已有的勢力範圍內，而是消除其勢力範圍和縮小其國際影響乃至把它變成西方的一員，實現對蘇聯的不戰而勝。當然，「超越遏制」戰略也不是立即徹底拋棄「遏制」戰略，而是要借助「遏制」戰略的餘威，逐步走出這種代價高昂的對外戰略。換言之，「超越遏制」戰略的「實質就是逐步改變用各種政治、經濟、軍事和外交手段孤立和打擊蘇聯和東歐國家的傳統戰略，轉為利用蘇東國家內外政策調整提供的機會加緊各種滲透，以最終實現對共產主義制度的『不戰而勝』」。[14]具體而言，「超越遏制」戰略有以下特點：

### 1. 其目標更宏大

「遏制」戰略的目標主要是限制蘇聯、中國社會主義的發展，阻止其勢力範圍或國際影響的擴大；而「超越遏制」戰略的目標主要是使蘇聯和東歐等社會主義國家發生和平演變，從而實現資本主義的一統天下和美國的全球霸權目標。

### 2. 其手段更多、更靈活

「遏制」戰略雖然包括軍事以外的手段和措施，但是強調軍事力量的核心地位和軍事手段的基本作用；而「超越遏制」戰略雖然仍強調作為後盾的軍事力量，但是更重視綜合運用政治、外交、經濟、文

---

[14] 潘銳：《冷戰後的美國外交政策——從老布希到小布希》，第60頁。

化、軍事等各種手段，尤其是非軍事手段。而且，與「遏制」戰略相對僵化的手段相比，「超越遏制」戰略的手段顯得非常靈活。

### 3. 其作用範圍更廣

「遏制」戰略的作用範圍基本上是社會主義陣營的周邊區域和兩大陣營之外的中間地帶；而「超越遏制」戰略的作用範圍除此之外，更主要是蘇聯、東歐等社會主義國家的內部。

### 4. 它更具進攻性

「遏制」戰略雖然有時或在局部具有進攻性，但是總體上是防禦性的，是要阻止蘇聯及其社會主義陣營的壯大與擴展，因而基本上是要維持現狀；而「超越遏制」戰略的目標是徹底演變社會主義國家，完全是進攻性的，儘管是軟進攻。

## 三、「世界新秩序」戰略的影響

### 1. 它促進了冷戰的結束

「世界新秩序」戰略本身是美國全球霸權戰略適應美蘇冷戰趨於終結的新形勢而作出的戰略反應，是「超越遏制」戰略在新形勢下合乎邏輯的發展，因此它促進了美蘇關係進一步緩和與冷戰的結束。因為這個戰略的基本內容和目標就是與蘇聯合作解決國際衝突、緩和國際局勢和把它融入美國主導的「世界新秩序」中。以蘇聯解體為最終標誌的冷戰之結束，正是「世界新秩序」戰略推行過程中世界發生的最具有里程碑意義的重大變化。

### 2. 它有利於維護波斯灣地區的穩定

「世界新秩序」戰略是在波斯灣危機爆發的背景下出籠的，在很大程度上是為了應對和處理這個危機，並以此為契機構建美國在中東的全面霸權，從而確立美國的全球領導地位。布希當局為「世界新秩序」戰略規定的原則之一就是團結一切反侵略力量對侵略者實施嚴厲懲罰，依據這個原則所發動的波斯灣戰爭雖然使美國合法地確立了對中東波斯灣地區的控制，但是客觀上也恢復與維護了波斯灣地區的穩定。

### 3. 它不利於美歐、美日聯盟的鞏固

儘管布希當局把美國與其主要盟國的團結當作「世界新秩序」戰略基石與支柱，但是美歐關係、美日關係不是更加融洽，而是趨於惡化。這是因為，在建立冷戰後世界新秩序的重大問題上，美國不僅與中國等廣大發展中國家的主張背道而馳，而且與歐、日等盟國也有分歧。美國極力主張建立美國領導的以美國價值觀為指導、以西方聯盟為主體的世界新秩序，而歐、日主張建立美、歐、日共同領導的世界新秩序。不僅長期與美國不和的法國反對把美國統治下的和平強加於人，連一向緊跟美國的英國也認為，「誰也不能宣稱一個國家可以決定一切，無論是美國統治下的和平還是大西洋統治下的和平，都是不現實的」。[15]美國與歐、日在這個問題上分歧的深層原因有三：一是蘇聯這個共同敵人的急劇衰落和消失使西方聯盟內部的凝聚力迅速下降；二是美國在西方世界中的實力相對衰落使歐、日不再唯美國馬首是瞻；三是美歐、美日經濟競爭加劇對美國與歐、日的整體關係產生了消極影響。

### 4. 中美關係進一步惡化

「世界新秩序」戰略的推行使「6・4」事件後開始嚴重惡化的中美關係更加惡化。這是因為，「世界新秩序」戰略的重要目標之一就是使中國發生和平演變並融入美國設計的「世界新秩序」之中，而中國堅持馬克思主義信仰和社會主義道路，堅決抵制美國「以壓促變」的對華戰略。中美圍繞「人權」問題進行的尖銳鬥爭導致中美關係在總體上嚴重倒退。

---

[15] 轉引自潘銳：《冷戰後的美國外交政策——從老布希到小布希》，第 134 頁。

如果說前兩點不僅符合美國的戰略目標而且客觀上也對冷戰結束之際的國際局勢產生了積極影響，那麼後兩點不僅不符合美國的主觀願望，而且客觀上對國際局勢產生了消極影響，不利於「世界新秩序」戰略之目標的實現。這正是這個戰略失敗的重要原因之一，因為沒有盟國的支持，美國的「世界新秩序」戰略只能是「水中撈月」，而中國不融入「世界新秩序」，「世界新秩序」自然不成其為真正的「世界新秩序」。美國推行「世界新秩序」戰略，既不利於兩極冷戰格局向多極和平格局的過渡（因為這一戰略的根本目標是建立美國主導的單極世界體系），也得不到要求少承擔國際責任以享受「和平紅利」的美國民眾的支持。因此，在美蘇關係日趨緩和、冷戰即將成為歷史因而美歐、美日聯盟趨於松解和中美准聯盟消失的形勢下，在美國國力和國際影響相對下降的背景下，充滿理想主義色彩的「世界新秩序」戰略歸於失敗是非常自然的。正如基辛格所說，世界新秩序的概念是美國出於為了打一場戰爭而尋找「漂亮的藉口」的需要，它不大可能實現布希總統所表達的「理想主義的期望」。[16]

## 四、「世界新秩序」戰略的特點

### 1. 充分利用聯合國在建立「世界新秩序」中的作用

由於美蘇敵對的消失，由於美國在冷戰中付出了高昂的經濟代價和在冷戰結束之際經濟實力相對衰落，因此在應對波斯灣危機和建立「世界新秩序」的努力中，美國儘量利用聯合國這面旗幟，企圖「挾天子以令諸侯」，以較低經濟代價建立合法的「世界新秩序」。布希當局非常重視利用聯合國的旗幟作用和法律權威。這方面最典型的例子就是聯合國安理會就波斯灣危機先後通過了 12 個制裁和軍事打擊伊拉克的決議，授權美國率領多國部隊發動波斯灣戰爭，以武力恢復科威特的主權。

[16] 潘銳：《冷戰後的美國外交政策——從老布希到小布希》，第 135 頁。

1990 年 10 月 1 日，布希在 45 屆聯合國大會上發表演說，宣稱美國以及整個世界的職責是建立新的世界秩序，並表示美國將全力支持聯合國在建立世界新秩序的努力中發揮至關重要的作用。在冷戰結束之際，美蘇兩個超級大國戰後首次在聯合國安理會處理波斯灣危機過程中進行合作，聯合國開始發揮在維護地區穩定、國際安全和世界和平方面應有的關鍵作用，因此其威望大振。這是戰後美國首次合法利用聯合國去實現自己的對外戰略目標。這既增強了美國以聯合國號令天下從而建立「世界新秩序」的信心，也為美國的「世界新秩序」戰略批上了一件合法的外衣。

### 2. 盡力爭取歐日等盟國的支持與合作

冷戰結束之際，由於美國經濟實力在西方世界的相對衰落和美國國內孤立主義抬頭，美國全球戰略目標之高遠與其國力的有限之間的矛盾更加突出，因此布希當局在推行「世界新秩序」戰略時需要西方盟國的支援與合作。美國這時對盟國的需求不僅大於冷戰時期，而且大於盟國這時對美國的需求。布希當局認為，美國與盟國的合作關係，是一種「基於磋商、合作和集體行動」並「公平分擔義務」的「夥伴關係」。[17]美國在與西方盟國的團結合作中自然不能像以前那樣發號施令，但也不是要真正與盟國平等合作，因為確保美國在建立「世界新秩序」中的領導地位是美國堅持的一項根本原則和追求的根本目標。

### 3. 以美蘇合作為重要內容

在冷戰時期，美國全球霸權戰略的的主要內容和基本特點是遏制蘇聯。但是，「世界新秩序」戰略所規定的對蘇政策以合作而不是遏制為主，儘管遏制沒有完全消失。這是因為，一方面，冷戰即將結束，

---

17 《美國外交政策文件（1990）》，華盛頓政府印刷所（GPO），1991 年版，第 21 頁，轉引自劉金質：《冷戰史》（下冊），第 1511 頁。

美蘇關係空前緩和，美國不必繼續遏制蘇聯；另一方面，蘇聯雖然已經明顯衰落，但仍是超級大國，在軍事上仍與美國勢均力敵，其國際影響仍是世界性的，因此沒有蘇聯的合作，「世界新秩序」戰略是難以推行的。於是，美國主要通過為蘇聯的政治經濟改革提供支持與援助來換取蘇聯在裁減軍備和解決地區衝突中的退讓與合作。美蘇在解決波斯灣危機中的空前合作以及隨之而來的美國在波斯灣戰爭中軍威和國威的大振，就是美國在描繪「世界新秩序」藍圖中的唯一得意之筆。

### 4. 充滿理想主義色彩

冷戰時期美國的全球霸權戰略雖然以反對共產主義、保衛自由民主主義為旗號，但本質上是與蘇聯進行地緣戰略爭奪乃至全球霸權爭奪，因此浸透了現實主義權力政治。雖然冷戰結束之際的「世界新秩序」戰略仍以美國強大實力為後盾，仍有現實主義權力政治色彩，但是，由於蘇聯正在衰落，其意識形態正在改變，其對外戰略正在收縮，「世界新秩序」戰略的目標不再是與蘇聯爭奪全球霸權，而是把蘇聯納入美國主導的「世界新秩序」之中，因而具有強烈理想主義色彩。這種理想主義色彩充分表現在美國對聯合國的重視和對美蘇合作的積極態度上，集中表現為美國對新世界的殷切期待。「世界新秩序」戰略從某種意義上說是威爾遜主義的復活，在相當程度上是羅斯福藍圖的翻版。「在這樣一種世界秩序中，世界將是一個整體，而不是基於不同力量中心或意識形態被劃分為不同的勢力範圍；它將建立在大國合作而非大國對抗的基礎上；它主要貫徹的是聯合國、歐安組織等體現的集體安全原則而不是北約、美日同盟等所體現的同盟政治原則；美國將是整個世界的領導，而不只是半個（西方）世界的領導。」[18]

---

[18] 朱明權：《領導世界還是支配世界？——冷戰後美國國家安全戰略》，第188頁。

# 第十二章　「參與和擴展」戰略
## ——冷戰後初期的美國全球霸權戰略

1992 年 11 月初，美國民主黨總統候選人威廉·柯林頓以壓倒優勢擊敗美國在任總統喬治·布希，當選為美國第 42 任總統。來自美國一個南方小州的名不見經傳的柯林頓，竟然以絕對優勢戰勝了領導美國取得波斯灣戰爭勝利和冷戰勝利的大政治家老布希，這似乎不可思議。但是，聯繫到當時美國所面臨的國內外形勢，美國政壇爆出這個大冷門又在情理之中，它是美國取得冷戰勝利但經濟陷入衰退的必然產物，是冷戰時代徹底終結和後冷戰時代正式開始的一個標誌。

柯林頓當局於 1994 年 7 月出臺了名為《參與和擴展的國家安全戰略》的國家安全戰略報告（以下簡《報告》），這標誌著作為冷戰後美國全球霸權戰略的「參與和擴展」戰略的最終確立。柯林頓當局後來又向國會提交了多個國家安全戰略報告，那些報告的基本精神和內容與這個報告基本相同，甚至名稱也相同（如 1996 年的報告）。雖然柯林頓在第二任期提交的幾個國家安全戰略報告名為《面向新世紀的國家安全戰略報告》，其中出現了一些新概念、新觀點，比如 1997 年的報告認為從 1997 年到 2015 年是美國必須充分利用的「戰略機遇期」，美國必須沿著「塑造——反應——準備」的總體思路去努力實現其國家安全戰略目標，但是它們仍屬於「參與和擴展」戰略的範疇。

「參與和擴展」戰略是在美國贏得了冷戰卻輸掉了經濟的歷史背景下出籠的。因此，儘管它沒有完全擺脫冷戰思維，但它具有十分強烈的後冷戰時代的特點，與冷戰時期的美國全球霸權戰略明顯不同。該戰略對美國國家安全利益的界定、對美國所處的國際環境的評估、對美國所面臨的安全挑戰與威脅的判斷、對實現美國全球戰略目標的途徑和手段的選擇，都與冷戰時期有很大差別。在柯林頓執政的 8 年，美國憑藉其無與倫比的超強綜合國力和國際地位，在全新的國際安全環境中全力追求美國的全球領導地位。

## 第一節　「參與和擴展」戰略的背景與原因

### 一、冷戰後美國面臨充滿挑戰和機遇的全新國際環境

蘇聯解體和兩極冷戰格局崩潰後出現的充滿挑戰和機遇的全新國際環境，是柯林頓當局制訂和實施冷戰後美國全球霸權戰略的基本國際政治背景，而適應世界格局的巨變是它出臺「參與和擴展」戰略的根本原因。

柯林頓上臺之際，國際格局已經發生了巨大而深刻的變化：兩極冷戰格局崩潰，但新的國際格局還沒有形成，世界處於新舊格局的轉換之中。一方面，冷戰對抗終於以美勝蘇敗告終，美蘇核大戰的陰影完全消散，國際安全和世界和平似乎更有保障。另一方面，各種錯綜複雜的地區性、世界性的新舊矛盾相互交織，世界各種戰略性力量縱橫捭闔，重新分化組合，核擴散、恐怖主義猖獗、生態環境破壞、毒品氾濫、愛滋病蔓延和非法移民等各種全球性問題日益凸顯，世界政治經濟處於深刻而複雜的變化之中，世界並不安寧。正如後來柯林頓當局的首份國家安全戰略報告稱：「冷戰的結束從根本上改變了美國的安全需要。過去半個世紀對安全的挑戰是共產主義擴張的威脅，這個威脅現在已經消失，但是今天我們面臨的危險更加多種多樣。在世界的許多地方，種族衝突正在蔓延，狂暴的國家給地區穩定造成嚴重的危險。大規模殺傷性武器的擴散是對我們的安全提出的主要挑戰。人口的迅速增長使大範圍的環境惡化更加嚴重，這給許多國家和地區的政治穩定構成威脅。」[1]

---

[1] 梅孜編譯：《美國國家安全戰略報告彙編》，第 243 頁。

對美國而言，世界格局巨變具有兩方面的含義：一方面美國成了唯一超級大國，不僅國家安全和政治意識形態自冷戰開始以來第一次不再面臨巨大威脅，而且似乎向稱霸全球的最高戰略目標大大邁進了一步；另一方面美國又面臨大量國內外新問題和分散化的國際挑戰與威脅。柯林頓當局認為美國面臨的外部挑戰和威脅主要有：俄羅斯的未來不確定；東歐和前蘇聯地區正在經歷痛苦的經濟、政治過渡；在世界事務中發揮更加重要作用的中國仍然維持一個鎮壓性的政權；大規模殺傷性武器擴散造成的嚴重危險；狂暴的極端主義者威脅著許多地區的脆弱和平；遍及全球的好鬥的民族主義以及種族和宗教衝突；以及諸如恐怖主義、毒品走私、環境破壞、人口迅速增長和難民流動等非軍事性跨國威脅。[2]換言之，對費了九牛二虎之力才贏得冷戰的美國而言，這種新的世界形勢和國際安全環境既是重大歷史機遇，也是新的挑戰。在柯林頓代表的多邊國際主義者看來，美國面臨的新機遇和新挑戰都要求美國以新的方式進一步介入國際事務和繼續承擔領導世界的責任，美國必須抓住和充分利用這個千載難逢的大好機遇，勇敢面對和最終戰勝一切新挑戰，消除對美國國家利益和政治價值觀的威脅，因此必須制訂和實施新的全球霸權戰略，即通過廣泛而又有選擇、有主次之分地參與國際事務，實現獲取經濟利益、確保國家安全、傳播美國政治價值觀、擴展美國的國際影響等多重目標，從而實現領導全球的最高目標。柯林頓當局認為，美國面臨的歷史機遇遠大於它面臨的挑戰和威脅，美國具有無可比擬的機會使它更加安全和繁榮，因為美國沒有勢均力敵的全球性對手，全球範圍內不再存在蘇聯那樣對美國安全和價值觀的嚴重威脅，美國面臨大力傳播其自由、民主、人權等價值觀和推廣其自由市場經濟模式的極好機會。冷戰後新的國際安全環境與美國稱霸世界的企圖，從根本上決定了柯林頓當局制訂和實施理想主義色彩濃厚的「參與和擴展」戰略。這個戰略的最高目標就是建立以美國價值觀為指導的美國領導的後冷戰時代的世界秩序。

---

2　梅孜編譯：《美國國家安全戰略報告彙編》，第 247 頁。

## 三、冷戰結束後美國孤立主義重新抬頭

冷戰結束後美國新孤立主義的抬頭是奉行國際主義的柯林頓當局面臨的一大挑戰，因此抑制孤立主義、高揚國際主義從而使美國在廣泛的國際參與中實現對全世界的領導，也是柯林頓當局出臺「參與和擴展」戰略的重要原因。

冷戰結束後，由於蘇聯解體、美國經濟衰退和國內問題凸現，美國主流民意趨於「內向化」，認為是美國享受「和平紅利」、振興美國經濟和重點處理國內問題的時候了。於是，蟄伏了半個世紀的孤立主義思潮乘機再起。冷戰後美國的新孤立主義認為，在蘇聯威脅消失和國內經濟衰退的形勢下，美國應該儘量避免捲入國外紛爭，以集中精力關注自己的切身利益和處理國內問題。以共和黨總統初選候選人布坎南為代表的極端保守勢力和新孤立主義勢力異軍突起，他們打著「美國至上」和「美國優先」的旗號，強烈要求放棄對外干涉的國際主義外交，主張貿易保護主義和嚴格限制外來移民，甚至主張退出聯合國、北約、世界貿易組織和北美自由貿易區。布坎南在競選時提出了一系列極端孤立主義的對外政策主張：停止美韓聯合軍事演習，儘早從韓國撤軍，儘早廢除美日安全保障條約；撤回駐歐美軍和核武器，將北約交給歐洲管理；停止對第三世界國家的一切援助，從國際發展機構和亞非拉地區發展銀行中撤出；停止向國際貨幣基金組織和世界銀行提供資金。「新孤立主義的實質是強調重建美國國內政治、經濟、社會秩序，減少承擔海外政治、軍事義務，停止對外援助，實現美國對外戰略的全球性收縮。」[3]

雖然美國主流民意和外交精英並不支持這種極端外交主張，但是主流民意的「內向化」不利於美國憑藉唯一超級大國地位實現其夢寐以求的全球領導地位。因此，以國際主義引導美國，激發其根深蒂固的道德使命感和理想主義追求，並據此制訂和實施「參與和擴展」戰

[3] 劉麗雲、張惟英、李慶四：《美國政治經濟與外交概論》，第 295 頁。

略，推行全球霸權主義，是柯林頓當局的外交當務之急。柯林頓反復強調，在美國利益與世界密切相關和內政與外交難以分開的形勢下，作為唯一超級大國，美國必須繼續承擔領導世界的責任，必須面對眾多全球性和地區性挑戰。他同時指出，美國「必須克服這個國家中要我們只把目光盯著我們在美國遇到的問題的那種危險而且日益嚴重的誘惑」，並告誡國民「如果我們今天在世界撤退，明天我們就不得不努力對付由於我們的疏忽而造成的後果」。[4]

## 四、柯林頓的政治和外交理念

柯林頓當局制訂和實施具有濃烈理想主義色彩的「參與和擴展」戰略，除了取決於冷戰結束後美國面臨的國際安全環境大為改善、經濟全球化加速發展導致的經濟外交和經濟安全的日益突出之外，柯林頓本人的政治和外交理念也是不可忽視的原因。柯林頓是從二戰結束後「嬰兒潮」中產生的第一位總統，是美國歷史上最年輕的、最聰明、最瀟灑的總統之一，是冷戰後美國最耀眼的政治明星。柯林頓出身貧寒，成長在自由主義處於顛峰的 20 世紀 60、70 年代，受惠於民主黨的社會經濟政策，深受自由主義外交思想的影響。柯林頓以民主黨溫和派形象參加總統競選，力求在民主黨和共和黨的兩種治國理念和政策主張中尋找平衡，並憑藉其「新民主黨」形象和「中間道路」思想，獲得了大量中間選民的支持，終於如願以償地入主白宮。但是，他的自由主義思想是很強烈的。他繼承了民主黨傳統的理想主義外交傳統，主張在外交中強調美國的道德使命感和自由、民主價值觀，重視人權外交，同時他又是務實的民主黨人，認為傳播美國價值觀與追求現實利益可以並行不悖。他既反對以犧牲道義原則為代價追求現實利益，也反對不顧現實利益而過分強調意識形態，更反對把眼光局限在美國自身的孤立主義主張，具有強烈的全球主義追求。

4　轉引自劉麗雲、張惟英、李慶四：《美國政治經濟與外交概論》，第 296 頁。

## 五、冷戰結束後美國對外戰略大辯論

冷戰結束後，美國全球霸權戰略勢必需要調整或更新。有效調整和更新冷戰後美國全球霸權戰略的前提，是搞清並回答以下一系列重大問題：冷戰後美國國家利益特別是安全利益究竟是什麼？冷戰後美國對外戰略總目標究竟是什麼？美國國家利益和對外戰略總目標究竟面臨那些挑戰和威脅？美國究竟應該以什麼方式和手段應對和消除這些挑戰和威脅？從冷戰結束之際開始的這場美國外交大辯論的焦點集中在以下三大問題上：一是美國應該在多大程度上捲入冷戰後的世界事務，是比冷戰時期更大還是更小；二是美國在新時期對外關係中的國家利益是什麼，美國應該以什麼方針指導和以什麼標準衡量其國際行為，是以美國的現實利益還是以美國的道德價值為指導和標準；三是美國應該主要以何種方式介入冷戰後的世界事務，是通過國際組織或多邊主義，還是依靠自身實力獨往獨來。[5]

每當面臨歷史轉折關口，美國國內總是就國防、國家安全和對外政策這些緊密聯繫的重大問題展開長期、廣泛、激烈的爭論，這種爭論自美國獨立至今至少有三次。第一次爭論出現在美國獨立戰爭結束之後，其焦點是美國在和平時期是否要保持強大正規軍，是否應該遠離歐洲紛爭，結果是反對保持強大正規軍和主張對歐洲保持政治孤立但發展與歐洲貿易關係的觀點占上風，即孤立主義的現實主義取勝。第二次爭論是由一戰後美國拒絕參加國際聯盟的孤立主義行為引發的，直到二戰後美歐聯盟建立、美蘇展開全球冷戰之時才以干涉主義（有時也稱「國際主義」或「全球主義」）徹底戰勝孤立主義而告終。[6]一直延續到現在的第三次大爭論在冷戰結束之初主要圍繞上述三大問

---

[5] 參見張也白：〈對克林頓對外政策的評估〉，《美國研究》，1994 年第 4 期，第 141 頁。

[6] 參見[美]茲比格紐・布熱津斯基：《大抉擇——美國站在十字路口》，第 26-27 頁。

題展開，「9・11」後再趨激烈，但其焦點不再是要不要介入外部世界而是主要以什麼方式介入，即「美國在最大限度地加強自己安全的方面應當走多遠，在財政和政治上要付出多大代價，在與盟友的關係方面要冒多大的風險。」[7]

冷戰結束之初圍繞上述三大問題展開的爭論在國際主義和孤立主義之間、現實主義和理想主義之間、多邊主義和單邊主義之間同時進行，表明美國對外政策同時在三大方面面臨重大選擇：「干涉主義與孤立主義之間的選擇（捲入國外事務與關注國內事務之間的關係）；現實主義與理想主義之間的選擇（現實國家利益與價值觀之間的關係）；多邊主義與單邊主義之間的選擇（謀求國際合作與依靠美國自身力量之間的關係）。」[8]

國際主義與孤立主義的爭論是，美國在贏得了遏制蘇聯共產主義威脅和擴張之後，是否應該從外部世界撤回，把主要精力和資源用於解決日益突出的國內問題。這種爭論是關涉美國大戰略的最高層次的爭論。由於冷戰後美國的唯一超級大國地位和經濟全球化加速發展導致的全球相互依賴使美國無法撤回到「美國堡壘」，因此國際主義對孤立主義佔有絕對優勢，並成為冷戰後美國對外戰略的基本取向。

理想主義與現實主義之間的爭論主要涉及冷戰後美國的國家利益和對外戰略目標究竟是什麼以及在多項利益和目標中如何決定輕重緩急。雖然兩派都主張美國繼續發揮世界領導作用，但是理想主義更強調推行人權外交、傳播美國價值觀和促進全球民主化，現實主義更重視現實經濟和安全利益，即促進美國經濟繁榮和維護美國國家安全。兩派在爭論中趨向中庸，形成了新理想主義和新實現主義之間的某種結合或妥協，表現在柯林頓當局的全球霸權戰略中，就是既重視促進美國經濟繁榮和維護美國國家安全，又強調人權外交和全球民主化。

---

7 [美]茲比格紐・布熱津斯基：《大抉擇——美國站在十字路口》，第 27 頁。

8 張也白：〈對克林頓對外政策的評估〉，《美國研究》，1994 年第 4 期，第 141 頁。

單邊主義與多邊主義爭論的是美國應該主要以我行我素、獨往獨來的方式和作風介入國際事務，還是以多邊協商、合作與遵循國際法和國際關係準則的方式和途徑發揮超級大國的積極作用。在奉行多邊主義的柯林頓當局主導下，單邊主義處於下風。

這三大爭論相互關聯，彼此交錯，促成了關於冷戰後美國全球霸權戰略的三大派別。第一派以當選總統柯林頓為代表，可稱為「多邊國際主義派」。這派主張美國奉行國際主義和多邊主義，主要通過廣泛而又有選擇地參與國際事務繼續發揮國際領導作用，反對放棄美國作為世界唯一超級大國所承擔的國際責任，反對退回到「美洲堡壘」。其理由是，美國面臨的空前歷史機遇和美國利益面臨的諸多挑戰與威脅，都要求美國以不同於冷戰遏制的新方式發揮世界領導作用，否則美國國家利益會受到損害，美國不會有安全與繁榮。第二派以共和黨重量級議員金裏奇（他在 1994 年國會中期選舉後成為眾議院議長）和新保守派專欄作家克勞薩默為代表，可稱為「單邊干涉主義派」。這派雖然不贊成孤立主義，但是主張美國在領導世界時奉行干涉主義和單邊主義。其理由是，美國廣泛的海外利益要求美國奉行國際主義，但是美國不可讓別國或國際組織妨礙其必要時的單邊干涉行動（當然也要儘量避免被單獨拉下水）。克勞薩默強烈主張利用美國唯一超級大國地位建立一個有利於維護美國利益和推廣美國價值觀的世界新秩序。他說：「當現存國際規則與美國的基本價值觀發生衝突時，讓那些規則見鬼去吧。」[9]第三派以共和黨極端保守派布坎南為代表，通常被稱為「新孤立主義派」。這派主張「美國至上」和退回到「美國堡壘」，反對繼續參與國際事務。其理由是，美國以高昂的代價贏得了冷戰勝利，該是美國專心致志處理國內事務、恢復美國經濟活力和享受「和平紅利」的時候了。

---

[9] Charles Krauthammer, “The Lonely Superpower”, *The New Republic,* 205/5 (July 29 1991) , pp23-27.轉引自呂磊：《美國的新保守主義》，第 341 頁。

經過激烈爭論，比較符合時代潮流和美國利益、具有較大包容性的「多邊國際主義」占了上風（它只拒絕極端孤立主義，對單邊主義和干涉主義並不絕對排斥），並由柯林頓當局通過「參與和擴展」戰略付諸實施。但是，「單邊干涉主義」因保守的共和黨在 1994 年的中期選舉後控制了國會而有相當大的影響，而「新孤立主義」在國會有不可忽視的影響。這兩者有時聯合起來對柯林頓的「多邊國際主義」對外政策構成相當大的掣肘。

## 第二節　「參與和擴展」戰略的指導原則

「參與和擴展」的指導原則是柯林頓提出的「一個目標與三個支柱」思想。這一點往往被美國外交研究界忽視。「一個目標與三個支柱」思想是對冷戰結束後初期美國全球霸權戰略思想與目標的高度概括，它與杜魯門主義、尼克森主義等美國冷戰時期的全球霸權戰略思想有很大不同。

### 一、「一個目標與三個支柱」思想的提出

1993 年 1 月 13 日，被柯林頓提名為國務卿的克里斯多夫在參議院外交委員會舉行的聽證會上表示，柯林頓當局將把發展經濟、加強軍事力量和促進國外民主運動作為美國外交政策的三大支柱。同月 18 日，即將就任總統的柯林頓在其母校喬治敦大學向外國駐美使團發表對外政策演說，勾畫了新的美國全球霸權戰略的基本輪廓，即「一個目標與三個支柱」。「一個目標」是在鞏固美國唯一超級大國地位的基礎上建立美國的全球領導地位，「三個支柱」分別是確保美國經濟安全、加強美國軍事力量和推動全球民主化，它們也是實現美國全球霸權戰略目標的三大根本途徑。柯林頓在同年 1 月 20 日的就職演變中宣稱：「今天，隨著舊秩序的消失，新世界更加自由，但更不穩定。共產

主義的垮臺引出了舊的仇恨和新的危險。顯然，美國必須繼續領導這個我們過去為之付出許多的世界。」[10]

## 二、「一個目標與三個支柱」思想的內涵

「參與和擴展」戰略的最高目標是實現美國對全球的領導。但是，柯林頓當局在闡述「一個目標與三個支柱」思想時往往把美國的全球領導地位當說成是實現世界安全、繁榮和民主化的前提和根本途徑。柯林頓當局認為，為了抓住冷戰結束後出現的歷史大機遇和應對諸多新挑戰與威脅，為了美國乃至全世界的安全和繁榮，美國必須在各國相互依賴不斷加強的冷戰後世界上發揮無可替代、不可或缺的關鍵領導作用。《報告》宣稱：「在這個全球變革的時期，我們不能充當世界警察，這是很明顯的，但是我們必須在全球發揮領導作用，這同樣是顯而易見的。作為世界上的頭號經濟和軍事大國，作為民主價值觀的首要實踐者，美國對於建立穩定的政治關係和開放貿易來說是必不可少的」；「倘若我們在國外發揮我們的領導作用，遏制侵略，促進和平，解決危險的衝突，開闢國外市場，幫助民主政權和解決全球性的問題，美國將會更加安全和更加繁榮昌盛。」[11]柯林頓在該報告的序言中稱：「美國的領導作用從來沒有像現在這樣重要——在世界各種新危險的險境中導航並利用其產生的各種機遇。美國的資產是舉世無雙的：我們的軍事實力、我們充滿活力的經濟、我們強大的理想，尤其是我們的人民」；「我們是世界上最強大的國家，我們在全球擁有利益，而且負有責任」。[12]

美國全球領導地位要靠美國軍事力量、美國經濟安全和全球民主化這三大支柱的支撐。「參與和擴展」戰略把美國軍事力量、美國經濟安全和全球民主化作為冷戰後美國全球霸權戰略的三大要素。《報告》宣稱：「我們努力保持強大的防務能力和促進安全合作，以加強我們的

---

[10] 岳西寬、張衛星：《美國歷屆總統就職演說》，第 360 頁。

[11] 梅孜編譯：《美國國家安全戰略報告彙編》，第 251 頁、第 247 頁。

[12] 梅孜編譯：《美國國家安全戰略報告彙編》，第 245 頁。

安全；我們努力開拓外國市場，促進經濟增長；我們努力促進國外的民主」。[13]柯林頓在該報告的序言中甚至把這三者直接定為美國國家安全戰略的三大目標:「用準備好進行戰鬥的軍事力量，可靠地維護我國的安全；促使美國經濟重新恢復活力；促進國外民主的發展。」[14]

「參與和擴展」戰略的第一個支柱是美國及其盟友的軍事安全，而確保這個目標的現實，除了促進國際安全合作特別是與盟國的安全合作和繼續尋求達成武器控制協議之外，更關鍵的是加強已佔有巨大優勢的美國軍事力量。因此，這個目標也就是加強美國軍力。柯林頓當局認為，應對和消除冷戰後時代美國及其盟友面臨的許多挑戰和威脅，首先要求美國發展和維持一支作好戰鬥準備的強大軍力。這些挑戰和威脅主要有:地區性不測事件(主要指朝鮮、伊朗、伊拉克等「無賴國家」發動的侵略)，大規模殺傷性武器擴散，國際恐怖主義等。《報告》稱:「考慮到冷戰後時代的現實和新的威脅，需要保持適當規模和態勢的軍事能力，以適應我們戰略的不同需要，包括與我們的地區盟國協作在兩個幾乎同時發生的主要地區衝突中獲勝的能力。」[15]

通過加強美國軍力確保美國及其盟友的安全，是冷戰時期美國的一貫做法。「參與和擴展」戰略繼承了這一傳統，把強化美國軍力仍然作為美國全球霸權戰略的一大支柱，作為確保美國國家安全的主要工具。可見，冷戰後美國國家安全觀沒有完全擺脫傳統的國家安全觀或者狹隘的軍事安全觀，即以強大的軍事力量遏制或者戰勝侵略者。從這個角度而言，「參與和擴展」戰略仍然具有一些冷戰色彩。

「參與和擴展」戰略的第二個支柱是促進美國經濟繁榮。這是針對冷戰後美國經濟不景氣和國際競爭下降而提出的新的戰略目標。在經濟因素日益突出的冷戰後時代，美國經濟的相對衰落不利於美國綜合國力的增強、美國國家安全的維護乃至其全球領導地位的建立。因此，經濟安全成為美國全球霸權戰略的一大新支柱，也使冷戰後美國

---

[13] 梅孜編譯:《美國國家安全戰略報告彙編》，第 248 頁。
[14] 梅孜編譯:《美國國家安全戰略報告彙編》，第 244 頁。
[15] 梅孜編譯:《美國國家安全戰略報告彙編》，第 247 頁。

國家安全觀的內涵擴大化。柯林頓在就職演說中說：「為了振興美國，我們必須應付國內外的種種挑戰。現在內政與外交之間已不再有明確的界限……」[16]1993 年 2 月 26 日，柯林頓在美利堅大學發表演講時把美國的對外經貿概括為五點：治理好國內經濟是美國參與國際經濟競爭的前提；對外貿易是美國國家安全的要素；美國在協調全球經濟增長中起領導作用；美國有責任促進亞洲和拉美經濟的增長；美國進行支持和援助俄羅斯和其他原蘇聯國家的經濟穩定與復甦。[17]

要實現美國的經濟安全，首先要恢復美國經濟的活力和促進國內繁榮，這不僅要靠技術創新、制度創新和政府對經濟的宏觀調控，而且要靠開拓國外市場和加強國際經濟合作。柯林頓當局認為：「需要制定一項有活力的完整的經濟政策，目的在於促進全球經濟在環境方面健康成長和自由貿易，要求開放國外市場，讓美國商品平等進入。」[18]

「參與和擴展」戰略的第三個支柱是促進全球民主化。這是針對冷戰後蘇聯和東歐開始西化和世界共產主義運動跌入低谷而提出的又一新的戰略目標。1993 年 1 月 18 日，柯林頓在喬治敦大學宣稱：「本政府的對外政策將以民主原則與民主制度為根基。……民主價值觀的傳播已經使世界各地幾十年飽受壓迫的千百萬人對自由抱有希望。無論什麼時候，只要有可能，我們將支持那些與我們具有相同價值觀的人，因為這符合美國和全世界的具體利益。」[19]他在就職演說中說：「當我們至關重要的利益受到挑戰的時候，或者當國際社會的的意志和良知遭到蔑視的時候，我們將採取行動——只要有可能，就進行和平外交活動，如果有必要，就使用武力。」[20]這個新的對外政策宣言隨即被稱為柯林頓主義。柯林頓的國家安全事務助理安東尼・萊克於同年 9 月 21 日在霍普金斯大學高級國際問題研究院發表題為《從遏制到擴展》的對外政策演

[16] 岳西寬、張衛星：《美國歷屆總統就職演說》，第 360 頁。
[17] 《華盛頓郵報》，1993 年 2 月 27 日。
[18] 梅孜編譯：《美國國家安全戰略報告彙編》，第 252 頁。
[19] 新華社 1993 年 1 月 19 日英文電。
[20] 岳西寬、張衛星：《美國歷屆總統就職演說》，第 360 頁。

說，把冷戰後美國的對外戰略稱為「擴展」戰略，即擴展美國自由市場經濟制度、美國政治價值觀和世界自由民主力量。他說，「在冷戰時期，我們遏制了市場民主制所面臨的全球威脅；現在我們應該謀求擴展民主制，即擴大這個世界由市場民主制國家組成的自由大家庭。」[21]按照萊克的闡述，「擴展」戰略包括四點內容：一是發展和鞏固同已經實行市場制度的民主國家的合作與協調，以此作為推行美國對外戰略的基礎；二是大力扶植和支持包括俄羅斯、中東歐國家和獨聯體等正在建立市場制度的國家，以促進和鞏固其民主化，同時支持中國的「經濟自由化」；三是從外交、經濟、軍事和技術等各方面孤立和遏制伊拉克、伊朗等敵視市場和民主制度的國家；四是向災難深重的發展中國家提供人道主義援助，並促使其發展市場民主制度。「擴展」戰略可分為四個以美國為核心的同心圓：加強現存民主國家，促進和鞏固新興民主國家，保護所有這些民主國家免遭獨裁國家的侵略，在那些未民主化的國家中支持人權運動。[22]《報告》稱：「通過保護、鞏固和擴大自由市場民主國家大家庭，來增強我們國家的安全，擴大民主的基礎。我們的努力主要放在維護包括俄羅斯和烏克蘭在內的主要的新興民主國家和前蘇聯的新獨立國家的民主進程上」；「支持全球向民主發展，需要一種務實的、長期的努力，這一努力既著眼於價值觀，又著眼於制度和機構。美國必須抓住由於冷戰勝利而出現的機會。我們的長遠目標是實現這樣一種世界，在這個世界裏，每一個大國都是民主國家，而且許多其他國家加入市場經濟民主國家大家庭」。[23]

強大軍力、經濟安全和全球民主化這三大要素相互促進，缺一不可。強大軍力是實現經濟安全和促進全球民主化的堅強後盾。只有在強大軍力的保護下，經濟安全才可能實現，才可能以強硬的姿態大力促進國外民主。經濟安全是加強軍力和促進全球民主化的物質基礎和

---

[21] 劉麗雲、張惟英、李慶四：《美國政治經濟與外交概論》，第 296 頁。

[22] 孫哲：《崛起與擴張：美國政治與中美關係》，法律出版社，2004 年 12 月版，第 253 頁。

[23] 梅孜編譯：《美國國家安全戰略報告彙編》，第 252 頁、279 頁。

前提。沒有經濟安全，軍力的強化就無法實現，促進國外民主就缺乏必需的物質基礎。沒有美國民主的不斷完善和全球民主化，美國的經濟安全乃至整個國家安全就缺乏長遠的根本保證，不努力促進國外民主化，也不符合作為美國立國之本的美國道德使命感、自由民主價值觀和理想主義追求。《報告》稱：「我們認為，加強我們的安全、促進我們的經濟繁榮和促進民主的目標是相互支持的。國家安全了，我們可以更好地支持自由貿易和維護民主結構。經濟不斷發展並有牢固的對外貿易關係則可能使我們的國家更加安全和更好地邁向民主。民主國家不大可能對我們的利益構成威脅，它們更可能與美國合作，以共同對付安全威脅並促進世界經濟持續發展」;「我們國家安全戰略的中心目標是通過國內外的努力促進美國的繁榮。我們的經濟利益和安全利益越來越不可分割。我們國內的繁榮取決於國外的積極參與。我們的外交實力、保持一支天下無敵的軍事力量的能力以及我們的價值觀在國外的吸引力，所有這些部分都取決於我們的經濟實力」;「擴大民主社會和自由市場國家大家庭有利於美國所有的戰略利益——從在國內促進繁榮到在國外遏制全球威脅，防止給我們的領土構成威脅。因此，與新興的民主國家合作，幫助它們維持發展自由市場和尊重人權的民主制度，是我們國家安全戰略的一個關鍵部分」。[24]

那麼，怎樣才能繼續發揮領導作用從而實現美國對世界的領導呢？如何才能實現美國國家安全、經濟繁榮和全球民主化呢？顯然，美國只能通過「多邊國際主義」而不是孤立主義或單邊主義才可能到達目的。柯林頓當局認為唯一正確而有效的途徑是廣泛而又審慎和有選擇地參與國際事務。柯林頓說：「只有我們繼續積極參與全球事務，我們的國家才能應付這個時代的危機和利用各種機遇。……正如我們在第一次世界大戰後所得到的經驗教訓一樣，我們既不能在孤立主義中為美國找到安全，又不可能在保護主義中為美國找到繁榮。」[25]《報

[24] 梅孜編譯：《美國國家安全戰略報告彙編》，第 244 頁、270 頁、276 頁。
[25] 梅孜編譯：《美國國家安全戰略報告彙編》，第 245-246 頁。

告》稱：「在一個緊密聯繫的、互相依存的世界裏，如果我們不積極參與世界事務，我們就不能成功地促進我們在政治、軍事和經濟方面的利益。……如果我們不在國外參與開闢外國市場、促進主要國家的民主以及對付和防止正在出現的威脅，國內的振興就不能成功。」[26]

但是，柯林頓當局認為「參與」不是無限制的，而是審慎和有條件的，那就是對美國的利益是必須的，而且是有效的。柯林頓說：「通過我們的參與，我們能夠並且必須產生重大影響，但是我們參與國外事務必須是經過謹慎選擇的，是有利於我們的利益和首要任務的。」[27]《報告》稱：「我們的參與必須是有選擇的，重點應該放在那些與我們自身利益關係最密切的挑戰，把我們的力量集中於我們能夠產生最大影響的地方。」[28]而且，柯林頓當局認為，「參與」並不排除「單幹」的可能，必要時美國必須毫不猶豫單獨地捍衛自己的重大利益。《報告》稱：「我們還必須使用適當的手段——當我們直接的國家利益遇到最大危險時，我們願意單方面採取行動；當我們的利益與別人共有時，我們願意結成聯盟和夥伴關係；當我們的利益更加普遍最好通過國際社會來解決時，採取多邊行動。」[29]

## 第三節　「參與和擴展」戰略及其政策措施

### 一、「參與和擴展」戰略的界定

「參與和擴展」戰略是冷戰結束後初期的美國全球霸權戰略，是柯林頓執政時期美國為維護和鞏固其唯一超級大國地位、謀求其全球領導地位的基本方略，即以增強美國軍力為後盾，通過廣泛而又審慎

[26] 梅孜編譯：《美國國家安全戰略報告彙編》，第 292 頁。
[27] 梅孜編譯：《美國國家安全戰略報告彙編》，第 244 頁。
[28] 梅孜編譯：《美國國家安全戰略報告彙編》，第 251 頁。
[29] 梅孜編譯：《美國國家安全戰略報告彙編》，第 251 頁。

和有選擇地參與國際事務，實現美國的經濟安全和推動全球民主化，從而達到領導全球這個最高目標的對外戰略。「參與和擴展」戰略的內容可以概括為「一個中心和三個基本點」，即柯林頓所說的「一個目標和三個支柱」。一個中心就是以新的方式發揮美國的世界領導作用，三個基本點分別是經濟安全、軍事力量和全球民主化。

## 二、「參與和擴展」戰略的政策措施

### （一）維護美國經濟安全

在國內，柯林頓當局把振興經濟作為施政的重點和當務之急。柯林頓聲稱「要像鐳射那樣把精力集中在經濟問題上」。為了儘快恢復美國經濟活力和增強其競爭力，柯林頓當局重視以科技促進經濟發展，在政府機構設置和經濟政策上進行了不少創新。在總統經濟顧問委員會之外，柯林頓在美國歷史上首次設立了由他領導的國家經濟委員會。該委員會經常與國家安全委員會召開聯席會議，從國家安全角度為總統的經濟決策提供建議與諮詢。柯林頓當局於 1993 年 11 月成立國家科學技術委員會，賦予它與國家安全委員會和國家經濟委員會同等重要地位。柯林頓當局振興經濟的一整套計畫被稱為「柯林頓經濟學」，包括刺激經濟復甦的短期計畫和削減預算赤字、促進經濟繁榮的長期計畫，其主要內容如下：

#### 1. 刺激企業擴大固定資產投資和增加社會就業

柯林頓當局計畫在 1993 年以 310 億美元實施這個計畫，其一是給那些積極進行設備更新的企業減稅 150 億，其二是以 160 億用於建橋和修路等公共工程，計畫增加 50 萬個就業機會。

### 2. 開源節流，壓縮財政赤字

開源的措施主要有：增設 3～5%的能源稅，把年收入超過 1,000 萬美元的大公司的營業稅從 34%提高到 36%，大幅提高中產階級的社會福利稅（年收入 2.5 萬美元以上的個人和 3 萬美元的夫婦的社會福利稅從 50%增加到 85%），給富人加稅（年收入 18 萬美元以上的家庭的所得稅增加 5%，年收入 25 萬美元以上的家庭的再增加 10%的附加稅）。節流的措施主要有：計畫在四年內減少 12～14%的聯邦活動開支，裁減聯邦雇員 10 萬人，共壓縮行政開支 90 億美元，計畫在四年內削減國防開支 760 億美元，減少福利開支 910 億美元，凍結聯邦政府雇員工資一年。民主黨傳統上奉行「大政府」理念，往往實施擴張性財政赤字政策和增加社會福利開支，不強調預算平衡。而柯林頓當局在財政政策方面在向共和黨靠攏。

### 3. 重視科技開發及其與經濟的結合，首次實施產業政策即「技術產業政策」

其主要內容包括：扶植以資訊產業為龍頭的高新技術產業，由副總統戈爾親自負責實施「國家資訊基礎設施計畫」，建設以美國為中心、最終覆蓋全球的「資訊高速公路網路」；加快高科技軍事工業向民用工業的轉型，加強民營企業的技術改造；增加政府的科研投入，開展官民科研合作，官方的許多實驗室向企業開放。美國是典型的自由市場經濟國家，一向沒有產業政策，政府不干預產業、企業的優勝劣汰。而柯林頓當局突破了這個傳統，實施扶植高新技術產業的產業政策，以便在經濟全球化時代搶佔資訊經濟的制高點。

### 4. 進行教育改革，增加人才和智力投資

其主要內容有：向各州劃撥教育經費以改善教學條件，確立全國統一的教學檢驗標準以提高教學質量；對中學畢業生進行就業培訓，對大學生實施「社會服務計畫」（即政府貸款給貧窮大學生，幫助他們

完成學業，條件是他們必須從事兩年低報酬的社會公益性工作）；加強對工人的技術培訓，幫助他們適應資訊經濟的需要。美國的教育歷來屬於地方政府的管理範圍，但是為了給美國經濟的復興提供充足的人才和智力資源，聯邦政府開始重視教育，柯林頓因此成為美國第一位真正的教育總統。

在國際上，柯林頓當局大力推行經濟外交，以配合其在國內以振興經濟為重點的施政。「柯林頓政府將擴大美國產品出口變為一種政府行為，有組織、有計劃地實行借政府力量推銷美國產品的經貿外交；國務院作為外交主管部門也把促進美國產品出口列為首要任務。」[30]柯林頓認為冷戰後內政與外交已經密不可分，因此把促進國內經濟繁榮與推行經濟外交結合起來，使兩者互相促進，以實現美國的經濟安全。柯林頓當局推行的經濟外交主要包括以下內容：

### 1. 積極參與國際經濟磋商、協調與合作，促進和極力主導區域經濟集團化和世界經濟全球化

柯林頓當局非常重視最具經濟活力的亞太地區，於 1993 年 11 月主持召開亞太經濟合作組織首屆非正式首腦會議，倡導促進該組織內的經濟合作和貿易自由化，從而提升了這個多邊經濟論壇的地位和美國在其中的影響。為了加強同歐盟競爭，柯林頓當局成功遊說國會於 1993 年 11 月批准成立以美國主導的北美自由貿易區，使它於 1994 年 1 月初正式啟動。同時，在關稅與貿易總協定烏拉圭回合談判中，柯林頓當局終於在 1993 年 12 月與主要貿易對手歐盟達成協定，並成功遊說美國國會批准該協定，因此世界貿易組織於 1995 年 1 月 1 日正式誕生。1994 年 12 月，柯林頓主持召開不包括古巴的美洲國家首腦會議，決定於 2005 年建立美洲自由貿易區。1995 年，柯林頓當局正式提出建立跨大西洋自由貿易區構想，以此促進美歐貿易。

---

30　劉麗雲、張惟英、李慶四：《美國政治經濟與外交概論》，第 280 頁。

### 2. 打著「公平貿易」的旗號，憑藉強大經濟實力，迫使貿易對手向美國開放市場

從二戰結束到 70 年代以前，美國一直倡導自由貿易，但在其經濟競爭力下降的 70、80 年代，美國又大行貿易保護主義。冷戰後，柯林頓當局以劍橋學派的「戰略貿易」理論和「管理貿易」理論為指導，認為自由貿易和保護貿易都不是最好選擇，對美國最有利的是美國政府干預下的國際「公平貿易」。所謂「戰略貿易」和「管理貿易」理論，簡單地說，就是主張把對外貿易提升到國家戰略的高度，政府從戰略高度重視技術開發，扶植新技術產業，促進對外貿易，加強對外貿易管理，實現「公平貿易」。柯林頓說：「在一個存在激烈競爭的世界裏，我們也需要比自由貿易更多的東西。我們需要公平規則下的公平貿易。」[31]「於是，美國經常以別國與它進行不公平貿易為由，強硬要求別國讓步（自動實施對美出口限制，或者向美開放市場），或者依據國內貿易立法對別國實施制裁。美國不僅對中國採取強硬立場，在市場准入、知識產權等問題上多次製造貿易摩擦，而且對歐盟、日本等盟國也毫不留情，如對歐盟向美國出口的鋼材徵收懲罰性關稅，在能源、電訊、交通等領域對歐盟的「歧視政策」實施報復，壓迫日本在汽車、半導體、農業、金融服務等八大領域向它開放市場。

### 3. 實施「國家出口戰略」與「新興市場戰略」，努力開拓國際市場特別是發展中國家的市場

1993 年美國商務部推出「國家出口戰略」，支持出口低息貸款，幫助企業出口和獲得海外專案，放寬對高技術產品的出口管制，把對外援助與購買美國商品掛鉤。1994 年初，柯林頓當局出臺「新興大市場戰略」，把美國認為最具經濟活力的十個亞非拉國家作為美國著力開拓的十大新興市場，即中國（含臺灣與香港）、印度、印尼、巴西、墨

---

[31] [美]比爾・克林頓：《希望與歷史之間：迎接 21 世紀對美國的挑戰》，海南出版社，1997 年版，第 24 頁。

西哥、土耳其、韓國、南非、波蘭、阿根廷，把美國與這些國家的經貿關係放在突出地位。

### （二）加強美國軍事力量

柯林頓當局根據冷戰後的安全環境調整美國國防戰略和軍事戰略，加強美國軍力，以保障美國國家安全。柯林頓當局把布希當局 1992 年提出的「地區防禦」戰略逐步發展為「靈活與選擇參與」和「預防性防務」戰略，以適應「參與和擴展」戰略的需要。美國國防和軍事戰略的調整圍繞一個中心、兩個方向、兩個重點進行。一個中心是確保美國「一超」優勢地位，防止出現對美國構成全球挑戰的對手；兩個方向是控制歐洲大西洋方向和亞洲太平洋方向；兩個重點是防止地區性衝突和核擴散。[32]柯林頓當局所採取的確保傳統意義上的美國國家安全的具體措施包括以下幾個方面：

#### 1. 加強軍隊建設，走精兵之路

冷戰對手的消失使美國及其盟友的生存有了保障，同時振興美國經濟的艱巨任務要求美國走精兵之路，把有限的財力較多地投入經濟復興計畫中。因此，柯林頓上臺後，美國逐年削減軍費開支，直到 1999 年因科索沃戰爭才轉向增加軍費。1997 年美國軍費開支降到 2,500 億美元，大大低於 80 年代中後期的 4,000 億美元左右，是冷戰後美國軍費開支最少的一年。次年美國軍費略升到 2,505 億美元，相當於全球軍費開支的 33.6%。[33]但是，降低軍費不僅不能以減低戰鬥力為代價，反而要提高戰鬥力，以應對多樣化的新挑戰與新威脅。這就要求美軍必須走精兵之路，即通過壓縮軍隊規模、裁減海外駐軍為改進武器裝備和加強軍隊訓練提供經費。從冷戰結束到 90 年代後期，美國關閉和

---

32 劉麗雲、張惟英、李慶四：《美國政治經濟與外交概論》，第 288 頁。

33 《SIPRI 年鑒 1999——軍備、裁軍和國際和平》（中國國際問題研究所譯），世界知識出版社，2000 年版，第 344 頁。轉引自閻學通《國際政治與中國》，第 97 頁。

調整了近千個海外軍事基地，並對各軍種進行結構調整：大規模壓縮陸軍規模（裁減 1/3），強化海軍和空軍。到 1997 年，美國現役軍人減少到 145 萬，比 80 年代中期的 220 萬減少了 30%以上，其中，駐歐美軍從 30 萬減少到 10 萬。同時，美國重視軍事思想、軍事戰略和戰術的變革，加快軍事技術、武器裝備和後勤保障的更新。總之，「柯林頓加強軍隊建設的基本思路是壓縮規模、調整結構、提高戰略水平、保持軍事技術優勢。」[34]

### 2. 加強聯盟戰略，遏制主要潛在對手

蘇聯解體後，美國把防止出現像蘇聯那樣能挑戰美國霸權地位甚至威脅美國及其盟友生存的世界大國作為國家安全戰略的首要目標，並把中國和俄羅斯當作主要潛在對手。因此，柯林頓當局極力鞏固和發展冷戰時期建立起來的西方聯盟，特別是倡導和主導北約的東擴與轉型，強化和擴大美日同盟，以遏制俄羅斯和中國。美國於 1993 年提出北約東擴計畫，企圖逐步把東歐、波羅的海三國、獨聯體國家等前蘇聯的勢力範圍和領土納入其勢力範圍。在俄羅斯的強烈反對下，美國於 1994 年 1 正式提出北約夥伴關係計畫並隨即得到北約首腦會議批准，以此作為北約東擴的準備和對俄羅斯的安撫。經過 5 年的準備和與俄羅斯的反覆折衝，1999 年 4 月，北約正式接納波蘭、匈牙利和捷克，實現了冷戰後北約的首次東擴，把其邊界擴展到俄羅斯的家門口，大大壓縮了俄羅斯的地緣戰略空間。與此同時，美國提出要求北約以保護人權為由進行區域外軍事干涉的所謂「北約新戰略概念」。「北約東擴的開始與北約新戰略概念的提出標誌著孕育多年的新北約誕生了，表明冷戰後北約已經從一個防禦性地區軍事政治組織變為一個不斷擴大的侵略性軍事集團。」[35]在通過北約東擴強化對歐控制的同時，

---

[34] 朱成虎：《克林頓政府的軍事戰略》，載牛軍主編：《克林頓治下的美國》，中國社會科學出版社，1998 年 10 月版，第 40 頁。

[35] 鄭保國：〈析美國跨世紀全球戰略〉，《外交學院學報》，2000 年第 4 期，第 45 頁。

美國也在強化在東亞的戰略影響，以防範和遏制中國的崛起。1996 年 4 月，美日兩國政府首腦在東京發表《美日安全保障聯合宣言》，決定對美日同盟再定義和修改 1978 年制定的《美日防衛合作指針》。1997 年 9 月美日簽署《美日防衛合作新指針》，把美日防衛合作的範圍從保衛日本擴大到幾乎整個東亞地區。1999 年 5 月，日本國會通過了與這個新指標相配合的三部法案，特別是其中的《周邊事態法》把朝鮮半島和臺灣海峽都納入美日聯合軍事行動的範圍。通過這些戰略措施，美國把冷戰時期針對蘇聯的美日防禦性同盟轉變為冷戰後主要針對中國和朝鮮的進攻性同盟。這樣，經過改造的美日同盟成為冷戰後美國主導東亞安全秩序的主要工具。

### 3. 重點防範和應對大規模地區性衝突

柯林頓當局認為，冷戰後雖然世界大戰的危險大大減低，但是大規模常規性地區衝突的可能性卻上升了，因此美國必須作好應對大規模地區衝突的準備。冷戰時期，美國把歐洲當作其軍事戰略和全球戰略的第一重點，把東亞和中東當作第二和第三戰略重點。冷戰後，美國仍然重視歐洲，特別是極力通過北約東擴建立它主導的泛歐安全體系，並且以北約名義強力干涉波黑戰爭和發動科索沃戰爭。但是，由於美國認為東亞和中東更有可能爆發危及美國及其盟友安全的大規模侵略戰爭，因此美國提升東亞和中東在其全球戰略中的地位，制訂所謂「勝利——勝利」作戰方案，以同時打贏兩場大規模地區戰爭（比如在打敗伊拉克的同時遏制並迅速打敗朝鮮）為目標進行海外軍事部署。東亞和中東在美國全球戰略中的地位上升和歐洲戰略地位的相對下降，使這三個戰略區的地位大體上平衡。美國歐亞大戰略中這三大戰略區的「此消彼長」突出表現在美國在這些地區駐軍數量的變化上。在柯林頓任期內，美國駐歐軍隊從 30 萬迅速減少為 10 萬，而駐東亞美軍保持 10 萬不變，同時增強在中東地區的軍事力量，其重要表現之一是 1995 年 7 月重組負責從印度洋到波斯灣防務的美國第五艦隊。

### 4. 努力防止和對付大規模殺傷性武器的擴散

蘇聯解體、俄羅斯衰落、民族宗教衝突氾濫以及恐怖主義猖獗大大增加了大規模殺傷性武器擴散的危險。美國認為，除 5 個核國家外，至少還有 20 個國家已經或者試圖獲得大規模殺傷性武器和相應的投射工具，在中東、東北亞等大多數美軍可能介入的地區，美國的敵人或潛在對手已經擁有生化武器，並正在獲取核武器。因此，冷戰後美國把防止和對付大規模殺傷性武器擴散作為其全球霸權戰略的重點之一，採取了一系列措施。一是強化監督《核不擴散條約》、《禁止化學武器公約》、《導彈技術控制制度》等國際協議的執行，嚴格限制大規模殺傷性武器及其材料和投射工具的出口，同時敦促更多國家加入這些協議，並且與國際社會共同努力，於 1995 年使《核不擴散條約》無限期延長，於 1996 年達成《全面核禁試條約》。二是與白俄羅斯、烏克蘭和哈薩克斯坦合作，幫助銷毀其境內的核武器，同時幫助俄羅斯銷毀退役的大規模殺傷性武器。三是對伊拉克、伊朗、朝鮮、利比亞、敘利亞等所謂「流氓國家」採取強硬措施，強迫它們放棄核計畫或銷毀已有的大規模殺傷性武器，阻止它們繼續獲得這種武器。四是縮小核威懾的規模和增加核威懾的對象，以懾止「流氓國家」和潛在對手可能對美國及其盟友發動的大規模襲擊。五是進行導彈防禦系統研發，以防範「流氓國家」和潛在對手對美國及其盟友的導彈攻擊。經過多年辯論，在國內強硬派的壓力下，1999 年 7 月柯林頓正式簽署國家導彈系統法案，決定建立一個以陸基導彈為主的覆蓋全美的國家導彈防禦系統。為了防止核擴散，美國多次以中國擴散敏感技術和設備為由對中國進行制裁或者製造事端。如 1993 年 9 月美國以中國涉嫌向伊朗出售可製造生化武器的原料為由一手製造了「銀河號事件」。美國還以俄羅斯與伊朗進行核合作為由不斷敲打俄羅斯。1998 年 5 月印度與巴基斯坦進行多次核子試驗後，美國立即對這兩國實施嚴厲制裁。

## （三）促進全球民主化

柯林頓當局非常重視通過傳播美國價值觀實現全球民主化，認為推動全球民主化符合美國國家利益，甚至宣稱要為傳播美國價值觀而戰。他在就職演說中說：「當我們至關重要的利益受到挑戰的時候，或者當國際社會的的意志和良知遭到蔑視的時候，我們將採取行動——只要有可能，就進行和平外交活動，如果有必要，就使用武力。」[36]這個新的對外政策宣言隨即被稱為柯林頓主義。柯林頓當局促進全球民主化的措施主要有以下幾方面：

### 1. 支持俄羅斯繼續進行西方式的民主改革，鞏固冷戰勝利的成果

俄羅斯立國後，葉利欽政府奉行向西方「一邊倒」的外交政策，引起俄羅斯共產黨和民族主義勢力的強烈反對，兩派的矛盾終於在1993 年 10 月激化為武裝衝突，俄羅斯陷入嚴重政治危機。柯林頓當局認為：只有支持葉利欽，才能鞏固和擴大冷戰勝利的成果，如果俄羅斯的西化式改革失敗，國際形勢就非常危險，因此支持俄羅斯繼續民主改革和市場改革，就是對美國安全所做的「最有遠見和最寶貴的貢獻」。[37]因此，柯林頓當局繼承布希當局的對俄政策，全力支持葉利欽政府的政治民主化改革和對國內反對派的鎮壓，支持俄羅斯的經濟市場化改革，並向俄羅斯提供經濟援助，以阻止俄羅斯經濟進一步惡化和穩定俄羅斯政局。1993 年 4 月，柯林頓與葉利欽在加拿大溫哥華舉行首次會談，承諾向俄羅斯提供 15 億美元的援助，會後發表的《溫哥華宣言》重申《美俄夥伴與友好關係憲章》是兩國關係的基礎。10 天後，柯林頓又宣佈增加 18 億美元的對俄援助撥款。與此同時，美國推動西方七國外長和財長東京會議通過了高達 434 億美元的援俄計

---

[36] 岳西寬、張衛星：《美國歷屆總統就職演說》，第 360 頁。

[37] 《華盛頓郵報》，1993 年 10 月 22 日。

畫。1994 年 1 月，柯林頓與葉利欽在莫斯科舉行會談，發表《莫斯科宣言》，稱兩國關係進入「成熟戰略夥伴關係」的新階段。

### 2. 堅決支持東歐國家、波羅的海三國、獨聯體國家繼續推進政治民主化和經濟自由化，使這些國家完全成為美國的勢力範圍，徹底阻斷它們再受俄羅斯控制的可能性

東歐巨變——東歐國家政權急風暴雨式的更迭、意識形態從馬克思主義到自由民主主義的突變、一夜之間擺脫蘇聯控制並倒向西方——是美國在與蘇聯長期冷戰中取得的重大成果，美國當然要極力鞏固這個成果，並推進這些國家政治經濟的全面西化。為了鞏固冷戰勝利的成果，美國及其他西方國家對處於政治經濟全面轉軌中的東歐國家和波羅的海國家提供了堅定的政治支持和大量經濟援助。同時，美國利用俄羅斯國力衰落和對其他獨聯體國家影響下降之機，極力向獨聯體地區滲透，致使美國與烏克蘭、格魯吉亞等國的關係迅速升溫。

### 3. 發展與西方民主國家的關係，鞏固西方民主陣營

柯林頓當局信奉「民主和平論」，認為民主國家之間不會打仗，因此它把西方民主國家之間的團結作為全球民主化的基礎。

### 4. 突出中美關係中的人權問題，企圖對中國「以壓促變」

東歐巨變和蘇聯解體後，經受了「6·4」事蹟考驗的中國頂住了美國等西方國家的壓力，堅持馬克思主義信仰和社會主義道路，因此被美國視為通向全球民主化最大障礙。柯林頓在總統競選期間就大肆指責中國踐踏人權，強烈批評布希當局的對華政策忽視了對人權的關注，並發誓他當總統後決不縱容踐踏人權的專制政府。柯林頓上臺後，立即把人權問題放在中美關係的首位。他雖然於 1993 年 5 月宣佈把給中國的最惠國待遇再延長一年，但是把 1994 年的中國最惠國待遇與人權問題掛鉤，要求中國在七個方面改善人權，否則就取消中國的最惠國待遇。儘管一年後柯林頓當局出於對華經濟利益考慮被迫宣佈最惠國待遇與人

權問題永久脫鉤，但是它繼續強調中美關係中的人權問題，反復指責中國政府不尊重人權，特別是幾乎每年春天都在日內瓦的聯合國人權會議上提反華提案（只有 1998 年因柯林頓計畫訪華而放棄）。

#### 5. 打著「人道主義干預」旗號，武力干涉別國內政，甚至發動侵略戰爭

1993 年 9 月，美國武力干預索馬利亞內戰，但是很快在國內民意的壓力下被迫撤軍。1994 年 10 月，美國以武力把海地塞德拉斯軍政權趕下臺，護送流亡海外的民選總統阿里斯蒂德回國執政。1994 年 1 月到 1995 年 11 月，美國以「人道主義干預」為由強行干預波黑戰爭，並通過代頓協議使戰爭結束。特別是，1999 年 3 月至 6 月，美國以「保護人權和阻止人道主義災難」為由，以北約名義發動科索沃戰爭，對南斯拉夫聯盟實施長達 78 天的狂轟亂炸。美國對巴爾幹地區的兩次武力干預都是打著「人道主義干預」的旗號，實際上是要在軍事上控制這個戰略要地。如果某個地區對美國沒有重大戰略意義，那麼即使那個地方發生大規模種族屠殺，美國也視而不見。比如，美國在 1993 年 9 月武力干涉索馬利亞失敗後，就對次年 4 月發生在盧干達的種族大屠殺袖手旁觀。

## 第四節 「參與和擴展」戰略的影響與特點

### 一、「參與和擴展」戰略的影響

「參與和擴展」戰略對冷戰後美國的經濟、外交、安全及美國的國際地位乃至世界格局都產生了重大影響。由於「參與和擴展」戰略的實施圍繞經濟繁榮、國家安全和全球民主化這三大支柱展開，因此它的影響主要表現在這三個方面。

### 1.美國實現了經濟安全

通過實施「參與和擴展」戰略，美國經濟逐漸恢復了活力和提升了國際競爭力，從而實現了長期的經濟繁榮和經濟安全。由於柯林頓當局把恢復美國經濟的活力當作施政重點和當務之急，採取了一系列戰略性措施，因此美國經濟很快步入長期快速增長的軌道。把 1992 年包含在內，美國經濟的這次增長週期長達 9 年，超過了 60 年代持續 106 月增長的歷史記錄。在整個柯林頓執政時期，美國經濟呈現出史無前例的「一高兩低」（即高增長、低失業、低通膨）的理想狀態，打破了高增長與低通膨不可兼得這一傳統運行模式，因而被譽為「新經濟」。同時，隨著美國經濟活力的恢復，美國經濟的國際競爭力迅速提升，從 1994 年到 2000 年，美國經濟的國際競爭力幾乎年年位居世界第一。由於美國經濟持續繁榮和國際競爭力高居榜首，美國經濟在世界經濟中重新獨佔鰲頭，其經濟總量在世界經濟總量中的比重逐年上升，到 2000 年達到 30%，重新成為名副其實的經濟超級大國。可以說，不僅當初柯林頓當局制定的經濟安全目標完全實現了，而且大大超過了其預期。美國經濟安全的實現為美國軍事科技的發展和軍事力量的強化提供了雄厚的物質基礎，從而大大提升了美國的綜合國力，使美國從唯一超級大國變成「超超級大國」（hyperpower）。因為治國有方，柯林頓成為繼羅斯福以來首位連任總統的民主黨人，成為美國歷史上最有名望的總統之一。也是因為這個原因，柯林頓才能夠歷經磨難成功度過「拉鏈門」引出的彈劾案。

### 2.美國的安全感沒有隨著軍力增強而增強

通過加強軍隊建設、調整軍事戰略和進行軍事變革，美國軍事力量雖然規模縮減但戰略水平和戰鬥力大大提升，拉大了與其他國家軍事力量的差距，從而大大增強了傳統意義上的美國國家安全。到柯林頓第一任期結束時，美國在常規軍事力量方面已經具有了全球絕對優勢，在傳統安全領域實際上不再面臨威脅。

但是，在柯林頓的第二任期，隨著美國對俄羅斯的西化和弱化政策使美俄關係逐漸進入「冷和平」狀態和經歷了臺海危機的中美之間戰略矛盾的加劇，以促進世界多極化為共同目標的中俄越來越成為美國眼中的主要潛在威脅。同時，由於美國鶴立雞群的軍事力量難以對付大規模殺傷性武器擴散和日趨猖獗的恐怖主義等非傳統安全威脅，因此美國的安全感沒有隨著其軍事力量的增強而增強。美國對國際安全環境的評估趨於悲觀，因而更加重視以軍事安全為核心的國家安全，更傾向於通過強化其軍事優勢而不是通過加強國際合作實現國家安全。1996 年 7 月，美國國家利益委員會發表的《美國國家利益》報告所列舉的五項生死攸關的國家利益中有四項是傳統意義上的軍事安全利益和地緣戰略利益，這個報告對柯林頓第二任期的國家安全戰略有很大影響。美國國防部於 1997 年 5 月公佈的《四年防務評估》報告認為，美國面對的是一個充滿機遇和挑戰、動態和不確定的安全環境。[38]該報告與美國白宮幾乎同時發表的《面向新世紀的國家安全戰略》報告都特別強調「地區性大國的霸權傾向」對美國國家安全的威脅，認為這種威脅在 15～20 年內會對美國全球霸權構成嚴峻挑戰，並明確指出中國和俄羅斯是構成這種威脅的主要潛在對手。[39]因此，這兩個報告提出了「塑造——反應——準備」這一新的美國國家安全路線圖。所謂「塑造」就是積極參與國際事務，把外交與軍事相結合，接觸與防範並用，合作與遏制兼施，努力塑造對美國有利的國際環境。所謂「反應」就是在塑造的同時增強對各種威脅和危機的反應能力，一旦「塑造」受阻，美軍必須有能力對各種威脅和危機做出迅速「反應」，包括進行有限軍事干涉和小規模應急作戰，尤其是打贏兩場幾乎同時爆發的大規模地區戰爭。所謂「準備」就是為應對難以預測的重大未來挑戰和威脅做好各種準備，尤其是軍事準備。

---

38 U.S. Department of Defense, *The Quadrennial Defense Review 1997*, Washington, DC: Government Printing Office, 1997.

39 ibid.

在美國經濟持續繁榮和軍事力量進一步增強的形勢下，柯林頓當局在第二任期對國際安全環境的評估反趨悲觀。這只能說明美國的戰略目標更高了，它不僅要實現傳統的國家安全目標，而且要消除或阻止「人道主義災難」對美國及其整個「自由世界」的威脅。對國際安全環境的這種相對悲觀評估加上美國軍事力量的絕對優勢，使美國更傾向於對外武力干涉，尤其是「人道主義干涉」，從而使國際安全環境趨於惡化。柯林頓執政期間，美國頻繁對外使用武力，其中規模最大最成功的兩場都發生在其第二任期，一是 1998 年 12 月美國聯合英國對伊拉克連續四天的大規模空襲，二是 1999 年 3 月到 6 月美國率領部分北約國家針對南斯拉夫聯盟的科索沃戰爭。在這兩場戰爭中，美實現了重創對手而自己「零傷亡」的目標，特別是科索沃戰爭把冷戰後美國的絕對軍事強權表現到極致。1999 年 6 月 20 日，柯林頓提出以保護人權、制止種族屠殺為由武力干預外國事務的新原則——「新柯林頓主義」。他說：「這個原則就是，當世界上出現嚴重的種族和宗教衝突時，……如果世界社會有能力予以制止，那麼我們就應該制止種族和宗教清洗。」[40]他認為，對於全世界發生的民族或宗教衝突，美國的普遍性原則是：「無論是發生在一個國家邊界之內還是之外，國際社會都要制止。」他說：「這正是我們在科索沃所做的和正在做的事情」，並承諾美國「準備承擔在任何地方作戰的責任」。[41]美國在保護人權旗號下實施的這種「新干涉主義」，預示著 21 世紀初美國強硬對外政策即將來臨，客觀上為強硬的布希當局的上臺做了某種準備。

---

[40] [美]查理斯・庫普乾：《美國時代的終結：美國外交政策與 21 世紀的地緣政治》，上海人民出版社，2004 年 6 月第 1 版，第 13 頁。

[41] 《華盛頓時報》，1999 年 6 月 21 日。《簡氏防務週刊》1999 年 12 月 22 日文章：〈全球安全面臨的挑戰〉，轉引自劉金質：〈關於克林頓政府以武力在國外推進民主的幾點思考〉，《國際政治研究》，2005 年第 2 期，第 42～43 頁。

### 3.美國的全球民主化目標總體上沒有實現

雖然美國在前蘇聯地區推行的民主化一度取得成功，但是隨著美俄關係從 90 年代中期開始逐漸惡化，美國除了使東歐國家逐漸成為其勢力範圍和使獨聯體逐漸陷入分裂和軟弱狀態之外，美國使俄羅斯完全融入西方和成為它的小夥伴的主要目標沒有達到。雖然柯林頓當局一度在人權問題上對華採取咄咄逼人的態度，企圖使中國步前蘇聯和東歐國家「西化」的後塵，但是中國特色社會主義成功地抵抗了美國在中國推行的民主化。在中東、非洲等其他地區，美國在經濟誘惑和外交施壓下推行的民主化，基本上也是失敗的。美國強化民主國家聯盟的努力因西方內部分歧加大也沒有達到預期效果。一言以蔽之，美國在推行全球民主化過程中的失敗多於成功。

總之，雖然「參與和擴展」戰略的實施大幅提升了美國的經濟和軍事力量，從而增強了美國的綜合國力和國際優勢地位，但是美國促進國外民主化的努力總體上是失敗的，美國面臨的國家安全環境也沒有隨著美國軍事力量的增強而進一步改善，尤其是美國沒有實現領導世界的最高目標。

## 二、「參與和擴展」戰略的特點

柯林頓把國家經濟安全置於美國全球霸權戰略的首位，並把推動全球民主化提升到與實現經濟安全和加強軍事力量並列的三大戰略支柱之一，充分體現了柯林頓當局重視經濟安全的政策取向和著力推行國外民主化的理想主義外交追求，這是「參與和擴展」戰略的總特點。具體而言，該戰略具有五個特點。

### 1. 基本戰略手段和方式的創新

柯林頓當局以「參與」、「接觸」取代「遏制」、「孤立」、「封鎖」，作為「參與和擴展」戰略的基本戰略手段和方式。冷戰時期，美國率領西方並拉攏中間地帶國家，對蘇聯、中國等社會主義國家實施全面遏制、孤立和封鎖。冷戰後，「遏制」作為美國全球戰略的基本手段終於退出歷史舞臺，取而代之的是順應時代潮流的「參與」和「接觸」。「參與」是美國介入冷戰後世界事務的基本方式，也是美國在維持西方聯盟的基礎上與盟國和友國交往的主要方式，而「接觸」的對象主要是中國這樣的非敵非友國家和朝鮮那樣的敵對國家。

作為冷戰後美國發揮世界領導作用的基本途徑，「參與」儘管並不絕對排斥美國對其潛在對手和所謂「流氓國家」的「遏制」，但它畢竟不同於「遏制」。儘管柯林頓當局反復強調美國必須遏制侵略，必要時堅決以武力擊敗侵略者，但是對美國而言，冷戰後的「遏制」不再像冷戰時期的「遏制」那樣具有全局性和主導性。美國對中國這樣的潛在對手採取「接觸性遏制」，而不是冷戰前期的「孤立性遏制」。冷戰後美國只對伊拉克、伊朗等極少數「流氓國家」使用「孤立性遏制」政策。

2.「擴展」是中心環節

「參與和擴展」戰略是一個從戰略手段到最高戰略目標的完整的戰略體系，其中，「擴展」既是「參與」的直接目標，又是實現「領導世界」這一最高戰略目標的戰略手段與方式，即通過「參與」傳播美國意識形態和擴展美國的國際影響、經濟利益、安全利益和「世界民主大家庭」，從而實現對世界的領導。換言之，在「參與和擴展」戰略中，「擴展」既是目標也是手段，是「參與」與「領導」之間的中心環節。因此，「參與和擴展」戰略簡稱「擴展」戰略。

3.經濟安全的地位突出

冷戰時期，美國全球戰略的核心、首要關切或唯一支柱是國家安全，具體表現為二位一體的遏制蘇聯共產主義的擴張和防止美蘇核戰爭，因此經濟繁榮基本上不是美國全球戰略的支柱或目標，經濟服務於冷戰對抗。為了加強西方聯盟以遏制社會主義陣營，美國往往不惜以經濟利益為代價。比如，為了遏制蘇聯和中國等社會主義國家，美國幾乎完全放棄了在這些國家的經濟機會；為了增強和擴大西方聯盟，美國不僅給西歐國家和日本、韓國等東亞盟國提供軍事保護，而且在冷戰前期曾經給這些盟國提供大量經濟援助和貿易優惠。但是，在贏得了冷戰卻輸掉了經濟的後冷戰時代初期，美國自然把經濟繁榮作為首要目標，作為「參與和擴展」戰略的首要支柱。1994 年美國國務卿克里斯多夫在國會談美國安全政策的重點時說:「經濟安全是這些安全中重點中的第一重點。」[42]這既是冷戰後經濟全球化加速發展的客觀要求，也是美國在蘇聯這個大敵消失後通過促進經濟繁榮和提升經濟競爭力實現領導世界的目標的明智選擇。到柯林頓的第二任期，隨著經濟安全目標的基本實現，雖然經濟安全不再被當作「參與和擴展」戰略的首要目標，但它仍然被置於與傳統安全並列的戰略高度。

### 4. 內政與外交的界限基本消失

隨著美國主導的全球化的發展和跨國威脅的擴散與加劇，國內問題與國際問題之間的界限日趨模糊，美國國家利益與國際共同利益越來越不可分。因此，柯林頓當局認為美國的經濟繁榮和國家安全與美國的國外參與和領導密不可分，通過把國內政策與對外政策結合起來去維護美國國家安全和追求美國國家利益。這種觀點和政策貫穿柯林頓的兩個任期。他在 1996 年的美國國家安全戰略報告的序言中指出：開始於美國邊界之外的威脅和來自於國內的挑戰之間的界限正在消失，其他國家今天面臨的問題可能迅速變成美國明天的問題；因此美國人民的生活是否更好、更安全，不僅是衡量美國在國內努力是否成功的標準，而且是衡量美國在國外努力是否成功的標準。[43]他在 1999

[42] 《和平、繁榮與民主》，美國新聞署華盛頓 1994 年 2 月 24 日英文電。轉引自閻學通：《國際政治與中國》，第 72～73 頁。

[43] The Whitehouse, *A National Security Strategy of Engagement and Enlargement*, February 1996, pp.ii, 2.轉引自朱明權：《領導世界還是支配世界？——冷戰後美國國家安全戰略》，第 219 頁。

年的美國國家安全戰略報告的序言中說：美國「不能單獨生活在和平之中」，美國的「福祇依賴於遙遠的其他國家的福祇」。[44]可見，柯林頓當局把美國對世界的領導看作是美國國家安全的前提，把國家安全與國際安全聯繫起來，把國內政策與對外政策聯繫起來。

### 5. 促進國外民主化首次被明確作為美國全球戰略的一大支柱

儘管美國有傳播民主價值觀的外交傳統，但是把促進國外民主化與促進國家安全和經濟繁榮並列，作為其全球霸權戰略的一大支柱和一大目標，在美國外交史上還是第一次。

---

[44] The Whitehouse , *A National Security Strategy for a New Century*, December 1999 , p.iii. 轉引自朱明權：《領導世界還是支配世界？——冷戰後美國國家安全戰略》，第 219 頁。

# 第十三章　「新帝國」戰略
## ——美國全球霸權戰略的頂點

「9．11」事件後，經過一年多的戰略謀劃和政策實踐，美國白宮於 2002 年 9 月 17 日公佈了《美國國家安全戰略》報告。該報告以及在其前後公佈的《四年防務評估》、《核態勢評估》、《反擊大規模殺傷性武器國家戰略》、《國土安全國家戰略》、《反擊恐怖主義國家戰略》等報告，共同勾畫了新的美國國家安全戰略框架，標誌著「9．11 時代」美國國家安全戰略——「新帝國」戰略的確立。「新帝國」戰略是冷戰後美國全球霸權戰略在「9．11」事件的強烈刺激下和新保守主義的極力推動下的新發展，是相當危險的美國大戰略「創新」，是美國全球霸權戰略的頂點。該戰略的背景特殊，其指導思想、最高目標、安全威脅判斷、戰略手段和措施都具有顯著而危險的「創新」。

## 第一節　「新帝國」戰略的背景與原因

### 一、美國的頂級大國地位

一個國家大戰略的制訂與其國力和國際地位密切相關，一般而言，國力越強盛、國際地位越高，國家大戰略的目標越高，美國更是如此。二戰結束之初，美國變成世界最強大國家，其超級大國地位使得美國決心建立由它領導的戰後世界新秩序，由此導致了美國全球霸權戰略的確立和「遏制」戰略的實施。在冷戰結束後柯林頓執政的八年裏，美國經濟實現了「高增長、高就業、低通膨」的理想化發展，其國際競爭力幾乎年年位居世界第一，其總量在世界經濟總量中的比重逐年上升，到 2000 年其任期結束時，這一比重高達 30%，美國經濟在世界經濟中重新獨佔鰲頭。因此，在「9・11」事件之前，美國的經濟實力乃至綜合國力大幅增強，美國從冷戰結束之初的唯一超級大國變成頂級大國或超超級大國。基辛格自豪地寫道：「新千年即將降臨之際，美國雄踞各國之上，哪怕是昔日最輝煌的帝國都望塵莫及。從武裝裝備到企業家精神，從科學到技術，從高等教育到大眾文化，美國在全世界勢壓群雄。」[1]美國高高在上的國際地位使美國決心把冷戰後顯得有些混亂的國際秩序改造成為它領導的「新帝國」秩序，以實現美國治下的「全球和平」與「全球民主化」。1997 年成立的美國保守派思想庫「美國新世紀計畫」(The Project for a New American Century）是鼓吹制訂和實施「新帝國」戰略的急先鋒。它在 2000 年底向即將上臺的布希當局遞交了一份「新帝國」戰略計畫，其目標是：美國要成為全球唯一警察，不要受聯合國和國際輿論的影響，要防止其他任何競爭對手對美國支配地位形成任何挑戰。[2]

## 二、「9・11」事件

史無前例的「9・11」恐怖襲擊不僅從物質和肉體上沉重打擊了美國，造成近三千人死亡和數千億美元的直接和間接經濟損失，而且在精神和心理上給美國人造成了永世難忘的傷痛：刻骨銘心的悲憤、極其強烈的心理震撼和揮之不去的恐怖陰影。「『9・11』襲擊事件徹底粉碎了美國民眾的安全感，人民普遍感到不再生活在常態下，而是生活在非常緊急狀態下。」[3]「『9・11』事件充分暴露了美國國家安全體系的某些盲點和脆弱之處，有力摧毀了有關美國的一些神話，也凸顯了

---

1　[美]亨利・基辛格：《美國需要外交政策嗎？》，第 1 頁。

2　雷思海：《第五帝國的終結》，時事出版社，2003 年 8 月版，第 3 頁。

3　[美]喬治・索羅斯：《美國霸權的泡沫——糾正對美國霸權的濫用》，第 10 頁。

布希政府上臺後大力推廣的全球反導體系的荒謬性，使美國決策者不得不在此後一段時間內集中全力對付國際恐怖主義。」[4]「9・11」事件改變了美國，因為從那以後當美國人最崇尚最引以為自豪的自由價值觀和個人權利與所謂「國家安全」發生衝突時，美國人選擇的是安全而不是自由與權利，而自由價值觀和個人權利是美國的立國之本、基本特性和所謂「美國信條」的核心內容。因此，「9・11」事件不僅使美國國內政治在保障國家安全的名義下更加右傾保守化，而且使美國國家安全戰略在確保國家安全的旗號下更具進攻性。在「9・11」事件強烈刺激下和在新保守主義指導下逐步形成和付諸實施的新的美國國家安全戰略，對以國家主權原則為基石的現代國際體系和體制構成嚴重挑戰和威脅。在傳播自由民主、保衛國家安全和維護世界和平的旗號下，美國以反恐反擴散為由，罔顧國際輿論，踐踏國際法，武力更換敵國政權，強行塑造「美利堅新帝國秩序」，給全球化中的世界帶來了深刻的消極影響。換言之，「9・11」事件及其引發的所謂「綜合症」「誘發和催生了一種全球化時代的新帝國主義。」[5]因此，「9・11」事件標誌著冷戰後美國國家安全戰略的歷史性轉折，也標誌著後冷戰時代的終結和美國國家安全戰略的「9・11時代」的開始。

但是，「9・11」事件不是導致「新帝國」戰略的根本原因，實際上它只是該戰略的直接原因或導火索，甚至可能只是布希當局推行「新帝國」戰略所需要的一個藉口——所謂「新珍珠港」事件，正如當年羅斯福當局藉以立即參加二戰所需要的珍珠港事件一樣。[6]這樣說的理由有二：一是「9・11」事件發生時美國空中交通管制系統和防空系統不可思議地幾乎同時接近癱瘓，二是從布希上臺起，以強硬的單邊主

---

4　李慎明、王逸舟主編：《2002年：全球政治與安全報告》，社會科學出版社，2002年1月，第17頁。

5　李慎明、王逸舟主編：《2002年：全球政治與安全報告》，第7頁。

6　「9・11」事件發生後，在法國、美國等西方國家就有人對這起在正常情況下絕對不可能發生的恐怖襲擊提出懷疑，認為它實際上是一個大陰謀，是布希當局故意讓它發生的，甚至是它參與策劃的。參見[美]大衛・雷・格裏芬：《新珍珠港與布希政府》，東方出版社，2004年9月第1版。

義外交為初步特徵的布希主義就初露端倪，美國的「新帝國」企圖就開始萌生。這裏有必要對第二點略加分析。布希當局是個典型的鷹派當局，由副總統切尼、國防部長拉姆斯菲爾德等傳統保守派和副國防部長沃爾福威茨等新保守派把持。這些人堅決主張實施強硬的對外政策，認為冷戰後美國的首要對外政策目標是不惜以單邊行動防止新的超級大國的崛起和捍衛美國的利益與推廣美國的價值觀，必要時對企圖獲得大規模殺傷性武器的「無賴國家」實施先發制人的軍事打擊。他們的這種「新帝國」主張早就通過 1992 年的《國防指南》(US National Defense Guidence) 和「美國新世紀計畫」表露出來。只是由於當時不具備實施「新帝國」計畫的社會條件和國際環境，他們的計畫才被束之高閣。當小布希當選總統後，他們終於獲得了實施其「新帝國」計畫的機會，而「9・11」事件正好為他們提供了一個急需的藉口。該事件發生後，布希在緊急召開的戰時內閣會議上說，「這是一個大好機遇。」[7]拉姆斯菲爾德說，9 月 11 日開創了「第二次世界大戰提供的那種重塑世界的機遇」。[8]

## 三、布希當局對國際安全環境的悲觀評估

任何對外戰略的制定與實施，都以認識和評估國際局勢特別是國際安全環境為前提。「9・11」事件發生後，為了使美國民眾乃至全世界人民相信美國面臨險惡的安全環境，布希當局充分利用美國民眾的悲憤和不安全感，極力誇大恐怖主義、「失敗國家」、「流氓國家」、「邪惡軸心」對以美國為中心的「自由世界」的威脅，對國際安全環境做出了過於悲觀的評估，致使冷戰時期形成的美國政府誇大外部威脅的傾向惡性膨脹。

---

7 Bob Woodward, *Bush at War*, Simon & Schuster, 2002, p.32.轉引自高祖貴：《美國霸權的根源、擴展及其特點》，載付耀祖、顧關福主編：《中國國際關係理論研究》，時事出版社，2005 年 1 月版，第 252 頁。

8 "Secretary Rumsfeld Interwiew with the New York Times", October 12,2001.

「9・11」襲擊發生後，布希當局立即把它稱為對美國的戰爭行為，並宣佈美國進入戰爭狀態，此後又反覆要求全國做好應對隨時可能發生的更大規模恐怖襲擊的準備，從而使美國人心惶惶。在布希當局看來，「9・11」事件表明冷戰後因蘇聯解體而大為改善的國際安全環境再度嚴重惡化。布希在 2002 年 1 月 29 日宣讀的國情咨文中說，文明世界面臨史無前例的諸多危險。[9]美國防部長拉姆斯菲爾德說，「我們的開放邊界和開放社會使得恐怖分子在我們的人民安居樂業的地方襲擊他們變得輕而易舉和具有誘惑力。」[10]他甚至斷言美國進入了一個危險的新時代，一個「美國堅不可摧的歷史被脆弱所取代的新時代」，一個「新型敵人向美國的城市和人民發動新型攻擊的新時代」。[11]美國防部副部長沃爾福威茨在為發動伊拉克戰爭辯護時危言聳聽地說，現代世界是非常危險的，民主和自由系於一發。[12]「新帝國」戰略認為美國處於「恐怖分子、獨裁者和大規模殺傷性武器」的時代，面臨混亂、不安全、充滿來源不確定的威脅的國際環境。[13]《美國國家安全戰略》報告對「9・11」後美國面臨的安全環境和主要安全威脅作了權威性的悲觀判斷：「來自流氓國家和恐怖分子的新的致命挑戰已經出現。……這些新敵人的性質和動機，它們一意孤行獲得迄今為止只有世界最強大國家才有的毀滅性力量，以及它們使用大規模殺傷性武器打擊我們的可能性的增大，使今天的安全環境變得更加複雜和危險」；「美國現在受到的威脅與其說是來自耀武揚威的國家，不如說來自失

---

[9] George W Bush, "The President's State of Union Address," Jan. 19, 2002. http://www.Whitehouse.gov/news/releases/2002/01/20020129-11.html.

[10] Donald. H.Rumsfeld, 'Transforming the Military', *Foreign Affairs* , May / June 2002.

[11] Donald. H.Rumsfeld, "Start Preparing Now for a Nasty Surprise Ahead", *International Herald Tribune,* November 2, 2001.

[12] "First Stop,Iraq", *Time,* March 31, 2003.

[13] Council on Foreign Relations, "Implementing a New National Security Strategy in an age of Terrorists, Tyrants and Weapons of Mass Destructions", http://www.cfr.org. 轉引自高祖貴：《美國霸權的根源、擴展及其特點》，載付耀祖、顧關福主編：《中國國際關係理論研究》，第 258 頁。

敗國家。我們受到的威脅與其說來自艦隊和軍隊，不如說來自少數懷恨在心者手中的災難性技術」。[14]布希當局認為：美國乃至整個「自由世界」面臨的最大最緊迫威脅，是力圖獲得大規模殺傷性武器（WMD）的恐怖勢力與正在祕密研製或已經擁有 WMD 的「邪惡軸心」的相互勾結，因為一旦這些邪惡勢力獲得 WMD，美國及其盟友就會遭受滅頂之災；因此，美國的當務之急和首要任務，是動用一切可動用的資源和手段，迎擊和消滅首要安全威脅，塑造「安全、自由、公正」的國際環境。換言之，「9・11」後美國國家安全戰略的首要任務是全力進行二位一體的反恐反擴散，即用包括「預防性戰爭」（布希當局為了顯示其行為的合法性而稱之為「先發制人戰爭」）在內的一切手段防止恐怖分子、「流氓國家」、「邪惡軸心」獲得 WMD，以確保美國及其盟友的絕對安全。

在布希當局推波助瀾下彌漫全美的強烈不安全感雖然直接肇始於「9・11」事件，但其深層原因是美國特殊的安全觀和極為寬泛的安全利益界定，從根本上講根源於美國全球霸權戰略。「美國的安全觀念具有明顯的特殊性：對自身安全利益的規定特別廣泛和不確定，為自身安全提出的標準特別高，而謀求實現安全利益和達到安全標準的手段又基本上是建立在傳統的現實主義基礎之上。這樣就造成了一種惡性循環：由於總是覺得自己的安全面臨許多威脅，美國並不遺餘力地追求絕對安全；結果引起其他國家的強烈反應，陷入了所謂的安全困境，於是美國便覺得自己更不安全了」。[15]冷戰結束後，作為唯一超級大國，美國比冷戰時期安全多了，本應有安全感。然而，冷戰後美國認為它的利益遍及全球而到處干涉，從而引起廣泛的國際反對和敵視，「9・11」事件就是這種仇美情緒的極端產物。因此，美國認為它面臨多元化的全球性威脅，尤其是迫在眉睫的恐怖主義與 WMD 相結合的

---

[14] THE WHITE HOUSE, *The National Security Strategy of The United States of America*, September 17, 2002. http://www.whitehouse.gov/nsc/nss.html.

[15] 朱明權：《美國為什麼總是覺得自己不安全》，載徐以驊主編：《世紀之交的國際關係》，第 174 頁。

威脅。「9・11」後美國的安全現實和安全感是從未有過的悖論似的極其強大又極其脆弱。

## 第二節　「新帝國」戰略的指導原則與思想根源

### 一、「新帝國」戰略的指導原則

「新帝國」戰略的制定與實施，不是布希當局乃至整個美國政府心血來潮的產物，也不是其應對恐怖襲擊的權宜之計，而是這個新保守派當局乃至整個被右翼主導的美國政府關於冷戰後特別是「9・11」後美國全球戰略進行深思熟慮和精心謀劃的結果。美國產生帝國念頭是受兩個信念支撐的，一是認為美國力量至高無上，二是認為美國價值觀普遍適用。[16]因此，「新帝國」戰略具有明確的指導原則——布希主義。

布希主義是「9・11 時代」美國國家安全戰略的指導原則。在布希上臺之初，布希主義就初露端倪。2001 年 3 月 4 日，布希在「里根號」軍艦建成儀式上發表首次對外政策講話。他說：「專制是短暫的，自由是普遍和永恆的」；「我們當前的危險來自無賴國家、恐怖主義和導彈」；「從本質上說，美國代表自由，自由的擴大是我們的利益所在。我們將同那些走向自由的國家站在一起，我們將同那些拒絕自由並使其鄰國或我們的重要利益受到威脅的國家作鬥爭。」[17]美國新保守派人物弗蘭克・加夫尼在 2001 年 3 月 13 日的《華盛頓郵報》上發表題為《布希主義初露端倪》的文章，給布希的這個講話貼上了「布希主義」的標籤。2001 年 6 月 4 日，新保守派旗手查理斯・克勞塞默在新

---

[16] [美]撒母耳・亨廷頓：《美國國家特性面臨挑戰》，第 303 頁。

[17] Remarks by the President at Christening Ceremony for the USS Ronald Reagan, 轉引自劉阿明：《布希主義與新帝國論》，時事出版社，2005 年 12 月版，第 87 頁。

保守派喉舌《旗幟週刊》上發表題為「布希主義」的文章，把布希當局的一系列單邊主義外交行為概括為布希主義。「9・11」後，布希多次發表對外政策講話，提出了一系列新的對外政策觀念與原則，其中最重要的有三個。1.「支持恐怖主義就是恐怖主義」和「以反恐劃線」。布希在「9・11」當天晚上的講話中宣佈：「我們將不把恐怖行動的策劃者與庇護者作任何區分。」[18] 2001 年 9 月 20 日，布希在國會兩院聯席會議上把這個新觀點和政策擴展為適用所有國家，提出「以反恐劃線」的外交新原則。他按「善惡對立」的宗教信念和道德絕對主義把全世界劃分為邪惡的恐怖主義陣營和美國領導的正義的反恐陣營，聲稱任何組織和國家要麼站在美國一邊成為其反恐盟友，要麼站在恐怖主義一邊成為其敵人。他說：「每個地區的每個國家現在都必須做出一個決定：或者是與我們站在一起，或者一與恐怖分子站在一起。從今天開始，任何繼續窩藏或支持恐怖主義的國家，都將被美國看作是敵對政權。」[19]這一外交新原則和政策也被稱為布希主義。這種「非友即敵」的外交觀和「黑白兩分」的道德觀與世界觀是一種極端的新冷戰思維。2.「邪惡軸心論」與「政權更迭」。在「9・11」當天晚上的講話中，布希說：「今天我們的國家看到了邪惡。」[20]在這次短短 4 分鐘的講話中，布希 4 次用「邪惡」一詞。布希三天後在國家大教堂舉行的死難者悼念會上說：「我們對歷史的責任是清楚的：回應這一攻擊和使世界擺脫邪惡。」[21]2002 年 1 月 29 日，布希在國情咨文中稱伊

[18] Statement by the President in his address to the Nation, http://www.whitehouse.gov/news/release/2001/09/20010911-16.html. 轉引自朱明權：《領導世界還是支配世界？——冷戰後美國國家安全戰略》，第 290 頁。

[19] Address to a Joint Session of Congress and the American People」, http://www.Whitehouse.gov/news/releases/2001/09/20010920-8.html.轉引自朱明權：《領導世界還是支配世界？——冷戰後美國國家安全戰略》，第 306 頁。

[20] Statement by the President in his address to the Nation, http://www.whitehouse.gov/news/release/2001/09/20010911-16.html. 轉引自朱明權：《領導世界還是支配世界？——冷戰後美國國家安全戰略》，第 297 頁。

[21] President's Remarks at National Day of Prayer and Rememberance, http://www.whitehouse.gov/news/release/2001/09/20010914-2.html. 轉引自朱明權：《領

拉克、朝鮮和伊朗是與恐怖主義勾結並企圖獲得大規模殺傷性武器的三個「邪惡軸心」，並發誓決不容許世界上最危險的政權用世界上最危險的武器威脅美國及其盟友，宣稱美國將儘快與盟友一起部署導彈防禦（MD）系統。[22]按照布希強烈的「善惡勢不兩立」的宗教觀和世界觀，把公開與美國敵對的專制政權定性為「邪惡軸心」意味著美國必須用一切手段把這些政權轉變為美國所謂的民主政權，即「政權更迭」。「邪惡軸心」論的提出標誌著美國的反恐反擴散已偏離正確軌道，即借反恐反擴散打擊宿敵和更迭「邪惡政權」，推進 MD 的研發與部署，從而構建「美利堅新帝國」。3.「先發制人」。2002 年 6 月 1 日，布希在西點軍校正式提出實為「預防性戰爭」的所謂「先發制人」戰略，[23]聲稱在新的巨大威脅面前，美國必須有新的軍事思維和對策，即在敵人試圖獲得 WMD 之時或在敵人發起攻擊之前，「先發制人」地消滅敵人，固守防禦戰略思想就是坐等滅亡。[24]布希當局所謂「先發制人」戰爭，實際上都是「預防性戰爭」，因為美國並沒有證據表明伊拉克確實具備了用核武器打擊美國的能力，更沒有證據表明伊拉克有用核武器打擊美國的計畫，更談不上這種威脅已經迫在眉睫。[25]可見，布希當局把「先發制人」的戰爭與「預防性戰爭」混為一談，以符合國際法的「先發制人」概念為其對伊拉克的「預防性戰爭」辯護。[26]這三大新觀念和原則與布希當局一貫的外交單邊主義、「美國至

---

導世界還是支配世界？——冷戰後美國國家安全戰略》，第 297 頁。

[22] George W Bush , "The President's State of Union Address,"Jan. 19, 2002. http://www.Whitehouse.gov/news/releases/2002/01/20020129-11.html.

[23] 「預防性戰爭」不同於「先發制人」戰爭，前者指完全根據自己的主觀判斷對所謂潛在威脅發動戰爭，是違反國際法的，後者指在敵人即將發動進攻之前搶先發動戰爭，理論上符合國際法。參見 John Lewis Gaddis, "Grand Strategy in the Second Term", *Foreign Affairs*, Jan / Feb. 2005, Vol. 84, p.4.

[24] George W Bush , "President Bush's Speech at West Point", New York, June 1, 2002. http://www.whitehouse.gov/news/releases/2002/06/20020601-3.html.

[25] 朱明權：《領導世界還是支配世界？——冷戰後美國國家安全戰略》，第 330 頁。

[26] 周琪：〈「布希主義」與美國新保守主義〉，《美國研究》，2007 年第 2 期，第 13 頁。

上」和「仁慈霸權」觀及片面的絕對安全觀共同構成了布希主義。羅伯特・傑維斯認為布希主義包括四大要素：強烈相信一個國家的國內制度在決定它的對外政策方面的重要性，認定現在是改造國際政治的極好機會；巨大威脅只能通過新的和有力的政策——特別是預防性戰爭——加以摧毀；在必要是願意單方面行動；（既是以上信念的原因也是其結果）和平與穩定要求美國維護它在世界政治中的至上地位。[27]

可見，布希主義是為確保美國及盟國的絕對安全和建立「美利堅新帝國」而以「預防性戰爭」消滅邪惡力量（恐怖主義、「流氓政權」、「邪惡軸心」）、以武力輸出美國價值觀、以絕對軍事優勢遏制潛在世界大國崛起的國家安全戰略新思想。其基本思路是，「美國應積極運用目前所享有的支配性軍事及其他權力，改變它認為混亂和危險的世界體系，造就一種符合美國的偏好、反映美國利益和價值、從而保障美國國家安全的國際秩序。」[28]其具體內容是：以「反恐反擴散劃線」的敵友觀；以「邪惡軸心」論妖魔化宿敵的絕對道德觀；以「預防性戰爭」和絕對軍事優勢確保自己及盟友絕對安全的片面安全觀；蔑視國際法和多邊主義的「單邊主義」外交觀；武力輸出美國價值觀和更換「邪惡政權」的「新帝國主義」觀；嚴防新的世界大國崛起的地緣戰略觀；本土防衛優先的國防戰略觀。換言之，「所謂布希主義基於意識形態的考慮，依靠超強的軍事力量，對正在出現的威脅實施預防性的先發制人的打擊，實現敵對國家的政權更迭，建立美國主導的世界新秩序，捍衛和推進自由民主，建立自由市場經濟。」[29]把布希主義作為美國國家安全戰略的指導原則，是「9・11時代」美國國家安全戰略的最大「創新」。

布希主義的實質是，打著反恐反擴散旗號，踐踏別國主權，強行輸出自由民主價值觀，武力控制戰略要地，奪取戰略資源，憑藉攻防

---

[27] Robert Jervis, "Understanding the Bush Doctrine", *Political Science Quarterly*, Vol.118, No.3 (Fall 2003), p.365. 轉引自朱明權：《領導世界還是支配世界？——冷戰後美國國家安全戰略》，第 308 頁。

[28] 劉阿明：《布希主義與新帝國論》，第 1 頁。

[29] 劉金質：〈試評小布希的帝國外交〉，《國際政治研究》，2004 年第 4 期，第 87 頁。

一體的絕對軍事優勢，「先發制人」地消滅現實敵人，未雨綢繆地遏制潛在敵人，確保美國及盟友的絕對安全，在美國單極霸權基礎上構建「美利堅新帝國」。一句話，不僅「美國的使命是充當世界警察」，[30]而且美國要通過當世界警察強行確立其自封的世界領袖和法官的威望。

儘管在美國的官方言論中沒有出現「9・11」後在美國媒體、學界流行的「新帝國論」或「新帝國主義」，但布希主義在本質上與「新帝國主義」毫無二致。美國學者伊萬・伊蘭認為，雖然美國政府沒有正式使用「帝國」這個詞，但是小布希當局的國家安全戰略中無疑包含了「新帝國主義」的內涵。[31]

布希主義對美國外交四大傳統流派——漢密爾頓主義、傑佛遜主義、威爾遜主義、傑克遜主義——都有所繼承，但是它拒絕了傑佛遜主義的孤立主義主張與和平主義追求[32]，而把「認為外部世界最黑暗、對外最強硬、最重視從戰爭中獲得榮譽、最不尊重國際法和國際慣例的傑克遜主義」[33]張揚到了極致，同時拋棄了其孤立主義的一面。布希主義與其思想基礎新保守主義主要是傑克遜主義與威爾遜主義的混合物。相對於對二戰後的杜魯門主義和冷戰後的柯林頓主義，除了有所繼承之外，布希主義具有顯著「創新」。杜魯門主義以「反共反蘇劃線」，布希主義「以反恐反擴散劃線」（雖然仍然反共）；杜魯門主義在軍事上主要表現為「遏制」，布希主義在軍事上主要表現為「先發制人」；柯林頓主義重視通過廣泛接觸輸出美國價值觀，布希主義強調用武力輸出美國價值觀；柯林頓主義以保護人權為由武裝干涉別國內政，布希主義以保衛國家安全和自由價值觀為由武力更換敵國政府。

---

30 Max.Boot, "America's Destiny is to Police the World", *Financial Times*, February 19, 2003.

31 Ivan Eland, "The Empire Strikes Out, The 'New Imperialism' and Its Fatal Flaws" , *Policy Analysis*, No. 459, Nov. 22, 2002.

32 「戰爭是傑佛遜主義者努力避免的第一以及最大的邪惡。」見[美]沃爾特・拉塞爾・米德：《美國外交政策及其如何影響了世界》，第 199 頁。

33 [美]沃爾特・拉塞爾・米德：《美國外交政策及其如何影響了世界》，第 262-278 頁。

在布希第二任期，美國對外戰略的指導思想又所發展，其重點從強調反恐和反擴散到強調擴展民主和結束暴政。這被稱為「新布希主義」,「其內涵是賦予美國對外政策以強烈的意識形態特徵和道德使命感，以『打倒暴政』和『推廣美國式的自由和民主』為行動目的，借助軍事手段和非軍事手段（甚至更加偏重非武力手段），尋求支持在世界各個角落、各種文化土壤之上的民主運動和制度的生長，最終實現對美國安全和利益的絕對保障。」[34]布希在第二任就職演說中說：「只要世界的各個地區存在著怨恨和暴政——有助於滋長仇恨和原諒謀殺的意識形態，暴力的破壞力量就會聚集和增加，就會跨越得到最好防禦的邊界，造成極大威脅」;「自由在我們國家的生存越來越依賴於自由在其他國家的生存」。[35]他在不久後的國情咨文中說：「從長期看，我們尋求的和平將僅僅可以通過消滅滋長極端主義和謀殺的意識形態的條件才能實現。假如世界上各個地區依然處於絕望和增長的仇恨之中，這將為恐怖主義徵募力量創造基礎，恐怖主義將繼續在今後幾十年中在美國和其他自由國家作祟。」[36]顯然，「打倒暴政」與實現「自由化」,已經成為布希在第二個總統任期中對外和安全政策的一個核心內容。[37]

## 二、「新帝國」戰略的思想根源

從思想根源上講，布希主義主要來源於美國強硬的民族保守主義（除切尼和拉姆斯菲爾德等典型的強硬民族保守主義分子外，布希和

---

[34] 劉阿明：《布希主義與新帝國論》，第 308 頁。

[35] President Sworn-In to Second, http://www.whitehouse.gov/news/release/2005/01/20050120-1.html. 轉引自朱明權：《領導世界還是支配世界？——冷戰後美國國家安全戰略》，第 390 頁。

[36] State of the Union Address, http://www.whitehouse.gov/news/release/2005/02/20050202-11.html. 轉引自朱明權：《領導世界還是支配世界？——冷戰後美國國家安全戰略》，第 390 頁。

[37] 朱明權：《領導世界還是支配世界？——冷戰後美國國家安全戰略》，第 390 頁。

賴斯基本上也是強硬民族保守主義者）和美國新保守主義。強硬的民族保守主義分子是傳統民族保守主義分子（主要是共和黨人）中的鷹派。新保守主義骨幹分子主要是一些居住在紐約的原屬於保守自由派的猶太裔知識份子。他們對 20 世紀 60 年代以「偉大社會」為代表的登峰造極的「新政」自由主義、猛烈抨擊美國資本主義制度的新左派運動、波瀾壯闊的學生反戰運動、衝擊主流文化與傳統道德規範的嬉皮士「反文化」運動（青年人中流行的「性——毒品——搖滾樂」三位一體現象）和美國 70 年代的對蘇緩和政策強烈不滿，因而逐漸脫離民主黨和自由派陣營，於 70 年代逐漸加入共和黨和雷根代表的極端保守派陣營，並在 80 年代雷根當政時初次得勢。「美國新保守主義旗手們的意識形態是希歐多爾・羅斯福的軍事帝國主義與伍德羅・威爾遜的理想化的帝國主義的混合物。」[38]冷戰後，新一代新保守派具有更強烈的道德使命感和「新帝國」理想，他們終於在小布希執政時再次找到了用武之地，在布希第一任期分別擔任國防部第一、第二副部長的沃爾福威茨、費斯和主管軍控與國際安全的副國務卿博爾頓是其中的重要代表。為了利用宗教的社會凝聚力以增強美國國民應對和戰勝外部威脅的信心與力量，新保守派與具有強烈愛國主義和宗教使命感、奉行道德絕對主義的基督教右翼（即基督教原教旨主義）結合。他們不僅繼承了冷戰自由派反共與輸出意識形態的使命和老保守派強調軍事安全的傳統，而且主張按美國的宗教道德標準強行塑造世界新秩序。他們在對外戰略方面的「主要觀點體現在對美國物質上超強和道德上優越的地位深信不疑，認為美國應當在當今世界上積極主動地擔當領導角色以推廣美國的價值觀並維護美國的安全和至高無上的地位，蔑視國際組織和國際合作，鼓吹以先發制人方式使用武力打擊異己」。[39]他們提出，「美國的外交政策應以美國的價值觀為出發點，並

---

[38] [美]查默斯・詹森：《帝國的悲哀：黷武主義、保密與共和國的終結》，上海人民出版社，2005 年 6 月第 1 版，第 78 頁。

[39] 李志東、梅仁毅：〈冷戰後美國的新保守主義思想運動〉，《美國研究》，2006 年第 2 期，第 89 頁。

以此為基礎，利用美國的經濟、政治、文化和軍事實力，向全世界推廣美國式自由民主思想。」[40]他們的安全觀「強調美國至上的權力和蔑視多邊主義，熱衷於在世界上促進美國的民主和自由，為此不惜使用美國的軍事力量。」「新保守主義安全觀仇視和排斥它所認為的一切極權主義政權，並以轉變這些政權和重建其國家為己任，為此甚至不惜使用武力。」[41]他們在對以色列更堅定的支持和對伊斯蘭等非西方文化的強烈敵視中表現出濃烈的宗教保守國際主義傾向，在用武力構建「美利堅新帝國」中表現出「安全軍國主義」的狂熱。威廉・克裏斯托爾、羅伯特・卡根、馬克斯・布特等「新保守派不僅將美國的價值觀視為人類文明的典範，並以此作為美國奉行單邊主義外交政策的道德依據和理由，而且認為在全球範圍內推廣美國價值觀並促進美式民主和市場經濟制度既是美國的天賦使命也符合美國的利益，是實施美國的全球戰略和創建『美國治下的和平』的重要手段。」[42]在他們看來，美國同非西方國家的矛盾衝突不再是國際法行為體之間正常的利益之爭，美利堅民族與對美國不友好的民族的爭鬥並非普通的民族之間的爭鬥，美國的基督教新教文化與非基督教文化之間的鬥爭也不是多元文化之爭，而是文明與野蠻、善良與邪惡、正義與非法、高尚與卑鄙之間不可調和的較量；只有全球實現「美國化」，美國才能享有真正安全，世界才能實現真正自由、正義和繁榮。新保守主義認為：「我們與他們的差別是正義與邪惡的差別」；「我們掌握了自然權利，是自由民主國家，他們是獨裁國家。我們對他們的一切不人道行為都是神聖的，因而都是自然合法的。」[43]「他們認為美國有責任在世界各個

---

[40] 王恩銘：〈論美國新保守主義——解讀當代美國新型保守派〉，《世界經濟與政治》，2006 年第 10 期，第 50 頁。

[41] 朱明權：《領導世界還是支配世界？——冷戰後美國國家安全戰略》，第 68 頁、78 頁。

[42] 李志東、梅仁毅：〈冷戰後美國的新保守主義思想運動〉，《美國研究》，2006 年第 2 期，第 91～92 頁。

[43] 羅豔華：〈試論冷戰後美國「輸出民主」戰略的新發展〉，《國際政治研究》，2005 年第 1 期，第 98 頁。

角落建立秩序，對抗邪惡。」[44]「新保守主義把推進民主看成是維護美國安全和霸權主義的根本途徑。」[45]它甚至把在國外推行民主看作美國的最終目標，為此可以不惜動武。新保守主義拒絕有利於國際合作與安全的新自由制度主義和防禦性現實主義，不僅主張意識形態擴張、道德征伐和權力與安全利益的最大化追求，而且主張通過武力輸出自由民主價值觀來實現「自由世界」的永久安全，在繼承理想主義道德使命與吸收進攻性現實主義觀點[46]的基礎上，發展為「新帝國主義」。「換言之，新保守派主張，美國對外政策的目標應該是以其力量和價值觀來塑造世界秩序，謀求和維護美國的世界領導地位。」[47]「新保守主義」或「新帝國主義」的本質特徵是以戰爭求和平，以進攻求安全，以武力輸出美國價值觀，憑絕對軍事優勢、按美國宗教道德標準塑造「美利堅新帝國」。「新保守主義」或「新帝國主義」認為：「國際關係是權力關係，而不是法律關係；權力決定勝利，法律使勝利合法化。美國無可非議地在後冷戰世界佔據絕對權力地位，因此它可以把它的觀點、興趣和價值觀強加給整個世界。世界將會從接受美國的價值觀中獲得好處，因為美國模式已經證明了它的優越性。然而，在前幾屆政府的領導下，美國沒有充分發揮其權力的潛能。這一情況必須糾正。美國必須堅守其在世界上的霸權。」[48]「新保守主義」或「新帝國主義」一味強調國際社會權力競爭和美國的絕對安全與道德絕對正確性，忽視國家間共同利益和合作的必要性，是市場原教旨主義在

---

[44] [美]《國家利益》，2004 年春季號，轉引自劉金質：〈試評小布希的帝國外交〉，《國際政治研究》，2004 年第 4 期，第 84 頁。

[45] 羅豔華：〈試論冷戰後美國「輸出民主」戰略的新發展〉，《國際政治研究》，2005 年第 1 期，第 98 頁。

[46] 進攻性現實主義認為：國際體系迫使大國最大化地擴充它們的相對權力；力量確保安全，最大的力量確保最大程度的安全。見[美]約翰・米斯海默：《大國政治的悲劇》，上海世紀出版集團，2003 年 4 月版，第 20 頁，英文版前言第 41 頁。

[47] 劉阿明：《布希主義與新帝國論》，第 47 頁。

[48] [美]喬治・索羅斯：《美國霸權的泡沫——糾正對美國權力的濫用》，第 11 頁。

國際關係中的表現，因此被索羅斯稱為「社會達爾文主義的原生形態」。[49]總之，新保守主義的世界觀和對外戰略觀可以概括為三點：1、奉行「斯特勞斯主義」，即在全世界強行傳播美國的自由、民主觀念，推進人權事業和建立自由市場，以保衛西方民主與安全，認為保衛西方民主和對抗「野蠻」敵人是西方具有的自然權利；2、強化美國軍事優勢，遏制與擊退對美國及其盟國的任何威脅，以武力捍衛美國的理想與利益；3、確保美國的全球優勢地位和領導作用。[50]

由於新保守主義與布希主義的先發制人、政權變更、單邊主義和仁慈霸權緊密聯繫在一起，[51]被新保守主義「劫持」的布希當局正是對外既奉行道德政治，又奉行實力政治，既強行輸出價值觀，又極力追求片面絕對安全，具有強烈的道德優越感、安全危機感和鮮明的價值觀擴張性、軍事進攻性，因而被公認為美國歷史上最保守最強硬最狂熱最具進攻性的一屆內閣。[52]布希本人強烈的宗教信仰和強硬的對外政策主張就是證明：「一方面，他似乎是美國自基辛格以來實力政治（realpolitik）最露骨最不含糊的倡導者；另一方面，他的講話充滿了個人深深的宗教信念，並隱晦地提及像是中世紀而非現代的巨大善惡勢力來模糊其政治宣言。」[53]著名外交史家約翰・加迪斯認為，布希、賴斯路線有別於冷戰以來美國外交主流的最大特色在於將推進自由民主同捍衛國家安全高度結合。[54]裘蒂斯通過分析布希的外交政策講話，發現他具有三個相互關聯的觀點：第一，美國是上帝選擇的國家，

---

[49] 同上，第 11 頁。

[50] 參見劉金質：〈試評小布希的帝國外交〉，《國際政治研究》，2004 年第 4 期，第 87 頁，注 2。

[51] Francis Fukuyama , *America at the Crossroads, Democracy, Power, and the Neo-conservative Legacy* (Yale University Press, New Haven and London, 2006), pp.7.

[52] 鄭保國：〈「9・11 時代」美國對外戰略的危險「創新」〉，《外交評論》，2007 年第 5 期，第 82 頁。

[53] [美]撒母耳・皮爾遜：〈18 世紀虔敬主義和理性主義對美國思想形成的影響〉，《美國研究》，2004 年第 1 期，第 122 頁。

[54] 轉引自袁鵬：〈美國站在戰略十字路口〉，《現代國際關係》，2006 年第 9 期，第 34 頁。

第二，美國肩負著神聖的使命或受到上帝的感召去改造世界，第三，美國代表著剷除邪惡的正義力量；這些觀點來源於美國的宗教信仰並貫穿整個美國歷史。[55]克勞薩默於 2004 年在題為「民主的現實主義：美國在一元化世界中獨一無二的外交政策」的演講中說：美國應該不惜一切代價在全球推廣民主，對在推行過程中遇到的現實敵人「阿拉伯伊斯蘭獨裁主義者」，美國要像二戰中消滅德國和日本法西斯那樣將其從地球上鏟掉。[56]

## 第三節　「新帝國」戰略及其目標、手段與措施

由於「新帝國」戰略的最高目標和基本手段具有危險「創新」，因此本節增設對這兩點的分析。

### 一、「新帝國」戰略的界定

所謂「新帝國」戰略，是指「9・11」事件後布希當局開始正式推行的美國全球霸權戰略，其基本涵義是：美國在傳播自由民主、保衛國家安全和維護世界和平的旗號下，憑藉頂級大國的實力，以反恐反擴散為由，罔顧國際輿論，踐踏國際法，以「預防性戰爭」打擊恐怖主義和「邪惡軸心」國家，武力更換敵國政權，強行塑造「美利堅新帝國秩序」。

### 二、「新帝國」戰略的根本目標

《美國國家安全戰略》報告稱：「我們尋求創造一種有利於人類自由的均勢：在這樣的條件下，所有國家和社會都可以自行選擇政治和

---

55 John B. Judis, "The Chosen Nation: The Influence of Reliogion on U.S. Foreign Policy", *Policy Brief*, No.37, March 2005.

56 陳志、彭霞：〈新保守主義的困境——「十字路口的美國」評介〉，《現代國際關係》，2007 年第 2 期，第 62 頁。

經濟自由的成果和挑戰。通過使世界變得更安全，我們讓全世界人民改善自己的生活。我們將保衛這種正義的和平不受恐怖分子和暴君的威脅。我們將通過建立大國間的良好關係來維護和平。我們將通過鼓勵各大洲的自由和開放來延伸和平」;「美國國家安全戰略……的目標是幫助世界變得不僅更加安全，而且更加美好。我們在進步之路上的目標是明確的：政治和經濟自由、與別國的和平關係以及尊重人類的尊嚴」。[57]藏在這些冠冕堂皇文字背後的仍是冷戰後美國國家安全的三大基本目標：加強美國安全、維持經濟繁榮和促進國外民主與人權。該報告圍繞這三大目標提出了八個具體目標：捍衛對人類尊嚴的追求;加強反恐聯盟，防止對美國及其盟友的恐怖襲擊;加強國際合作，消除地區衝突；防止敵人用大規模殺傷性武器威脅美國及其盟友；通過自由市場和自由貿易，開創一個全球經濟增長的新時期；通過促進社會開放和建立民主以擴大發展；發展與全球主要力量中心合作行動的議程;改革美國國家安全機構以應對 21 世紀的挑戰。[58]從根本上講，「9·11」後美國國家安全戰略最高目標是，憑藉冷戰後美國「一超獨大」的國際地位構建「美利堅新帝國」，即「從霸權主導向帝國主導過渡」[59]。「這種戰略強調的是美國『一超獨大』地位，關心的是美國的行動自由，要提防和阻止的是出現一個可以與之比肩的戰略對手，要實現的是盡可能長久的美國『單極霸權』，要建立的是美利堅的『新帝國』。」[60]2002 年 6 月 1 日布希在西點軍校的演講半遮半露地說出了美國的戰略目標：「我們國家的理想始終大於我們國家的防務。」[61]他的

---

[57] THE WHITE HOUSE, *The National Security Strategy of The United States of America*, September 17, 2002. http://www.whitehouse.gov/nsc/nss.html.

[58] ibid

[59] 張立平：《新帝國論與美國 21 世紀大戰略》，載中國現代國際關係研究院美歐研究中心：《反恐背景下美國全球戰略》，時事出版社，2004 年 4 月第 1 版，第 41 頁。

[60] 張立平：《新帝國論與美國 21 世紀大戰略》，載中國現代國際關係研究院美歐研究中心：《反恐背景下美國全球戰略》，第 44 頁。

[61] George W Bush , “President Bush’s Speech at West Point”, New York, June 1,

言外之意就是美國的最高目標不只是保衛自己的安全，還要控制全球。布希當局的《美國國家安全戰略》報告聲稱要「維護美國在全球的支配地位，防止一個強大對手的崛起，根據美國的原則和利益塑造國際安全秩序」。[62]甚至在布希宣佈向恐怖主義開戰前半年，美國著名新保守派專欄作家克勞薩默就斷言：「美國不僅是國際社會的一員，它還是世界的支配力量。它比自羅馬帝國以來的任何強權都更具有支配性。於是，美國處於重塑規則、改變期望和創造新現實的地位。怎麼做呢？通過展示堅定不移且不可替代的意志來實現。」[63]另兩位對「9・11」後美國對外戰略具有相當大影響的新保守派代表人物威廉・克裏斯托爾和羅伯特・卡根認為：「美國歷史上第一次可以在沒有其他有力的、堅強的對手的情況下塑造國際體系，使它有利於自己的利益與原則……美國應該盡力延長這種千載難逢的時刻，保證使國際體系不受任何挑戰的威脅。這也就意味著保持與加強美國溫和的全球霸權……美國的外交政策應該是把這一單極時刻變為單極時代。」[64]美國哈佛大學奧林研究所所長羅森毫不隱晦地說：「我們的目標不是戰勝一個對手，而是維持某種帝國的地位，維持帝國的秩序。」[65]「可以說，21世紀初，美國由現存國際秩序的維護者，變成謀求改變現存國際秩序的『革命者』。」[66]美國也有學者指出，凸顯民主政體對國際體系的價值以及強調對國際體系的全面改造而不是簡單維護，說明小布希政

---

2002. http://www.whitehouse.gov/news/releases/2002/06/20020601-3.html.

62 THE WHITE HOUSE, *The National Security Strategy of The United States of America*, September 17, 2002. http://www.whitehouse.gov/nsc/nss.html.

63 Charles Krauthammmer, "The Bush Doctrine", *Time*, March 5, 2001. 轉引自[美]查默斯・詹森：《帝國的悲哀：黷武主義、保密與共和國的終結》，第76頁。

64 William Kristol and Robert Kagan, *Present Dangers : Crisis and Opportunity in American Foreign and Defense policy*, Encounter Book , San Francisco, 2000, p.6.

65 The Future of War and the American Military, *Harvard Review,* May / June 2002, Vol.104, No.5. 轉引自丁一凡：《美國批判——自由帝國擴張的悖論》，北京大學出版社，2006年1月版，第156頁。

66 門洪華：〈權力轉移、問題轉移與範式轉移〉，《美國研究》，2005年第3期，第18頁。

府的國際戰略已經超越了原有的「維護現狀性的霸權國家「的內涵，其國際體系觀具有」霸權革命性「（hegemonic revisionism）的特徵。[67]（美國決心憑藉其頂級大國的力量優勢，使自己從「霸權護持國」變成「新帝國塑造國」，變成一個此前它極力防範的現行國際體制的挑戰國或「修正國」。這是「9・11 時代」美國國家安全戰略目標的危險「創新」。

為什麼出現這種「創新」？「9・11」事件的強烈刺激固然是直接原因，而布希當局借題發揮才是根本原因。「9・11」事件集中展示了普通美國民眾難以理解的殘酷現實：最強大的美國卻很不安全，且遭人痛恨。面對美國民眾「他們為什麼仇恨我們？」的迷惘，布希當局提供了使全國同仇敵愾地保衛美國安全和自由民主價值觀的權威回答：他們仇恨我們是因為他們仇恨我們的價值觀和生活方式。布希在「9・11」當天晚上的講話中說：「美國之所以成為攻擊目標，是因為我們是世界上代表自由和機會的最明亮的燈塔。」[68]新保守派甚至認為，「9・11」襲擊是美國捲入（世界）不充分的結果；解決的方法是我們的目標要更具擴張性，其推進要更加強勁」。[69]「美國認為當前國際秩序中關於安全事務的安排沒有正確反映當今世界政治力量對比的現實，希望擁有更大的權力和行動自由；認為現存的國際秩序包括同盟安排不能適應冷戰後安全威脅的變化，不能滿足世界安全環境變化所產生的客觀需求。」[70]在布希當局看來，以國家主權平等原則為核

---

67 Robert Jevis, "The Remaking of a Unipolar World," *The Washington Quarterly*, Summer 2006, pp.7-9.轉引自陳東曉：〈美國國際體系觀的演變及其內涵〉，《現代國際關係》，2008 年第 1 期，第 6 頁。

68 Statement by the President in his address to the Nation, http://www.Whitehouse.gov/news/release/2001/09/20010911-16.html. 轉引自朱明權：《領導世界還是支配世界？——冷戰後美國國家安全戰略》，第 297 頁。另見王緝思：〈美國霸權的邏輯〉，《美國研究》，2003 年第 3 期，第 19 頁。

69 Max.Boot, "The Case for American Empire", *The Weekly Standard,* October 15, 2001.

70 門洪華：〈權力轉移、問題轉移與範式轉移〉，《美國研究》，2005 年第 3 期，第 18 頁。

心的現行國際體制是二戰的產物，不再符合當今全球化世界的現實和美國安全利益，反而充當「失敗國家」、「流氓國家」、「邪惡軸心」等邪惡勢力的保護傘；只有改造當今國際體制，消滅這些邪惡勢力，建立「美利堅新帝國」，全世界才會有真正的安全。

## 三、「新帝國」戰略的手段與途徑

「9・11」事件後，美國國家安全戰略的手段和途徑，從冷戰時期表現為意識形態攻擊與政治對抗、經濟封鎖與軍事威懾的「全面遏制」，經由冷戰後以價值觀輸出和經貿擴張為主的「超越遏制」與「參與和擴展」，過渡到後「9・11 時代」借反恐反擴散對「流氓國家」、「邪惡軸心」發動「預防性戰爭」和進行強行「民主化」改造的「新帝國」擴張。作為美國國家安全戰略的主要手段，美國軍事戰略的重點從冷戰時期的「威懾性遏制」，經過冷戰後的「地區性防務」、「靈活與選擇性參與」，演變為「9・11」後的以攻防一體的絕對軍事優勢為後盾的「預防性戰爭」。「威懾性遏制」的實質是以強大的常規軍力和毀滅性的第二次核打擊力量懾止勢均力敵的強大對手的進攻，其有效性建立在敵對雙方「確保相互摧毀」（MAD）的力量均勢和恐怖共識上，因而排除了軍事「單邊主義」和「先發制人」。「預防性戰爭」則是以絕對軍事優勢為後盾的赤裸裸的軍事「單邊主義」和「超級先發制人」。

「9・11」後，美國在繼續對中國和俄羅斯等傳統威脅和潛在敵人實施「威懾性遏制」的同時，把「預防性戰爭」作為軍事戰略的重點，實現了軍事戰略的大膽「創新」。美國的邏輯是：由於美國及其盟友面臨的最大和最緊迫威脅不再是蘇聯那樣雖可毀滅美國但必須保衛其國土和國民的傳統敵人，而是居無定所、來去無蹤、時刻準備向美國及其盟友發起攻擊的恐怖分子及與其勾結、不惜將國民置於報復打擊之中的「流氓政權」、「邪惡政權」，因此傳統的「威懾性遏制」已不能對付國際恐怖主義、「流氓政權」等邪惡力量及其和 WMD 的結合所構成的致命的非對稱性威脅，對付這種邪惡的致命的非對稱性威脅的唯一有效辦法，就是用「預防性戰爭」把它消滅在降臨之前或萌芽狀態，即以進攻保安全，以戰爭求和平。布希說：「在我們現在所處的世界中，採取行動是獲得安全的唯一途徑。」[71]《美國國家安全戰略》報告稱：「必要時我們會毫不猶豫地單獨行動……來行使我們的自衛權利」；「歷史將嚴厲審判那些看到這種迫在眉睫的危險卻無所作為的人。在我們已進入的世界中，通向安全的唯一道路是進攻。」[72]布希當局乃至美國政府如此傾向於對外使用武力，表明美國已經背離了其立國之本，成為它曾經長期譴責的帝國主義國家。美國憲法的主要起草者詹姆斯・麥迪森說過：「在公共自由的所有敵人中，戰爭也許是最令人畏懼的，因為它是萬惡之源。戰爭是軍隊的父母；從中產生了債務和賦稅；軍隊、債務和賦稅是將多數人至置於少數人統治之下的眾所周知的工具。」[73]「當美國領導人把對外戰爭描述為一種與邪惡勢力的較量，是一種拯救人類命運的艱苦任務時，美國人不僅會把戰爭當作一種終止衝突的手段，而且會把它當作傳播文明、建立世界秩序的神聖事業。」[74]那將是全世界面臨的最大威脅。

「預防性進攻」的突出特點除了表現為時刻保持常規軍事進攻態勢和經常對外動武外，還表現在調整核戰略，降低核門檻，以核打擊與核威懾並舉取代核威懾。美國國防部於 2002 年 1 月 8 日提交國會的《核態勢評估》報告大幅修改了核力量的使用原則、核打擊目標的選擇和戰略力量的構成。該報告認為，美國應在三種情況下發動核打擊：對核武器和生化武器的攻擊進行報復性打擊；對常規武器無法摧毀的

[71] [美]喬治・W・布希：「我們今天變為另一個國家」，德國《星期日世界報》，2002 年 9 月 8 日。

[72] THE WHITE HOUSE, *The National Security Strategy of The United States of America*, September 17, 2002. http://www.whitehouse.gov/nsc/nss.html.

[73] Quoted by Ralph Raico, *American Foreign Policy-The Turning Point, 1898-1919:* Part I. 轉引自[美]查默斯・詹森：《帝國的悲哀：黷武主義、保密與共和國的終結》，第 48 頁。

[74] 丁一凡：《美國批判——自由帝國擴張的悖論》，第 33 頁。

軍事目標進行毀滅性打擊；在出現了「令人吃驚的軍事發展」(如中國對臺動武、朝鮮入侵韓國）時以核打擊進行遏止。關於核打擊目標，該報告主張由單一對稱性目標轉為多樣化的非對稱性目標，建議在必要時對中、俄、朝、「兩伊」以及敘利亞和利比亞發動核打擊。關於戰略力量的構成，該報告主張用新三位一體——進攻性戰略核武器和精確制導的常規武器、MD、能迅速採取回應行動的基礎設施——取代舊三位一體——陸基洲際導彈、海基潛射導彈、戰略轟炸機，實現戰略攻防結合和核力量與常規力量的結合。該報告還提出要大力研發「在道義上站得住腳」的小型、低當量、可使用的戰術核武器和准核武器，尤其是可摧毀地下目標的鑽地核彈。

美國把「預防性戰爭」、絕對軍事優勢和 MD 系統結合起來，以確保在迅速消滅敵人時自己和盟友的絕對安全，即以「預防性戰爭」消滅恐怖組織、「流氓國家」、「邪惡軸心」，憑絕對軍事優勢迅速結束戰爭和懾止潛在對手的挑戰，以 MD 系統確保免遭「流氓國家」、「邪惡軸心」的襲擊，以及在威懾失敗時免遭潛在對手可能的「先發制人」攻擊和在向敵人發起攻擊時免遭報復性打擊。美國以為這給自己和盟友裝了三重安全保險。於是，美國以「消滅敵人，自己和盟友生存」的絕對優勢原則取代「相互確保摧毀」的恐怖平衡原則，企圖為構建「美利堅新帝國」而肆無忌憚地採取軍事行動。[75]

## 四、「新帝國」戰略的政策措施

### 1. 把反恐置於國家安全戰略的首位

「9・11」後，反恐立即成為美國國家安戰略的重中之重。美國把主要矛頭指向本・拉丹的「基地」組織及其主要庇護者塔利班政權，通過阿富汗戰爭推翻了塔利班，扶植起親美的卡爾扎伊政權。同時，美國

---

[75] 鄭保國：〈美國對外戰略的危險「創新」〉，《外交評論》，2007 年第 5 期，第 86 頁。

利用世界的廣泛同情，迅速組成鬆散的全球反恐聯盟，在世界各地搜捕和打擊恐怖分子，切斷其資金來源。在國內，為防範再發生恐怖襲擊，美國政府立即採取史無前例的安檢措施，以致全美國籠罩在風聲鶴唳、草木皆兵的恐怖氣氛中，並且反恐史無前例地被法制化。恐怖襲擊發生後一個半月，參眾兩院幾乎以全票通過了嚴重損害美國公民權利的《反恐法案》（即《愛國法案》），授予行政和情報部門一系列反恐特權，如監聽公民電話，拆看私人信件，對進入重要場所的人進行徹底全身檢查，無需確鑿證據就可拘押和審訊嫌疑犯，等等。2002 年 11 月美國國會通過設立國土安全部的法案。該部由移民歸化局、海關總署、海岸警衛隊、動植物衛生檢驗局和運輸安全局等 22 個聯邦機構合併而成，職員達 17 萬，規模僅次於國防部。這是 1947 年美國成立國家安全委員會、國防部和中央情報局以來最大一次政府機構調整。同時，美國還成立了負責本土防衛的北方司令部。2004 年 12 月，美國眾議院以壓倒多數通過法案，決定成立國家反恐情報中心和設立統領中央情報局等 15 個情報機構的國家情報局，以適應反恐需要。美國國會相應大幅增加反恐經費。據美國財政管理署公佈，僅「9・11」後一年內美國反恐總支出已達 1000 億，其中反恐戰爭支出 300 億，國土安全支出 350 億。[76]到 2008 年上半年結束時，美國在阿富汗和伊拉克的反恐戰爭中的花費超過 8,000 億美元，其中在阿富汗的花費達 2,000 億美元。

### 2. 用一切手段阻止「兩伊」和朝鮮等國獲取 WMD

「9・11」後，美國把防止和阻止 WMD 擴散提升為生死攸關的國家利益。美國不斷指責「兩伊」、朝鮮等國祕密研製 WMD。2003 年 3 月 20 日，美國以伊拉克祕密研製 WMD 和與「基地」組織勾結並隨時可能用 WMD 向美國及其盟友發動攻擊為由，不顧大多數國家的反對，違反國際法，繞過聯合國，悍然發動對伊戰爭，武力佔領伊拉克，

---

[76] 日本《每日新聞》，2002 年 9 月 12 日，轉引自《參考消息》，2002 年 9 月 17 日，第 3 版。

邁出了以「預防性戰爭」實現「新帝國」擴張的第一步。美國把實現伊拉克的政權更迭和「民主化」作為其「大中東民主計畫」的關鍵。因此，伊拉克戰爭對國際政治的影響比阿富汗戰爭更消極、更深刻。儘管美國陷入了伊拉克泥坑，但它仍以同樣理由試圖把伊朗作為下一個打擊目標。

### 3. 加快建立 MD 系統

「9•11」後，人們曾以為美國會放慢甚至停止研發 MD，因為「9•11」事件表明美國面臨的真正威脅是難以用 MD 防範的，它對美國擬建的 MD 是一個絕妙的諷刺。然而，布希當局認為，由於美國及其盟友遭受「流氓國家」、「邪惡軸心」的導彈襲擊的可能性越來越大，因此「9•11」事件證明了加快建立 MD 系統的絕對必要性。布希說：「沒有什麼例子比『9•11』襲擊事件更能證明反導條約已過時了，這個道理現在比 9 月 10 日的時候更加確鑿了。」[77]布希當局不顧國內外反對，尤其是不顧中、俄的強烈反對，於 2001 年 12 月 13 日正式單方面宣佈退出 1972 年美蘇簽訂的《反彈道導彈條約》，於半年後在阿拉斯加動工修建反導基地，並於 2004 年 7 月在此部署了第一套國家導彈防禦系統（NMD）。美國以防止朝鮮等「流氓國家」的導彈襲擊為藉口，斥鉅資研發和部署 MD，其真實意圖主要是防範和遏制中國，因為「流氓國家」沒有攻擊美國的能力，而俄羅斯強大的戰略攻擊力量是 MD 難以防範的。基辛格的話就是證明，他認為美國應明確表示 MD 也是為了對付不是「流氓國家」的核大國。[78]查默斯・詹森也認為，「導彈防禦系統的鼓動者普遍認為這一系統無疑是針對中國的。……臺灣地位問題是彈道導彈防禦系統的關鍵所在。」[79]因為美國把日本拉入 TMD 後，正在把臺灣納入其中，除向臺灣出售 3 架 P-3C 反潛機和計畫向

---

77 美國《洛杉機時報》，2001 年 10 月 17 日。

78 [美]亨利・基辛格：《美國需要外交政策嗎？》，第 69 頁。

79 [美]查默斯・詹森：《帝國的悲哀：黷武主義、保密與共和國的終結》，第 94 頁。

臺出售 6 套愛國者 3 型導彈外，可能向臺灣出售神盾級軍艦，甚至表示「必須做好迅速擊敗（中國大陸的）武力的準備」。[80]

### 4. 強化和擴展美國領導的全球軍事同盟體系和組建「自願者聯盟」

「9・11」後，美國利用盟國的同情和支持，鞏固和擴大了它支配的多邊和雙邊軍事同盟體系。北約首次啟動了《北大西洋公約》第五條款，派遣五架空中預警飛機參與保衛美國領空。2002 年 11 月 21～22 日，北約布拉格峰會決定接納七個中東歐國家，並認定恐怖主義和 WMD 擴散為最大威脅，把反恐作為未來一個時期的首要任務，還決定組建 2.1 萬人的快速反應部隊。2004 年 4 月初，北約正式接納這七個國家，把邊界擴展到俄羅斯的家門口。與此同時，在美國的敦促下，日本先後出臺了《反恐特別法》和《有事法制》等法案，借支持美軍反恐之機首次把海上自衛隊派往印度洋，並於 2004 年年初首次向仍處於戰爭狀態的伊拉克派遣軍隊。美日還共同擬定了聯合軍事應急計畫，不僅要聯合反恐，還要加強在東亞的聯合防務，特別是聯手庇護「臺獨」。此外，美國利用伊拉克戰爭組建了「自願者聯盟」，以彌補或填補傳統聯盟的反應闕如或不力。

### 5. 提升中亞及外高加索地區在美國國家安全戰略中的地位

由於中亞及外高加索地區具有十分重要的地緣政治、經濟和戰略意義，「9・11」後，美國以反恐為由，以經濟援助為誘餌，以支持自由民主為旗號，大肆向該地區滲透，已在該地區設有十多個軍事基地，並煽動和支持多起「顏色革命」。美國若控制了該地區，不僅有利於其反恐反擴散，而且有利於遏制俄羅斯、中國和威脅伊朗，還可獲取大量的石油和天然氣等戰略資源。美國中亞戰略的推進揭開了美俄在俄

---

[80] [美]比爾・格茨：〈美國權衡向臺灣出售海基防禦系統〉，《華盛頓時報》，2004 年 2 月 8 日。

羅斯周邊地區新一輪地緣戰略角逐，也使美、俄、中在中亞的戰略競爭態勢更趨複雜。

### 6. 把武力輸出美國價值觀和極力拓展海外市場相結合，把傳播民主自由當作美國的根本國家利益

美國此舉的根本目的是從思想和制度上消除外部世界威脅的根源，實現外部世界的「美國化」和美國國家利益的最大化。美國的邏輯是：只有自由民主，才有經濟繁榮，只有自由民主和經濟繁榮，才有國家安全、國際安全和世界和平；而輸出自由民主，只靠與外部世界的接觸還不夠，必要時須使用武力；價值觀傳播與利益追求是一致的，自由民主價值觀與國家安全、國際安全和世界和平不可分割。布希在解釋對伊拉克動武的原因時說：「美國的安全利益，美國對自由的信念都指向同一個方向：一個自由和平的伊拉克。」[81]布希沒有說出口的是，美國要獲得廉價的海外石油也需要一個「自由和平」的親美的伊拉克。布希在第二任就職演說中說，「我們這片土地的自由能否延續，取決於自由在別的土地上的勝利」，「美國的利益與我們的基本信仰現在合二為一」。換言之，傳播自由是美國「國家安全的迫切要求和時代的召喚」。[82]但是，「用直接軍事干預的方式來擴展民主和保護人權，對美國來說不啻為消耗武力的無底洞。美國遠沒有這種實力，美國人民也遠不會情願投身與這種任務之中。」[83]

### 7. 在反恐反擴散方面加強與中俄協調和合作

美國既在戰略上提防中俄，又極力爭取中俄對反恐反擴散的支持。美國一邊繼續向臺灣大量出售先進武器，強化「以臺制華」戰略，一邊與中國發展「建設性合作關係」，不再反對中國政府打擊東突伊斯

---

[81] 新華通訊社：《參考資料》，2003 年 3 月 3 日，第 22 頁。

[82] 資中筠：〈從美國總統就職演說看美國的變與不變〉，《美國研究》，2005 年第 2 期，第 16 頁。

[83] [美]羅伯特・阿特：《美國大戰略》，第 9 頁。

蘭運動，特別是在朝鮮核問題上加強與中國磋商與協調。美國一面不斷擠壓俄羅斯的地緣戰略空間，一面借反恐之機改善與俄羅斯的關係，不再反對俄羅斯政府打擊車臣恐怖分子，並於 2002 年 5 月與俄羅斯簽訂《美俄削減戰略武器條約》，發表《美俄戰略夥伴關係宣言》。

## 第四節　「新帝國」戰略的影響與走向

### 一、「新帝國」戰略的影響

#### （一）美國國內政治與社會生活更加右傾保守化

20 世紀 70 年代開始的美國社會的右傾保守化，到目前為止已經出現了三次高潮。第一次是雷根執政的 80 年代，第二次是從 1994 年 11 月中期選舉到 2001 年 5 月共和黨參議員傑福茲退黨，第三次是「9‧11」事件以來。這三次高潮持續時間都較長，且幾乎連在一起，因此也可以稱之為三個逐漸遞進的階段。在目前的第三個階段，美國社會的右傾保守化達到了登峰造極的程度，由右派和新保守派把持的布希當局成了美國歷史上最右最強硬的一屆行政當局。主要由共和黨代表的右派與保守勢力一貫強調自由市場經濟和國家安全，奉行保守的社會經濟政策和強硬的對外政策。他們的主要政策主張是，通過大幅度減稅刺激經濟增長，通過削減社會保障降低財政赤字，通過大幅度增加軍費保證國家安全，甚至通過限制公民權利與個人自由防範恐怖襲擊。尤其是，新保守派極力主張通過武力輸出美國自由民主價值觀和顛覆敵對國家政權以實現美國代表的「文明世界」的真正安全。在「9‧11」災難面前，右派保守勢力的主張大行其道，其影響與日中天，屬於宗教右派和傳統保守派的布希本人及其整個行政當局因「9‧11」災禍而得福，布希的支持率由不足 50%立即飆升到 90%以上，從美國歷史上罕見的「跛鴨」總統（其總統職位來自於美國聯邦最高法院史無前例的裁決）立即變成美國歷史上最強勢總統之一。這是因為，在災難面前，絕大多數美國民眾總是無條件支持美國總統，同仇敵愾，共赴國難。在愛國主義和民族主義高漲的社會氛圍中，如果有人抨擊布希當局為了反恐和保證國家安全而推行的對內對外政策，他就會被扣上不愛國的帽子。正是在這樣的形勢下，美國國會在「9・11」後不久通過了嚴重侵犯個人自由和隱私權的《反恐法案》。因此，在「9・11」後相當長的時間裏，布希幾乎成了帝王般的總統，美國社會的右傾保守化達到新的高潮。

### （二）中亞與中東動盪加劇

中東和中亞是世界的兩大油庫，也是民族矛盾、宗教衝突、領土爭端錯綜複雜的兩個相鄰地區，歷來是大國角逐的地緣戰略要地。中東是二戰後最早發生恐怖襲擊的地區，並逐漸成為伊斯蘭國際恐怖主義的大本營，而作為蘇聯一部分的中亞，在冷戰背景下受蘇聯的鐵碗統治而保持安定。冷戰結束後，美國確立了在中東的獨霸地位，並開始向中亞滲透，從而使美國與穆斯林世界的矛盾激化，最終導致了「9・11」悲劇。「9・11」後，由於美國對外政策的當務之急和剛剛形成的「新帝國」戰略的重中之重是展開全球反恐戰爭，而且反恐戰爭的首要矛頭對準塔利班政權和薩達姆政權，美國先後發動了阿富汗戰爭和伊拉克戰爭，並且迅速取得了軍事勝利。但是，這兩場戰爭使本來就不穩定的中亞和中東地區陷入急劇動盪之中；而且，美國在軍事上迅速取勝並沒有使這兩個地區穩定下來，美國沒能在政治上控制這兩個重要的比鄰地區，也沒有消滅基地組織，反而陷入了阿富汗和伊拉克的泥潭，該地區反而更不穩定。美國的反恐戰爭反而使恐怖主義更加猖獗，恐怖襲擊不僅在這兩個地區越來越多，而且蔓延到相對安全與穩定的歐洲。

### （三）基督教文明與伊斯蘭文明的衝突加劇

基督教與伊斯蘭教是主張入世的兩大世界性宗教，兩者都是典型的一神教，都聲稱自己掌握著宇宙的絕對真理，自己是正義和善的真正代表，其他宗教是異端邪說，是邪惡的代表。這兩大敵對宗教的原教旨主義者認為，兩者不僅在教義上是根本敵對的，而且在世俗世界也是不共戴天，因此向對方發動戰爭是消滅異端邪說、拯救人類靈魂所必需的「聖戰」。因此，這兩大宗教已經敵對了一千多年。在近代以前，基督教在與伊斯蘭教的衝突與戰爭中基本上處於下風。但從近代開始，基督教世界憑藉宗教革命、科技革命、經濟繁榮和軍事強權，由弱變強，反敗為勝，並不斷擴大對伊斯蘭世界的優勢，伊斯蘭世界則處在受剝削和壓迫的地位。儘管歐洲文藝復興、宗教改革和啟蒙運動使基督教世界在思想上不斷現代化和文明化，因而基督教原教旨主義逐漸邊緣化，但是，由於伊斯蘭世界沒有經歷基督教世界那樣深刻的思想革命與科技、經濟的現代化，因此伊斯蘭原教旨主義的影響仍然很大，而且科技、經濟、軍事的落後使伊斯蘭世界在與基督教世界的世俗衝突中長期處於劣勢，從而使更多的伊斯蘭民眾到伊斯蘭原教旨主義那裏尋找對付西方的方法與手段，這又增加伊斯蘭原教旨主義的影響。伊斯蘭原教旨主義的大行其道為主要針對西方的伊斯蘭恐怖主義提供了強大的思想動力和絕對不容懷疑的神學依據，從而加劇了伊斯蘭世界與基督教世界的對立與衝突。自「9・11」事件起，每當發生大規模恐怖襲擊，西方國家的穆斯林就因成為被懷疑的對象而提心吊膽，甚至成為報復的對象。可以說，每發生一起恐怖襲擊，基督教與伊斯蘭教的對立與仇恨就加深一步。因此，「文明衝突論」並非完全沒有道理。

### （四）國際法和聯合國的權威受到打擊

近代以來以主權國家為主體的威斯特法利亞體制、以國家主權原則為基石的戰後國際法律秩序和以聯合國為中心的國際協調與磋商機制，是二戰結束以來國際社會不斷進步和世界總體保持和平穩定的重要原因。美國不僅在二戰以前是主權國家體制的受益者，而且在從二戰結束到「9・11」的半個多世紀中是國際秩序和國際機制的主要制定者、參與者、受益者和維護者。但是，「9・11」事件改變了美國對現行國際法、聯合國機制乃至整個國際秩序的態度。在新保守派主導的美國看來，以國家主權平等、內政不容干涉和和平解決國際爭端為基本原則的現行國際法和聯合國機制，不僅不再符合美國的國家利益，而且成為美國維護自身及盟友安全、追求國家利益最大化和實現美國領導世界的理想的絆腳石。因此，「9・11」後，美國一方面在需要時繼續利用國際法和聯合國這張招牌，以增強其對外戰略的合法性和減少對外干涉的阻力，另一方面，開始構建最符合美國利益的新的國際秩序——「新帝國」秩序，從而對現行國際法和聯合國的權威構成嚴重挑戰和威脅。

### （五）大國關係更趨複雜

「9・11」事件為美國與中、俄、歐等其他主要力量改善關係提供了契機，布希上臺後趨於惡化的中美關係、美俄關係、美歐關係向積極方向發展，因為美、歐、中、俄等世界主要力量在反恐的共同目標下加強協調與合作。然而，由於美國借反恐推行「新帝國」戰略，特別是在大多數國家反對和沒有聯合國安理會授權的情況下，悍然發動伊拉克戰爭，因此美國與中、俄、歐的關係不同程度地再次惡化，特別是美國與法國和德國的矛盾非常尖銳，美歐聯盟面臨從未有過的分裂危險。但是另一方面，中美關係、美俄關係、美歐關係不僅對雙方而且對全世界都十分重要，尤其是美歐的共同利益仍遠大於利益分歧，它們具有相近的價值觀，而且歐洲有英國、義大利、波蘭等緊跟美國的大國。因此，無論是中美關係、美俄關係還是美歐關係，都不可能因伊拉克戰爭而破裂，儘管這種可能性隨著美國「新帝國」戰略的不斷推進而不能完全排除。總之，「9・11」後以美國為中心的大國關係更加趨複雜，他們既有共同的戰略利益，也有嚴重的戰略分歧。

美歐總體上的盟友關係面臨嚴峻挑戰與考驗，而中美矛盾、美俄矛盾更加錯綜複雜，中美關係、美俄關係非敵非友的模糊性在中短期內更加明顯。

### （六）國際軍控與裁軍進程受阻

冷戰結束後，國際軍控和裁軍曾經取得重大進展，如美俄簽署了兩個削減進攻性戰略武器條約，《不擴散核武器條約》無限期延長，聯合國通過《全面禁止核子試驗條約》。然而，布希上臺後，特別是「9·11」後，美國奉行軍事第一、實力至上、「最大權力保證最大安全」的進攻性現實主義安全觀，大幅增加軍費，大力推進新軍事革命，尤其是單方面退出《美蘇反導條約》，與一些盟國一起加緊研發和部署導彈防禦系統，企圖以絕對的軍事優勢和完備的攻防體系威懾和打敗一切敵人，獲得自身與盟友的絕對的軍事安全。美國這種「消滅敵人而自己與盟友生存」的安全戰略，特別是「先發制人」和降低核門檻的軍事戰略，迫使美國的敵國加緊擴軍備戰，從而沉重打擊了國際軍控和裁軍努力，動搖了全球的戰略穩定，引發了新的國際軍備競賽。

## 二、「新帝國」戰略的走向

從布希連任總統、美國社會右傾保守化和「新帝國」戰略的實施情況等方面進行推測，可以大致勾畫「新帝國」戰略的走向。

### （一）「新帝國」戰略在布希任期內會繼續推行

首先，任何大戰略的目標不會在短期內實現，因此它不會在短期內結束，除非它在實施過程中恰逢國際戰略格局巨變（如在冷戰結束、蘇東劇變之際美國的「超越遏制」戰略迅速過渡到「世界新秩序」戰略，並在冷戰結束後轉變為「參與和擴展」戰略）。雖然美國推翻了塔利班和薩達姆兩個政權，但「新帝國」戰略的根本目標遠未達到，因此它將繼續。

其次，從美國國內社會政治環境的保守化和美國「頂級大國」的權勢，特別是布希當局十分強烈的新保守主義理念、極其強硬的對外政策立場和主導世界的長遠理想來看，幾乎可以肯定「新帝國」戰略在布希任內會繼續推行下去，除非美國碰得頭破血流。

最後，在同一個總統的兩個任期內，美國的對外戰略乃至大戰略的連續性大於變化性，除非國際戰略環境發生重大變化或者該戰略遭受嚴重挫折。二戰結束以來美國大戰略的演變證明了這個規律。

## （二）「新帝國」戰略在布希下臺後的走向具有很大不確定性

一種可能性是「新帝國」戰略總體上繼續推行。這種可能性會在兩種形勢下變成現實。一是「新帝國」戰略在布希下臺時總體上沒有失敗，美國社會的右傾保守化得以維持甚至繼續發展，美國國內的反對力量仍然難有大的作為。在這種形勢下，即使民主黨上臺執政，美國與「新帝國」戰略一刀兩斷的可能性也不太大，儘管肯定會發生一些變化。二是「新帝國」戰略的推行導致美國及其鐵桿盟友與全球反美勢力之間的較量形成日趨尖銳的惡性循環，雙方無法妥協，相互仇視加劇，但都無法戰勝對方。這種形勢會使美國及其盟友面臨的國際安全環境更加險惡，從而被美國新保守主義勢力用來證明繼續推行「新帝國」戰略的必要性。現實可能是這兩者的某種混合。

另一種可能性是「新帝國」戰略無法繼續推行，美國被迫改弦更張。這種可能性大概會在美國碰得頭破血流或者繼續推行「新帝國」戰略的代價高到美國難以承受的情況下成為現實，從而迫使美國政治中隱藏的糾錯機制糾正走火入魔的「新帝國」戰略，就像 20 世紀 60 年代末美國對共產主義的全面遏制難以為繼而被迫進行重大戰略調整一樣。這種糾錯機制必須通過美國民意的逆轉和國內政治的較量發揮作用。美國一向引以為傲的是其政治制度、文化傳統、社會構成等綜合因素生成的「糾偏能力」，比如，一黨犯的錯誤往往會被另一黨糾正。[84]這種可能性在民主黨執政後會增大。「因為不受約束的單邊主義就像傻瓜手中的金子一樣，辦事不成反成壞事，肯定會損害美國的利益並削弱美國的全球影響。……如果它棄盟國而去，追求單邊主義路線，那麼，世界將變得更加危險，並遲早會給美國帶來不利影響。」[85]

從奧巴馬開始執政以來的情況來看，第二種可能性正在變成現實。

---

[84] 袁鵬：〈美國站在戰略十字路口〉，《現代國際關係》，2006年第9期，第34頁。

[85] [美]羅伯特・阿特：《美國大戰略》，第12頁。

# 下篇
## 美國霸權的前景與反思

# 第十四章　美國霸權的前景

在瞭解了美國全球霸權的思想根基、戰略演變與最新發展後，還需要展望和預測美國全球霸權的走向。儘管這種預測難以甚至無法做到非常準確，但是以此為由不對美國全球霸權的前景進行分析和預測，對美國全球霸權的研究而言無疑是一個欠缺。儘管美國會千方百計努力維持並強化其霸權，但是從理論上講，客觀上美國全球霸權在未來 30～50 年的中長期內有三種可能前景：一是總體上繼續加強，二是基本維持目前態勢，三是逐漸衰落。從霸權興衰更替這個國際關係的基本規律與當今大國之間力量對比的變化趨勢看，第一和第二種前景的可能性都不大，而第三種前景的可能性很大。筆者認為：關於美國全球霸權的前景不會有太大疑問，問題只在於它是否已經開始衰落和它總體上以什麼形式衰落及其衰落的影響。本章首先評介冷戰後關於美國霸權是否衰落的爭論，然後作出對美國霸權是否已經開始衰落的判斷，最後分析美國霸權衰落最可能的形式。

## 第一節　關於美國霸權是否衰落的爭論

### 一、冷戰時期關於美國霸權是否衰落的爭論

關於美國霸權是否衰落的爭論，可以追溯到 20 世紀 50 年代。當時美國霸權處於上升期，美國主宰著資本主義世界經濟，其經濟實力幾乎占了世界的半壁江山，美國在西方的領導地位堅如磐石，它的國際權勢如日中天。但是，由於美國的核壟斷被蘇聯打破，其

霸權在朝鮮半島遭受挫折，它在人造衛星和洲際導彈的開發方面落後於蘇聯，因此社會主義陣營出現了美國霸權已經開始衰落的觀點，毛澤東的「東風壓倒西風」論就是典型代表。摩根索、李普曼等著名美國國際關係學者也認為美國在 20 世紀 50 年代就衰落了。李普曼相信他在 1953 年到 1960 年之間目睹了「美國在世界大國中優勢地位的衰落」。[1]到 20 世紀 60 年代末 70 年代初，由於美國深陷越戰泥淖並被迫撤軍、美國在國際上聲名狼籍、美國國內因「水門事件」而陷入憲政危機、各種社會矛盾激化、美國經濟陷入滯脹、美元危機頻發以及美國國際收支狀況惡化，美國國際地位相對下降，美國霸權的相對衰落是不爭的事實，對美國霸權是否衰落似乎不再存在爭論。對美國全球戰略進行重大調整的尼克森主義就是美國霸權相對衰落的產物和反映，它導致了 20 世紀 70 年代世界局勢的總體緩和。雖然 20 世紀 80 年代美蘇力量的對比向有利於美國的方向變化，美國重新奪回戰略主動權並取得戰略優勢，但是當時美國霸權正在衰落的觀點明顯占上風，其典型代表是美國著名戰略史家保羅・甘迺迪在 1988 年出版的《大國的興衰》中表達的觀點。與此對立的觀點也不罕見，其中的代表是美國著名國際關係學者約瑟夫・奈在 1991 年出版的《註定領導：變化中的力量性質》（Bound to Lead: The Changing Nature of the Power）中提出的觀點。他認為：雖然美國的經濟力量在世界經濟總量中的份額與戰後初期相比不斷下降，但是美國經濟力量在戰後初期約占全球總量的一半是二戰造成的不正常現象，不宜作為參照系；雖然美國的硬實力（經濟力量與軍事力量）相對下降，但在相互依賴的全球化時代，軟實力（文化吸引力、意識形態的感召力、國際機制的操控力）比硬實力更重要，而美國的軟實力在繼續上升。[2]

---

[1] [美]唐納德・懷特：《美國的興盛與衰落》，第 398 頁。

[2] 參見[美]約瑟夫・奈：《美國定能領導世界嗎？》，軍事譯文出版社，1992 年 6 月版。

## 二、冷戰後關於美國霸權是否衰落的爭論

關於美國霸權是否衰落的爭論在冷戰結束後繼續展開，並與關於冷戰後美國對外戰略的爭論交織在一起。以共和黨人布坎南為代表的極端保守派認為，美國雖然取得了冷戰勝利，但明顯相對衰落，因此美國應該奉行「美國至上」原則，把主要精力用於國內，回歸孤立主義外交傳統。而代表主流觀點的布熱津斯基認為，「在今後一段時間內，或者說在一代人以上的時間內，不可能有任何單個國家向美國的世界首要地位提出挑戰。國家實力有四個主要方面，即軍事、經濟、技術和文化。他們合在一起造成決定性的全球政治影響力，而在這四個方面沒有任何一個民族國家能與美國相比擬。除非是美國故意或者是無意中放棄了他的領導地位，否則在可預見的將來，唯有國際的無政府狀態可能實際上取代美國的全球領導地位。」[3]以傳統保守派為主導的老布希當局和以自由國際主義為指導的柯林頓當局都認為，美國贏得冷戰後不僅成為唯一超級大國，而且成了世界的當然領袖，決不可放棄領導世界的機遇和責任。由於美國主流觀點和官方立場都反對美國衰落論，由於柯林頓執政時期美國經濟近 10 年的理想化增長以及在此基礎上美國綜合國力的顯著上升，美國衰落論和孤立主義被徹底邊緣化。

小布希上臺後，新保守主義再次得勢，其影響無論在學界還是在政界都達到空前的程度。新保守主義對冷戰後美國無與倫比的國際地位充滿信心，而且公開鼓吹推行「新帝國」戰略。他們認為，美國不僅沒有衰落，而且在冷戰後成為人類有史以來最強大的國家，其國際影響遠遠超過了歷史上的羅馬帝國和大英帝國，後冷戰世界是美國主導的單極世界。《華盛頓郵報》專欄作家克勞薩默（Charles Krauthammer）是單極世界論和「新帝國」論的突出代表，他在《外交》季

---

[3] [美]茲比格紐・布熱津斯基：《大棋局：美國的首要地位及其地緣戰略》，上海人民出版社，1998 年版，第 255 頁。

刊 1990 年冬季號發表了《單極時刻》(The Unipolar Moment)一文，不久後他又提出波斯灣戰爭標誌世界進入了「美國治下的和平時代」(Pax Americana)的論調，後來他在《國家利益》2002 年的冬季號上發表了《單極時刻再次來臨》(The Unipolar Moment Revisited)一文，認為冷戰結束之際的單極時刻已經正式演變成單極時代。早在 1991 年，克勞薩默就在《新共和》上發表的《孤獨的超級大國》中說：「我們生活在一個單極世界中。冷戰的老兩極世界並沒有孕育許多人曾預測的、今天仍有一些人堅持的多極世界，而是孕育出了一個高度不尋常的世界結構，美國作為唯一的世界強國屹立於國際體系的頂峰。……在可預見的未來，將沒有任何國家比得上美國。在現代民族國家史上，這種狀況幾乎是聞所未聞、見所未見的。」[4]

美國另一位著名「新帝國」論者馬科斯・布特認為，美國的帝國作用幾乎不可能是不可持續的，只要美國進一步加大軍費投資，美國就不會步大英帝國衰落的後塵，因為大英帝國沒有投入足夠的軍費，在強盛時期的軍費也僅占其 GDP 的 3.1%。[5]

另一位單極世界論者威廉・沃爾福斯認為，「我們已經生活在現代世界的第一個單極格局之中，而這個單極格局並非曇花一現。它深植於世界政治之中，有著延續好幾十年的能力。……美國主導的單極格局將比多極格局更穩定，更有利於世界和平。」[6]「目前的單極世界不僅是和平的而且是長期的……在未來幾十年裏，任何國家都不可能在權力的所有基本組成部分方面與美國相比。」[7]「單極時刻在向我們走來：歷史上從來沒有哪個國家像美國這樣擁有如此巨大的全球力量。」[8]

---

4 Charles Krauthammer, "The Lonely Superpower", *The New Republic,* 205/5 (July 29 1991), pp23-27. 轉引自呂磊：《美國的新保守主義》，第 339 頁。

5 轉引自李慎明、王逸舟主編：《2004 年：全球政治與安全報告》，社會科學出版社，2004 年 1 月，第 44 頁。

6 William C. Wohlforth, "The Stability of a Unipolar World", *International Security,* 24 No.1 (Summer 1999), pp5-41.

7 Ibid.

8 [美]羅伯特・阿特：《美國大戰略》，第 315 頁。

美國之外也不乏單極論者。門洪華認為：美國的實力來源於諸多方面，美國霸權是一種精緻的霸權，其中包含著強大的「羅織能力」；如果沒有戰略上的失誤，美國在可預見的將來仍將保持其唯一超級大國的地位，美國的單極時代可能會持續下去。[9]今天以及在可預見的未來一段時間內，世界上任何國家、任何國家聯盟都無法對美國在政治、經濟、軍事方面稱霸獨尊的地位造成威脅。[10]

介於這兩派之間的是以亨廷頓為代表的「調和論」者。亨廷頓認為，冷戰後世界政治處於單極——多極時期（超級大國與主要地區性大國之間的緊張與衝突不多見，是典型的單極——多極世界特徵），其前景是多極格局。[11]

「9・11」事件使美國「衰落論」再起，其代表人物是沃侖斯坦、喬姆斯基和查默斯・詹森（Chalmers Johnson）等左派學者以及地緣政治學者查理斯・庫普錢（Charles Kupchan）等。沃侖斯坦認為美國在遭到空前慘烈的「9・11」恐怖襲擊後開始急劇衰落，似老鷹墜地。2002年「9・11」周年前夕，他在《外交政策》上發表《老鷹墜地》一文，詳盡分析了美國霸權。他指出，「美國治下的和平」（Pax Americana）已經終結。從越南戰爭、巴爾幹到中東，再到「9・11」事件的一系列挑戰，已經顯示出美國霸權的局限性。美國已經在經濟、軍事和意識形態上全面衰落，在今後 10 年裏，美國主導世界事務的能力將不斷下降。他認為：美國的處境遠非「新帝國論」者所想像得那麼美妙，而是「一個沒有實權的超級大國、一個得不到尊重和服從的世界領袖、一個在它無法控制的全球亂局中隨波逐流的國家」；因此「新帝國論」者試圖強

---

9 門洪華：《構建中國大戰略的框架：國家實力、戰略觀念與國際制度》，北京大學出版社，2005 年版，第 346 頁。

10 [德]斯格奧爾格・科內特：〈美利堅帝國〉，德國《社會主義》雜誌，2002年第 6 期，第 31～32 頁，轉引自張世鵬：《「9.11」後全球化研究的幾個問題》，載梁守德主編：《新形勢與新國際觀》，中央編譯出版社，2004 年 7月版，第 257 頁。

11 Samual Huntington, “The Lonely Superpower,” *Foreign Affairs*, Vol.78 No.2, March / April 1999, pp.35～49.

化美國霸權來解決美國目前面臨問題的觀點「是錯誤的，它只會加快美國的衰落，把緩慢下降變成更加迅速而且充滿動盪的跌落」;「美國的策略將由於其軍事、經濟和思想方面的原因而以失敗告終」;「真正的問題不是美國霸主地位是否在衰落，而是能否找到一條體面的衰落之路，對世界造成最小的損害，也給他帶來最小的損害。」[12]沃侖斯坦斷言：美國在世界體系中的衰落是結構性的，是不可逆轉的；這種衰落既是經濟上的，也是政治和文化上的。[13]他在英國《新左翼評論》2006 年 7～8 月號發表了《美國力量的變動曲線》一文，對二戰以來美國的霸權史作了全面分析，認為半個多世紀的美國霸權歷程經歷了三個階段：1、無可爭議的霸權階段（1945～1970 年）；2、下降趨勢（1970～2000 年）；3、加速衰落（2001～2005 年）。[14]查默斯・詹森說：「我們的傲慢的結果是把我們的全球觸角轉變為全面的帝國主義，把我們對國防的關注轉變成了全面的黷武主義。依我的判斷，兩種趨勢已經充分展開，對它們的阻礙均被抵消，以至我們的衰落已經開始。當蘇聯的威脅消失時我們拒絕解除我們的軍事基地帝國，以及我們對 2001 年的『9・11』恐怖襲擊作出了不適當的反應，使這一衰落近乎不可避免。」[15]庫普錢認為：由於歐盟的崛起和美歐分道揚鑣，歐盟將成為 21 世紀美國最大的地緣政治對手；冷戰的喪鐘敲響的不是美國的最終勝利，而是美國全球主導地位走向衰落的開始；21 世紀將見證的不是歷史的終結，而是美國時代的終結。[16]王輯思認為：短期內，「9・11」事件提升了美國霸權，國內的民族主義情緒上升，凝聚力提高，政府動用整個國家和社會的力量

---

12 Immannuel Wallerstein , “The Eagle Has Crash Landed”, *Foreign Policy,* July / August 2002.

13 Immanuel Wallerstein, “Empire and Capitalists”, *Commentary,* Fernand Braudel Center, Binghamto University, No.113, May 15, 2003.

14 參見《國外理論動態》，2007 年第 1 期，第 15～21 頁。

15 [美]查默斯・詹森：《帝國的悲哀：黷武主義、保密與共和國的終結》，第 360 頁。

16 [美]查理斯・庫普錢：《美國時代的終結——美國外交政策與 21 世紀的地緣政治》，上海世紀出版集團，2004 年 6 月版。

的能力在增強；然而，美國正在走下坡路，事物走到頂端總是會下降的，過去我沒有看到美國霸權的頂端，今天我似乎看到了，最重要的原因是美國的榜樣力量在下降。[17]

一些現實主義學者雖然不認為美國霸權已經衰落，但認為美國霸權會衰落。基辛格認為，「不管美國覺得自己的目的多麼無私，只要它明確堅持自己的霸權地位，就可能促使全世界其他國家逐漸團結起來反對美國，把美國逼入不利地位最終孤立美國並使美國的國力耗盡枯竭。……通往帝國的道路往往導致國家的衰敗，因為對無限權力的追求最終必定削弱國內的約束力量。……蓄意追求霸權主義的做法終將使美國成為偉大國家的價值觀毀於一旦。」[18]羅伯特・阿特認為，「用直接軍事干預的方式來擴展民主和保護人權，對美國來說不啻為消耗武力的無底洞。美國遠沒有這種實力。美國人民也遠不會情願投身於這種任務之中。」[19]「美國要使世界服從美國，既沒有、足夠的軍事實力，也沒有足夠的資源來培植軍事力量。」[20]

可見，關於 20 世紀 70 年代初以來美國國際地位的變化，有兩種完全不同的觀點：一是以沃侖斯坦為代表的霸權衰落論，二是以克勞薩默為代表的霸權增強論。筆者認為出現這種完全相反的觀點的原因有二：一是立場不同，二是判斷標準不同，其中前者決定後者。「站在不同的政治立場上，帶者強烈的感情色彩時，判斷美國興衰的結論當然不同。」[21]沃侖斯坦等左派學者長期堅持對美國這個現代資本主義和帝國主義的總代表的批判立場，因而主要根據 20 世紀 60、70 年代之交美國在國內外都陷入嚴重困境以及自那以來美國經濟地位總體上逐漸下降，尤其是「9・11」恐怖襲擊對美國史無前例的打擊，得出了美國霸權早以開始衰落並在「9・11」後開始加速衰落的結論。而不贊

---

17 王輯思：《美國霸權可能衰落的前景》，載肖歡容：《國際關係學在中國》，中國傳媒大學出版社，2005 年 11 月版，第 111～112 頁。
18 [美]亨利・基辛格：《美國需要外交政策嗎？》，第 363 頁。
19 [美]羅伯特・阿特：《美國大戰略》，第 9 頁。
20 [美]羅伯特・阿特：《美國大戰略》，第 114～115 頁。
21 王輯思：《國際政治的理性思考》，第 217 頁。

同美國霸權衰落論的人，無論是自由主義的約瑟夫・奈，還是保守主義的克勞薩默，都希望美國霸權能夠長久不衰並為之出謀劃策，因而以不同的依據得出了美國霸權在增強的結論，前者依據的是冷戰後美國軟實力的一度增強，後者依據的是冷戰後美國的唯一超級大國地位和「9・11」後美國展開的全球反恐戰爭。

以上兩種完全對立的觀點都有點偏頗，但相對而言，霸權增強論比較接近 20 世紀 70 年代以來美國霸權的演變軌跡。也就是說，儘管 20 世紀 70 年代美國霸權一度明顯相對衰落，但那只是二戰後美國霸權在近 60 年的上升期中的一次明顯回落，並不表明美國霸權從那時起就進入了衰落期。理由有二：一是美國在 20 世紀 80 年代後期重新獲得了對蘇聯的戰略優勢，且在 90 年代成為唯一超級大國後其綜合國力大幅增強；二是近代霸權興衰的規律表明，霸權國一般都經過包含一個上升期和一個下降期的霸權週期，這個週期短則半個世紀左右（如葡萄牙和荷蘭），長則一個世紀左右（如英國），作為有史以來最強大的霸權國，大國和平時期的美國霸權週期應該不比大國戰爭時期的英國霸權週期短，大約會長達一個世紀，其中的上升期和下降期約各占一半。

## 第二節　美國霸權已經開始衰落

### 一、霸權衰落是國際政治經濟的一般規律

儘管許多人不同意，但是筆者堅信美國霸權已開始衰落。作出這一判斷不是像喬姆斯基等新左派學者那樣是基於對美國霸權及其代表的帝國主義的反對與批判，而是根據霸權興衰的歷史規律和依據「9・11」後有關美國國際地位與國際行為的一系列客觀事實。

霸權興衰是國際關係的一個基本規律。學者們對這一規律的內在機理有不同的解釋。湯瑪斯・賣考米克（Thomas J. McCormic）認為，霸權國家由於其對外經濟擴張和軍事——工業複合體的膨脹而導致國

內經濟的凋敝，其世界責任與實力發展之間發生了不可調和的矛盾，結果會造成世界體系核心的轉移和霸權旁落，美國霸權也難逃霸權由盛及衰的厄運。[22]這種解釋與吉爾平、莫德爾斯基等人的解釋類似。美國學者布斯凱（Bousquet）從科技競爭的角度提出的所謂「異質化」（differentiation）與「同質化」（indifferentiation）的觀點解釋了這一規律的內在機理：霸權國是通過生產方法的根本革新才帶來生產地位的優勢，形成同其他國家的「異質化」，但隨著技術的擴散，世界很快趨於「同質化」，霸權隨之衰落。[23]也就是說，國際政治經濟中有一個所謂「絕對規律」[24]，即國家間發展速度的不平衡，它遲早會導致國際權勢分佈的改變，使霸權結構轉化為多極結構（或者相反）。雖然冷戰結束後世界出現了「准單極」世界，但是「多極化是世界政治的必然」。[25]世界多極化必將取代世界霸權的機理在於：一向存在且在當代尤甚的先進技術、先進社會組織方式和觀念之必然擴散，加上往往嚴酷的國際環境中要求模仿先進、學習創新的生存和競爭壓力，決定了單獨一個世界強國的異常巨大和突出的優勢遲早會被幾個世界強國的較為平衡的均勢取代。[26]「國際關係的歷史實踐表明，那些追求過度擴張的國家不免走向自我挫敗的命運。如果承認國際結構會對國家行為構成限制，那麼國家就不可能無限度地追求權力擴張，至少其動機與行為、意圖與結果之間會彼此脫節。」[27]「歷史上鐵的教訓是，那些尋求霸權的大國總是受到其他國家的反對——並被制衡的努力所打

---

[22] Paul Kennedy, *The Rise and Fall of the Great Powers: Economic Changes and Military Conflict from 1500 to 2000.* (New York 1987).

[23] 參見[日]田中明彥：《世界系統》，經濟日報出版社，1990 年版，第 83～84 頁。

[24] 時殷弘：《國際政治與國家方略》，第 159 頁。

[25] Christopher Layne, "The Unipolar Illusion: Why New Great Powers Will Rise"，轉引自時殷弘：《國際政治與國家方略》，第 159 頁。參見 Kenneth N. Waltz, *The International Politics* (Reading, Mass. , 1979), p.127.

[26] 時殷弘：《國際政治與國家方略》，第 159 頁。

[27] 劉豐、張睿壯：〈現實主義國際關係理論流派辨析〉，《國際政治科學》，2005 年第 4 期，第 126 頁。

敗。」[28]霸權興衰的歷史規律告訴我們，任何霸權都不是恆久的，都經歷一個長則一兩百年、短則五六十年的由興盛到衰落的過程，這個過程包含霸權的上升期和衰落期，這兩個時期的聯結點往往是某個重大歷史事件，它就是霸權由盛到衰的轉捩點，亦即霸權衰落的起點。霍布斯包姆（Eric Hobsbawm）認為，儘管美國的單極行為是無與倫比的，但是除了高科技武器外，美國所依賴的資產越來越少；美國現在的優勢會持續多久目前還不清楚，但有一點是絕對可以肯定的，那就是從歷史上來說，如其他帝國一樣，這只是暫時現象。[29]傑克・施耐德（Jack Snyder）認為，由於美國實施先發制人戰略，它會絕對不安全並且會步幾乎所有現代帝國最終走向衰亡的後塵。[30]沃爾茲認為，「美國為了維護單極世界而阻止歷史發展的夢想註定是要破滅的。不用太長的時間，美國維護單極世界的做法就會大大超出美國的經濟、軍事、人口和政治資源的限度，正是維護自己霸權地位的做法成為削弱美國的不二法門。」[31]法國作家、政治家貢斯當評論拿破崙帝國的話也適用於當今美國。他說：「一個民族要想奴役其他民族，必須有強大的力量。今天這種力量是一種無法持續下去的特權。想建立這種帝國的民族所處的地位比最弱的民族還要糟糕，因為它將變為所有人都憎惡的目標。一切輿論、一切祝願、一切仇恨都會威脅這個帝國，或早或晚，這些仇恨、輿論及祝願會迸發出來，吞噬這個帝國。」[32]美國有學者認為，20 世紀美國獲得了一個非常重要的無形資產，即當全世界對美國的意圖存有疑問的時候，寧願相信美國的善意，但美國正在失去這這種信任；如果說 20 世紀是美國世紀，21 世紀將是反美的

---

28 [美]克裏斯托夫・萊恩：〈接觸和遏制：美國對中國的大戰略〉，《國外社會科學文摘》，2008 年 4 月號，第 24 頁。

29 Eric Hobsbawm, "America's Imperial Delusion", *The Guardian,* Saturday Jnue 14, 2003.

30 Jack Snyder, "Warnings of Empire", *The National Interest*, Spring 2003.

31 [美]肯尼士・沃爾茲：《冷戰後的結構現實主義》，載約翰・伊肯伯里主編：《美國無敵：均勢的未來》，第 65 頁。

32 轉引自丁一凡：《美國批判——自由帝國擴張的悖論》，第 156 頁。

世紀。[33]美國《外交政策》2004 年發表的一篇文章認為，「美國巨人的泥足」首先在於它越來越不健康的財政和經濟生活方式，特別是愈益依賴外國資金為其過度的公私消費買單，一個超級大國對外國（首先是對實在或潛在的其他競爭性權勢中心）有如此大的財政和經濟依賴，絕非經久的頭等強國之道。[34]

## 二、薩達姆政權被推翻是美國霸權由盛轉衰的分水嶺

回顧二戰結束以來的歷史可以發現，美國霸權受到的三次大衝擊是中蘇結盟與朝鮮戰爭、越南戰爭與 70 年代的石油危機、世紀之交美國高科技經濟泡沫破滅與「9・11」事件。因此，美國在朝鮮戰爭中的失敗是美國霸權衰落的開始和越南戰爭是美國霸權由盛到衰的轉捩點的觀點，曾經一度是很有說服力的兩個觀點，而美國「新經濟」神話的破滅和「9・11」恐怖襲擊對美國的嚴重打擊標誌著美國霸權開始衰落的觀點在襲擊發生後短期內似乎也很有說服力。然而，前兩個觀點已經先後被 20 世紀 60 年代末期之前美國霸權的興盛和 90 年代美國霸權的登峰造極證明是不符合歷史事實的，而第三個觀點因為「9・11」後美國發起全球反恐戰爭並成功地在阿富汗和伊拉克實現了政權更迭而被證明是值得商榷的。

既然如此，筆者為何認為美國霸權已經開始衰落呢？哪個重大國際政治事件是美國霸權開始衰落的標誌呢？筆者認為，2003 年 3 月美國發動的伊拉克戰爭是美國霸權盛極而衰的轉捩點，更準確地說，這個轉捩點是當年 4 月 9 日矗立在巴格達市中心的薩達姆雕像被拉倒的那個歷史性時刻。這一判斷看起來似乎令人費解：薩達姆政權被推翻，不正好表明「美國通過預防性戰爭實施『邪惡軸心國』的政權更迭從

---

[33] Dejin Su , *The Anti-American Century,* 轉引自龔鐵鷹：〈論軟權力的維度〉，《世界經濟與政治》，2007 年第 9 期，第 21 頁。

[34] 轉引自時殷弘：〈美國權勢的變遷〉，《現代國際關係》，2006 年第 9 期，第 27 頁。

而實現美式自由民主價值觀的全球化」的布希主義和「新帝國」戰略邁出了成功的第一步嗎？不恰好證明了冷戰後美國霸權的進一步增強和世界單極格局的鞏固嗎？然而，「物極必反」、「盛極而衰」這一歷史的邏輯和唯物辯證法的精妙和要義就在於此。狹義地講，伊拉克戰爭僅延續了 42 天，從 2003 年 3 月 20 日美英聯軍發起「斬首行動」到 5 月 1 日美國總統布希宣佈伊拉克的主要戰事結束。廣義地說，伊拉克戰爭現在仍在進行，誰也不知道它會什麼時候結束。如果狹義地看伊拉克戰爭，當然不會認為它是美國霸權由盛到衰的轉捩點，只會得出「伊拉克戰爭表明美國霸權仍在增強」這一相反的判斷。但是，廣義的伊拉克戰爭概念顯然更符合現實。換言之，即使按照布希當局的說法美國並沒有輸掉這場戰爭，美國至今也沒有取得伊拉克戰爭的勝利。美國雖然輕易地以武力推翻了薩達姆獨裁政權，但是無法控制伊拉克的局勢，美國在伊拉克的軍事勝利帶來的是政局的混亂和安全形勢的惡化，沒有薩達姆的伊拉克反而成了人間地獄。布希當局原以為，伊拉克人民會對美國武力推翻薩達姆獨裁政權拍手稱快，只要剷除了薩達姆政權，美國就可以建立一個自由、民主和繁榮的新伊拉克，並以此作為其「大中東民主化計畫」的樣板。然而，美國在伊拉克面對的並非如布希當局當初想像的那樣主要是個軍事問題，而是一個穩定政局、重建秩序、保障安全、發展經濟和爭取民心的龐大而艱巨的「系統工程」，而這個系統工程中的上述所有目標至今都沒有實現。在這個系統工程中，美國強大的軍事力量所能發揮的積極作用很小，其消極作用（即加深伊拉克人民對自己國家遭受外國軍事佔領的仇恨）卻很大。因此，在後薩達姆時代的伊拉克，美國增加軍力的效果即使不是適得其反，也是非常有限。這就是 2007 年年初美國開始大幅增兵而伊拉克的安全形勢沒有根本好轉甚至繼續惡化的原因。但是，若美國減少在伊拉克的兵力，不僅美軍幫助維持伊拉克治安的能力會被削弱，而且伊拉克反美勢力的士氣會大受鼓舞。一句話，美國在伊拉克已經陷入左右為難、欲罷不能的困境。

索羅斯認為：「布希政府從事的反恐戰爭由於是基於虛假的偽裝，註定不能取勝。它更可能導致國家長期處於戰爭狀態下。恐怖分子是很難看清楚的，因此他們是絕不會現身的。所以，他們將繼續為美國追逐霸權提供一個方便的藉口。而美國不斷追逐霸權將繼續引起反抗，於是形成暴力升級的惡性循環。」[35]筆者認為，美國無法贏得伊拉克戰爭，更無力最終打贏全球反恐戰爭，最終結局不是美國失敗，就是美國與「基地」組織代表的國際恐怖主義勢力陷入以暴易暴的惡性循環之中。理由如下：

### 1. 這場全球性大較量是一場具有濃厚宗教色彩的意識形態衝突

美國稱「基地」組織等反美恐怖主義團體是宗教邪惡勢力，布希甚至稱其為「伊斯蘭法西斯主義」，發誓要不惜一切代價剷除恐怖主義，而「基地」組織視美國為冒犯「真主」、褻瀆伊斯蘭教的人間惡魔，決心以「聖戰」消滅之。雙方都把對方當作不共戴天的邪惡勢力，都把這場大較量看作善與惡的大搏鬥。世界史告訴我們，除非自身安全面臨的威脅比受到的意識形態威脅更大更緊迫（如 20 世紀 70 年代中美和解和 80 年代後期美蘇緩和所證明的那樣），否則，兩種敵對勢力間的意識形態鬥爭是難以緩和的，與宗教矛盾攪在一起時更是如此。

### 2. 美國的全球反恐戰爭實際上是以整個阿拉伯民族甚至整個伊斯蘭世界為對手

美國出於打贏全球反恐戰爭的需要本不想在伊斯蘭恐怖主義勢力與阿拉伯民族和伊斯蘭信仰之間劃等號。但是，以「9・11」事件為代表的伊斯蘭恐怖主義勢力針對美國及其盟友的大量恐怖襲擊，在阿拉伯民族和伊斯蘭世界的普通大眾中引起強烈共鳴並獲得堅決支持，這表明站在伊斯蘭恐怖主義勢力背後的幾乎是整個阿拉伯民族和伊斯蘭

---

[35] [美]喬治・索羅斯：《美國霸權的泡沫：糾正美國對權力的濫用》，第 29 頁。

世界。布希的「伊斯蘭法西斯主義」的言論和美國在反恐戰爭中有意無意對穆斯林平民的殺戮，不僅使溫和伊斯蘭國家的親美當權者感到心寒和承受國內更大反美壓力，而且使反美恐怖勢力源源不斷地從伊斯蘭世界獲得大量的財力和人力資源。正所謂「一個扎卡維倒下，千百個扎卡維站起來」。因此，無論美國多麼強大，當它主動或被迫以整個阿拉伯世界甚至整個伊斯蘭世界為敵時，它不可能最終取勝。

### 3. 與美國展開搏鬥的不是具有國家身份的傳統敵人，而是來無影、去無蹤而又無所不在、視死如歸的狂熱恐怖分子

儘管美國在軍事上具有無與倫比的巨大優勢以至冷戰後沒有任何國家或國家集團有能力有意願與美國進行正面衝突，但是美國的軍事優勢在全球反恐戰爭中難以發揮很大作用。美國以最強大的軍事力量對付遍佈全球的反美恐怖主義網路及其贊助與庇護者，好比「高射炮打蚊子」。因此，這場全球大較量猶如大象與馬蜂的對決，不會有贏家，因為：大象雖然能夠搗毀馬蜂窩，但無法消滅馬蜂，而馬蜂能隨時向大象發起突襲；馬蜂雖能蜇傷大象，但不可能蜇死它。

雖然把伊拉克戰爭稱為第二個越南戰爭的言論在世界上還沒有得到大多數人的認同，尤其是這樣的言論在美國國內被新保守派指責為不愛國，但是據美國皮尤中心的調查，「約一半以上的美國人認為伊拉克戰爭將演變為另一場越南戰爭，只有 1/3 的人認為美國完成了在伊拉克的戰略目標。」[36]伊拉克的現實的確正一步步地向美國極力避免的方向發展：不僅戰後重建步履維艱，而且教派衝突使國家幾乎陷入內戰。「代價高昂的對伊佔領和『改造』已將美國力量的又一大成分——美國國內輿論在首要對外政策問題上的足夠凝聚力和大多數公眾對行政當局對外戰略的支持——消耗殆盡。三年多來的事實一再證

---

[36] Jodie T. Allen and Carroll Doherty, “What Was and Wasn’t on the Public Mind,” Pew Research Center for the People and the Press, December 20, 2006. 轉引自張業亮：〈美國 2006 年中期選舉及其對美內政外交的影響〉，《美國研究》，2007 年第 1 期，第 17 頁。

明，布希政府發動對伊戰爭後，陷入了與當年詹森政府在越南問題上類似的政治困境，那就是無法維持多數美國公眾對其對外政策的經久認可，包括其國家安全戰略目標輕重緩急次序、安全威脅界定、根本戰略信條、首要外交信條以及戰爭和佔領的基本理由。」[37]

## 三、伊拉克戰爭比越南戰爭對美國霸權的損害會更大

筆者認為，美國在伊拉克的最終下場很可能比當年在越南的結局更糟更慘。理由如下：

首先，當年美國相對於對手北越及其南越的支持者具有本來可以發揮重大作用的巨大軍事和國力優勢，但是因那場戰爭的非正義性和違反其國家利益，美國仍沒能贏得那場戰爭；而今天雖然美國具有更大的軍事和國力優勢，但這種優勢在伊拉克這個美國首要而又特殊的反恐戰場無法發揮它期望的效能，因此它最終贏得這場戰爭的希望非常渺茫。換言之，既然美國在越戰這一對其有利的傳統不對稱戰爭中都沒有取勝，它贏得反恐戰爭這一對其並非有利的非傳統的不對稱戰爭的可能性當然很小。

其次，美國在確知無法贏得越戰的情況下，能夠與對手談判，最終得以「體面」地擺脫越戰泥淖；而今天美國即使意識到它無法在伊拉克取勝，它也難以脫身，不得不硬撐下去。美國將長期陷在伊拉克的原因有四個。一是伊拉克戰爭是布希當局在「9・11」後開始實施的「新帝國」戰略的關鍵一環，是關係到美國對外戰略全局的蓄謀已久的戰略步驟，因此，除非美國放棄「新帝國」戰略，否則它不可能拋棄作為其「大中東計畫」之樣板的伊拉克。而當初美國是在反共反華狂熱的誤導下一步步滑入對其全球「遏制」戰略並非關鍵的越南戰爭泥淖的，因而當它認識到那場戰爭正在嚴重損害其國家利益時就能夠毫不猶豫地決定撤軍（尼克森在就職之前就下了決心）。二是到目前為

---

[37] 時殷弘：〈美國權勢的變遷〉，《現代國際關係》，2006年第9期，第27頁。

止伊拉克戰爭給美國造成的損害遠不及當年越南戰爭給美國造成的損害，美國在被嚴重「燙傷」之前是不會仍掉伊拉克這個燙手山芋的。當年深陷越戰泥淖的美國處於內外交困的境地，尤其是面臨蘇聯的嚴重威脅，因此它只有從越南脫身，才能扭轉其全球戰略被動；而今天的美國雖已經開始從霸權頂峰上緩慢衰落，但是它仍是唯一超級大國，沒有任何力量在短期內能夠對其霸權構成致命威脅。三是即使2009年民主黨入主白宮，美國也難以從伊拉克徹底脫身。不僅在布希任內美軍完全撤出伊拉克的可能性幾乎為零，而且就算2008年民主黨贏得總統選舉，美國也很難對處於中東核心地帶的伊拉克撒手不管。美國民主黨從 2006 年中期選舉之前開始猛烈抨擊布希當局的伊拉克政策，強烈要求從伊拉克撤軍，主要是為了迎合國內反戰的主流民意，以重新奪回國會乃至白宮的控制權，其宣稱的「國家利益」實際上基本是民主黨及其支持者的利益。何況布希在下臺前還可能對在核問題上不作實質性妥協的伊朗開戰，以致中東局勢更加混亂。在那種情況下，即使民主黨新總統想離開伊拉克也絕對做不到。四是美國即使想通過談判結束伊拉克戰爭，它也沒有談判對手，它不會與「基地」組織或薩達姆的死黨和餘孽談判。因此，倘若美國灰溜溜地離開伊拉克，那麼不僅美國會顏面掃地，而且意味著其全球反恐戰爭的失敗。

最後，雖然當年美國無可奈何地從越南撤軍對美國的國際威望是一次沉重打擊，但是從越南脫身使美國擺脫了其全球戰略被動，對其對蘇「遏制」戰略而言是利大於弊；而今天美國若在沒有取勝的情況下從伊拉克撤軍，它作為世界唯一超級大國的威望將嚴重受損，其反恐戰略、中東戰略乃至全球霸權戰略都會瀕臨失敗。換言之，美國在伊拉克既不可能取勝，也輸不起。這就是美國在伊拉克面臨的長期困局。

正是由於美國展開了無法最終取勝的全球反恐戰爭，尤其是在越陷越深的伊拉克泥淖中難以自拔，美國全球霸權已經進入衰落期，至少是呈現出開始衰落的明顯跡象。具體理由如下：

### 1. 美國武力入侵伊拉克的行為嚴重違反了現行國際法，致使其國際信譽和名聲嚴重受損

雖然美國輕易地推翻薩達姆政權充分證明了其無比強大的「硬實力」，但是它以莫須有罪名對一個主權國家實現政權更迭的強權政治行為使其「軟實力」遭受嚴重削弱，而「軟實力」是美國霸權的重要組成部分和顯著特點。「9・11」事件曾經為美國贏得廣泛的國際同情，給它建立國際反恐聯盟提供了充分的理由，但是，美國在聯合國安理會拒絕授權動武的情況下，公然武力入侵伊拉克這一嚴重的國際違法行為使其國際形象嚴重受損。而且，由於美國在關塔拉摩美軍基地無限期關押大批恐怖嫌疑犯，由於美軍的阿布格萊布監獄醜聞遭到世界的普遍譴責，尤其是當美國入侵伊拉克的兩個理由——薩達姆政權祕密研製大規模殺傷性武器並與「基地」組織勾結——最終被證明純屬子虛烏有之後，美國的國際聲望與形象一落千丈。美國今天被許多國家的民眾視為當今世界的「惡霸」。「如果一個霸權國家在採取單方面行動維護其自身利益時，要以犧牲國際體制（比如聯合國）為代價，它就不能保持其霸主地位，因為它本來是要依靠國際體制來領導世界。」[38]

### 2. 自展開全球反恐戰爭以來，特別是入侵伊拉克以來，美國已經消耗了大量人力、物力和財力，其「硬國力」受到越來越不容忽視的影響，這種趨勢將長期持續下去

自「9・11」後美國展開全球反恐戰爭到 2008 年 7 月的近 7 年裏，美國已消耗了巨額軍費，其中在阿富汗和伊拉克的開支就接近 9,000 億美元，美軍僅在伊拉克的死亡人數就超過 4,000 人，受傷人數高達數萬，遠遠超過「9・11」事件中的傷亡人數。美國在阿富汗和伊拉克的困局使美軍難以展開其他大規模軍事行動。據新美國安全中心和美

[38] [美]布魯斯・克朗寧：〈霸權的困境：美國與聯合國之間的模棱兩可關係〉，《國際關係歐洲月刊》，2001 年 3 月第 7 卷第 1 號，第 103-129 頁。轉引自吳稼祥：《果殼裏的帝國》，華東師範大學出版社，2005 年 6 月版，第 287 頁。

國《外交政策》雜誌對美軍退休和現役軍官進行的民意測驗顯示，八成受訪者認為，美國現在無力再發動一場大規模戰爭。[39]對美國而言更嚴重的是，這種嚴峻局勢至少在短期內不會結束，今後改善的可能性似乎更小。雖然美國是唯一超級大國，但是伊拉克戰爭乃至全球反恐戰爭這個巨大無底洞會大大消耗其強大國力和巨額財富。

3. 在美國的主要精力被吸引在伊拉克和其國力和財富在以伊拉克為中心的全球反恐戰爭中不斷消耗時，歐盟、中國、俄羅斯、印度等各個地區性力量中心正在崛起，世界主要力量之間的對比正在向不利於美國的方向發展

冷戰後在曲折中發展的世界多極化在 20 世紀末 21 世紀初遭受嚴重挫折，美國經濟 9 年的理想增長、美國在科索沃戰爭中的「完勝」和接連以武力推翻塔利班政權與薩達姆政權，標誌著冷戰後美國霸權達到頂點。但是，美國國力的增強和國際地位的提升並不能保證它能長期「君臨天下」，它也無法擺脫「盛極而衰」這一歷史邏輯的約束。當美國在世界上到處濫用武力和自毀其國際聲譽時，美國成為世界領袖的目標只能是夢想；當美國忙於全球反恐並在伊拉克越陷越深以致難以遏制地區性中心力量崛起為新的世界性力量時，世界多極化就得到促進，美國自然就從霸權頂峰開始衰落。

## 第三節　美國霸權的衰落會是一個長期的曲折過程

### 一、美國霸權的基礎短期內不會崩潰

雖然美國霸權已經開始衰落，但是它不會迅速衰落。美國霸權的衰落會是一個緩慢、長期、曲折的過程，大概會持續 30～50 年，其間

[39] http://www.sina.com.cn 2008 年 02 月 21 日 02:20 新聞晨報。

不可避免會有波折，而不會是一個平緩的演變過程。這個過程實際上也是曲折發展的多極化進程，即從冷戰後的單極世界格局向未來的多極世界格局演變的曲折過程。時殷弘認為，當今世界存在明顯的美國單極霸權，由於美國的優勢是再生性的，即使美國權勢將來會衰頹，也多半只是在一個相當長的時期內逐漸走下坡路，而不大可能急劇衰落。[40]筆者認為美國霸權的衰落會是一個緩慢曲折的過程，是基於以下理由：

### 1. 美國在教育、科技領域的領先優勢在短期內不會顯著減弱，更不會消失

促成美國霸權的因素是多方面的，其中最根本的因素是 20 世紀逐漸擴大的美國教育、科技領先優勢，因為美國的教育、科技優勢從根本上決定了它在經濟、軍事、資訊、文化等領域的優勢，從而決定了美國鶴立雞群的綜合國力和霸權地位。只要美國的教育、科技領先優勢不迅速消失，美國霸權就不會急劇衰落。而美國在教育、科技領域的巨大優勢在短期內不可能消失，因為深深扎根於美國民族性格、政治文化、宗教信仰和社會制度的美國教育、科技優勢是長期累積形成的，具有很大的「慣性」，儘管在全球化和資訊化時代科技擴散的速度加快。與以前相比，今天美國享有的教育、科技優勢並沒有明顯減弱。在教育領域，儘管美國中小學的教育質量令美國有識之士擔憂，但是具有巨大吸引力、廣受稱讚的美國高等教育仍然天下無敵，仍是美國人引以為自豪的一大根本優勢。世界最著名的十所大學全部是美國的大學，在前一百所著名大學中，絕大多數是美國大學。由於科技以教育為基礎、以高額利潤為動力，美國的產、學、研之間又存在互利共生的良性循環，因此美國科技非常先進，長期領先於世。美國每年的科研投入不僅總額遠超其他任何國家，而且其占國民生產總值的比重也名列前茅。不僅美國科技成果轉化為現實生產力的週期最短，環節

[40] 時殷弘：《國際政治與國家方略》，第 178 頁。

最少，而且美國的基礎科學研究總體上令其他國家難以望其項背。二戰以來一半以上諾貝爾獎得主是美國人，而 2006 年美國人幾乎囊括了所有諾貝爾獎。

### 2. 儘管美元霸權並非無懈可擊，但作為美國霸權祕密的美元霸權不會急劇衰落

「美國經濟的優勢地位很大程度上靠的是美元的霸權地位，但與第一次世界大戰前的英鎊相比，美元霸權有很大不同。當時，英國是世界上領先的工業化國家，工業製成品在世界貿易中所占的比例巨大，相對於多數國家英國都有貿易順差，英國反過來又拿這些多餘的資本到外邊去投資，所以英鎊成為世界貨幣。而今天的美國則不同，它的國內市場消費及對外武裝干預都需要外部資本的支持，需要那些不同意它的政策的國家的支持，美元霸權建立在這種脆弱的基礎之上，它的霸權就不那麼堅實。」[41]儘管如此，二戰結束以來，美國在科技、經濟、軍事、政治等幾乎所有領域長期享有的不同程度優勢，與美元霸權密不可分，美國史無前例的霸權地位的維持及其全球霸權戰略的不斷推進，從根本上講靠的是美元霸權。儘管「9・11」事件以來美元匯率與國際地位相對於歐元呈下降趨勢，美元霸權地位不斷受到歐元的挑戰（如有報導說以歐元發行的債券在 2006 年首次超過以美元發行的債券），但是美元霸權沒有根本動搖，它仍是最主要的國際計價、交易和儲備貨幣。支撐美元霸權的是美國堅定的霸權意志和超強的綜合國力尤其是軍事實力。誰挑戰美元霸權，誰就會遭到美國直接或間接打擊，前者如曾宣佈以歐元取代美元作為石油交易貨幣的薩達姆，後者如科索沃戰爭前夕推出歐元的歐盟。

---

[41] 丁一凡：《美國批判——自由帝國擴張的悖論》，第 193 頁。

### 3. 作為美國霸權主幹的經濟實力和軍事實力不會在短期內迅速相對下降

雖然強大的軟實力是二戰以來美國綜合國力的重要組成部分，也是美國霸權的一大特點與優勢，但是美國霸權的物質基礎和主體是由強大的經濟實力和軍事實力組成的硬實力。就經濟而言，雖然歐盟的經濟總量超過了美國，芬蘭在經濟競爭力方面有時甚至超過美國，但是在整體經濟競爭力和經濟質量方面歐盟明顯不及美國，何況作為國家聯合體，歐盟強大的經濟實力難以像美國強大的經濟實力那樣能夠直接而迅速地轉化為政治影響力和軍事力量。因此，美國的經濟實力和影響力仍是世界第一，且短期內不會改變。就軍事而言，美國享有的優勢更大。儘管美軍規模不是世界第一，但無論是戰鬥力還是快速反應能力，美軍都具有絕對優勢。美軍是世界上唯一能夠迅速向世界任何地方投入軍力的軍隊。美軍的這一優勢既來源於其不斷推進的軍事技術革命和不斷革新的軍事戰略思想，也來源於非常龐大的軍費開支。21 世紀的最初幾年，美國的軍非開支每年都占世界軍費總額的一半。2007 年美國軍費接近 6,000 億美元，超過世界軍費總額的一半。由於美國具有強大的經濟基礎，尤其是它享有美元霸權，美國的軍費開支今後仍能夠大幅增加。目前美國的軍費只占美國國民生產總值的 4%，這個比重遠不及美國在 20 世紀 80 年代的 7%。因此，至少在中短期內沒有任何國家或國家聯盟能夠在軍事上與美國比肩。儘管全球化理論和相互依賴理論不重視軍事在國際關係中的作用，軍事力量的重要性在冷戰後也的確相對有所下降，但是在總體上仍屬於權力政治的當今國際政治中，作為政治的集中體現和極端工具，軍事實力的作用仍是至關重要的，尤其是對美國這樣的霸權國而言。

## 二、美國霸權在和平環境中難以急劇衰落

在今後中短期內可預期的總體和平環境中，美國霸權難以急劇衰落。經濟全球化的不斷發展、國際相互依賴的逐漸加深與和平發展的

時代主題和潮流共同決定著今後中短期內世界政治經濟的總體性質將是和平與發展。霸權興衰史告訴我們，霸權國的急劇衰落往往不是發生在和平時期，而是出現在大國戰爭或世界大戰期間。換言之，霸權國的急劇衰落一般是因為它們在霸權戰爭或世界大戰中受到嚴重削弱或者被打敗。在 17 世紀的 30 年戰爭中被打敗的西班牙和在 18 世紀初期的西班牙王位繼承戰爭中被打敗的法國是這樣，在兩次世界大戰中遭到嚴重削弱的英國也是這樣，曾短暫稱雄歐洲但在拿破崙戰爭中被打敗的拿破崙帝國，和一度稱霸歐洲但在二戰中最終被打敗的希特勒德國也是如此。也許唯一可算作例外的是蘇聯霸權的衰落，它在 20 世紀 70 年代末達到頂點後，在短短 10 年中就急劇衰落直至消失。但是，仔細分析，蘇聯霸權在和平時期的急劇衰落也是事出有因。導致蘇聯霸權急劇衰落的因素有許多，如嚴重畸形的國民經濟結構、粗放低效的經濟增長方式、高度僵化的計劃經濟體制、高度集權的政治制度、腐敗的官僚體制、長期的革命輸出、長期大規模的對外擴張和軍備競賽、不斷激化的錯綜複雜的民族矛盾、西方長期的對蘇遏制與和平演變、戈巴契夫的政治與外交「新思維」等，但是歸根結柢只有一個原因，那就是蘇聯在錯誤的國家戰略思想的指導下推行的全球爭霸戰略導致它在 20 世紀 70-80 年代開始的新的全球化時代的科技和經濟競爭中落伍了。在今後可預期的中短期內，蘇聯霸權在和平時期急劇衰落的歷史不會在美國身上重演，因為美國不僅沒有上列導致蘇聯霸權急劇衰落的所有固有弊端和深層矛盾，而且美國將繼續是全球化的引導力量和最大受益者。

退一步講，即使將來發生大國戰爭甚至世界大戰，作為頂級大國，美國被打敗的可能性也不大。在可預見的將來，沒有任何國家或國家集團有能力有意願與美國一決雌雄。不僅日本和英、法、德及歐盟與美國開戰不可想像，而且俄羅斯與美國開戰的可能性幾乎為零，除非美俄都想同歸於盡。即使臺灣問題引發中美戰爭的可能性不能排除，美國被中國打敗的可能性也相對較小。因此，在今後可預期的中短期內美國霸權因大戰而急劇衰落的可能性很小。

# 第十五章　美國霸權的成因

雖然美國是個年輕國家（即使從其殖民地初期算起，也只有 400 年），但是它卻是人類有史以來最特殊、最強盛、影響最大的國家。雖然二戰結束後美國才成為世界霸權國，但是導致美國霸權的一些因素可追溯到美國立國之前。美國能夠飛黃騰達、後來居上，並非像美國人自己宣稱的那樣是因為上帝對美國的特別恩賜（儘管美國的確很獨特），而是由一系列獨特的主觀因素與客觀因素共同促成的，其中一些是美國與生俱來的。筆者把這些因素概括為七種，歸納為客觀物質因素、主觀精神因素、主觀與客觀相互作用三類。這樣分類是相對的，是為了便於分析。因為在人類社會中沒有絕對客觀的東西，而絕對主觀的東西也只存在於人的頭腦中。比如，我把美國的國土遼闊當作成就美國霸權的客觀因素之一，但它本身是美國人長期主觀努力的結果。再比如，我把美國獨特的國民性格和文化傳統作為成就美國霸權的兩大密切相關的主觀因素，但是這兩者離不開當初美利堅共同體所處的時代環境與地理環境。

## 第一節　客觀物質因素

### 一、獨特、優越的地理條件

從殖民地時期開始，美國一直具有獨特、優越的地理條件，在這方面沒有那個國家能與它相比。列寧曾經說，美國「在地理條件上處於最安全的地位」。[1]美國得天獨厚的地理條件主要包含地理位置優越、國土遼闊、自然資源豐富、人口密度適宜這四個方面。

---

[1] 中央編譯局：《列寧全集》第 28 卷，人民出版社，1956 年版，第 44 頁。

地理位置與國家的興起和對外戰略有著密切關係。這是地緣政治學、地緣戰略學長盛不衰的根本原因。20 世紀 30 年代，法國外交家康邦就指出，「一國的地理位置是決定其外交政策的首要因素，也是它為什麼必須有一項外交政策的根本原因。」[2]此話似乎有點絕對，但總體上是不錯的，對美國尤其適用。美國地處美洲大陸北部，處在西半球的熱帶與寒帶之間。北美獨立戰爭之前，位於大西洋與阿帕拉契山脈之間、總面積不足 100 萬平方公里的 13 個英國殖民地就是美國的前身。北美獨立戰爭之後，美國領土立即擴大一倍，因為英國在 1756～1763 年的「七年戰爭」中從法國手中奪取的位於阿帕拉契山脈與密西西比河之間的殖民地併入美國版圖。後經一個多世紀的向西擴展，到 19 世紀末期，美國成為橫跨北美大陸的新興大國。美國優越的地理位置至少給美國帶來兩大好處。一是相對溫和的氣候、遼闊的幅員、豐富的物產有利於農業生產、人口的增加和經濟的發展。二是美國無安全之憂，不擔心受到外敵入侵，因為美國的東面和西面有兩大洋的保護，南面和北面只有墨西哥和加拿大這兩個弱鄰。在洲際導彈和現代遠洋海軍誕生之前，美國可以享受安全的周邊環境，這是美國在國家安全方面最大的獨特優勢，也是美國對美洲以外地區長期奉行孤立主義外交的物質基礎。因此，托克維爾說，「美國的大幸並不在於它有一部可以使它頂得住大戰的聯邦憲法，而在於它處在一個不會發生使它害怕的戰爭的地理位置。」[3]

隨著獨立之後美國的不斷擴張，美國國土面積快速增加。到 19 世紀末，美國國土面積已經達到現在的 951 萬平方公里的規模。美國不僅國土面積大，而且土地肥沃，可耕地面積大，森林覆蓋率高，這是它相對於俄國、中國和加拿大等其他國土大國所具有的優勢。托克

---

2 Jules Cambon, "The Foreign Policy of France," in Council on Foreign Relations, ed., *The Foreign Policy of the Powers,* New York: Harper and Brothers, 1935, p.3.轉引自崔樹建：〈霸權轉移的週期邏輯〉,《世界經濟與政治》, 2007 年第 12 期，第 29 頁。

3 [法]托克維爾：《論美國的民主》（中譯本，上卷），第 191 頁。

維爾對美國國土讚歎道：「上面是一條條永不枯竭的河流，一塊塊濕潤青蔥的綠野，一片片沒有觸過犁鏵的無邊無際的土地。」[4]遼闊的國土面積不僅為越來越多的美國人創業、發家致富和美國經濟的繁榮發展提供了可能，而且是美國成為世界列強之一乃至最強大國家的前提條件。歷史反復證明，沒有遼闊國土的國家不僅不可能成為霸權國家，反而很可能成為強敵侵略和瓜分的對象。

美國不僅地理位置優越和國土遼闊，而且自然資源很豐富。美國的石油、天然氣、煤、礦石、鉀鹽、硫磺等礦產資源的蘊藏量居世界前列。美國幾乎擁有所有重要的戰略物質，它在這方面也比面積與其相當的中國優越，僅比俄羅斯遜色。雖然美國的石油消耗中約一半是進口的，但是這並不表明美國缺乏石油，而是表明美國有長遠的石油戰略眼光，它把自己未開採的石油當作長遠的戰略石油儲備。擁有豐富的石油、礦石等重要戰略資源，是一個國家成為霸權國家不可缺少的物質條件之一。蘇聯能夠成為與美國比肩的超級大國，豐富的戰略資源是物質基礎。而國土狹小且嚴重缺乏石油等幾乎所有戰略資源，使日本先天不足，不可能成為超級大國。

人口狀況是一個國家最基本的國情，關乎國家的國民素質、經濟發展、社會穩定、綜合國力與國際地位，其重要性不言而喻。人口狀況的優劣表現在質量和數量兩方面。質量方面當然越高越好，而數量太多太少都不好，以人口密度適中為優。美國在這方面也具有明顯優勢。美國人口不僅總體素質高，而且數量穩定增長。20 世紀初期美國成為列強之一時，美國人口達到 1 億，到美國在二戰結束後成為超級大國時，美國人口約 1 億 5 千萬，到 20 世紀 60 年代美國霸權的頂峰時期，美國人口達到 2 億。現在美國人口已經突破 3 億。從絕對數量看，美國在這幾個時期成了當時世界上少數幾個人口大國，在人口方面具備了成為霸權國家的條件。從人口密度看，美國人口密度適中，既沒有人口太多的社會經濟負擔（中國、印度等人口大國的人口負擔

---

4　[法]托克維爾：《論美國的民主》（中譯本，上卷），第 324 頁。

太沉重，是其總體貧窮落後的主要原因），也沒有人口太少導致的社會經濟發展必需的各種層次人力資源的缺乏（加拿大、澳大利亞等人口密度太小的國家就是如此）。

## 二、長期面臨有利的國際安全環境

從其殖民地時期開始到二戰結束時它崛起為世界最強大國家，美國面臨的國際安全環境在大部分時間裏對它非常有利。因此，「在有記載的歷史上，沒有任何一個大國能在取得繁榮發展的如此長時間內，對其國家安全給予如此輕微的關注，投入如此少量的資源，即使古羅馬或中華帝國也無法在如此漫長的一段時間裏完全免除安全憂患。」

在 17 世紀初期英國人開始在北美大陸殖民時，英國已經到了資本主義原始積累的末期和資產階級革命的前夜。作為英國這個當時在政治思想、社會制度和經濟發展方面都最先進的國家的後裔，美利堅共同體具有獨特優勢。1776 年美利堅共同體宣佈獨立時，英國已經開始[5]工業革命，而一直與英國經濟關係密切的新生的美國自然受工業革命導致的社會生產力飛躍的影響，因而在生產力的較高起點上開始相對獨立地發展。在獨立戰爭中，新生的美國雖然相對於當時最強大的英國而言很弱小，但是它充分利用了英國的國際孤立，非常幸運地得到法國、荷蘭、西班牙三強的直接軍事支持，而且俄國、瑞典等其他列強處於對它有利的中立狀態。因此，美國才能夠戰勝英國，獲得獨立。

在 1812 年～1814 年的第二次英美戰爭中，雖然英國一度火燒美國白宮和國會大廈，但是，由於當時正是拿破崙戰爭期間，領導反法聯盟的英國自然以法國為主要敵人，無心在北美大陸與對英國構不成

---

5 Richard Smoke, "National Security Affairs", in Fred I. Greenstein and Nelson W. Polsby, *Handbook of Political Science,* Vol.8, *International Politics,* Reading, Mass: Addison-Wesley, 1975, p.260. 轉引自孫哲：《美國學：中國對美國政治外交研究（1979-2006）》，上海人民出版社，2008 年 3 月，第 3 頁。

威脅的美國糾纏，因此在俄國的調停下，雙方以《根特和約》結束了戰爭，美國成功阻止了英國在北美捲土重來。此後，雖然美英在邊界和領土問題上多次發生摩擦，但是英國基本放棄了以武力征服新生美國的戰略計畫，再也沒有與美國交戰，反而讓美國在 19 世紀大部分時間裏搭乘其霸權的「便車」，客觀上使美國不僅獲得了安全而且能夠迅速壯大。「事實上，從拿破崙戰爭結束到第一次世界大戰開始，美國近乎一貫享有的高度安全乃至它逐漸形成的美洲霸權，有賴於歐洲體系內的兩項基本狀態——英國的優勢地位及其所依賴的歐洲大陸均勢。」[6]於是，「美國得以在英鎊為中心的國際貨幣體系中，同英國進行互惠貿易和深入的經濟合作，充分吸收和利用英國工業的先進技術和資金加快發展自己。」[7]與此同時，美國利用自己與「舊大陸」隔絕的地理條件，趁歐洲列強基本無暇顧及美洲之機，大肆擴展領土，一方面展開大規模西進運動，掠奪印第安人的土地，另一方面通過談判、購買、政治顛覆、軍事威脅乃至戰爭等各種方式從英、西、俄等列強和墨西哥手中獲得大片土地。外交史家福瑞爾（Robert Ferrell）認為，如果不是拿破崙在舊大陸的野心導致一系列事件，美國的領土擴張會受到極大限制，甚至會喪失獨立。[8]

到 19 世紀末，羽翼已經豐滿且已經是頭號經濟大國的美國，利用世界列強之間矛盾不斷激化之機，以「緬因號事件」為藉口，拿早已衰落的西班牙開刀，通過美西戰爭奪取了西班牙在加勒比海地區的殖民地古巴與波多黎哥和在西太平洋的殖民地菲律賓與關島，從而正式擠入世界列強之列。而且美國在 20 世紀初期以調停人的身份成功地結束了日俄戰爭和化解了英法在摩洛哥的危機，從而進一步增強了其國際影響力。

---

[6] George F. Kennan, American Diplomacy, 1900-1950 (New York, 1952), P.10. 轉引自時殷弘：《新趨勢新格局新規範》，第 35 頁。

[7] 封永平：〈認同變遷：英美權力的和平轉移〉，《國際政治科學》，2005 年底 3 期，第 41 頁。

[8] Eugene R.Wittkopf, Charles W. Kegley, Jr., James M. Scott, American Foreign Policy: Pattern and Process, Beijing : Peking University Press, Jan.2004, p.151.

一戰爆發後，美國利用兩大洋的保護得以遠離戰爭和坐山觀虎鬥，並趁機大發戰爭橫財。等到協約國與同盟國快要打得筋疲力盡時，美國打著保衛自由民主的旗號，以德國發動無限制潛艇戰損害美國商業利益為由並藉口「齊默曼電報」事件，於 1917 年 4 月捲入第一次世界大戰，加入協約國集團，從而改變了戰爭雙方的力量對比，掌握了戰爭的主動權，並在戰後成為重新安排世界秩序的主要力量之一。

兩次世界大戰期間是世界和平逐漸演變為更大規模的世界大戰的時期，是一戰戰勝國、戰敗國、蘇聯這三者之間矛盾錯綜複雜、不斷激化的時期，也是英法等殖民帝國與廣大殖民地半殖民地國家之間矛盾逐漸上升的時期。當德國利用英、法、美之間的矛盾以及它們與蘇聯之間的矛盾得以重新崛起，以致新的世界大戰不可避免之際，美國再次利用其獨特而優越的地理位置得以置身大戰之外，不僅保護了自身國家安全，而且通過與交戰雙方進行戰爭貿易發了更大規模的戰爭橫財。

## 三、二戰為美國霸權地位確立提供了難得機遇

第二次世界大戰為美國成為世界霸權國家提供了千載難逢的歷史機遇。戰爭初期，美國再次故技重演，採取縱容侵略和坐收漁利的「中立」政策。美國一方面公開與同盟國大做軍火生意，一方面暗中向軸心國出售戰略物質。由於美國本土始終遠離戰火，而且大量軍需品的生產大大促進了美國經濟繁榮，因此美國不僅是極少數沒有受到戰爭損害的國家之一，而且大發戰爭財。直到 1941 年 12 月 7 日的珍珠港事件把美國「拖入」戰爭，美國才完全停止這種大發戰爭橫財的「中立」政策。參加二戰使美國不僅再次成為改變戰局的關鍵力量，而且成了戰後世界秩序的主要締造者，因而它是從戰爭中獲益巨大的唯一國家。這是因為：二戰結束時，德、日、義、英、法等列強非敗即衰，蘇聯雖然軍力強大但經濟殘破，中國則滿目瘡痍且面臨全面內戰，唯獨美國這個戰爭爆發戶在綜合國力對比中遙遙領先。因此，與第一次

世界大戰結束時不同的是，這次美國不再只是主要戰勝國之一，而是成了世界上最強大國家和西方世界的絕對霸主。到這時，美國再也無法也不願意離開世界政治的中心舞臺了。於是，英、法等傳統大國衰落所留下的權力真空和國際體系結構的嚴重失衡給美國的全球擴張提供了任何其他國家都不曾遇到的極好機會。

## 第二節　主觀精神因素

### 一、獨特的文化傳統

美國不斷壯大並最終成為世界霸權國家的第三個重要因素是美國獨特的文化傳統。雖然美國文化不是歷史悠久的文化，根本不能與淵遠流長、賡續不絕的中華文化相提並論，但是它十分獨特，具有其他文化難以比擬的優勢。無論是美國的宗教文化，還是世俗的政治文化和制度文化，雖然都根源於歐洲，但是都有鮮明的美國特色，集中體現為美國獨特的文化價值觀。「美國的文化價值觀源於『使命觀』。它發軔於清教徒的宗教信仰和歐洲的啟蒙運動，根植於美國獨特的人文地理環境，形成於美利堅民族的特性，加強於美國的民主政體。」[9]亨廷頓甚至認為美國文化的精髓是新教精神，「美國信念」是由這一文化產生的。[10]

雖然美國是政教分離的國家，政府與教會互不干涉，互不統屬，但是美國又是宗教意識非常濃厚的國家，其宗教意識之強烈、對社會影響之深遠、對美國內政外交的影響之大，無論在西方國家中還是在大國中都首屈一指，也許只有伊朗等少數政教合一的國家在這方面能與美國相比。「宗教一直是而且至今仍然是美國特性和國民身份的主要

9 門洪華：《霸權之翼：美國國際制度戰略》，第 85 頁。
10 [美]撒母耳・亨廷頓：《美國國家特性面臨挑戰》，第 53 頁。

因素之一，也許還是最主要的因素。美國在很大程度上就是由於宗教原因而創建的，宗教運動影響了它的演變歷程將近四個世紀之久。」[11]這種看似難以理解的矛盾現象其實不難理解：美國的政教分離是就制度層面、機構設置、人事安排而言的（即政治制度與宗教制度分離、政府機構與宗教團體分離、政府官員與神職人員分離），不是就思想意識與社會行為而言的。「美國宗教與政治的關係，美國宗教在政治中的作用，主要不是表現為教會體制層面的對國家的支配，而是表現為宗教社團通過各自的道德規範和社會倫理影響宗教信徒，宗教信徒再通過常規的政治途徑影響美國的政府，影響政府的公共政策。」[12]因此，雖然從法律上講美國政治是世俗的公民政治，但宗教對美國社會、政治、經濟、外交都有十分明顯的影響，尤其是宗教與政治從未分離過，兩者相互需要，互相影響。「在全世界，沒有哪個地方的教會與國家如此堅決地從體制上分離，而宗教與政治理念又如此緊密地交織成國民信仰。」[13]「事實上，宗教與政治始終無法分離，宗教需要借助政治來表達自己的世俗關懷，政治需要借助宗教來取信於民眾，以實現自己對權力的訴求。」[14]「在美國，宗教與政治的同源性，既賦予宗教以政治內涵，也賦予政治以宗教激情。」[15]在美國，「否認上帝的存在，就是向美國社會和政體的根本原則挑戰。」[16]美國迄今為止的所有總統都是上帝的信徒，不信仰上帝的人當選美國總統是不可想像的。美國第 25 任總統威廉・麥金萊就總統職位曾經這樣斷言：「沒有一個否認上帝存在的人能夠坐上這把交椅。」[17]美國總統就職時總是手按著

---

[11] [美]撒母耳・亨廷頓：《美國國家特性面臨挑戰》，第 19 頁。

[12] 劉國平：《美國民主制度輸出》，第 6 頁。

[13] [美]撒母耳・亨廷頓：《失衡的承諾》，第 170～171 頁。

[14] 楊衛東：〈宗教保守主義對布希政府外交政策的影響〉，《現代國際關係》，2007 年第 2 期，第 19 頁。

[15] [美]撒母耳・亨廷頓：《失衡的承諾》，第 179 頁。

[16] [美]撒母耳・亨廷頓：《美國國家特性面臨挑戰》，第 87 頁。

[17] Paul F. Boller, Jr., Religion and the U.S. Presidency, *Journal of Church and State (1979)*, p.19. 轉引自徐以驊《試析 2004 年美國總統選舉中的宗教因

聖經進行莊嚴宣誓，他們在正式講話中總是請求「上帝保佑美國」，他們經常去（如果不是每週都去的話）教堂出席教會活動，甚至每天讀聖經（小布希自稱如此）。美國國會和軍隊都有專職牧師。每張美元鈔票上都印有「我們信仰上帝」的句子。超過 90%的美國人信教，其中絕大部分信基督教新教。教堂和其他教會機構、團體遍及全美各地。由此可見宗教在美國的重要地位和對美國的影響之大。

在美國多元化的宗教信仰中，處於核心和主體地位的基督教清教文化是其最大特色。作為清教徒的意識形態，清教主義是美國宗教文化的濫觴與精髓，它與以個人主義為核心的美式自由民主主義理念一起，共同從思想意識和精神信仰上造就了美國，構成美國獨特的價值觀，被合稱為「美國精神」。自由理性與宗教信仰，或者說自由精神與宗教精神，在歐洲以及其他地區本是互相排斥的，但是在美國卻融為一體。[18]兩者相互交融，共同統治著美國，構成所謂「美國特性」。這就是美國的宗教信仰很強烈同時自由理性很發達的原因。甚至可以說，清教文化本身在宗教文化和政治思想兩方面對美國產生了極其深刻和廣泛的影響。托克維爾認為，「清教的教義不僅是一種宗教學說，而且還在許多方面摻有絕對的民主和共和理論。」[19]因此，清教主義是美利堅民族形成和美國立國的一大精神支柱，不僅是美國社會經濟發展的一大精神動力，而且是美國社會秩序的道德依據。正如托克維爾所言，「法律雖然允許美國人自行決定一切，但是宗教卻阻止他們想入非非，並禁止他們恣意妄為。」[20]

清教主義是當初為逃避英國國教與專制王權的迫害而移民到北美大陸的早期殖民者（即清教徒）的宗教意識形態。16 世紀中期歐洲宗教改革後，英國與羅馬天主教決裂，改信新教，教權掌握在英國國王

---

素》，載倪世雄、劉永濤主編：《美國問題研究》，第四輯，時事出版社，2005 年 4 月第 1 版，第 401 頁。

18 [法]托克維爾：《論美國的民主》（上卷），第 47～48 頁。

19 [法]托克維爾：《論美國的民主》（上卷），第 36 頁。

20 [法]托克維爾：《論美國的民主》（上卷），第 339 頁。

手中。但是英國國教仍限制工商業活動，並沿襲了繁瑣的宗教儀式。於是，作為英國國教對立面的清教興起，它反映了新興資產階級和小資產階級的宗教意識，適應了他們不通過教會而是通過《聖經》直接接受上帝旨意和自行傳教的主張以及對工商利益的追求。「16～17 世紀的英國清教教義反映了資產階級上升時期的意識形態。它認為世界充滿了邪惡，只有與之堅持不懈的鬥爭才有得救的希望。它反對英國國教，要求廢除偶像崇拜的繁文縟節，清除國教中的天主教影響，建立一個廉儉的教會組織。」[21]清教主義反對君權神授和封建專制王權，主張廢除國教中繁瑣的宗教儀式和舊禮儀，認為工商業活動是上帝賦予的神聖使命，發財致富是上帝的意旨與召喚。這些在英國受迫害的清教徒從 17 世紀初期開始紛紛逃到北美大陸，以實踐他們的宗教理想和追求世俗利益，尤其是前者。托克維爾甚至認為，「他們之遠渡重洋來到新大陸，決非為了改善境遇或發財；他們之離開舒適的家園，是出於滿足純正的求知需要；他們甘願嘗盡流亡生活的種種苦難，去使一種理想獲致勝利。」[22]這些在北美大陸定居的清教徒不僅實現了其宗教理想，而且在印地安人的幫助下站穩腳跟，通過艱苦創業取得了經濟成功，在新大陸找到了他們的精神家園和發家致富的寶地，並在此基礎上建立了他們自詡為「山顛之城」和「自由之鄉」的美國清教社會。「英國有過清教革命，卻沒有創建清教社會；美國沒有經歷清教革命，卻創建了清教社會。」[23]於是，在崇尚艱苦創業和開拓進取精神的清教主義的激勵下，美國資本主義工商業的迅速發展，經濟實力迅速壯大，從而為它後來成為超級大國奠定了雄厚的物質基礎。

對美國超常規發展起了重要作用的還有美國獨特的政治文化與制度文化。美國的自由民主主義在塑造美國獨特的社會經濟發展道路的過程中與美國的清教主義一樣重要。「在任何情況下，清教主義都不能代替自由主義社會這一概念。如果按某些評論家的說法，清教主義對

---

21 門洪華：《霸權之翼：美國國際制度戰略》，第 86 頁。

22 [法]托克維爾：《論美國的民主》（上卷），第 36 頁。

23 [美]撒母耳・亨廷頓：《美國國家特性面臨挑戰》，第 56 頁。

解釋資本主義的成長具有強大的說服力，那它為什麼沒有在其首先出現的英國導致同美國一樣的歷史？」[24]美國式自由主義被哈茨稱為「自然自由主義」。[25]「美國是由那些從舊世界的封建壓迫和教權壓迫中逃離出來的人拓殖的。在此意義上講，假如有什麼同民族傳統本身一樣古老的東西的話，那麼，在西方歷史中美國社會突出的一點就是不存在那些壓迫，或從廣義上講，因為對那些壓迫的發動便是自由主義的，所以美國社會就是一個自由主義的社會。」[26]美國的自由民主主義是歐洲古典自由主義在美國的延伸、發展與創新，因美國獨特的地理環境和獨特的歷史條件而具有鮮明的美國特色。歐洲自由主義奉行的自由、民主、平等、人權、博愛等資產階級思想的源頭可追溯到 1215 年的英國大憲章運動，但主要是 17、18 世紀歐洲啟蒙運動的產物，起點是 17 世紀英國思想家洛克的個人自由主義思想。洛克的突出貢獻是對個人自由和有限政府權力的論述。「他為自由主義理論奠定了兩大基礎，即個人享有自然權利和政府必須基於被統治者的同意。」[27]當歐洲自由主義思想傳播到北美大陸後，逐漸與清教主義文化結合，形成了一股強大的反對歐洲封建思想和專制王權的思想洪流，成為北美獨立戰爭的強大精神力量和思想武器。歐洲自由主義的種子首先在北美大陸生根、開花、結果。美國特色的自由主義徹底地與歐洲封建專制主義決裂，與君主主義不共戴天，它在北美新大陸這塊廣袤、獨特的處女地上穩固地發展，既沒有英國自由主義同君主主義的妥協性，也沒有法國自由主義幾次被君主專制主義取代的反復性。美國特色的自由主義就是強調個人自由和個人權利的個人自由主義，它把公民自由與公民權利置於社會秩序和社會公正之上，主張限權政府，反對政府

---

[24] [美]路易士・哈茨：《美國的自由主義傳統》，中國社會科學出版社，2003 年 10 月第 1 版，第 19 頁。

[25] [美]路易士・哈茨：《美國的自由主義傳統》，第 5 頁。

[26] [美]路易士・哈茨：《美國的自由主義傳統》，第 3 頁。

[27] 秦亞青：《權力　制度　文化》，北京大學出版社，2005 年 7 月第 1 版，第 63 頁。

干涉個人自由。而且，美國特色的自由主義特別強調精神世界的自由。「America 的自由理念中的最根本的含義，是每個人都有探索和主宰自己良心的權利。政治自由是指首要的和最重要的是創造一個允許每個人去探索自身的倫理和靈魂啟蒙的社會環境。」[28]「America 是有史以來第一個靠人的理念和倫理道德的選擇而創立的國家。」[29]

美國自由民主主義的哲學思想與政治文化表現在制度文化上就是通過分散與相互制衡實現權力的最小化。美國國父們認為，儘管掌握著權力的政府會為了自身的利益而侵犯個人權利與自由，但是沒有政府提供國家安全、社會秩序等公共產品，公民權利與自由也難以得到保障，因此政府是必要的「惡」，只有讓政府規模最小化和政府權力儘量分散化，才能充分保障人民的權利，才符合人民主權原則。因此，美國國父們在設計美國聯邦憲法時，以孟德斯鳩的三權分立學說為指導，遵循分權與制衡的民主原則，刻意把美國聯邦政府分為立法、行政和司法三個既互相配合又互相制衡的部門，從而實現了橫向分權；同時順應當時各州相對獨立和州權主義意識非常濃厚的現實，把國家結構設計為聯邦制，明確劃分了聯邦與州之間的權力分配，從而實現了國家的縱向分權。在橫向分權中，雖然名義上三權平行，但是與民意更近的國會實際上是聯邦政府的中心。在 20 世紀 30 年代以前，美國可以說是一個國會主導型國家。在縱向分權中，雖然聯邦政府的權威在全國都有效，但是，除了外交、國防、管理洲際貿易與發行貨幣等少數幾項權力由聯邦政府掌管外，其他一切地方權力全由各州政府行使。因此，聯邦法律與政令雖然可在全國實施，但是州政府不是聯邦政府的下屬機構，聯邦政府無權向州政府發號施令。所以托克維爾說，「美國有兩個互相結合而且可以說是互相嵌入對方的社會。美國有兩個截然分開和幾乎各自獨立的政府：一個是一般的普通政府，負責處理社會的日常需要；另一個是特殊的專門政府，只管轄全國性的一

[28] [美]雅各・尼德曼：《美國理想：一部文明的歷史》，華夏出版社，2004 年 10 月北京第 1 版，第 16 頁。
[29] [美]雅各・尼德曼：《美國理想：一部文明的歷史》，第 51 頁。

些重大問題。簡而言之，美國內部還有二十四個小主權國（即當時的24個州——筆者注），由他們構成聯邦的大整體。」[30]獨具特色的美國政治制度在資本主義民主制度中別具一格，尤其是美國的三權分立政體是最精緻最有創意的資本主義民主共和政體。

與歐洲相比，美國的政治文化和制度文化可謂「青出於藍而勝於藍」。相對於其他所有文化，美國文化具有相容並蓄而又獨特的「雜交優勢」，它絲毫沒有封建意識和專制文化的成分，而是開放進取，充滿活力和吸引力。「美國文化既有雜交的優勢，又有多元化的絢麗多姿，是一種別具韻味的整合型文化，它包容了世界上幾乎一切的種族、民族、宗教、價值、思想和學術，但始終以白種盎格魯——薩克遜新教徒（White Anglo-Saxon Protestent——WASP）文化為核心。」[31]在這種文化的薰陶下，新生的美國迅速茁壯成長，而且它對世界其他地方的人民具有持續不斷的吸引力，把世界各地的受壓迫者和尋夢者源源不斷地吸引到美國，從而加速了美國科技、經濟的發展和國力的提升，以致美國成為資本主義世界中的後起之秀，最終成為世界首強。

## 二、獨具特色的國民性

正如個人一樣，民族或國家也有自己的性格，而且也是由先天和後天兩方面的因素共同造成的。性格決定命運，這句格言對個人和民族或國家都是適用的。人的性格影響他的對外交往，一定程度上決定事業之成敗與人生的成就。同樣，國家性格或國民性影響其對外政策，與其國際地位也有內在聯繫。美國從殖民地發展為最強大國家，並長期推行對外擴張和霸權主義，與其國家性格是有關係的。

國家性格與國家的傳統文化或價值觀密切相關。前文已對美國傳統文化特別是美國精神的內核或美國核心價值觀在美國發展成為霸權

---

30 [法]托克維爾：《論美國的民主》（上卷），第65頁。
31 門洪華：《霸權之翼：美國國際制度戰略》，第85～86頁。

國家過程中的作用進行了較深入的分析。下面分析美國國家性格及其對美國超常規發展的促進作用。

一方面，作為一個整體，美國人的性格乃至價值取向非常複雜甚至充滿矛盾，令人難以理解。比如：美國人既講究實際、實用又充滿理想甚至幻想；既崇尚科學和理性又信仰虔誠；既強調個人價值和個人奮鬥又有強烈的社會責任感和愛國主義。「美國人的視野既向內看又向外看，既注重實際原則又講究理想主義精神，既窮兵黷武又愛好和平，對他們的實力既感到自豪又同時為此感到困惑。」[32]「美國具有很強的兩面性。美國既主張禁欲又自我放縱，即俗氣又附弄風雅，既假裝聖潔又是十足的實利主義者。它是一個團結、共性、品行與行為被瘋狂的個人主義所蹂躪的社會。」[33]另一方面，美國人的性格又非常鮮明和獨特，大體上可概括為：求真務實重實效，競爭進取靠勤奮，改革創新不守成，開放寬容好多元，自由平等反權威，樂觀豁達向前看。

美利堅民族是非常務實、開放、豁達的商業民族，實用主義在美國大行其道，勤奮節儉、艱苦創業、競爭進取、改革創新是美國人的優良傳統。恩格斯稱讚美國是世界上「前進最快的民族」，因為美國人「對於每個新的改進方案，會純粹從他們的實際利益出發馬上進行試驗，這個方案一旦被認為是最好的，差不多在第二天就會付諸實行」。[34]美國人反對因循守舊，厭惡形式主義，不喜歡空談和哲學思辯，不追求華麗的外表和隆重的儀式。「如果說美國人決不把國家的錢花在公共慶典上，這不僅是因為美國的稅收要由人民投票決定，而且是因為美國人不喜歡隆重的慶祝。如果說美國人不追求建築物上的裝飾，不重視虛有其表的華麗，這不僅是因為他們是講究民主的民族，而且是因為是重商的民族。」[35]

---

[32] [美]唐納德・懷特：《美國的興盛與衰落》，第 84 頁。

[33] [美]約瑟夫・約菲：《對歷史與理論的挑戰：作為「最後超級大國的美國」》，載約翰・伊肯伯裏主編：《美國無敵：均勢的未來》，第 174 頁。

[34] 《馬克思恩格斯全集》第 21 卷，第 534 頁，轉引自孫哲：《美國學：中國對美國政治外交研究（1979-2006）》，第 10 頁。

[35] [法]托克維爾：《論美國的民主》（上卷），第 244～245 頁。

除了上帝外，美國人不崇拜任何權威，個人自由與個人權利是美國人追求的第一價值，個人主義和以此為基礎的自由主義是美國的核心價值觀。「美國文化最核心的東西是個人主義：我們相信個人的尊嚴，乃至個人的神聖。我們為自己而思考，為自己而判斷，為自己而作決定，按照自己認為適當的方式而生活。違背這些權利的任何事情在道德上都是錯誤的，都是褻瀆神明的。……放棄個人主義就等於放棄我們最深刻的本質。」[36]作為美國人核心價值觀的個人主義，不是中國人通常理解的那種損人利己的、與集體主義相對的個人主義或利己主義，而是強調個人尊嚴、價值、獨立和崇尚個人自由、權利、奮鬥的美國式個人主義。其要義是，個人在追求自己的自由、享受自己的權利和為物質成就與精神理想而奮鬥時，除了對上帝的虔誠信仰外，不要受任何清規戒律的限制，不要依靠別人、集體或政府，更不要危害別人和集體的利益。美國人認為，「個人是本身利益的最好的和唯一的裁判者。」「除非社會感到自己被個人的行為侵害或必須要求個人協助，社會無權干涉個人的行動。」[37]「歸納來說，美國個人主義的核心是強調個人價值的尊嚴，崇尚個人進取、個人獨立、個人奮鬥，鼓勵自立、自信、自強。」[38]「在他們看來，沒有什麼辦不到的事，而是有志者事竟成。」[39]「新大陸令人嚮往之處，就在於人在那裏可以自我奮鬥。只要你去追求，就能獲得幸福和自由。」[40]

因此，美國人重視的不是歷史，而是現實和未來。於是，美國人又逐漸形成了不墨守成規、敢於向任何「不可能」挑戰和樂觀豁達、對未來充滿希望的民族性格。「對於一個美國人來說，人的一生就像一場賭博，就像一次革命，就像一次戰役。……因此，美國人隨時隨地

---

36 [美]羅伯特．貝拉等：《心靈的習性：美國人生活中的個人主義與公共責任》，三聯書店，1991年，第3頁。

37 [美]羅伯特．貝拉等：《心靈的習性：美國人生活中的個人主義與公共責任》，第72頁。

38 門洪華：《霸權之翼：美國國際制度戰略》，第90頁。

39 [法]托克維爾：《論美國的民主》（上卷），第471頁。

40 [法]托克維爾：《論美國的民主》（上卷），第192頁。

都必然是熱心於追求、勇於進取、敢於冒險、特別是善於創新的人。這種精神都真實地體現在他們的一切工作中。他們把這種精神帶進了他們的政治條例，帶進了他們的宗教教義，帶進了他們的社會經濟學說，帶進了他們的個人實踐活動。他們帶著這種精神到處去創業，不管是到荒山老林的深處，還是到熱鬧繁華的城市，莫不如此。」[41]「美國很可能是第一個這樣一種大規模社會，它首次把革新和變化作為一種永恆的變數納入其文化之中，結果是一種『創造性破壞』不斷地改變美國生活面貌。」[42]

因無封建傳統並對重商主義的繼承，美利堅民族自形成之初就比其他民族更具有商業精神。商業被視為最重要的謀生手段，營利賺錢成為實現自身價值和道德理想的最高尺度。[43]這種商業精神衍生出來的藐視封建傳統與革命冒險精神、開拓慾望、個人獨立性及平等精神等等，加上當時人們面對陌生的北美大陸為爭取生存發展而造就出來的自強不息、艱苦奮鬥和求實精神，都體現著美利堅民族的性格特徵和價值觀，並且成為當時北美經濟高速發展的強大動力，至今對其他國家和民族仍有借鑒意義。[44]「崇尚科學、勇於冒險、探索和創新，這既是美國人的性格，也是美國取得成功之根本。」[45]

「美國性格是繼承和環境交互作用的產物，而兩者都是錯綜複雜的。」[46]具體講，美國人的獨特性格是由英國清教教義、歐洲啟蒙思想和北美特殊的地理環境共同塑造的。當追求宗教自由的英國清教徒來到北美大陸時，他們面對的不是「伊甸園」，而是陌生和艱苦的環境，這種環境使他們形成了艱苦奮鬥、自強不息、充滿活力和務實進取的性格

41 [法]托克維爾：《論美國的民主》（上卷），第 471 頁。
42 [美]盧瑟・S・利吉德主編：《美國特性探索》，中國社會科學出版社，1991 年 7 月版，第 27 頁。
43 孫哲：《崛起與擴張：美國政治與中美關係》，第 253 頁。
44 張宏毅主編：《美國人權與人權外交》，人民出版社，1993 年版，第 40 頁。
45 劉國平：《美國民主制度輸出》，第 21 頁。
46 [美]H・S・康馬傑：《美國精神》，光明日報出版社，1988 年版，第 4 頁。

與精神，逐漸成為「比任何別的民族都要精力充沛」[47]的美利堅民族。反對英國國教的清教主義和反對羅馬教廷與歐洲封建王權的啟蒙思想在北美的傳播，促進了新生的美利堅民族對自由、民主、平等和博愛的追求。因此，「他們強調個人努力，用成功與致富證明自己是『上帝的選民』，這必然導致對個人獨立性和個人主義的尊重與互助精神的並存，以及對宗教和文化寬容的追求，在政治制度上追求主權在民和資產階級民主政體，藐視封建法統，從而使多元並存、共存共榮的文化成為北美獨具的特色，美國成為世界文化的『的熔爐』」[48]同時，要證明自己是「上帝的選民」，就必須證明自己在事業上比別的民族更成功，這就要求拋棄一切妨礙達致富強的清規戒律，勇於開拓進取。可見，「對基督教的信仰不僅沒有局限美國人對科學的追求和探索，反而成為這種追求和探索的動力。」[49]

顯然，美國人這種開拓進取、改革開放、勤奮務實、競爭創新、自由平等、樂觀豁達的民族性格，對美國社會、經濟、政治的發展與國力的不斷增強具有關鍵的積極作用。

## 第三節　主觀因素與客觀因素相互作用

### 一、獨特的歷史發展道路

雖然美國的歷史不長，但是其歷史發展道路非常獨特。這是美國能夠在競爭激烈的世界舞臺上後來居上的重要原因。美國歷史之獨特表現在許多方面，但概括起來主要有三個方面：社會生產方式的跨越式發展、長期不斷的對外擴張和最典型的移民國家。

---

[47] 《馬克思恩格斯全集》第 36 卷，人民出版社，1974 年版，第 668 頁。轉引自門洪華：《霸權之翼：美國國際制度戰略》，第 87 頁。
[48] 門洪華：《霸權之翼：美國國際制度戰略》，第 87 頁。
[49] 劉國平：《美國民主制度輸出》，第 21 頁。

## （一）社會生產方式的跨越式發展

美國立國後直接從殖民地變成新興的資本主義國家，沒有像大多數國家那樣按部就班地從原始社會到奴隸社會，再到封建社會，然後進入資本主義社會，從而實現了歷史的跨越式大發展。儘管也有國家實現過歷史的跨越（如中國跨過了資本主義社會），但是只有美國的歷史大跨越才實現了社會生產力的跨越式大發展。因此，美國這種跨越式的歷史發展道路在人類史上獨一無二。

在西歐殖民者到達美洲之前，美洲還處於原始社會末期，那裏的土著居民印第安人過著原始的部落生活。15、16 世紀的西歐資本主義原始積累刺激了新航路的開闢和地理大發現。隨著地理大發現而來的西歐殖民者對美洲的入侵和拓殖，使美洲的原始部落社會立即解體並迅速向資本主義社會過渡。因此，美國在殖民地時期就具有資本主義的性質。「英裔美國人本來都已經開化，來到新大陸後又繼續繁衍子孫。他們不用從頭學起，只要不忘記原來的東西就可以了。……因此，美國的社會沒有搖籃期，它在建立時候就已經是成年。」[50]英國北美殖民地這種與眾不同的特性不僅來自英國在當時世界上的先進性，也與該殖民地的另一個自身特點有關，即殖民地的主體民族與其母國的主體民族相同（印第安人或者被殺戮，或者變為奴隸，或者被趕到中西部）。於是，美國立國後雖然很弱小，但是成了先進的資本主義國家，直接跨過了奴隸社會和封建社會。因為先是英國北美殖民地受 17 世紀以西歐為中心的世界大變革的影響，隨後 18 世紀來自歐洲的移民給北美帶去了先進的資本主義生產方式和與之相適應的先進思想、政治自由和開放文化。雖然在美國立國前後，西歐殖民者把許多印第安人變為奴隸，還從非洲擄掠了大量黑奴，也有一些由歐洲破產農民變成的債務奴（即白奴），雖然美國獨立後奴隸制在其南方盛行了近一個世紀並最終導致了美國歷史上唯一的內戰，但是，奴隸制度從來沒有在美

---

50 [法]托克維爾：《論美國的民主》（中譯本，上卷），第 351 頁。

國占主導地位。至於封建社會這一在東方和西方都非常漫長的歷史時代，在美國根本就沒有出現過。因此，恩格斯說：「美國沒有中世紀的廢墟擋路，而且在一開始有歷史的時候就已經有了 17 世紀形成的現代資產階級社會的因素」;「美國從一誕生起就是現代的、資產階級的；美國是由那些為了建立純粹的資產階級社會而從歐洲的封建制度下逃出來的小資產階級者和農民建立起來的」。[51]由於美國從一開始就是資本主義國家，因此美國的資本主義工業和農業在沒有封建意識、封建關係和封建割據的條件下取得了飛速發展，從而使美國後來居上，在一個半世紀略多一點的時間裏從一個偏處一隅的弱小國家發展成為世界最強大國家。

## （二）長期的對外擴張

美國從一開始就不斷向外擴張，美國的歷史就是一部對外擴張史。美國第 26 任總統希歐多爾•羅斯福在成為總統的兩年之前即 1899 年就毫不隱晦地說過：「我們整個國家的歷史就是一部擴張史。」[52]在迄今為止的人類發展史上，民族、國家的對外擴張是司空見慣的，但是唯有美國是自始至今一直在進行對外擴張的國家。在擴張對國家成長的影響方面，也許只有俄國可以與美國相比。

1776 年美國立國時，其人口只有 250 萬，面積不足 90 萬平方公里。經過一個多世紀的擴張，到 20 世紀初期，美國人口增加了 40 倍，達到 1 億，美國的國土面積擴大了 10 倍多，達到 951 萬平方公里，成為一個東臨大西洋、西至太平洋、北臨北冰洋、南瀕加勒比海的橫跨美洲大陸的世界大國。到二戰結束時，美國已經成為全世界最強大的國家，其綜合國力遠超過位居世界第二的蘇聯。

對外擴張是美國歷史的永恆主題，是美國對外關係的主線，是美國飛黃騰達的公開祕訣之一。雖然對外擴張是帝國主義的共性，雖然擴張

---

[51] 《馬克思恩格斯全集》第 39 卷，人民出版社，1974 年版，第 147 頁。

[52] Andrew J. Bacevich, *American Empire: The Reality and Consequences of U.S. Diplomacy*, Harvard University Press, 2002, p.7.

主義與帝國主義在本質上沒有差別，但是美國人在價值觀上把擴張主義與帝國主義加以嚴格區分，推崇前者而譴責後者。在美國擴張史上佔有重要地位的希歐多爾・羅斯福總統雖然否認自己是帝國主義者，但公開承認自己是擴張主義者。他在為美國吞併菲律賓辯護時說，「本國沒有帝國主義者……擴張？那倒是的……擴張已是我們國家成長的定律。」[53]兩百多年以來，美國一直進行對外擴張，變化只是在不同歷史時期採用不同的擴張方式和手段。一戰以前，美國長期採用從武力掠奪、顛覆、威脅到低價購買的種種領土擴張方式。第一，美國通過長期的武力掠奪和難以置信的低價購買，從印第安人手中獲得了大量土地。美國人在 1808 年的一次土地交易中，僅以 1,000 美元就購買了 4,800 萬英畝的印第安人土地。第二，美國在 19 世紀中期通過策動反叛和發動戰爭，把墨西哥的一半領土（即今天美國的德克薩斯州、亞利桑拉州、新墨西哥州和南加利弗利亞州）納入自己的版圖。第三，美國通過武力威脅與談判從英國、西班牙等殖民者手中獲得了俄羅岡、英屬弗羅里達、西屬弗羅里達等大片領土。第四，美國通過美西戰爭從西班牙手中獲得了菲律賓、波多黎哥、古巴和關島。低價購買領土是最具特色的美國領土擴張方式。除了低價購買印第安人土地外，美國歷史上著名的土地購買有兩起，一是 1803 年以 1,500 萬美元從拿破崙法國購買面積 210 多萬平方公里（相當於當時美國國土面積）的路易士安納，二是 1867 年以 720 萬美元從俄羅斯購買面積更大的阿拉斯加。「美國人就這樣以非常低廉的價格，買到了歐洲最富有的君主也買不起的大片大片土地。」[54]美國捲入一戰後，它的對外擴張除了採用軍事手段外，主要通過建立戰後世界新秩序的「合法」途徑。美國捲入二戰後，雖然美國的對外影響急劇增大，其國力迅速上升為世界第一，但是由於二戰後直接領土擴張不再可行，美國的對外擴張除了通過建立戰後世界新秩序外，主要採取經濟技術援助、政治軍事結盟和思想文化滲透的方式。概而言

---

[53] Cited in *History of U.S. Territorial Acquisitions,* 轉引自[美]查默斯・詹森：《帝國的悲哀：黷武主義、保密與共和國的終結》，第 30 頁。

[54] [法]托克維爾：《論美國的民主》（上卷），2004 年版，第 379 頁。

之，美國兩百多年的對外擴張史分為四個階段：1898 年美西戰爭之前的大陸擴張階段，從美西戰爭到二戰的海外擴張階段，從二戰到「9・11」的全球擴張階段，「9・11」後的「新帝國」擴張階段。

除了以武力擴張版圖和勢力範圍外，美國還以軟力量擴展其國際影響，兩者相輔相成。「很早以來，美國就借傳播宗教來擴張其影響力；後來這種形式轉變為意識形態傳播；再到後來，就成為美國生活模式的傳播，即美國『軟力量』的影響。」[55]

## （三）最典型的移民國家

美國是最典型的移民國家，美國歷史可說是一部移民史。許多國家有移民，但只有美國是靠移民立國和強國的。

15 世紀末的地理大發現後，西班牙、葡萄牙、荷蘭、法國、英國等歐洲列強開始到美洲大陸拓殖和移民。西、葡佔領了南美洲，荷、法、英主要佔領北美洲。英國雖然起步較晚，但後來居上，特別是通過「七年戰爭」，英國殖民者幾乎成了整個北美大陸的新主人。

英國在北美的殖民從 17 世紀初期開始。1607 年，第一批被英王詹姆斯授予開拓北美殖民地特權的英國人，帶著到新大陸發財的夢想來到北美，建立了第一個殖民定居點詹姆斯城，後來發展為英國在北美的第一塊殖民地佛吉尼亞。1620 年，約一百名逃避國內宗教迫害的英國清教徒乘坐「五月花號」輪船歷經艱辛到達他們稱為普利茅斯的地方，建立了第二個殖民定居點，後來北移，逐漸發展為麻塞諸塞殖民地。直到 1733 年佐治亞殖民地建立，英國殖民者在一百多年的殖民活動中，先後在東起大西洋、西到阿帕拉契山脈的狹長地帶建立了 13 塊殖民地。美國獨立後，這 13 塊殖民地成為美國最早的 13 個州。可見，美國從一開始就是由主要來自英國的西歐移民組成的移民國家。

自從美國立國以來，世界各地不斷有人移民美國。「世界上沒有什麼力量能叫移民止步，不讓他們開進這片為勤奮的人敞開大門，為受

---

[55] 丁一凡：《美國批判——自由帝國擴張的悖論》，第 77 頁。

苦受難的人提供休養生息場所的沃野。」[56]早期移民基本上來自英國、法國、西班牙、荷蘭、德國、愛爾蘭等西歐國家，後來來自亞洲、東歐、拉丁美洲、非洲等世界各地的移民逐漸增多，以致美國的人口迅速增加，其種族和民族構成逐漸複雜化，儘管主體仍是歐洲白人，特別是盎格魯——薩克森人。而北美的土著印第安人不斷減少，被逐漸邊緣化，處於社會的最底層。

移民立國和移民強國這一美國歷史的根本特性是美國之所以獨特的關鍵。不斷湧入的移民為美國的迅速發展與強盛幾乎免費提供了源源不斷的各種優秀人力資源。能夠漂洋過海、長途跋涉到美國的人們都是青壯年，因此美國不需負擔他們的撫養費和培養費就直接享受他們對美國社會經濟發展所作的巨大貢獻。「他們出生、成長的『賠錢』階段是由別國支付，而把最富創造性的年華和辛勤勞動貢獻給建設美國。不僅是在立國之初的『拓邊』時期如此，這一進程貫穿於每個歷史時期，至今方興未艾。」[57]而且，無論是為了宗教信仰還是為了追求民主或者兩者兼而有之，無論是為了發家致富還是為了逃避政治、宗教迫害或者兩者兼而有之，移民到美國的人都不是平庸之輩，大多具有對自由的堅定信念和對理想的執著追求，具有吃苦耐勞品質和開拓進取精神。因此完全可以說，沒有移民的不斷湧入，美國就不會迅速壯大並最終成為世界最強大的國家。列寧曾指出：外來移民「對美國的經濟和整個社會起著十分重大作用」。[58]

## 二、無與倫比的科技與經濟力量

美國在立國後經過短短 130 年的時間的迅速發展，就從一個偏處一隅的弱小國家壯大為世界頭號經濟大國，其重要原因之一就是美國的科技與經濟相互促進，比翼雙飛。到 19 世紀末期，美國後來居上的

---

56 [法]托克維爾：《論美國的民主》(上卷)，第 478 頁。

57 資中筠主編：《戰後美國外交史——從杜魯門到雷根》，第 13 頁。

58 中央編譯局：《列寧全集》第 22 卷，人民出版社，1956 年版，第 13 頁。

經濟實力為它加入列強的全球角逐奠定了堅實的物質基礎，促使它通過美西戰爭變成它長期譴責的帝國主義國家。到一戰結束時，美國不僅是世界最強大的經濟體，而且是軍事實力最強大的國家之一和政治意識形態影響最大的國家。而最先進的科技和最強大的經濟是美國強大的軍事力量和巨大的政治影響力的主要支撐因素。到二戰期間，美國的經濟與科技優勢越來越大，成為名副其實的頭號「世界工廠」和世界最大的科技研發基地。為了儘快打敗法西斯國家，美國從歐洲特別是德國網羅了大批一流科學家和工程技術人員，讓他們與美國科學家一起從事與軍事關係密切的重大科研專案，如曼哈頓計畫。1945 年 7 月，美國成功爆炸第一顆原子彈，不僅加速了二戰的結束，而且宣告了原子時代的來臨和第三次科技革命的興起。一年後，世界上第一臺電腦在美國問世。這場以原子能技術和電腦技術為核心的新科技革命在規模和影響上都超過了前兩次科技革命。它不僅使美國的軍事技術和實力在世界上遙遙領先，而且使美國經濟在戰後獲得了新的科技動力。因此，戰後初期美國科技傲視全球，在核能、電子、航空、導彈、海洋技術與生物技術等方面都處於世界領先地位；美國經濟鶴立雞群，其中工業產值占全球半壁江山，農業在全世界最發達，而且掌握了世界黃金儲備的 3/4。於是，美國遙遙領先的科技、經濟力量與以此為基礎的最強大的軍事力量和政治影響力，共同構成了美國的世界超級大國地位。

造就美國全球霸權的上述三大類七個方面的因素相互依賴，都對美國全球霸權的形成起了不可或缺的作用。第一，美國獨特而優越的地理環境是它迅速由弱到強的先天因素和先決條件之一，是其他因素產生或得以發揮作用的前提。假使地大物博、「世外桃源」式的北美「新世界」不是在兩大洋的保護下得以遠離歐洲列強長期角逐的歐亞大陸，美國必定遭遇一般國家所遭遇的地緣政治與安全困境（即使它能夠成為大國，也難以成為霸權國家），它就不能長期享有相對有利的國際安全環境和廣闊的發展空間，自然不會有獨特的歷史發展道路和後來居上的經濟、科技實力，也不會有獨特的歷史文化傳統和民族性格

# 第十六章　美國霸權護持的祕密

知道了美國因何而霸之後，接下來需要探討的問題就是美國靠什麼維持霸權，或者說美國霸權護持的「祕密」是什麼。由於美國政府與精英幾乎一致認為美國的領導地位來自其價值觀，而對美國霸權得以維持的祕密諱莫如深，擔心世人知道這個「祕密」會不利於美國霸權的護持，因此對這個「祕密」的探究就更具吸引力。關於這個問題的回答主要有三種。一種似乎很有說服力的回答是美國霸權的維持靠的是其無與倫比的綜合國力，尤其是其絕對優勢的軍事力量，這是傳統現實主義的觀點，也是主流觀點。第二種回答是美國霸權的維持主要靠的是其制度性，這是一種較流行的自由主義的觀點。[1]第三種回答是美國霸權護持的祕密在於：在國際衝突中通過支持其主要敵手的敵人以削弱之和維持霸權。[2]雖然這些觀點都有道理，但依筆者之見，它們都沒有切中肯綮，沒有揭示出美國霸權能夠維持的真正「祕密」。那麼，這個「祕密」究竟是什麼呢？筆者認為，這個祕密就是二戰後以來美國獨享的美元霸權。

二戰結束以來美國強大的經濟、科技、軍事力量和政治、文化影響力都是構成美國霸權不可缺少的力量要素，但是它們都不是支撐美國霸權的根本力量，因為它們都在很大程度上依賴於美元霸權，儘管美元霸權的確立是以二戰結束前後美國鶴立雞群的綜合國力尤其是經濟實力為基礎的。換言之，雖然美元霸權乃至美國霸權建立在當時美國非常強大的經濟力量乃至綜合國力基礎上，但是一旦美元霸權建立

---

1　參見：門洪華：《霸權之翼：美國國際制度戰略》；G. John Ikenberry, *After Victory of Major Wars: Institutions, Strategic Straint , and the Rebuilding of Order after Major Wars,* Princeton, Princeton University Press, 2001, p.xii.

2　參見秦亞青：《霸權體系與國際衝突》。

起來，它就成為美國經濟、科技、軍事乃至綜合國力維持強勢的不竭之源，從而成為支撐美國霸權的關鍵力量。

## 第一節　美元霸權的建立

### 一、美英關於戰後國際貨幣金融主導權的鬥爭

二戰後期，隨著世界反法西斯同盟取勝的大局逐漸明朗，美國在謀劃建立以大國合作為核心的戰後世界政治、安全新秩序的同時，也在謀劃建立由它主導的戰後世界經濟新秩序，其核心是建立戰後國際貨幣金融體系。同時，英國也提出了重建國際貨幣金融體系的方案，企圖重溫帝國舊夢。美國主張建立一個由成員國繳納的份額（包括黃金、本國貨幣和政府債券）構成的國際貨幣穩定基金，發行可兌換黃金的國際貨幣「尤尼特」（Unit），成員國貨幣與它保持固定比價。英國主張建立一個國際清算同盟，成員國在其中設立以「班柯」（Bancor）為單位的往來帳戶，以轉帳方式清算官方間的債權與債務，同時規定成員國可負債的份額。顯然，美國的目的是實現國際貨幣金融的一體化，而英國的目的是建立國際清算機制。從 1943 年起，美國和英國就建立戰後國際貨幣金融體系進行了反覆磋商和談判。由於美國當時的政治影響和經濟實力都遠在英國之上，美國的方案最終占上風。

### 二、布雷頓森林體系的建立

在美國的倡議下，1944 年 7 月，美、蘇、英、中、法等 44 國在美國新罕布什爾州的布雷頓森林召開為期 3 周的聯合國貨幣金融會議，討論建立國際貨幣金融秩序。美國在會上提出它的方案，即懷特計畫，英國也提出自己的方案，即凱恩斯計畫。由於美國當時具有別國不能比擬的經濟實力和國際影響力，其他國家都有求於美國，因此

在美國的施壓下，會議最終達成的布雷頓森林協定甚至比美國的方案對美國更加有利，因為原來美國方案中的國際貨幣單位「尤尼特」在布雷頓森林協定中被規定為美元。

布雷頓森林協定包括《聯合國貨幣金融會議最後決議書》和《國際貨幣基金協定》、《國際復興開發銀行協定》兩個附件。1945 年 12 月底，當占國際貨幣基金初始總份額 65%的 29 個國家在華盛頓簽署布雷頓森林協定的批准書後，布雷頓森林協定正式生效，國際貨幣基金組織和國際復興開發銀行隨之於次年先後成立。至此，以美元為中心的戰後資本主義世界貨幣金融體系——布雷頓森林體系正式建立。這個貨幣金融體系的建立標誌著二戰後美元霸權的正式確立。這是世界經濟史上史無前例的制度創新。「布雷頓森林體系作為二戰後在國際政治影響下建立起來的國際貨幣體系，可以說在匯率制度安排、儲備貨幣形式以及收支調節方式三個方面的內容上都留下了美國霸權的痕跡。」[3]

## 第二節　美元霸權的基本內容與實質

### 一、美元霸權的基本內涵

布雷頓森林協定的核心內容是所謂「雙掛鈎」規定，即美元以 35 美元兌一盎司黃金的固定比價與黃金掛鈎，美國政府承諾按照這個黃金官價隨時用黃金兌換其他成員國政府手中的美元，其他所有成員國的貨幣主要根據各自的含金量以不同的固定比價與美元掛鈎，上下波動不可超過 1%，這些國家的政府有義務幫助維持 35 美元兌一盎司的黃金官價和各自貨幣與美元比價的穩定。這個特殊規定給美元以唯一世界貨幣的特殊地位，即美元代表黃金充當世界貨幣，作為世界性的價值尺度、支付手段和黃金之外的唯一國際儲備貨幣，具有國際流通、

---

[3] 柳劍平：《當代國際經濟關係政治化問題研究》，人民出版社，2002 年 12 月版，第 204 頁。

計價、結算、儲備等功能。這就是二戰後以美元為中心的虛金本位制（又稱金匯兌本位制）和國際固定匯率體系。1971 年 8 月，由於當時美國經濟實力相對衰落，尤其是美國的黃金儲備大幅減少，遠遠少於其短期債務，尼克森當局單方面宣佈停止以黃金兌換別國政府手中的美元，使美元的國際信用受到打擊。從此到 1976 年，這個通常被稱為布雷頓森林體系的以美元為本位的國際固定匯率體系逐漸崩潰，取而代之的是建立在國際儲備貨幣多元化基礎上的國際浮動匯率體系——牙買加體系。但是，美元作為世界性貨幣的霸權地位基本上維持下來，至今仍是最主要的世界貨幣，在世界外匯儲備、國際外匯交易和國際貿易結算中平均約占一半。以 2002～2003 年為例，美元在世界外匯儲備中占 60%以上，在國際外匯交易中占 40%以上，在國際貿易結算中占近 50%[4]。而且，各國的國民生產總值和外貿總額等重要經濟指標除了以本幣表示外，通常還以美元表示。更重要的是，表面上看，美元在布雷頓森林體系崩潰後與黃金脫鉤意味著其霸權地位的衰落，但實際上並非如此。這是因為：第一，美國既可繼續享有美元作為最主要世界貨幣具有的那些好處，又可不承擔維護美元匯率穩定的責任，從而擺脫了布雷頓森林體系中的「特里芬兩難」，即美國必須通過其國際收支逆差為國際清償提供美元，但其國際收支逆差會打擊美元信用，從而減少外國對美元的需求；第二，美國以承認「歐佩克」為交換條件，使「歐佩克」國家接受其「石油貿易以美元結算」的要求，從而使美元與石油這一更具戰略價值的「黑金」掛鈎，因此實際上美元作為國際流通與籌備貨幣的地位不降反升。[5]「作為布雷頓森林體系最重要的遺產，美元霸權仍然是當今國際金融體系的基本特徵。」[6]美元在

---

4　劉明康：《2002～2003 國際金融報告》，經濟科學出版社，2003 年版，第 163 頁。

5　[英]瓦西裏斯・福斯卡斯、比倫特・格卡伊：《新美帝國主義：布希的反恐戰爭和以血換石油》，世界知識出版社，2006 年版，序言，第 8 頁。

6　李向陽：〈佈雷頓森林體系的演變與美元霸權〉，《世界經濟與政治》，2005 年第 10 期，第 14 頁。

布雷頓森林體系中作為唯一世界貨幣和在當今國際金融體系中作為最主要世界貨幣，這是美元霸權的核心內涵和最主要表現。

布雷頓森林協定的另一項重要內容是設立國際貨幣基金組織和國際復興開發銀行（簡稱世界銀行，並與後來成立的國際開發協會、國際金融公司等統稱世界銀行集團）這兩個國際金融機構，作為國際金融體系的兩大支柱。儘管這兩大金融機構的功能不同（國際貨幣基金組織的主要功能是向國際收支逆差的成員國提供短期融資，以穩定該國貨幣與美元的固定比價，從而維持國際貨幣金融體系的穩定，而世界銀行集團的主要功能是向較落後的成員國提供長期低息的優惠貸款，用於發展農業、水利和交通等基礎設施），但是它們的關係好比一對孿生兄弟（不僅總部都在華盛頓，而且總是一起召開年會），共同為美國乃至整個西方主導的世界經濟的穩定與發展發揮作用。這兩大機構在設立方式、組織結構和決策程序等方面都基本相同：由成員國根據各自的國民生產總值、對外貿易額、黃金和美元儲備等重要指標認繳的基金份額組成；採用股份制企業的運作模式，以理事會為最高決策機構，由執行董事和總裁組成的執行董事會處理日常事務；採用多數票（一般事務由簡單多數決定，重大事務和特別重大事務分別由80%和 85%的絕對多數票決定）決定的決策程序；各成員國的發言權和影響力根據其投票權決定，而投票權基本上等於各自繳納的基金份額。

## 二、美元霸權的實質

「布雷頓森林體系致力於穩定匯率，促進多邊貿易關係，重建經濟並幫助窮國恢復發展。它體現了美國的全球霸權地位，使得美國在理論上可以在全球調配資源，同時可以確保全球金融穩定與經濟發展。」[7]從戰後以來國際貨幣金融體制的上述兩大基本內容可以看出，

---

[7] 門洪華：《霸權之翼：美國國際制度戰略》，第 188 頁。

它實際上是美元霸權體制，或者說布雷頓森林體制和牙買加體制是美元霸權的載體。由此可把美元霸權的實質主要歸結為如下兩點。

第一，美國以獲得鑄幣稅的形式剝削布雷頓森林體系中的其他國家。從戰後到 20 世紀 70 年代中期，美國聯邦儲備銀行實際上成了世界的中央銀行，它發行的美元實際上成了唯一的世界通用貨幣。自 70 年代中期以來美元仍是最主要的世界貨幣。因此，戰後以來美國通過不斷發行美元獲得了不斷增加的巨額鑄幣稅收益和一系列資本流動收益（如以回流的美元彌補國內儲蓄的長期嚴重不足，讓其他國家承擔美國經濟調整的負擔等）。鑄幣稅並非真正的稅收，而是貨幣發行當局通過發行貨幣獲得的一種排它性收入，即該貨幣購買力（在它保持穩定的情況下等於其面值）與其鑄造或印刷成本之間的差額。鑄幣稅始於金屬貨幣時期，最初指重量、色皆不足的賤金屬輔幣與貴金屬主幣之間的價格差，後來發展到在信用貨幣時期指紙幣的面值與印刷成本之間的差額。一般而言，某種貨幣只能在其貨幣發行當局的管轄範圍內（近代以來一般是主權國家）流通，該貨幣發行當局只能在這個範圍內獲得鑄幣稅收益。但是，由於二戰後以來美元先後是唯一的世界貨幣和最主要的世界性信用貨幣，因此美國政府一直從世界範圍內獲得大得難以準確計算的鑄幣稅收益和資本流動收益。在這背後，美元作為世界性儲備和交易貨幣所發揮的作用加強了美國的霸權地位。「美元的特殊地位賦予了美國『貨幣鑄造』的權利：如果與其他國家交戰、增加國內開支、拖欠大量外債，美國可以增加貨幣發行量，因而，美國不必擔心會像其他國家一樣因這些原因而遭受痛苦。其他國家由於自己的貨幣與美元掛鈎，所以，它們不得不調整匯率，然而，美國卻可以為了實現自己的外交和國內政策目標而採取通貨膨脹的作法。由於美國的統治地位，它可以不必為了維護自己的貨幣而提高利率，從而消除了長期貿易不平衡所造成的壓力。」[8]

---

[8] [美]約翰・伊肯伯里：《以美國為主導的單極世界：繼續存在與衰老的原因》，載約翰・伊肯伯里主編：《美國無敵：均勢的未來》，第 287 頁。

第二，美國操控著戰後國際金融體系與機制。由於美國在國際貨幣基金組織和世界銀行中認繳的基金份額最多，它在這兩個機構中的投票權、發言權和影響力也最大，以致基本上對它們具有控制權。以國際貨幣基金組織為例，美國的投票權儘管從最初的 33%逐漸緩慢減少到 2005 年上半年的 17.46%[9]，但是一直保持在 15%這一對該機構任何特別重大決議具有單邊否決權的最低份額以上。按照這兩個機構的「遊戲規則」，美國不僅在 20 世紀 70 年代以前控制了這兩個機構，而且直到今天它的主導地位總體上沒有改變，儘管它對這兩大金融機構的控制已相對減弱。沒有美國的首肯，這兩個機構不可能做出任何重大決定，而美國要它們做出重大決定並不困難。

## 第三節　美元霸權對美國霸權的支撐

美元霸權對構成美國霸權的美國經濟優勢、科技優勢、軍事優勢、國際政治影響力等各個方面都起著支撐作用。

### 一、美元霸權支撐著美國經濟霸權

美元霸權不僅使美國在二戰後 1/4 世紀控制資本主義世界貨幣金融體系，而且使它主導二戰後以來的世界經濟體系，從而使它成為二戰後以來世界經濟的最大受益者。美國獨享美元同時是本國貨幣與國際本位幣的巨大好處，即全世界使用美元，美國大量生產美元，信用造就美元，美國成為經營美元紙幣的全球唯一發鈔銀行。美國通過自己發鈔權造就的紙幣可以換取世界上任何有價值的商品和服務。換言之，美元霸權使美國能夠在世界範圍內進行有利於自己的資源調動與配置，甚至能夠「合法地」不勞而獲，能夠堂而皇之地剝削別國，因為它能夠用自己印刷的貨幣（1 美元的印刷成本僅為 2 美分）交換別

---

9　轉引自劉鐵娃：〈試論美國在國際貨幣基金組織中的制度霸權〉，《國際論壇》，2006 年第 3 期，第 44 頁。

國實實在在的資源、產品與服務。「美元霸權下的世界貿易是這樣一種遊戲：美國發行美元紙幣，世界其他國家生產美元紙幣可以購買的產品。」[10]幾十年來美國發行的美元紙幣已經遠遠超過了美國的資產。倘若已發行的全部美元紙幣的持有者要求兌換為美國的實體資產，美元紙幣體系必然崩盤。為了避免這種局面的出現，美國創造了另一個偉大的金融奇蹟，即美國創造了有史以來最龐大的分紅資本、生息資本和以豐富的衍生產品為主體的全球性虛擬經濟市場來運行美元，也就是讓過剩的美元有一個錢能生錢的場所。虛擬經濟從某種意義上是一種金融博彩，但是它為過剩的全球美元尋找到了生存空間，為經營美元紙幣和創造與此相關的利潤提供了強大的基礎。

而且，幾乎世界各國央行都以美元為主要外匯儲備，無意中幫助維持美元霸權，從而有利於美國經濟霸權的維持。「為了防止本國貨幣在解除管制的市場上遭受投機性和操縱性攻擊，全世界的央行必須持有相應數量的美元儲備以防止其貨幣流通的市場壓力。某一貨幣貶值的市場壓力越大，其中央銀行必須持有的美元儲備就越多。這就為強勢美元提供了內在支持，反過來又促使所有的中央銀行持有越來越多的美元儲備，使之更堅挺。這種反常現象就是所謂的美元霸權。」[11]

美元霸權給美國帶來的經濟利益非常廣泛，而且大得十分驚人和難以準確計算，從而對戰後以來美國經濟霸權總體上的維持功不可沒。美元霸權在經濟上給美國帶來的好處至少有以下五個方面。

### 1. 美元霸權使美國源源不斷地在世界範圍內獲得巨額鑄幣稅收益

「美元憑藉其特殊的優勢地位以及美國經濟規模在整個世界經濟中的比重，以自身的強勢貨幣優勢向若干國家滲透並部分或全部排擠

---

[10] [美]亨利.C.K. 劉：〈即將到來的貿易戰和全球性的經濟蕭條〉，《亞洲時報》，2005 年 7 月 5 日。轉引自《國外理論動態》，2006 年第 3 期，第 13 頁。

[11] [美]亨利.C.K. 劉：〈即將到來的貿易戰和全球性的經濟蕭條〉，《亞洲時報》，2005 年 7 月 5 日。轉引自《國外理論動態》，2006 年第 3 期，第 13 頁。

他國的弱勢貨幣，從而得到了來自世界各國的巨額的鑄幣稅收益。」[12]「2000 年美國的鑄幣利差約為 2,958 億美元，非常接近當年美國維持『帝國秩序』的軍費開支 2,944 億美元。」[13]戰後 60 年以來，美國通過美元發行和轉帳累計獲得的鑄幣稅收益大得十分驚人，達 30 萬億美元之多。「可見，美國之所以成為當今世界最富有的國家，原因是多方面的，而通過向世界發行貨幣，無償佔有其他國家的財富也是原因之一。」[14]顯然，各國爭相儲備美元，就是在爭著為美國輸血。外匯儲備越多，受人剝削越重；國際收支順差越大，被人吸血的損失越大。美國，就是靠著對外發行美元而吸血自肥的。美國貨幣專家馬丁・邁耶直言不諱地說：「外國出售石油、汽車、電視機和衣服，認真地積累美元，我們消費這些商品，卻沒有真正付錢。」[15]

### 2. 美元霸權使美國不僅基本上無限制地在世界範圍內舉債，而且不用全部償還甚至根本不償還

通常情況下，一個國家不能以本幣的形式借債，借入的必須是外匯，而且借債數量必須根據自己的外匯儲備和賺匯能力而定，到期時必須全額歸還。但是，由於美元先是唯一的世界貨幣，後是最主要的世界貨幣，它對美國而言既是本幣也是最主要的外匯，因此美國政府不僅可以通過發行美元債券借債，用回流的美元彌補財政和貿易赤字，而且不受一般國家通常所受的限制，甚至可以通過直接印刷美元彌補國際收支逆差，儘管這會加大美元貶值的壓力。美國之外流通的美元實際上是美國政府對國外的債務。因此，在美元是唯一世界貨幣的情況下，美國政府根本不必償還這個龐大債務，除非在美元信用發

[12] 劉群：〈世界貨幣：人民幣走向強勢貨幣的必然選擇〉，《世界經濟與政治》，2005 年第 6 期，第 75 頁。

[13] 盛洪：〈新帝國主義，戰略恐怖主義，還是天下主義？〉，《國際經濟評論》，2002 年第 7/8 期，第 31 頁。

[14] 劉群：〈世界貨幣：人民幣走向強勢貨幣的必然選擇〉，《世界經濟與政治》，2005 年第 6 期，第 75～76 頁。

[15] [美]馬丁・邁耶：《美元的命運》，海南出版社，2000 年 3 月版，第 36 頁。

生動搖時美國政府以黃金兌換美元的形式部分還債；在美元是最主要世界貨幣的情況下，美國政府也不必全部償還其債務，因為總有大量的美元滯留在國外作為主要的流通手段和儲備貨幣。

### 3. 美元霸權使美國能夠長期承受巨額貿易逆差或國際收支逆差，不必進行痛苦的國內經濟緊縮以恢復國際收支平衡，而且使美國能夠向外轉嫁危機

當一般國家的外貿或國際收支出現嚴重逆差時，它必須進行壓縮政府開支和收緊銀根等緊縮性國內經濟調整，以矯正其經濟的對外失衡，否則其外匯將會耗盡，其貨幣會大幅貶值至崩潰，其經濟會陷入災難。但是，美國是例外，因為美元是世界貨幣，美國政府可以利用美元的特殊地位，或者發行由外國購買的債券，或者直接印刷美鈔，而不必大幅限制旺盛的國內消費和扭轉貿易逆差。而且，由美國在國外大量投資導致的美國國際收支逆差意味著美國人用自己的貨幣在國外賺得了大量的資本收益。在以美元為中心的固定匯率體制下，美國可以保持經常帳戶赤字，而不必像其他國家那樣擔心自己貨幣的貶值。而在 20 世紀 70 年代中期以來的浮動匯率制下，由於美國炮製了「黃金非貨幣化」這張王牌和美元一直是最主要的世界貨幣，美國更加不擔心貿易逆差了，而是可以放心大膽地通過此種逆差從世界各國攫取財富，而不用擔心黃金流失。結果是，美國長期累積的巨額外貿逆差不僅沒有對美國經濟構成大礙，反而給美國消費者帶來大量實惠，因為美國外貿的長期巨額逆差實際上意味著美國消費者長期以來幾乎無償地享用外國的商品。換言之，由於美元是核心貨幣，美國可以不必在意其對外經濟失衡，從而可以完全自主決定國內經濟政策。當美國出現經常帳戶逆差時，可以通過印刷美鈔來彌補赤字，維持國民經濟平衡，將通貨膨脹轉嫁給其他國家特別是發展中國家。當出現金融危機時，美國可以直接增加貨幣發行量避免信貸緊縮和信心崩潰帶來的經濟危機，把部分損失通過貨幣政策的變化轉移到世界各地。

「這是美國霸權長盛不衰的重要根源之一。」[16]比如，1987 年 10 月美國股市的「黑色星期一」並沒有導致美國經濟實質性衰退，但發展中國家卻深受其害。這也是為什麼其他國家（如 1997 年的東南亞各國）出現持續的經常帳戶逆差就會爆發金融危機，而美國外貿赤字屢創新高（到 2007 年已高達 7,535 億美元），經歷了幾十年的巨額經常帳戶赤字而安然無恙的主要原因。「作為交換媒介的核心國際貨幣的普世性的效用給核心貨幣國以獨一無二的特權，即在它保持其國際收支赤字而不必為了恢復收支平衡被迫採取重大調整措施的情況下，仍然能夠得到國際支持，至少是容忍。」[17]

### 4. 美元霸權使美國政府能夠在必要時通過操縱美元匯率的升跌大獲其利

在制定以美元為本位的國際固定匯率體系時，美國就憑藉其絕對的經濟優勢，人為地拉高美元的價值，以 35 美元兌換 1 盎司黃金這個 1934 年的美元匯價作為戰後美元的固定匯價，從而通過以美元對外投資獲得大量不合理的收益。「由本國發行的價值被高估的貨幣購買其他國家的資產，其收益是不言自明的。」[18]當美國政府採取強勢美元政策時，美元的升值既使美國的進口產品更加便宜，從而不僅使美國消費者享受廉價的外國商品，而且有利於抑制美國的通貨膨脹，又吸引外資流入，從而不僅可以彌補國內儲蓄的嚴重不足和財政赤字與國際收支逆差，而且通過為企業創新提供資金以增強美國經濟的國際競爭力。當美國政府採取弱勢美元政策即美元相對於其他主要貨幣被人為貶值時，美國既可以增加出口，從而不僅促進國內經濟增長和增加就

---

[16] 田文林：〈對伊朗核危機的戰略解讀〉，《現代國際關係》，2007 年第 11 期，第 18 頁。

[17] David H. Blake Robert S. Walters, *The Politics of Global Economic Relations* (The Third Edition), Prentic-Hall, Inc. Englewood Cliffs, New Jersey 07632 , pp63-64.

[18] 李向陽：〈佈雷頓森林體系的演變與美元霸權〉，《世界經濟與政治》，2005 年第 10 期，第 16 頁。

業，而且縮小外貿逆差，又會減輕自己的外債負擔。相反，「其他國家卻面臨著雙重威脅，一方面它們掌握的美元儲備大幅縮水，另一方面它們對美國市場的出口產品成本增加，競爭力下降。」[19]比如，美國通過 1985 年的「廣場協議」使日元、德國馬克等其他主要國際貨幣在一年多的時間裏相對於美元大幅升值，美元因而相對貶值 30%以上。這不僅有利於緩解美國的貿易逆差，改善國際收支狀況，而且一年內把美國的國外債務減少了 30%以上。

### 5. 美元霸權有利於美國遏制通貨膨脹

一般國家的貨幣發行越多，越容易導致通貨膨脹，但美國例外，因為它發行的貨幣既在國內又在國外流通。當一般國家因國內需求過旺而出現嚴重通貨膨脹時，就必須緊縮信貸、財政等宏觀經濟政策，但美國例外，因為它可以通過增加發行美元大量購買國外商品，從而降低國內通貨膨脹。「美元霸權使美國可以通過印刷美元來反通膨證明了美國就像羅馬帝國：進口商品源源不斷流入美國，就像戰利品不斷流入羅馬帝國一樣，這就是格林斯潘所謂的美國『金融霸權』。」[20]

## 二、美元霸權有利於美國在科技領域保持領先地位

美國在科技領域長期處於世界領先地位，是由多方面的因素造成的，比如美國人突出的開拓創新精神、美國先進發達的高等教育、雄厚的經濟基礎、優越的科研環境和優厚的科研待遇，等等，但是其中一個常常被人們忽視的重要因素是二戰結束以來的美元霸權。之所以說美元霸權是美國科技長期保持領先地位的一個重要因素，是因為美元能夠在世界範圍內調動科技人才在內的科技資源，把世界一流的科技人才吸引到美國從事科學研究和技術開發。正是因為有「外腦」的

---

[19] 丁一凡：《美國批判：自由帝國擴張的悖論》，第 135 頁。

[20] [美]亨利・C.K. 劉：〈即將到來的貿易戰和全球性的經濟蕭條〉，《亞洲時報》，2005 年 7 月 5 日。轉引自《國外理論動態》，2006 年第 3 期，第 15 頁。

不斷流入，美國才能建立和維持科技優勢。這已經為二戰以來世界各地大量頂尖科技人才不斷流入美國的事實所證明。

## 三、美元霸權是美國軍事霸權得以維持的原因之一

自美國參加二戰起，60 多年來美國在大部分時間裏保持軍事霸權，在其他時間裏美軍至少是世界上最強大的軍隊之一。美國在軍事領域領先的原因也是多方面的，比如先進的軍事思想、軍事理論和軍事體制，但是至少同樣重要的原因還有美國強大的經濟實力和先進的軍事科技。以強大的經濟實力和先進的軍事科技作為基礎，美軍在武器裝備方面長期處於領先地位。而美元霸權不僅是二戰後美國經濟力量和科技力量長期處於世界前列的重要原因，而且直接為美國遏制戰略的實施、侵略政策的推行和軍事霸權的維護做出了貢獻，因為美元用於從國外採購大量戰略物質和支付美軍在國外駐紮的龐大開支。戰後美國之所以能夠控制西歐、侵略亞洲和在全球範圍內遏制共產主義，在很大程度上是因為美元霸權。「美國霸權的基礎正是美元在國際貨幣體系中的作用使美國能夠控制歐洲並為戰爭融資。」[21]

## 四、美元霸權是美國國際政治影響力的重要來源之一

雖然二戰以來美國巨大的國際政治影響力源自許多因素，如美國文化價值觀獨特的吸引力、美國強大的經濟實力和軍事實力等，但是美元霸權也是重要因素之一。由於美元先是唯一的世界貨幣，後是最主要的世界貨幣，美國往往利用美元霸權擴展其政治影響力，即長期用美元進行對外經濟援助，以換取許多落後國家在政治上支持或追隨美國。冷戰時期，美國利用對外經濟援助建立和擴展反對共產主義的陣營，冷戰後美國利用對外經濟援助推行全球民主化。

---

[21] [美]羅伯特・吉爾平：《國際關係政治經濟學》，經濟科學出版社，1994 年版，第 156 頁。

總之，美元霸權既給美國帶來了非常巨大的經濟利益，又幫助美國在科技、軍事、政治等方面長期維持領先優勢，從而使美國霸權得以維持。這是因為：「核心貨幣國具有在國外擴展其經濟、政治和軍事存在的無與倫比的機會」；「如果國際體系中的支配國有意尋求對外擴張和滲透的政策，具有核心貨幣就不可衡量地有利於實施這個政策。」[22]因此，美元是美國霸權的核心和祕密，美元霸權長期支撐著美國霸權。而且，美元霸權與美國其他方面的霸權之間形成一種良性循環：建立在二戰後美國強大經濟實力、軍事實力和政治影響力之上的美元霸權支撐著美國經濟霸權、科技霸權、軍事霸權乃至政治霸權，這些霸權反過來又共同維護美元霸權。

然而，美元霸權具有兩面性：一方面它是美國霸權的支撐與祕密，另一方面它是美國霸權的軟肋。這就是美元霸權的辯證法。如果其他國家繼續有意無意地與美國一起維護美元霸權（比如繼續持有大量美元外匯），美國霸權就會繼續維持下去，而如果其他國家不再支持美元作為最主要的世界貨幣（比如在石油等重要商品的交易中不使用美元），美元的霸權地位就岌岌可危，美國霸權將隨美元霸權一起崩塌。不過，世界必須作好因美元霸權受到根本挑戰而出現的嚴重後果，因為美國必然會極力維持美元霸權，必要時會武力打擊美元霸權的挑戰者。1999 年 1 月歐元作為美元的挑戰者問世時，感到威脅的美國雖然不至於直接以武力打擊歐盟，但是通過在歐盟的家門口發動科索沃戰爭，達到了打擊歐元和維護美元霸權的目標。2003 年 3 月美國發動伊拉克戰爭的深層原因之一是此前薩達姆下令以歐元取代美元作為伊拉克石油的交易貨幣，因為美元霸權的維持與關鍵性的商品尤其是石油以美元標價密切相關。因此，「美國佔領伊拉克後所做的第一件事就是將伊拉克石油交易的結算貨幣再次換成美元。」[23]2006 年 2 月，伊朗

---

[22] David H. Blake, Robert S. Walters, *The Politics of Global Economic Relations* (The Third Edition), Prentic-Hall, Inc. Englewood Cliffs, New Jersey 07632 , pp63-64.

[23] 田文林：〈對伊朗核危機的戰略解讀〉，《現代國際關係》，2007 年第 11 期，

宣佈成立以歐元為定價和交易貨幣的伊朗石油期貨交易所。同年 12 月，伊朗又宣佈以歐元代替美元作為對外貿易結算貨幣。「這無形中恰好擊中了美國的要害。」[24]伊朗這一對美元霸權實施「釜底抽薪」的企圖，必然增大美國軍事打擊伊朗的可能性。美國之所以在關鍵時候以武力維護美元霸權，就是因為美元霸權是美國霸權的關鍵。可見，美國軍事霸權對美元霸權的維持多麼重要。因此，有人認為「美元是沒有黃金支撐，沒有美國生產力支撐，也沒有美國出口支撐，而是由美國軍力支撐的不可兌換紙幣。」[25]

綜上所述，可以得結論：只要美元的霸權地位不發生根本動搖，美國霸權就不會終結；要終結美國霸權，必須先終結美元霸權；要終結美元霸權，必須應對美國的軍事打擊。

---

第 19 頁。

[24] 田文林：〈對伊朗核危機的戰略解讀〉，《現代國際關係》，2007 年第 11 期，第 18 頁。

[25] [美]亨利·C.K. 劉：〈即將到來的貿易戰和全球性的經濟蕭條〉，《亞洲時報》，2005 年 7 月 5 日。轉引自《國外理論動態》，2006 年第 3 期，第 14 頁。

# 第十七章　美國霸權的特性

與歷史上的霸權相比，美國霸權具有許多特性。約翰・伊肯伯里認為，美國霸權之所以沒有像歷史上的霸權國那樣遭到其他大國的聯合制衡，是因為美國霸權具有一系列特點，以致其他國家沒有制衡美國的必要。他把美國霸權的特點概括為：「不情願、開放和高度制度化」，即「美國並沒有直接統治弱國和中等國家的強烈願望」，「美國為其他國家在霸權秩序運作中表達自己的聲音提供了機會」，美國主導的國際體系和世界秩序在為美國全球利益服務的同時「也影響和限制美國的權力，使美國成為其他國家比較溫和的合作夥伴」，[1]並把這些特點總概為「自由霸權」（liberal hegemony）。[2]筆者認為，美國霸權具有全面性與全球性、「民主性」與制度性、「合法性」與迷惑性。

## 第一節　美國霸權的全面性與全球性

美國霸權最表層最直觀的特性就是其全面性和全球性，因而也最容易被人們所認識。美國霸權的全面性與全球性是歷史上其他霸權所不具備的，因此約瑟夫・奈稱之為「全霸權」[3]

### 一、美國霸權的全面性

二戰結束後美國不僅在綜合國力方面遙遙領先其他國家，而且在政治、意識形態、經濟、軍事、科技和文化等各個領域都是最強大或

---

[1] [美]約翰・伊肯伯里主編：《美國無敵：均勢的未來》，譯序第 11 頁。

[2] [美]約翰・伊肯伯里主編：《美國無敵：均勢的未來》，第 19～20 頁。

[3] [美]約瑟夫・奈：《美國定能領導世界嗎？》，第 33 頁。

者影響力最大的國家。「在現代歷史上，從沒有哪個國家具有美國這樣近乎全面的顯著優勢——包括經濟優勢、軍事優勢、政治優勢、文化優勢、技術優勢、戰略謀劃優勢等等。」[4]基辛格說：「新千年即將降臨之際，美國雄踞各國之上，哪怕是昔日最輝煌的帝國都望塵莫及。從武裝裝備到企業家精神，從科學到技術，從高等教育到大眾文化，美國在全世界勢壓群雄。」[5]伊肯伯里認為，「今天美國的突出實力在近代歷史上前所未有。沒有任何大國在軍事、經濟、技術、文化及政治勢力方面曾經有過如此絕對的優勢。」[6]單極穩定論的代表沃爾福斯認為，美國不僅對「僅次於它的最強大國家」或「所有其餘大國的總和」所占的優勢要比「過去兩個世紀中任何領導國家」都要大得多，而且是「近代國際史上第一個在力量的所有構成要素——經濟、軍事、技術和地緣政治——方面都具有決定性優勢的領導國家」。[7]總之，美國霸權是綜合性和全面性的。美國這種「全能冠軍」的地位是歷史上任何其他霸權國家都不具備的。

### 1. 在經濟領域，二戰結束以來，美國的總體優勢非常明顯

在經濟競爭力方面，除了 20 世紀 70～80 年代一度被日本超過外，美國在大部分時間處於世界前列。在經濟規模與實力方面，除歐盟在進入 21 世紀後因迅速擴大而與美國旗鼓相當外，美國在大部分時間裏保持世界最強大經濟體的地位，美國經濟在二戰後初期占了世界經濟的半壁江山，在 20 世紀 70～80 年代的低谷時期也超過世界經濟總量的 20%，20 世紀 90 年代中期以來一直保持在世界經濟總量的 30%左右。因此，自二戰爆發以來，美國經濟一直是世界經濟的第一大引擎，

---

4 門洪華：《霸權之翼：美國國際制度戰略》，第 131 頁。

5 [美]亨利・基辛格：《美國需要外交政策嗎？》，第 1 頁。

6 [美]約翰・伊肯伯里主編：《美國無敵：均勢的未來》，導論第 1 頁。

7 William C. Wohlforth, “The Stability of a Unipolar World”, *International Security.* 24 No.1 (Summer 1999), pp9, 7. 轉引自朱明權：《領導世界還是支配世界？——冷戰後美國國家安全戰略》，第 117 頁。

對世界經濟具有最大影響力：美國經濟「打噴嚏」，世界經濟就「感冒」，美國經濟「陽光燦爛」，世界經濟就「風和日麗」。雖然現在歐盟的經濟規模與實力不亞於美國，但它畢竟不是一個國家，其內部矛盾使其對世界經濟的影響力遠不如美國，歐洲股市總是隨著美國股市的起伏而起伏就是一個有力證明。而且，歐盟無法像美國那樣，把其經濟實力轉化為政治影響力和軍事力量，因而其國際地位和影響遠不及美國。在國際關係中，經濟力量是政治權力的基礎與工具。「經濟力量，只要與軍事力量結合起來，總會成為政治權力的工具。」[8]「但是經濟力量不能與軍事力量分割開來，反之亦然。兩者都是政治權力的組成部分。從長遠觀點來看，兩者的關係是共存共榮。」[9]可見，美國的強大經濟優勢為其全面優勢打下了堅實基礎。

### 2. 在軍事領域，美國總體上遙遙領先

除了 20 世紀 70～80 年代美蘇軍事力量勢均力敵外，二戰以來美國在大部分時間裏是世界上軍事力量最強大的國家，而且美國在冷戰結束以後相對於任何其他國家都具有壓倒性的軍事優勢，因此許多戰略家認為冷戰後的世界是軍事單極世界。在無政府的國際體系中，軍事力量往往被視為國家力量的關鍵支柱。「軍事力量之所以具有極其重大的意義，是因為國際關係中權力的最終手段是戰爭。」[10]美國自二戰以來具有的軍事優勢表現在軍費、軍事技術與武器裝備、軍隊的快速反應與投放能力等各個方面。除了蘇聯的軍費曾經與美國軍費大致相當外，美國軍費開支長期位居世界第一。冷戰後美國軍費儘管一度下降，但仍然遠遠超過其他主要軍事大國，而且從 1999 年美國軍費重

---

[8] [英]愛德華・卡爾：《20 年危機（1919～1939）：國際關係研究導論》，第 106 頁。

[9] [英]愛德華・卡爾：《20 年危機（1919～1939）：國際關係研究導論》，第 120 頁。

[10] [英]愛德華・卡爾：《20 年危機（1919～1939）：國際關係研究導論》，第 103 頁。

新增加以來，美國軍費在世界軍費總額中的比重每年都在 40～50%，超過俄、日、英、法、德、中、印等其他所有大國軍費的總和。2007 財政年度的美國軍費預算為 4,393 億美元，加上在伊拉克和阿富汗的軍費開支，總額近 6,000 億美元。2007 年初布希當局向國會提交的 2008 年財年國防預算高達 6,200 多億美元。雖然美國軍費占美國國內生產總值的比重只為 4%，但是不僅其軍費超過全球總額的一半，而且人均軍費位居世界第一（只有以色列在這方面與美國相當）。在軍事技術和武器裝備方面，美國的先進性舉世公認，只有俄羅斯、日本、法國等少數軍事強國在某些軍事技術方面接近美國。以美國戰鬥機為例，不僅每架造價 22 億美元的 B-2 戰略轟炸機在科索沃戰爭、阿富汗戰爭和伊拉克戰爭中展示了強大無比的威力，而且每架造價約 1,300 萬美元的最先進的 F-22 猛禽戰鬥機已經開始服役。在快速反應和投放能力方面，美國軍隊更是天下無敵。由於美國幾乎在全球各個戰略要地都有軍事基地，而且美軍的快速機動能力非常強，因此無論世界的哪個角落「有事」，只要美國認為有必要干涉，它都有能力把軍隊快速投向那裏。

### 3. 在科技領域，美國自二戰以來就是世界第一大科技中心

美國先後是以原子能科技與宇航科技為代表的第三次科技革命中心和以資訊科技為龍頭的第四次科技革命的中心。美國「優越的科技條件、寬鬆的研究環境、適宜於新產品開發和獲取巨額回報的商業機制、自由的移民政策和優厚的生活待遇，源源不斷地吸引著世界上最優秀的人才，使其一直能處於世界科技的前沿，壟斷科技的創新能力」。[11] 60 多年以來，除了蘇聯曾經在軍事科技方面與美國勢均力敵和日本曾經在民用科技方面與美國旗鼓相當之外，美國在大部分時間和大部分科技領域中處於世界前茅。美國在科技方面長期獨佔鰲頭主要是由三個因素決定的。第一，美國維持其霸權的需要。強大的經濟力

---

[11] 劉鳴：〈美國霸權實力何以能持久延續？〉，《社會科學》，2007 年第 11 期，第 44 頁。

量和軍事力量是美國成為霸權國家的兩大力量基礎，美國霸權的維持當然也需要這兩大力量的支撐。要在軍事和經濟兩方面領先世界，必須在這兩方面進行不斷的科技創新。因此美國霸權的維持要求美國在軍事科技和民用科技以及軍民兩用科技方面都領先世界。第二，美國強大的經濟實力為美國成為科技超級大國並保持領先優勢提供了必要條件。科技創新要求連續不斷的大量經費投入和大量優秀人才的努力，因此必須以強大的經濟實力為後盾。而大量的科技創新反過來促進軍事力量和經濟力量的快速增長，於是兩者形成良性循環。「美國強大的一個重要原因就是，美國政府、公司和大學花費鉅資進行科學研究和開發。作為世界第一科研投資國，僅在 2000 年一年，美國就對科研開發投入了 2,540 億美元。而同年分別為世界第 2、3、4、5、6 科研投資國的日本、德國、法國、英國和義大利科研投資總和才 2,490 億美元。」[12]第三，美國人強烈的創新意識。美利堅民族崇尚開拓進取，反對因循守舊，張揚個性，蔑視權威。美國人的這種特性是在美國立國前的殖民地時期逐漸形成的。當初美國人到北美大陸時可謂一無所有，一切都需要靠自己創造，而美國得天獨厚的地理環境、獨特的歷史發展道路和長期面臨的有利國際環境使美國不斷取得創新的成功，從而既使它後來居上，又形成了一個根深蒂固的信念：只要勇於創新，就沒有達不到的目標。因此，19 世紀後期以來世界的大多數發明創造在美國產生和諾貝爾獎得主一半以上是美國人就不奇怪了。

### 4. 在文化領域，美國具有無與倫比世界影響

雖然美國文化的底蘊不深厚，但是文化的影響力不取決於它是否古老，而是取決於它是否充滿活力和吸引力，根本上取決於文化的承載者是否為世界政治經濟中的強者。由於美國文化既獨特又具有兼收並蓄的包容性，更由於美國是二戰結束以來世界最強大國家，美國的文化自然

---

[12] [美]約翰・羅爾克編著，宋偉等譯：《世界舞臺上的國際政治》（第 9 版），北京大學出版社，2005 年 3 月第 1 版，第 327 頁。

是全世界最具有影響力的文化。無論是精神性文化還是物質性文化，無論是制度性文化還是娛樂性文化，無論是政治文化還是大眾文化，美國都獨領風騷，引領世界潮流。在理論上或抽象意義上，美國代表的自由民主價值觀已經成為當代的普世價值觀。以美國為代表的代議制民主政治、三權分立政體、自由市場經濟、公民法治社會是當今世界的主流制度文化。以好萊塢大片、NBA 比賽、迪士尼遊樂、流行音樂等為代表的美國大眾娛樂性文化和以可口可樂、麥當勞、肯德基、牛仔褲等為代表的美國飲食、服裝文化產品風靡全球。「美國的文化產品可以到達世界最偏遠的角落，把美國人的生活方式和價值觀念傳播給世界各個角落的人。美國作為一種模式、形象和夢想在其他國家的思想和文化中扮演著重要的角色。……無論是積極意義還是消極意義，美國文化都正在對世界各國和國際關係產生著廣泛而深刻的影響。」[13]

有人把美國霸權稱為人類歷史上繼肌肉型霸權、規模型霸權、效率性霸權和殖民霸權之後的第 5 種霸權——全能型霸權，它是霸權的最高也是最後的形態，它面臨的困境將是所有霸權最終的困境，儘管它的承擔者美國運用各種權力極大化的霸權戰略來延長自己的壽命。[14] 因為美國既是海洋霸權，也是大陸霸權；既是效率霸權，也是規模霸權；既是硬的軍事霸權，也是中性的經濟霸權，還是軟性的文化霸權，雖然它硬的特硬，軟的稍軟。[15]

## 二、美國霸權的全球性

與美國霸權的全面性相伴隨的是美國霸權的全球性（即「世界警察」身份），儘管二戰結束以來美國始終沒能支配全球。「美國在二戰

---

13 王立新：《一個文化國際主義者的學術追求和現實關懷：入江昭與美國的國際關係史研究》（代譯序），載[日]入江昭：《20 世紀的戰爭與和平》，世界知識出版社，2005 年 1 月第 1 版，第 15～16 頁。

14 吳稼祥：《果殼裏的帝國》，第 270 頁。

15 吳稼祥：《果殼裏的帝國》，第 284 頁。

後作為超級大國，其外交涉及全球每一個角落，任何一個地區或國家的風吹草動都或多或少與它有關。」[16]儘管冷戰時期美國受到蘇聯的強有力挑戰和嚴重威脅，但自二戰結束以來它一直是世界最大的霸權國家，而且自冷戰結束以來它成了當今世界唯一的霸權國家。因此，當今世界的美國霸權是人類有史以來第一個真正具有全球影響的霸權，其觸角伸到全球每個角落，儘管它無力控制所有角落。世界歷史上的羅馬帝國、拿破崙帝國、大英帝國、德意志第三帝國、蘇聯帝國（暫且依西方觀點稱其為帝國）等霸權國對世界的影響都不能與美國相比。

美國霸權的全球性主要由三個因素造成：美國空前強大的綜合國力、美國向全球傳播其價值觀的強烈使命感和二戰後尤其是冷戰後全球化的發展。美國在全球各地追求霸權利益以致其影響遍及世界每個角落，主要依靠的是其無與倫比的強大綜合國力。美國充分運用其強大國力的目的，除了為追求實實在在的霸權利益之外，也是為了實現把自身價值觀變成普世價值觀的理想，這是美國全球霸權的精神支柱和思想動力。而二戰後彼此隔絕與對立的東西方兩個世界內部相互聯繫、相互依賴的不斷加強和冷戰後徹底衝破冷戰壁壘的全球化的加速發展，為美國全球霸權的形成提供了必要的政治經濟條件，這是美國全球性霸權得以確立的國際環境。這三個因素相互作用，缺一不可，共同造就了美國霸權的全球性。

## 第二節　美國霸權的「民主性」與制度性

除了全面性與全球性外，美國霸權還具有「民主性」和制度性。如果說「制度性」意味著美國霸權的實現途徑、護持手段、表現形式的「精巧性」、「文明性」、「合法性」，那麼美國霸權的「民主性」就是

[16] 資中筠主編：《戰後美國外交史——從杜魯門到雷根》（上冊），前言第1頁。

美國霸權制度性的根源與基礎，是美國霸權的根本屬性，是它與歷史上其他任何霸權的根本區別之所在。但是，美國霸權的「民主性」不是被忽視，就是令人費解——難道霸權還有民主可言？

## 一、美國霸權的「民主性」

「在美國意識形態指導下產生的美國國內體制和政治行為，與同樣受美國意識形態指導的對外政策主張和行為，有著深刻的矛盾：前者倡導權力制衡，後者主張美國獨霸；前者強調人人生而平等，後者否認大小國家一律平等；前者主張法律高於一切，後者經常無視國際法的基本準則；前者擯棄政治鬥爭的暴力方式，後者動輒使用武力解決國際爭端；前者禁止軍隊干預政治，後者允許國防部和軍方在對外戰略決策中發揮重要作用，如此等等。」[17]因此，美國霸權好象與「民主性」風馬牛而不相及，說美國霸權是「民主霸權」，表面上看不僅矛盾而且是對美國霸權的稱讚。其實不然。第一，美國霸權的「民主性」這個命題並不含內在矛盾，因為儘管民主與霸權在本質上是對立的，但是在該命題中它們屬於兩個不同層次，民主主要是指作為美國霸權基礎和動力的美國社會制度的根本特性，而霸權是指二戰以來美國的首要國際地位和對外政策的基本特性。第二，美國國內民主與對外霸權不僅不矛盾，而且在根本上相輔相成。「美國的對內民主給它在世界上的霸權行為提供了有力支持，而它的某些霸權行為又給它的國內民主增添了越來越多的新內容。」[18]美國的民主制度是美國成為霸權國和推行霸權主義的國內制度因素，因此美國人感到只有美國這樣的民主大國有能力有資格領導世界。也許美國對內行民主對外搞霸權的「矛盾現象」根源於美國的清教徒始祖，因為清教「有很強的兩重性，即在聖徒內部實現民主，而對全社會則實現嚴厲的專制。」[19]資中筠先

17 王輯思：《國際政治的理性思考》，第106～107頁。

18 王輯思：《國際政治的理性思考》，第107頁。

19 張孟媛：〈關於美國民主的清教淵源〉，《世界歷史》，2007年第6期，第71頁。

生和王輯思先生都認為，人們之所以對美國對內講民主對外搞霸權感到困惑，是因為沒有認識到美國民主與美國霸權的這種特殊關係，往往僅從概念本身的對立上去認識民主與霸權的關係。[20]第三，美國霸權的「民主性」並非意味著美國對別國平等相待，而是指：相對於歷史上的其他霸權國，美國霸權奠基於美式民主制度之上，而且採用較文明的方式發揮主導或支配作用。因此，美國霸權的「民主性」這個命題是對美國霸權本質特性的客觀描述，是價值中立的，不是對美國霸權的讚賞。

美國霸權的「民主性」具有三層含義：一是美國霸權以美式民主為基礎和動力，二是美國霸權以輸出美式民主為重要目標，三是美國霸權披著民主外衣。美國霸權的「民主性」體現在六個方面：美式民主制度造就了美國霸權的物質基礎；美式自由民主價值觀是美國霸權外交的思想基礎和精神動力；美式民主政治是美國霸權外交的重要國內驅動力；傳播美式自由民主價值觀是美國霸權外交的基本目標之一；美國霸權外交主要採取制度霸權這種相對文明的「民主」形式；美國霸權外交打著「自由民主」的旗號。

### 1. 美式民主制度造就了美國霸權的強大物質基礎

前文在探討美國成為霸權國的原因時分析了美國的民主政治制度在美國成為霸權國的過程中所起的重要作用。由此可以得出結論：美國民主共和制度是美國在較短時間內後來居上以至成為有史以來最強大國家的制度基礎。假設美國立國後照搬英國的民主制度，跟在歐洲列強後面按部就班地發展，美國僅憑其優越的地理條件是不可能迅速趕超歐洲列強的。換言之，沒有美國在立國時就採用的先進的資本主義民主制度，美國的社會經濟就不可能實現跨越式的超常規發展；沒有對美國民主共和制度的強烈嚮往，世界各民族的移民就不可能源源

---

[20] 詳見資中筠主編：《冷眼向洋》（上冊）；王輯思：〈美國霸權的邏輯〉，《美國研究》，2003 年第 3 期。

不斷地湧入美國。若此，就不會有美國的後來居上，當然不會有美國霸權。事實上，在優越的地理環境和相對安全的國際環境中，美國的民主共和制度幫助美國實現了超常規發展，因此在二戰結束之際美國國力鶴立雞群的基礎上，美國的西方霸權地位和全球霸權戰略最終確立。

### 2. 美式自由民主價值觀是美國霸權外交的思想基礎和精神動力

如果說美國民主制度是美國霸權的制度基礎，那麼美國自由民主價值觀就是美國霸權的思想基礎和精神動力。美國一直致力於向外傳播它引以為自豪的自由民主價值觀，從而使其外交充滿霸權主義。同時，在美國自由民主價值觀的巨大吸引之下，世界各民族的自由民主人士或精英分子紛紛移居美國，從而促進和充實美國自由民主。而且，美國物質力量的不斷強大使美國人對他們的自由民主價值觀和民主共和制度更加深信不疑，加上他們特有的強烈宗教使命感，因此美國人認為自己有責任有能力使自己的自由民主價值觀普世化，以實現世界的「民主化」、「美國化」。於是，美式自由民主價值觀就成為美國對外擴張、干涉別國內政的思想基礎與精神動力。

### 3. 美式民主政治是美國霸權外交的重要內部驅動力

除了在世界範圍內追求安全利益與權勢地位這個現實主義驅動和在世界範圍內傳播美式價值觀這個理想主義驅動外，美國霸權外交還有一個不可忽視的國內政治驅動力，即美國多元民主政治推動美國推行霸權外交。美國國內民主的發展，不僅有利於美國霸權的加強，而且充實著其霸權主義思想。[21]美國是最典型的多元政治國家，越來越多的各種利益集團和政治勢力出於各自利益追求和政治目的，以各種方式影響美國政治與外交。總體上講，美國外交在相當大程度上是這

---

[21] 王輯思：《國際政治的理性思考》，第 109～110 頁。

些政治勢力、利益集團、種族群體的不同政治經濟訴求及其相互鬥爭在美國之外的反映。美國的軍工、能源集團一直是推動美國對外軍事干涉和發動戰爭的主要幕後力量。華爾街金融集團和美國高新技術產業集團長期致力於推動經濟全球化與自由化，是美國在世界上推行新自由主義經濟政策的主要倡導者和支持者。美國的勞工組織與傳統製造業團體是 20 世紀 70～80 年代以來美國貿易保護主義的主要倡導者，也是近年來中美貿易摩擦和人民幣匯率爭端的主要製造者。美國的宗教右翼和人權團體是美國推行人權外交、干涉別國宗教政策的主要推動力量。美國的少數族裔往往影響美國對其母國的政策，或者要求美國政府對其母國政府施加壓力與干涉（如美國的古巴人），或者要求美國無條件地支持其母國並打壓母國的敵國（如美國的猶太人）。可見，以美國國家利益為名推行的美國外交政策不一定符合美國整體國家利益，往往只符合某個利益集團或政治勢力的利益與追求。美國某個大利益集團就有能力使美國推行霸權外交。這是美國外交的獨特之處，它無法像一般國家那樣為了整體國家利益而壓制國內的不同聲音甚至犧牲某個群體的利益。

### 4. 傳播美式自由民主價值觀是美國霸權外交追求的基本目標之一

歷史上的其他霸權國家（也許蘇聯除外）對外追求國際權勢、地緣政治利益和地緣經濟利益，而美國作為霸權國除了追求這些之外，還極力使自己的宗教和政治價值觀普世化，把追求與生俱來的宗教與世俗理想作為外交的基本目標之一，甚至把它置於地緣政治、經濟利益之上。「在外交中更多的表現美國的意識形態和『民主訴求』，對其他國家而言則意味著外交中更強烈的霸權色彩。」[22]美國在冷戰時期一方面與蘇聯開展地緣政治爭奪，一方面與蘇聯進行激烈的意識形態鬥爭，極力向外傳播自己的自由民主價值觀，以阻止共產主義在世界

22 王輯思：《國際政治的理性思考》，第 111 頁。

的傳播並削弱其國際影響。美國把共產主義稱為繼法西斯主義後又一個邪惡的極權主義，認為它代表的自由民主主義與蘇聯代表的極權主義的鬥爭是決定人類命運的善惡大決戰。為了遏制蘇聯、中國共產主義的發展和強大，美國不惜把德國和日本這兩個二戰的死敵當作盟友，極力使德、日在意識形態上「美國化」。為了使德、日成為遏制共產主義的兩大民主堡壘，美國不僅長期給這兩國提供軍事保護，而且在 20 世紀 70 年代以前長期讓這兩國享受單方面的經濟貿易優惠。換言之，為了傳播自己的自由民主價值觀從而實現對世界的領導，美國願意在一定程度上犧牲經濟利益。冷戰後，美國更加重視對外傳播自由民主價值觀，從而使美國霸權的「民主性」更加突出。柯林頓當局把全球「民主化」作為其對外戰略的三大目標之一。而小布希當局力圖通過武力推行自己的價值觀達到剷除邪惡從而實現全球「自由民主化」。小布希當局於 2002 年 9 月公佈的《美國國家安全戰略》報告稱：「我們將努力工作，把民主、發展、自由市場及自由貿易的希望帶到世界的任何一個角落。」[23]因此，也可以說美國霸權是意識形態霸權。美國雖然是個典型的多元化社會，思想和言論有很大自由，自由主義與保守主義長期對立，但是美國人在思想意識上實際上高度統一於自由資本主義這個最高意識形態或者說統一於「美國信條」這一美式價值觀，非常時期更是如此。冷戰時期美國國內長期存在反蘇反共的意識形態共識，在今天的反恐時期美國大部分人支持政府打擊它所稱的邪惡的恐怖主義。「這種在基本信仰上的近乎一致，意味著美國人面對『外來軍事和意識形態壓力』時——正如他們在當代所經歷的情形，全國對威脅性異端的反應是本能的向一起靠攏，『使偏執成為罪惡行為』，使異議成為顛覆和背叛之舉。」[24]理查・霍夫斯塔特不無諷刺地說，「我們國民幸運，沒有幾種意識形態，只有一種。」[25]

---

[23] THE WHITE HOUSE, *The National Security Strategy of The United States of America*, September 17, 2002. http://www.whitehouse.gov/nsc/nss.html.

[24] [美]路易士・哈茨：《美國的自由主義傳統》，第 3 頁。

[25] 轉引自[美]撒母耳・亨廷頓：《美國國家特性面臨挑戰》，第 41 頁。

一戰以後尤其是二戰以來，美國把其自由民主價值觀包裝成普世價值觀並極力向外傳播，使其霸權具有自由民主的性質，因而獲得了巨大的軟權力，從而大大增強了其霸權。假如沒有「威爾遜主義」和富蘭克林・羅斯福經過「四大自由」演說和《大西洋憲章》之類宣言提出並弘揚的基本價值，美國即使有首屈一指的經濟和軍事實力，也難以擁有第二次世界大戰後它呈現出的那種世界權勢和影響。[26]

### 5. 相對於歷史上的其他霸權而言，美國霸權外交基本上採取制度霸權這種較為文明的「民主」形式

下文對此有詳細分析，此不贅述。

### 6. 打著民主旗號推行霸權主義是美國的一貫做法

自二戰結束以來，美國採用經濟和技術援助、國外駐軍和組建軍事同盟、文化滲透與思想傳播等各種方式和手段推行霸權主義，其中具有「合法性」因而也具有欺騙性的是打著民主旗號進行對外文化滲透和思想傳播。無論在冷戰時期還是冷戰後時期，美國常常把其霸權主義行為美化為向非民主國家傳播自由民主，是為了全世界的利益而不是僅僅為了美國的利益。它往往打著傳播民主、促進自由、保護人權、遏制極權主義、打擊恐怖主義等旗號去奪取或控制地緣戰略要地。比如，二戰後美國為了控制希臘和土耳其這兩個地緣戰略要地，拋出「保衛世界自由、遏制極權主義」的杜魯門主義；冷戰結束之際，美國借波斯灣危機之機，打著保衛自由民主和反侵略的大旗，發動波斯灣戰爭，從而確立了在中東的獨霸地位；20 世紀末，為了控制巴爾幹地區，美國以保護人權為旗號，發動科索沃戰爭；21 世紀初期，美國以剷除恐怖邪惡為由先後發動阿富汗戰爭和伊拉克戰爭，不僅占住這兩個國家，還打入了中亞和里海地區。

---

[26] 時殷弘：《國際政治與國家方略》，第 219 頁。

但是，對霸權國來說，民主是一把雙刃劍：民主可以用來增強其國力，特別是軟實力，但如果用民主推行霸權主義，則可能刺傷自己柔軟的「腹部」。[27]

## 二、美國霸權的制度性

與美國霸權的「民主性」密切相關並在很大程度上由此決定的是美國霸權的制度性。二戰後美國設計和主導的世界性國際制度網絡是美國霸權的重要表現和支撐，也是美國霸權的重要組成部分。國際制度在美國全球霸權戰略中佔有重要地位，它既是該霸權體系的核心和重要組成部分，又是維持該霸權的主要途徑，還是霸權延展的主要方式。[28]「在一定意義上，國際制度成為霸權國建立、維護和擴展其霸權的主要戰略舞臺和戰略途徑，尤其是，國際制度戰略為美國提供了與大英帝國不同的充分介入世界事務的權利，國際制度甚至已經成為美國霸權結構的一部分。」[29]歷史上的其他霸權國家並非完全不具有制度性，但是只有美國霸權的制度性最突出、最具有世界性。雖然美國霸權的制度性以其無與倫比的強大國力為基礎，以其強大的軍事力量為後盾，但是美國霸權不是如傳統霸權那樣主要表現為直接的帝國統治、殖民統治或軍事佔領，而是主要通過一系列的國際制度主導國際事務和稱霸世界。「美國與以往霸權不同之處在於它不完全依靠軍事實力將自己的意志強加於人，而是想建立一個由美國主導的制度化霸權體系。……制度化的霸權體系是通過建立多數國家接授的國際規範，使美國的霸權政策合法化，以便得到較多國家的政治支持，減少霸權政策對武力的過分依賴。」[30]這可以說是美國霸權與其他霸權相比的一個顯著特點。從這個意義

---

[27] 吳稼祥：《果殼裏的帝國》，第 285 頁。
[28] 門洪華：《霸權之翼：美國國際制度戰略》，第 305 頁。
[29] 門洪華：《霸權之翼：美國國際制度戰略》，第 60 頁。
[30] 閻學通：《國際政治與中國》，第 184 頁。

上講，美國霸權是史無前例的「制度霸權」[31]。「美國霸權的一個特性是，美國人固然重視軍事力量，但同時極為重視國際制度的作用。與歷史上的列強相比，美國人在外交中並不那麼用赤裸裸的暴力壓服對方而是用一套具有普遍價值的規範使對手自願就範。與此相關，二戰結束以來的國際制度也受制於美國的霸權。」[32]約翰・伊肯伯裏認為，美國在建立其霸權之時，採取了有別於其外交傳統的多邊主義模式，並以兩筆現實主義交易為基礎：第一筆交易即美國向自己的歐亞夥伴提供安全保護和在開明世界經濟中進入美國市場、獲得美國技術和供應品的機會，作為回報，這些國家同意成為美國的穩定夥伴，向美國提供外交、經濟和後勤支持，以確立以美國為核心的戰後秩序；第二筆交易即歐亞國家同意美國發揮領導作用並在一個商定的政治經濟體系內行使。[33]換言之，二戰後，為了遏制蘇聯共產主義的威脅，美國與一大批歐亞國家結成一個政治、安全共同體。

美國霸權之所以成為制度性霸權，主要是由兩大因素決定的。一是時代因素。二戰沉重打擊了帝國主義殖民體系，開創了後殖民主義的新時代，因此任何強權國家都無法違背時代潮流，對別國實施赤裸裸的軍事佔領（除了對德、日實施短暫的軍事佔領外）和殖民統治。二是美國自身的因素。儘管美國發動過帝國主義戰爭並一度對菲律賓等地實施過殖民統治，但是美國也有反對帝國主義殖民統治的傳統，而且美國的民主制度有利於它建立制度性霸權。「美國是較早的成文憲法制國家，其長期的憲政主義政治思想對其外交政策的制定有著深刻

---

[31] 這裏所說的制度霸權是指通過國際制度建立和維護霸權，不是指以自己的制度作為評判別國制度好壞的標準，並干涉別國內政。參見陶文昭：〈警惕美國的軟霸權〉，《高校理論戰線》，2007 年第 5 期，第 56 頁。

[32] 門洪華：《霸權之翼：美國國際制度戰略》，第 42 頁。

[33] G. John Ikenberry, “American Grand Strategy in the Age of Terror”, *Surviva*, Vol.43, No.4, Winter 2001-2002, pp.19-34. 轉引自門洪華：《霸權之翼：美國國際制度戰略》，第 114 頁。

的影響。」[34]「這種政治影響使美國的霸權政策十分重視國際組織及有形與無形的國際規範與機制。」[35]

美國在二戰結束前夕開始逐步建立起來的世界性制度霸權由三部分構成：以聯合國為中心的世界政治與安全制度；以布雷頓森林體制為基礎的國際經濟制度；以北約、美日同盟等地區性多邊、雙邊軍事聯盟為骨幹的世界性軍事同盟體系。

### 1. 美國在二戰結束前後主導創建了以聯合國為中心的世界政治與安全體制，以此作為戰後世界新秩序的核心內容和基本框架

聯合國體制既體現了美國羅斯福當局對一戰後美國總統威爾遜極力倡導的集體安全思想的繼承，符合美國外交的理想主義追求，又反映了羅斯福總統基於國聯的無能而提出的「四警察治理世界」的權力政治主張，符合當時的歷史現實和美國外交的現實主義傳統。由於美國在二戰結束之際成為世界最強大和國際影響最大的國家，由於美國根據自己的利益與價值觀主導設計和創建了聯合國，因此聯合國在成立後 1/4 世紀基本上由美國主導和控制，成為美國主導國際事務的表決機器和推行霸權主義的合法工具，為美國的霸權主義提供了「合法性」。美國不僅利用聯合國推行霸權主義（比如 1971 年 10 月以前長期阻止中華人民共和國恢復其在聯合國的合法席位），而且打著聯合國旗號武力干涉別國內政，給自己的侵略行為披上「合法」外衣（比如 1950 年 7 月美國利用蘇聯暫時缺席之機，使安理會授權它率領聯合國軍對朝鮮半島實施武力干涉）。儘管自 20 世紀 70 年代起美國失去了對聯合國的控制，但是美國至今仍是對聯合國影響最大的國家。這種影響主要不是表現為美國在安理會擁有其他四大國也有的否決權，也不再表

[34] 金燦榮：《美國外交的國內政治制約及其在後冷戰時期的特點》，載牛軍主編：《克林頓治下的美國》，第 199 頁。

[35] 王緝思：《冷戰後美國的世界地位與外交政策》，載牛軍主編：《克林頓治下的美國》，第 33 頁。

現為美國在聯合國可以獲得多數支持（事實上美國往往屬於少數派），而是表現為它憑藉超強國力不時對聯合國的蔑視和為追求霸權利益而公然違反聯合國憲章的宗旨與原則，致使聯合國的權威受損，還表現在它利用其聯合國會費最大提供國的特殊地位不時對「不聽話」的聯合國進行要脅甚至拖延支付會費，致使聯合國多次陷入財政危機。美國對聯合國「能用則用，不用則拋開」的實用主義態度的典型例子是，2003 年美國拋開聯合國發動伊拉克戰爭，而後使聯合國通過支持它主導的戰後伊拉克重建的決議。

### 2. 美國創設並主導以布雷頓森林體制為核心的國際經濟制度，以此作為支配戰後世界經濟的合法性來源與主要工具

支配世界經濟是戰後美國全球霸權戰略的第二大目標，二戰結束之際誕生的布雷頓森林體制正好服務於這個目標。布雷頓森林體制包含兩大關鍵內容：以美元為本位的國際固定匯率體系和美國主導的國際貨幣基金組織與世界銀行這兩大世界性金融機構。因此，美國聯邦儲備銀行實際上成了世界的中央銀行，它發行的美元實際上成了世界通用貨幣。儘管 20 世紀 70 年代初期「雙掛鈎」代表的戰後國際固定匯率體系因美國經濟實力的相對衰落尤其是美國黃金儲備的大幅減少而崩潰，但是美元作為世界性貨幣的霸權地位基本上維持下來，至今仍是最主要的世界貨幣，在世界外匯儲備、國際外匯交易和國際貿易結算中平均約占一半。而且，「須瞭解的是，國際貨幣基金組織和世界銀行事實上是美國財政部的代理機構。」[36]直到今天，雖然美國對這兩大金融機構的控制相對減弱，但是它的主導地位總體上沒有改變。另外，在國際貨幣金融體系穩定的前提下，美國還通過《關稅與貿易總協定》（GATT）實現了對戰後國際貿易的主導，因為 GATT 包含一

---

[36] [美]查默斯・詹森：《帝國的悲哀：黷武主義、保密與共和國的終結》，第 310 頁。

系列最符合美國利益的國際貿易規則，如市場經濟原則、自由貿易原則、非歧視性原則、貿易透明原則等。總之，戰後美國通過一系列國際金融、貿易制度確立了它在世界經濟中的霸權。「這種霸權，與傳統的軍事霸權和殖民霸權相比，具有更強的隱蔽性、滲透性和可行性。美國的霸權地位也因此更加穩固。即使在 20 世紀 70 和 80 年代，美國的國力相對衰弱之際，美國在國際經濟機制中的制度霸權也沒有隨著布雷頓森林體系的崩潰而喪失。」[37]

### 3. 美國建立和領導由雙邊、多邊軍事同盟構成的世界性軍事聯盟體系，以此作為遏制蘇聯領導的社會主義陣營和推行霸權主義的主要工具

建立世界性軍事聯盟體系本不在美國制度性霸權的最初設計中。但是，隨著美蘇戰時同盟關係的徹底破裂和東西方冷戰的全面展開，從 20 世紀 40 年代末期到 50 年代中期，美國除了鞏固它領導的美洲聯盟體系以防止共產主義向其「後院」滲透外，把主要精力用於在歐亞大陸的周邊構築遏制、包圍蘇聯和中國的軍事聯盟體系。這條弧型軍事包圍圈由西邊的北大西洋公約組織（NATO）、南邊的中央條約組織（CENTO）、東邊的美日同盟、美韓同盟、美蔣同盟等雙邊同盟和東南亞集體防務集團（SEATO）構成。另外，從 20 世紀 50 年代中期開始，美國逐步加強對非洲的軍事滲透，以後在非洲的多個戰略要地與蘇聯展開長期軍事爭奪，逐步擴大了在非洲的軍事影響。可見，二戰結束以來，美國通過一系列的制度安排，逐步在全世界建立起軍事霸權，穩步擴大了在全球的軍事影響。這種制度性的軍事霸權不僅比直接的軍事佔領的代價低得多，而且具有「合法性」，因為它符合《聯合國憲章》第 51 條規定的集體防衛原則。

---

[37] 劉鐵娃：〈試論美國在國際貨幣基金組織中的制度霸權〉，《國際論壇》，2006 年第 3 期，第 47 頁。

## 第三節　美國霸權的「合法性」與迷惑性

### 一、美國霸權的「合法性」

合法性是政治體系穩定的關鍵，合法性問題是政治系統中的關鍵性問題。一個政治系統是否具有合法性，取決於該系統的領導者是否經過合法的民主程序產生，領導者是否獲得該系統內大多數人的信任與支持，即領導者或統治者的合法性來源於被統治者的同意與服從。這幾乎是學界公認的觀點。李普賽特甚至把政治系統的合法性理解為一種使人們對它產生信仰的能力：「合法性是指政治系統使人們產生和堅持現存政治制度是社會的最適宜制度之信仰的能力。」[38]

合法性問題本是國內政治系統中的問題，國際政治因本質上屬於無政府性質而無所謂合法性問題，霸權與霸權主義因違反國際法當然也無合法性可言。於是，美國霸權具有「合法性」這個命題似乎是錯誤的。但是，由於國際政治並非毫無秩序，國際政治秩序實際上介於國內政治秩序與完全混亂無序之間，因此可把國際政治中的霸權國看作國際社會的「准領導者」或「准統治者」，其「領導」或「統治」是否具有合法性，就是一個可以且值得討論的問題。如果霸權國憑藉硬實力實施赤裸裸的侵略政策和殖民統治，它對國際社會的「領導」或「統治」當然沒有合法性；如果它主要通過自己的軟實力在國際社會發揮「領導」作用，為國際社會提供「穩定」等公共產品，它對國際社會的「領導」或「統治」就具有一定的合法性。與歷史上的其他霸權國相比，美國就是主要靠軟實力發揮「領導」作用的霸權國，儘管它對別國實施炮艦政策並不少見。由於二戰結束以來美國的世界「領

---

[38] [美]西摩・馬丁・李普賽特：《政治人》，上海人民出版社，1997 年 9 月版，第 55 頁。

導」地位的合法性不是也不可能來自世界範圍內的民主選舉，其合法性肯定要大打折扣。即使如此，美國霸權具有的一定程度的合法性（或者說它在那些主動或被迫追隨、服從美國領導的國家的眼裏的合法性）從何而來？這種「合法性」來自美國獨特的軟實力，包括其自由民主價值觀或政治意識形態的感召力、它對國際規制的制定與操控力、其國際形象的感染力、其大眾文化的吸引力。

因此，美國霸權的「合法性」並非是指美國霸權符合當代國際法與國際關係基本準則，而是說美國霸權與歷史上的霸權有所不同，它至少具有一些「合法」的表像，它甚至在相當多的國家眼裏具有「合法性」，這正是給合法性加上引號的主要原因。美國霸權的「合法性」主要有兩層含義，或者說美國霸權的「合法性」主要基於以下兩個事實：一是美國霸權具有「民主性」和「自由性」，而民主自由是普世價值，從而使美國霸權顯得具有合法性；二是美國霸權的基本表現形式是制度霸權，而國際制度是國際關係中多邊主義的體現，符合當代國際法。

美國霸權的「民主性」和制度性，是美國霸權的「合法性」的來源和原因。「民主性」和制度性的確是美國霸權的兩大基本特性，是其他霸權所不具備的。從羅馬帝國到大英帝國，從希特勒第三帝國到蘇聯霸權主義，歷史上所有霸權國都不是公認的民主國家（儘管有的打著民主旗號），而美國是公認的民主國家（儘管美國民主也不完美）。而且，與這些國家相比，美國沒有帝國傳統，基本上也沒有殖民統治的經歷（儘管有長期對外擴張的經歷）。由於美國被公認是民主國家的代表和在較短時期內實現國強民富的範例，且在對外政策方面與歷史上的霸權國確有不同，因此它成為許多國家心儀和仿效的對象。這是二戰後許多國家願意接受美國領導的重要原因，在它們看來，美國作為世界領導具有一定合法性。此外，美國極力宣揚的所謂「共產主義威脅」與美國對非共產黨國家的安全保護和經濟援助也許是更重要原因。二戰後美國與一大批歐亞國家結成一個政治、安全共同體，以遏制「共產主義威脅」。「美國在此共同體範圍內的『霸權』的一個特徵，是其『自由』性質，即在共同體內部重視協商、協調、合作以及不帶恩賜外觀的酬賞，而非政治經濟強制。至於軍事強制，則完全被排除出共同體內部關係。由此而來，美國霸權具有了頗大程度的合法性。」[39]與此同時，二戰後美國主要通過制定和實施各種國際制度的方式謀求世界領導地位和霸權利益，其原因除了二戰後再也不能採用武力佔領、殖民統治等傳統霸權方式和美國極力把謀求和維持霸權的成本最小化之外，一個不可忽視的原因是美國的民主政治文化和反殖民帝國的外交傳統拒絕傳統的霸權治理模式。在不少國家看來，美國霸權是一種世界性公共產品。「美國以公共產品提供者的身份支配著世界，美國所提供的公共產品既加強了美國的地位，又滿足了其他國家的需要。以前的霸權國家卻只顧自己。」[40]「美國能夠使用強權而沒有受到各國遏制，是因為它是眾多西方國家的保護人，大戰中的拯救者，現行秩序的締造者，它的自由主義理念和軟權力具有它的特殊感召力。」[41]這樣的霸權被許多國家認為是合法的，它們甘願接受其領導。美國歷史學教授唐納德・懷特認為，美國擁有民主和平等主義的傳統，尊重世界輿論，尊重朋友和盟國在國情、利益及政策方面的多樣性，憑藉實力及對其實力抱有的信心，它能夠耐得住不輕易使用歷史上帝國主義國家所使用的武力與脅迫手段，這反過來提高了美國的世界地位，使其他民族積極看待美國的實力並贊同使用這一實力。[42]可見，儘管美國在一定程度上受國際制度的約束，但美國霸權的制度性為美國霸權主義提供了某種「合法性」，從而大大降低了美國推行霸權主義的成本，對美國極其有利。

但是從根本上講，美國霸權的「民主性」和制度性並不能為美國霸權提供真正的合法性。第一，美國霸權的「民主性」是指美國霸權

---

[39] 時殷弘：《國際政治與國家方略》，第 179 頁。

[40] [美]約瑟夫・約菲：《對歷史與理論的挑戰：作為「最後超級大國的美國」》，載約翰・伊肯伯里主編：《美國無敵：均勢的未來》，第 179 頁。

[41] 劉鳴：〈美國霸權實力何以能持久延續？〉，《社會科學》，2007 年第 11 期，第 53 頁。

[42] [美]唐納德・懷特：《美國的興盛與衰落》，第 107 頁。

以美式民主為基礎，以輸出美式民主為重要目標，而不是說美國主張和推動國際關係民主化，恰恰相反，二戰結束以來美國極力推行霸權主義，往往以促進民主、自由為由干涉別國內政，侵犯別國主權。雖然美國霸權與歷史上其他霸權相比具有「民主性」，但是美國的民主制度不能成為它干涉別國內政的理由，它對外傳播民主也不能證明霸權外交具有合法性，它的民主旗號也無法掩蓋其侵犯別國主權的違法性。第二，制度性只是美國霸權的工具性特性，它是為美國霸權目標和利益服務的。換言之，美國在二戰後主導建立一整套世界政治經濟制度的根本目的是建立和維持其世界霸權，而不是要與別國平等分享政治經濟利益，儘管接受這種制度安排的國家不同程度地從中獲益。

## 二、美國霸權的迷惑性

美國霸權還具有獨特的迷惑性，因為它既有很大吸引力，又有很大危害。二戰後美國對德國和日本民主化改造的成功似乎為美國在其他國家推行民主化樹立了樣板。二戰結束以來許多擺脫了專制獨裁和殖民地半殖民地地位的落後國家在美國的拉攏和誘惑下往往選擇美式民主制度，加入美國領導的「民主」陣營，視美國為老師和榜樣，期望實現國家的強盛與繁榮，但往往事與願違，最終飽嘗選擇美式民主的惡果：不僅因政治、經濟上淪為美國的附庸而難以實現真正的政治、經濟獨立，而且美式民主在國內「水土不服」導致社會不穩定。這樣的例子在亞非拉地區有很多。對別國而言，美式民主之所以「好看但有害」，是因為民主模式形形色色，沒有一個普遍適用的模式，不同民主模式形成於不同歷史條件和不同文化背景下，生存與發展在不同社會文化環境中，被美國宣揚為普世價值和最佳模式的美式民主也不例外，它只適合美國的特殊國情，照搬美國民主制度的國家往往自食其果。美國向德國和日本等少數國家移植民主的成功並不具有普遍意義，因為「這些成功的背後有很多共同的因素：這些國家都是現代化工業國家，遭受過徹底的軍事失敗，民族單一，而且面臨著嚴重的外部威脅。與這些國家相比，在中東地區的許多民主化計畫則是最大的失敗。」[43]

美國霸權的迷惑性還表現在美國對別國人權的強烈關注和「無私」保護。「人權是美國政治制度的核心價值觀之一，也是美國所謂『軟實力』的重要源泉。美國霸權之所以比歷史上任何其他霸權更易於讓人接受，甚至受到辯護，主要原因就在這裏。歷史上其他霸權都侵犯被征服民族或其殖民地人民的人權，美國扮演的確是解放者的角色，不僅不直接侵犯別國人權，而且干預那些侵犯本國人權的國家所奉行的政策。這是霸權形態上的進步。」[44]這種霸權形態上的進步使美國霸權獲得了旨在「促進世界人權」的「民主霸權」、「自由霸權」之「美譽」，但是美國以保護別國人權為由對別國內政的干涉，不僅損害別國主權，而且最終危害別國人權，因為在主權國家時代失去主權保護的人權很容易受到傷害。因此，美國的「民主霸權」具有相當大的迷惑性。

美國霸權的迷惑性來源於其「民主性」、制度性與「合法性」。由於美國民主制度幫助成就了美國的異常發達與強盛，而且美國在干涉別國內政時打著「傳播民主、保護人權」的旗號，美國霸權自然具有迷惑性。由於美國主要通過國際制度這一至少表面上符合國際法的「多邊主義」方式建立、維護霸權和推行霸權主義，以掩蓋對別國主權的侵犯，而且許多加入美國主導的國際制度的國家在主權受到制約的同時獲得了不同程度的好處，因此美國霸權的制度性使它具有迷惑性。由於美國的「民主霸權」和制度霸權被美國及不少其他國家認為是一種「世界公共產品」，因此披著「無私」與「合法」外衣的美國霸權更具迷惑性與欺騙性。

但是，美國霸權的迷惑性自伊拉克戰爭以來正在迅速失效，因為它的國際行為與其宣揚的「自由」、「民主」、「人權」精神日趨背離，

---

[43] James Kurth, “America’s Democratization Project Abroad”, *The American Spectator*, Vol.39. No.8 Oct.2006, pp.40～47. 轉引自《美國研究》，20007 年第 1 期。第 158 頁。

[44] 吳稼祥：《果殼裏的帝國》，第 225 頁。

越來越多的國家看清了美國「民主霸權」的本質。「長期以來，美國的吸引力在很大程度上取決於它在言辭上和部分在行動上對自由民主的承諾與支持。如果它在國際社會的實際行動違背自由民主，甚至在言辭上放棄這些口號，那麼美國的帝國夢將受到自身品質的限制：一方面需要放棄在國際社會所堅持的、即使是口頭上的自由和民主；另一方面它又要通過自由民主口號獲得在國際社會的價值認同，這是難以調和的。」[45]

[45] 簡軍波：〈現代國際合法性條件與美國的困境〉，《世界經濟與政治》，2007年第3期，第60頁。

# 主要參考文獻

## 一、中文：

（1）劉緒貽、楊生茂主編：《戰後美國史 1945-1986》，人民出版社，1989 年 6 月版。
（2）楊生茂主編：《美國外交政策史》，人民出版社，1991 年 11 月版。
（3）資中筠主編：《戰後美國外交史》（上、下冊），世界知識出版社，1994 年 5 月版。
（4）石磊主編：《現代國際關係史》（下冊），北京燕山出版社，1995 年 1 月版。
（5）《美國國家安全戰略報告彙編》，梅孜編譯，時事出版社，1996 年 8 月版。
（6）牛軍主編：《柯林頓治下的美國》，中國社會科學出版社，1998 年 10 月版。
（7）秦亞青：《霸權體系與國際衝突——美國在國際武裝衝突中的支持行為（1945-1988）》，上海人民出版社，1999 年 8 月版。
（8）王輯思主編：《高處不勝寒——冷戰後美國全球戰略和世界地位》，1999 年 12 月版。
（9）王曉德：《美國文化與外交》，世界知識出版社，2000 年 3 月版。
（10）資中筠主編：《冷眼向洋》（上卷），三聯書店，2000 年 3 月版。
（11）時殷弘：《新趨勢新格局新規範》，法律出版社，2000 年 3 月版；
（12）周琪：〈「美國例外論」與美國外交政策傳統〉，《中國社會科學》，2000 年第 6 期；
（13）倪世雄等著：《當代西方國際關係理論》，復旦大學出版社，2001 年 7 月版。
（14）徐以驊主編：《世紀之交的國際關係》，上海遠東出版社，2001 年 9 月版。

（15）王建華主編：《美國歷屆總統執政與告別演說》，江西人民出版社，2002 年 3 月版。
（16）劉金質：《冷戰史》（上、中、下冊），世界知識出版社，2003 年版。
（17）王輯思：〈美國霸權的邏輯〉，《美國研究》，2003 年第 3 期。
（18）呂磊：《美國的新保守主義》，江蘇人民出版社，2004 年 1 月版。
（19）石斌：《杜勒斯與美國對蘇戰略》（1952-1959），中國社會科學出版社，2004 年 6 月版。
（20）潘忠歧：《世界秩序：結構、機制與模式》，上海人民出版社，2004 年 12 月。
（21）吳稼祥：《果殼裏的帝國》，華東師範大學出版社，2005 年 6 月版。
（22）閻學通：《國際政治與中國》，北京大學出版社，2005 年 7 月版。
（23）汪波：《美國冷戰後世界新秩序的理論與實踐》，時事出版社，2005 年 7 月版。
（24）朱明權：《領導世界還是支配世界？——冷戰後美國國家安全戰略》，天津人民出版社，2005 年 8 月版。
（25）巨永明：《核時代的現實主義——基辛格外交思想研究》，中國社會科學出版社，2005 年 8 月版。
（26）桂立：《美蘇關係 70 年》，人民出版社，2005 年 11 月版。
（27）門洪華：《霸權之翼：美國國際制度戰略》，北京大學出版社，2005 年版。
（28）丁一凡：《美國批判——自由帝國擴張的悖論》，北京大學出版社，2006 年 1 月版。
（29）周琪：《意識形態與美國外交》，上海人民出版社，2006 年 7 月版。
（30）王輯思：《國際政治的理性思考》，北京大學出版社，2006 年 8 月版。
（31）劉國平：《美國民主制度輸出》，中國社會科學出版社，2006 年 8 月版。
（32）時殷弘：《國際政治與國家方略》，北京大學出版社，2006 年 10 月版。
（33）於歌：《美國的本質》，當代中國出版社，2006 年 12 月版。
（34）張曙光：《美國遏制戰略與冷戰起源再探》，上海外語教育出版社，2007 年 2 月版。
（35）王立新：《意識形態與美國外交政策》，北京大學出版社，2007 年 9 月版。
（36）宋鴻兵：《貨幣戰爭》，中信出版社，2007 年 9 月版。

（37）王瑋、戴超武：《美國外交思想史》，人民出版社，2007 年 12 月版。

## 二、中文譯著：

（1） [美]沃爾特・李普曼：《冷戰——美國對外政策研究》，商務印書館，1959 年版。
（2） [美]亨利・基辛格：《核武器與對外政策》，世界知識出版社，1959 年版。
（3） 《杜勒斯言論選輯》，世界知識出版社，1960 年版。
（4） 《美國總統公文彙編：哈里・杜魯門，1945 年》，華盛頓，政府出版局，1961 年版。
（5） [美]阿蘭・內文斯：《和平戰略》（甘迺迪言論集），世界知識出版社，1961 年版。
（6） [美]尼古拉斯・斯派克曼：《和平地理學》，商務印書館，1965 年版。
（7） 《美國總統公開文件集：理查德・尼克森，1970 年》，美國政府出版局，1972 年。
（8） [美]瑪格麗特・杜魯門：《哈里・杜魯門》，紐約，1973 年版。
（9） [美]亨利・基辛格：《選擇的必要：美國外交政策的前景》，商務印書館，1973 年版。
（10）[美]理查德・尼克森：《尼克森回憶錄》（中冊），商務印書館，1979 年版。
（11）[美]亨利・基辛格：《白宮歲月》（第一冊），世界知識出版社，1980 年版。
（12）[美]沃爾特・拉弗貝：《1945-1975 美蘇冷戰史話》，商務印書館，1980 年版。
（13）[美]希歐多爾・索倫森：《甘迺迪》，上海譯文出版社，1981 年版。
（14）[美]小亞瑟・施萊辛格：《一千天》，三聯書店出版社，1981 年版。
（15）[美]亨利・基辛格：《動亂年代》（第一冊），世界知識出版社，1983 年版。
（16）[美]丹・考德威爾：《論美蘇關係：1947 年至尼克森、基辛格時期》，世界知識出版社，1984 年版。
（17）[美]吉米・卡特：《忠於信仰——一位美國總統的回憶錄》，新華出版社，1985 年版。

（18）[美]茲比格紐·布熱津斯基：《實力與原則》，世界知識出版社，1985年12月版。
（19）[美]拉塞爾·F·韋格利：《美國軍事戰略與政策》，解放軍出版社，1986年版。
（20）[美]H·S·康馬傑：《美國精神》，光明日報出版社，1988年版。
（21）[美]湯瑪斯·派特森等：《美國外交政策》（下冊），中國社會科學出版社，1989年版。
（22）[美]盧瑟·S·利德基主編：《美國特性探索》，中國社會科學出版社，1991年7月版。
（23）[美]約瑟夫·奈：《美國定能領導世界嗎？》，軍事譯文出版社，1992年版。
（24）[美]斯帕尼爾：《第二次世界大戰後美國的外交政策》，商務印書館，1992年5月版。
（25）[美]丹尼爾·布林斯廷：《美國人開拓歷程》，三聯書店出版社，1993年4月版。
（26）[美]比爾·柯林頓：《希望與歷史之間：迎接21世紀對美國的挑戰》，海南出版社，1997年版。
（27）[美]理查德·尼克森：《1999：不戰而勝》，世界知識出版社，1997年1月版。
（28）[美]茲比格紐·布熱津斯基：《大棋局：美國的首要地位及其地緣戰略》，上海人民出版社，1998年版。
（29）[美]郝雨凡：《美國對華政策內幕》，臺海出版社，1998年版。
（30）[美]亨利·基辛格：《大外交》，海南出版社，1998年1月版。
（31）[美]邁克爾·亨特：《意識形態與美國外交政策》，世界知識出版社，1999年版。
（32）[美]馬丁·邁耶：《美元的命運》，海南出版社，2000年3月版。
（33）[美]羅伯特·基歐漢：《霸權之後——世界政治經濟中的合作與紛爭》，上海世紀出版集團，2001年5月版。
（34）[美]唐納德·懷特：《美國的興盛與衰落》，江蘇人民出版社，2002年1月版。
（35）[美]羅伯特·基歐漢：《新現實主義及其批判》，北京大學出版社，2002年10月版。
（36）[美]羅伯特·吉爾平：《全球政治經濟學》，上海人民出版社，2003年版。

（37）[美]亨利·基辛格：《美國需要外交政策嗎？》，中國友誼出版公司，2003 年 1 月版。
（38）[美]路易士·哈茨：《美國的自由主義傳統》，中國社會科學出版社，2003 年 10 月版。
（39）[美]肯尼士・華爾滋：《國際政治理論》，上海世紀出版集團，2003 年 11 月版。
（40）[美]沃爾特·拉塞爾·米德：《美國外交政策及其如何影響了世界》，中信出版社，2003 年 12 月版。
（41）[美]詹姆斯・多爾蒂、小羅伯特·普法爾茨格拉夫：《爭論中的國際關係》（第五版），世界知識出版社，2003 年版。
（42）[美]孔華潤主編：《劍橋美國對外關係史》（下冊），新華出版社，2004 年版。
（43）[法]托克維爾：《論美國的民主》（上卷），商務印書館，2004 年版。
（44）[挪威]托布約爾・克努成：《國際關係理論史導論》，天津人民出版社，2004 年 1 月版。
（45）[美]查理斯・庫普乾：《美國時代的終結：美國外交政策與 21 世紀的地緣政治》，上海人民出版社，2004 年 6 月版。
（46）[美]雅各・尼德曼：《美國理想：一部文明的歷史》，華夏出版社，2004 年 10 月版。
（47）[美]喬治·索羅斯：《美國霸權的泡沫——糾正對美國霸權的濫用》，商務印書館，2004 年 12 月版。
（48）[美]戈登・克雷格、亞力山大·喬治：《武力與治國方略》，商務印書館，2004 年 12 月版。
（49）[美]茲比格紐・布熱津斯基：《大抉擇——美國站在十字路口》，新華出版社，2005 年 1 月版。
（50）[美]羅・麥克納馬拉、詹・布萊特：《歷史的教訓：美國國家安全戰略建言書》，世界知識出版社，2005 年 1 月版。
（51）[美]撒母耳·亨廷頓：《美國國家特性面臨挑戰》，新華出版社，2005 年 1 月版。
（52）[英]愛德華·卡爾：《20 年危機（1919～1939）：國際關係研究導論》，世界知識出版社，2005 年 1 月版。
（53）[美]約翰・羅爾克編著：《世界舞臺上的國際政治》（第 9 版），北京大學出版社，2005 年 3 月版。

（54）[美]查默斯・詹森：《帝國的悲哀：黷武主義、保密與共和國的終結》，上海人民出版社，2005 年 6 月版。
（55）[美]約翰・伊肯伯裏主編：《美國無敵：均勢的未來》，北京大學出版社，2005 年 7 月版。
（56）[美]羅伯特・阿特：《美國大戰略》，北京大學出版社，2005 年 7 月版。
（57）[加]卡列維・霍爾斯蒂：《和平與戰爭：1648-1989 年的武裝衝突與國際秩序》，北京大學出版社，2005 年 8 月版。
（58）[美]撒母耳・亨廷頓：《失衡的承諾》，東方出版社，2005 年 9 月版。
（59）[美]邁克爾・卡門：《自相互矛盾的民族》，江蘇人民出版社，2006 年 12 月版。
（60）[美]羅伯特・吉爾平：《世界政治中的戰爭與變革》，上海人民出版社，2007 年 1 月版。
（61）[美]哈里・杜魯門：《杜魯門回憶錄》（上下冊），東方出版社，2007 年 1 月版。
（62）[美]伊曼紐爾・沃侖斯坦：《美國實力的衰落》，社會科學文獻出版社，2007 年 7 月版。

## 三、英文：

（1） A. F. K. Organski, *World Politics*, 2nd edition, New York :Knopf, 1968.
（2） George F. Kennan, *Menmoirs 1925-1950,* Boston: Little, Brown, and Company, 1967.
（3） Charles Kindleberger, *The World in Depression:* 1929-1939, Berkeley: University of California Press, 1973.
（4） Charles Kindleberger, *The International Economic Order: Essays on Financial Crisis and International Public Goods,* Cambridge, Mass: The MIT Press, 1998.
（5） Eugene R. Wittkopf, Charles W. Kegley, Jr., James M. Scott, *American Foreign Policy: Pattern and Process,* Peking University Press, 2004.
（6） Eugene R. Wittkopf, Christopher M. Jones, *The Future of American Foreign Policy,* New York, 1994.
（7） George W Bush, “President Bush’s Speech at West Point”, New York, June 1, 2002.

（8） George W Bush, "The President s State of Union Address,"Jan. 19, 2002.
http://www.Whitehouse.gov/news/releases/2002/01/20020129-11.html.

（9） George Modelski, *Long Cycles in World Politics*, Seattle: University of Washington Press, 1987.

（10） G. John Ikenberry, *After Victory of Major Wars: Institutions, Strategic Straint , and the Rebuilding of Order after Major Wars,* Princeton, Princeton University Press, 2001, p.xii.

（11） G. John Ikenberry, "America's Imperial Ambition", *Foreign Affairs,* September / October 2002.

（12） Immanuel Wallerstein, "Empire and Capitalists", *Commentary,* Fernand Braudel Center, Binghamto University, No.113, May 15, 2003.

（13） Immannuel Wallerstein, "The Eagle Has Crash Landed", *Foreign Policy,* July/August 2002.

（14） Ivan Eland, "The Empire Strikes Out, The 'New Imperialism' and Its Fatal Flaws", *Policy Analysis*, No.459, Nov.22, 2002.

（15） Joseph M. Jones: The Fifteen Weeks, New York, 1955.

（16） Martin Walker, "America s Virtual Empire", *World Policy Journal,* Summer 2002.

（17） Max. Boot, "America's Destiny is to Police the World", *Financial Times*, February 19, 2003.

（18） Robert Cooper, "Why We Still Need Empires", *The Observer,* April 7, 2002.

（19） Samual Huntington, "The Lonely Superpower," *Foreign Affairs*, Vol.78 No.2, March / April 1999.

（20） Sebatian Mallaby, "The Reluctant Imperialist: Terrorism, Failed States and the Case for American Empire", *Foreign Affairs,* March / April 2002.

（21） Stephen G. Brooks and William C. Wohlforth, "American Primacy in Perspective", *Foreign Affairs,* July / August 2002.

（22） Seymour Martin Lipset, *American Exceptionalism: A Double-urged Sword,* W. W. Norton & Company, 1996.

（23）THE WHITE HOUSE, "The National Security Strategy of The United States of America", September 17, 2002. http://www.whitehouse.gov/nsc/nss.html.

（24）U.S. Department of Defense, *The Quadrennial Defense Review 1997,* Washington, DC: Government Printing Office, 1997.

（25）William Wohlforth, "The Stability of a Unipolar World", *International Security,* Summer 1999.

國家圖書館出版品預行編目

美國霸權探析 / 鄭保國著. -- 一版. -- 臺北市：
秀威資訊科技, 2009.11
面； 公分. -- (社會科學類；AF0113
BOD 版
參考書目：面
ISBN 978-986-221-294-3 (平裝)

1.美國外交政策 2.戰略

578.52 98017080

社會科學類 AF0113

# 美國霸權探析

作　　者 / 鄭保國
主　　編 / 蔡登山
發 行 人 / 宋政坤
執行編輯 / 藍志成
圖文排版 / 黃莉珊
封面設計 / 陳佩蓉
數位轉譯 / 徐真玉 沈裕閔
圖書銷售 / 林怡君
法律顧問 / 毛國樑 律師
出版印製 / 秀威資訊科技股份有限公司
臺北市內湖區瑞光路 583 巷 25 號 1 樓
電話：02-2657-9211 傳真：02-2657-9106
E-mail：service@showwe.com.tw
經 銷 商 / 紅螞蟻圖書有限公司
臺北市內湖區舊宗路二段 121 巷 28、32 號 4 樓
電話：02-2795-3656 傳真：02-2795-4100
http://www.e-redant.com

2009 年 11 月 BOD 一版
定價：550 元

# 讀　者　回　函　卡

感謝您購買本書，為提升服務品質，煩請填寫以下問卷，收到您的寶貴意見後，我們會仔細收藏記錄並回贈紀念品，謝謝！

1.您購買的書名：______________________________

2.您從何得知本書的消息？

□網路書店　□部落格　□資料庫搜尋　□書訊　□電子報　□書店

□平面媒體　□ 朋友推薦　□網站推薦　□其他__________

3.您對本書的評價：(請填代號　1.非常滿意 2.滿意 3.尚可 4.再改進)

封面設計____　版面編排____　內容____　文/譯筆____　價格____

4.讀完書後您覺得：

□很有收獲　□有收獲　□收獲不多　□沒收獲

5.您會推薦本書給朋友嗎？

□會　□不會，為什麼？________________________________________

6.其他寶貴的意見：______________________________________________

____________________________________________________________

____________________________________________________________

____________________________________________________________

## 讀者基本資料

姓名：____________________　年齡：______　性別：□女　□男

聯絡電話：________________　E-mail：____________________

地址：__________________________________________________

學歷：□高中(含)以下　□高中　□專科學校　□大學

□研究所(含)以上　□其他________________

職業：□製造業　□金融業　□資訊業　□軍警　□傳播業　□自由業

□服務業　□公務員　□教職　□學生　□其他__________

請貼
郵票

To：114

台北市內湖區瑞光路583巷25號1樓

秀威資訊科技股份有限公司　　收

寄件人姓名：

寄件人地址：□□□

(請沿線對摺寄回,謝謝!)

秀威與BOD

BOD（Books On Demand）是數位出版的大趨勢，秀威資訊率先運用POD數位印刷設備來生產書籍，並提供作者全程數位出版服務，致使書籍產銷零庫存，知識傳承不絕版，目前已開闢以下書系：

一、BOD 學術著作—專業論述的閱讀延伸
二、BOD 個人著作—分享生命的心路歷程
三、BOD 旅遊著作—個人深度旅遊文學創作
四、BOD 大陸學者—大陸專業學者學術出版
五、POD 獨家經銷—數位產製的代發行書籍

BOD秀威網路書店：www.showwe.com.tw
政府出版品網路書店：www.*gov*books.com.tw

永不絕版的故事・自己寫・永不休止的音符・自己唱